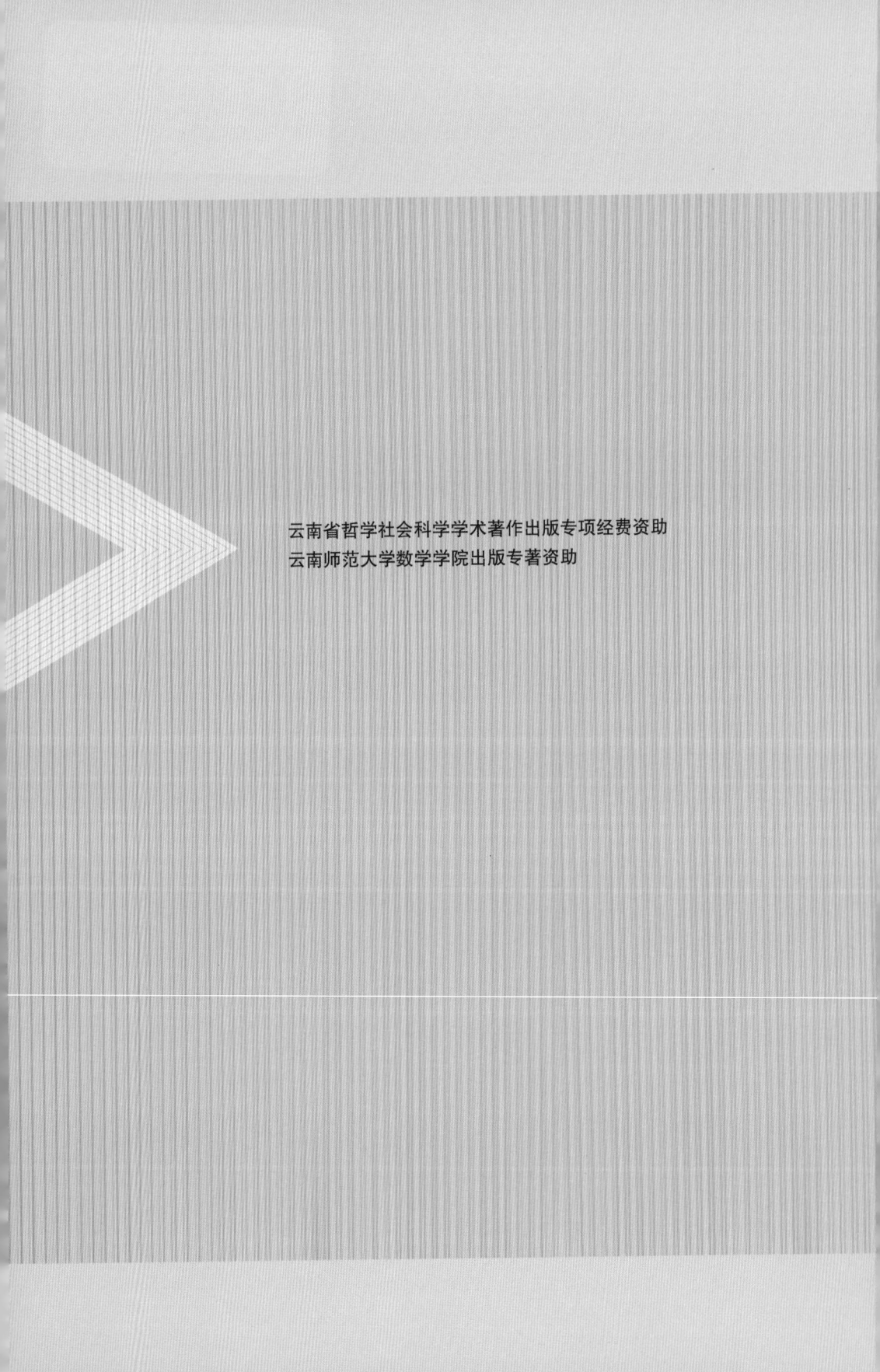

云南省哲学社会科学学术著作出版专项经费资助
云南师范大学数学学院出版专著资助

清末民国时期中学三角学教科书发展史

刘冰楠 著

社会科学文献出版社
SOCIAL SCIENCES ACADEMIC PRESS (CHINA)

本书为

2019年度云南省哲学社会科学学术著作出版资助项目"中国中学三角学教科书发展史研究（1902~1949）"

2017年云南师范大学博士科研启动项目"中国近现代三角学教科书发展史研究"（2017RW019）

2012年高等学校博士学科点专项科研基金联合资助课题"中国中学数学教科书整理研究（1902~1949）"（20121502110001）

研究成果

序

  写序是一件极其困难的事情，也是一件非常愉快的事情，尤其是在自己学生的学术成果出版之际为他们写序更是如此。老师给学生著作写序似乎是一件天经地义的事情，但是实际上并非如此。如果学生的著作能够在世人面前拿得出手，并且学生有请你写序的意愿，你就可以欣然给他（她）写序。写序不是随便就可以写，是非常严肃的一件事。从某种意义上说，为学生的著作写序相当于为学生在攻读硕士或博士期间的学术生活做见证人。有人说："让别人写序就是为了让同行专家说几句好话。"这也反映出当前一些学术浮躁现象，但是这并不是普遍现象。写序要实事求是，恰到好处，能够清晰地反映作者及其著作的实际情况。写序也是一个学习的好机会，你要认真阅读并在读懂人家著作之后方可写序。

  三角学自产生那一天开始，就在数学领域乃至整个科学领域中占据着重要地位。自清末的《钦定学堂章程》和《奏定学堂章程》以来，该学科一直在中学数学课程中设置，扮演了重要角色。因为当时在中学课程中没有设置函数和解析几何，后来在世界数学教育改革潮流的冲击下，函数和解析几何在1922年新学制中被正式确定为高中数学课程。三角学的历史远比函数、解析几何的历史悠久。自1978年改革开放以来，中国的学科教育及对其历史的研究进入一个前所未有的崭新阶段，特别是近十几年，对作为学科教育重要组成部分的教科书历史的研究如火如荼，如小学算术教科书发展史、中学几何教科书发展史、代数教科书发展史等研究成果如雨后春笋般出现，令人刮目相看。但是在刘冰楠开始撰写学位论文之前，对中国中学三角学教科书的研究尚未系统而全面地展开。从以上两层意义上说，刘冰楠著作的出版，填补了这一领域的一项空白。

《清末民国时期中学三角学教科书发展史》会在以下方面引起人们的关注。其一，本书从数学史和数学教育史的视角，追根溯源，清晰地交代了八线、圆函数、三角函数、三角比等三角学知识的变迁情况。其二，因为清末民国时期中学数学教科书发展情况极为复杂，所以在整体上把握三角学教科书的出版、使用等情况并不是件容易的事情。本书很好地解决了这一难点。作者将中学三角学教科书分为教育制度制约下的教科书和不受教育制度制约的教科书，这样就清晰地展示了国家统一要求的教科书和多元化形态下自由发展的教科书并存的势态。其三，本书根据不同历史时期、不同国家、不同作者的三角学教科书，对中国中学三角学名词术语的演变进行了系统考察。其四，本书通过翔实丰沛的案例分析，阐述了清末民国时期中学三角学教科书中内容的选择与设置方面的优点和缺点，并提出了作者独到的见解。以上几点，不仅充分展示了清末民国中学三角学教科书发展史，而且间接说明了当时数学教科书建设工作对今天数学教育改革的借鉴作用。

古人说，青出于蓝而胜于蓝。我十年前在学校研究生毕业典礼上代表全校研究生导师发言时提出："作为导师，希望看到自己的学生哪怕在一个狭小的领域超过自己，那么你的研究生教育工作就是成功的。"让学生能够超过导师，是我始终遵循的指导思想。今天，我的学生刘冰楠的博士学位论文《清末民国时期中学三角学教科书发展史》即将出版，我深深地感觉到研究数学教育和数学史的年轻人波属云委，茁壮成长。本书的出版，是对作者本人刻苦钻研、执着追求的一种回报。在写这篇小序之际，刘冰楠攻读硕士和博士学位期间的学习生活情景历历在目，浮现在我脑海中。这里有三件事是必须要说的。其一，2005年初，我完成日本广岛大学客座教授任务之后回到学校工作，采用了研究生讨论班教学模式，一般在节假日或晚上进行，不占用正常教学时间。讨论班教学模式受到学生的广泛欢迎。刘冰楠积极参加讨论班，每次都认真准备报告提纲和课件，同时也认真听取其他同学的报告并积极地给予评论。她博士学位论文的每一章节内容都在讨论班上做过报告，并得到老师和同学的积极评价。其二，无论是寒冷的冬天还是酷热的夏天，她都坚持来实验室学习，早到晚归。一般情况下，我每天早晨七点前来办公室工作，她七点多过来打扫整理我的办公室后就去实验室学习。我每天晚上十点半以后离开办公室，那时候她还在学习。其三，刘冰楠在读博士期间全身心地投入博士学位论文的写作，废寝忘食，坚持不懈，令人钦佩。有一次，她一大早往文史楼走的路上，也许还完全沉浸在博士论文的世界里，似乎彻底忘掉了外界的存在，结果撞到横向长的树枝上皮破血流，于是才清醒过来，但是已经晚了，额头上留下了一道疤痕。这道疤痕不仅是她全神贯注于学术问题的见证，也是一种难忘的"珍贵"印记。她读博士期间两次获得国家奖学金，发表多篇核心论文，学位论文也被评为内蒙古师范大学和内蒙古自治区优秀博士学位论文。正因为她经历了充实、愉快和艰辛的博士研究生生活，才取得了如此骄人的成绩。刘冰楠还很年轻，以后的学术研究道路还很漫长，本书的完成仅仅是一个起点。我殷切期盼在以后的岁月里刘冰楠博士高质量的科研成果能够不断问世。

代　钦
2019 年 9 月

目　录
CONTENTS

绪　论 / 001
　　一　研究目的与意义 / 001
　　二　研究问题 / 005
　　三　文献综述 / 007
　　四　研究方法与思路 / 020

第一章　1902~1911年中学三角学教科书 / 027
　　一　数学教育制度 / 028
　　二　三角学教科书汇总 / 036
　　三　翻译美国的三角学教科书个案分析 / 040
　　四　翻译日本的三角学教科书个案分析 / 055
　　小　结 / 075

第二章　1912~1922年中学三角学教科书 / 078
　　一　数学教育制度 / 078
　　二　数学教育制度下的三角学教科书汇总 / 085
　　三　个案分析——以《共和国教科书平三角大要》为例 / 087
　　小　结 / 101

第三章　1923~1936年中学三角学教科书 / 105
　　一　初中三角学教科书发展概况 / 105
　　二　高中三角学教科书发展概况 / 122

三　个案分析——以"复兴教科书"（三角）为例 / 129
　　小　结 / 154

第四章　1937~1949年中学三角学教科书 / 157
　　一　数学教科书的审定经过 / 157
　　二　初中三角学教科书发展概况 / 159
　　三　高中三角学教科书发展概况 / 176
　　小　结 / 201

第五章　1912~1949年数学教育制度之外的中学三角学教科书 / 203
　　一　历史背景 / 203
　　二　数学教育制度之外的三角学教科书汇总 / 210
　　三　个案分析——以《温德华士平面三角法》为例 / 214
　　四　个案分析——以《葛氏平面三角学》为例 / 232
　　小　结 / 257

第六章　1902~1949年三角学教科书中"三角函数"的变迁 / 260
　　一　对六个三角函数发展历史的简单回顾 / 260
　　二　1902~1911年三角学教科书中"三角函数"的变迁 / 267
　　三　1912~1949年三角学教科书中"三角函数"的变迁 / 286
　　小　结 / 312

结　语 / 317
　　一　影响1902~1949年中学三角学教科书变迁的主要因素 / 317
　　二　三角学教科书发展的特点 / 327
　　三　启示与借鉴 / 340
　　四　进一步研究的问题 / 343

参考文献 / 345

后　记 / 363

绪　论

一　研究目的与意义

中国近代教科书滥觞于西学在中国的传播。特别是第二次鸦片战争后，西方列强获得了在中国创办教会学校并受中国政府保护的特权，这使得西方传教士纷纷在华创办教会学校并编印各科教科书，企图通过教育侵略的方式在中国传教布道。由于教会学校编辑的教科书主要以传教为宗旨，学科不成体系，所以想要撼动中国传统儒学文化的根基并取而代之是不可能的。洋务派试图通过学习西艺来强国，而没能从革故鼎新、创立国民教育体系的角度思考问题，所编教科书很少涉及国民基础教育，自然也无法担负起近代教育革命的重任。

甲午战争的惨败让国人看到了日本明治维新的成功，借鉴日本，从日本转译西学书籍，进而自编教科书，创办新式学堂，以启迪民智，一时蔚然成风。自此，中国开始了近代化进程。1912～1949年是中国数学教育走向现代化的重要时期，是数学教育摆脱古代教育理念，融合西方先进的教育模式和方法并逐渐与世界接轨的重要阶段。每当国家政权发生更迭，教育目的、制度、内容等都要随之发生变化。这些变化首先会落实到学校的课程上，并通过教科书的内容直接具体地表现出来。

从1850年到1949年9月，中国近代数学教科书经历了从无到有、从稚嫩到成熟的历史过程，这一时期出版的教科书是研究中国近代教育的基础之一。近代教育是对旧教育的颠覆，编纂新式教科书事关科学救国、重铸国民精神的伟业，因而吸引了大批学界精英参与各科教科书的编写。他们不避浅显，用渊博的知识去实践教育救国的理想，以严谨的科学态度探索中国教育的改革之路。例如，张元济在因戊戌变法失败被革职后，应夏瑞芳的邀请加入商务印书馆，并立志要以辅助教育为己任，精心编纂新式教科书。"晚清唯一一套完整的、始终是最重要、最有影响的中小学教科书是商务印书馆的《最新教科书》，《最新教科书》由各年级、各课程组成。"① 美国费烈伯、史德朗著，谢洪赉译述的《最新中学教科书三角术》（商务印书馆，1907）便是其中之一。在这套教科书出版的同时，其他学者及出版企业竞相开始翻译、编译数学教科书，中学数学教科书在神州大地如雨后春笋般涌现。自此，中国近代教科书随着近代历史的进程而逐步完善。近代教科书凝聚了这一代肩负着社会责任的中国知识分子的睿智，他们在编纂过程中表现出的一丝不苟的学术态度永远值得我们后世的学者学习。同时，近代教科书名家编纂的特点，也为后人研究近代学者的教育思想、学术思想提供了新的途径。

自近代出版业兴起以来，教科书一直是出版业最重要的支撑点，教科书将教育与出版联系在一起，做出版必定首重教科书。清末，中国出版业以商务印书馆为龙头。民国成立，中国著名出版家、教育家陆费逵创立了中华书局。中华书局以教科书起家，并与商务印书馆共同长期占据国内教科书出版的重要位置。陆费逵将毕生精力用在编辑校对各类教科书及经营管理方面，并对教育和教科书有很深入的研究。他在《中华书局宣言书》中称："立国根本，在乎教育，教育根本，实在教科书，教育不革命，国基终无由巩固，教科书不革命，教育目的终不能达也。"② 这代表了近代出版业中有远见卓识者对教育和教科书重要性的认识所能达到的高度。教科书的使用特点是学期一过，便成秋扇，这些书当时留下的就很少，而本研究对三角学教科书的收集也是很重要的一项工作。

近代教科书在翻译介绍西方新学的过程中发挥了不可估量的作用。西方许多先进的科学思想和新兴的学科大多是通过教科书引入中国的。但这种简单的翻译、传播，久之也引起了国人的深刻反思。引进西学固然重

---

① 汪家熔：《民族魂——教科书变迁》，商务印书馆，2008，第55页。
② 王建辉：《教育与出版——陆费逵研究》，中华书局，2012，第98页。

要，但不应忽视建立自己学科体系的重要意义。近代中学教科书在从引进西学到创立本国科学体系的过程中，在名词术语的翻译、确立、传播等方面发挥了积极的作用。近代中学教科书不仅承担了引进西方科学的使命，而且在近代科学发展史上有着科学创新的意义，是今天研究中国近代学科发展史和学科术语变迁的重要资料。

近代教科书经过几代学者的努力，逐渐成熟定型。经过不断地改进、提升和发展，即使今天重新对其进行审视，仍有许多可供借鉴之处。总结近代教科书编纂的经验，对今天的教育改革不无裨益，这是一份值得研究和继承的文化遗产。同时，近代教科书是当时教育的真实记录。特别是清末和民国初期，课程纲要和教科书之间存在一定的距离，只有教科书才是真正付诸实施的教育。保存至今的教科书是反映那个时代教育状况、教育思想的凝固的化石，是教育史研究的第一手资料，有利于后世学者跨越时间的障碍，客观地分析清末民国时期数学教育的发展。

海内外学者研究中国近代中学教科书或是利用中学教科书研究中国近代思想史、文化史、出版史等已不乏其人。近代教科书之所以受到这般重视，是因为一个国家的教育思想必然反映了在其特定的社会历史阶段的主流意识，而教科书正是这种意识的物化体现。通过近代教科书去检讨中国近代的文化现象，往往能给人更为客观、真实的认知和启迪。

本书通过对1902~1949年中国中学三角学教科书发展状况进行考察，整理研究日本、欧美等国的三角学教科书在中国的传播，总结其对中国三角学教科书编写的影响。同时，探讨这些翻译的三角学教科书对中国自编的三角学教科书的影响，以此展现中国三角学教科书从翻译到编译再到自编的发展历程。以史为鉴，对当今的数学教科书编写具有重要的启示与借鉴作用。本书研究目的体现在以下几个方面。

（1）在前人研究的基础上，详细梳理1902~1949年中国中学三角学教科书发展史，借三角学教科书这扇窗口揭示近现代中国数学教育的发展状况。

（2）以1902~1949年各阶段具有代表性的三角学教科书作为研究依据，探寻当时数学教育制度与三角学教科书建设的关系。中国三角学教科书在由翻译、编译到自编的过程中，内容不断改进，体系不断完善。

（3）总结当时中国数学家及数学教育工作者等对三角学教科书编写的经验，力求为当今数学教科书的编写提供启示。

"教科书在中国近代学校教育中占有重要的地位，其中所携带的文化因子，除知识外，还有社会思想、价值观念、思维方式等。这些都在学生接受知识的过程中，潜移默化到其血脉深处，并最终影响到一个时代的发展。"① 教科书集中体现了社会进步和科学的发展，是实现培养目标最直接的手段。教科书作为文本，是读者最多、被读者信赖、最耗费精力和时间、对读者产生最为深远持久影响的文本。一代又一代的年轻人就是捧着这小小的文本逐渐成长起来的，在一定意义上说，有什么样的教科书，就有什么样的接班人，也就有什么样的国家未来。

"1873年，'教科书'一词在日本国家文件《近代教科书的成立》中首次出现。1877年，西方传教士将'教科书'一词引入中国，并于1897年在中国开始使用。"② 时至今日，教科书以千姿百态的身影展现在世人面前。然而，对它的研究却较为滞后。教科书作为文化传承的重要载体，是社会变革的产物，对其进行研究有利于更好地促进学生的健康成长，同时加深对教育发展与演变的认识，更有利于我们对特定时期的社会思潮、文化传统、科技水平、学校现象等多种因素的认识。

目前，关于中国中小学数学教科书发展史的研究取得了可喜的成果。如，关于中学几何教科书、代数教科书，都出现硕博士学位论文和其他相关论著。但是，对作为数学基础知识的三角学教科书发展史的系统而深入的研究仍为空白，虽或有一些论文或专著涉及三角学教科书发展史，但对1902~1949年各个时期三角学教科书的发展没有系统地加以研究。因此，三角学教科书建设之研究是亟须解决的问题。从文史资源的角度看，1902~1949年中国中学三角学教科书是学术研究中一片尚待开发的处女地。对这一时期三角学教科书发展史进行研究，在选题上具有一定的开创性；

---

① 吴永贵：《民国出版史》，福建人民出版社，2011，第443页。
② 张伟、代钦：《"教科书"词源探》，《内蒙古师范大学学报》（教育科学版）2011年第2期，第87页。

同时，对教育的全面改革和发展都有重要的现实意义。研究意义具体表现在以下几个方面。

（1）从整体上厘清三角学教科书的发展脉络，探究和总结其在1902～1949年不同阶段的内容变化及编写特点，可以管窥这一时期中国的数学教育状况，同时对当今数学教科书建设也具有重要的参考价值和借鉴意义。

（2）选取1902～1949年各阶段典型的三角学教科书进行详细分析，可以使人们清晰地了解中国三角学教科书的发展历程，并对中学数学教育具有积极的推动作用。

（3）阐明当时的一些数学家、数学教育家、出版家对三角学教科书编写的支持与投入，如李蕃等学者编写的三角学教科书、张元济加入商务印书馆、陆费逵开创中华书局等，都对中国的教材建设起到了推动作用。

二 研究问题

历史是一面镜子，常常可以从它反映的事实中总结经验，吸取教训。综观1902～1949年，中国中学数学教育变革纷繁复杂。政局的动荡，导致各种势力轮番登场，各种思潮此起彼伏，出现了众多的教育主张。一方面，国人自编的三角学教科书需遵照教育部颁布的数学课程标准进行编写；另一方面，翻译的三角学教科书大多不受中国审定制度的制约，可以自由地翻译出版。受这些错综复杂因素的影响，三角学教科书成为反映当时三角学教育的一个窗口。

（一）研究范围

1. 时间域——1902～1949年

1902～1949年是中国数学教育发展的一个极其重要的阶段，其间经历了壬寅学制、癸卯学制、壬子癸丑学制、壬戌学制以及数学课程标准的多次修订。这一阶段的中学数学教科书在整个教科书发展历程中扮演着十分重要的角色，对数学教育的贡献特别大，也是目前研究的热点之一。这正是触发对这一时期中国中学三角学教科书的演变进行考察的动机。

本书将清末民国时期界定为1902~1949年,以清政府颁布的"壬寅学制"作为探讨清末民国时期三角学教科书发展的起点,以1949年中华人民共和国成立为界,以数学教育史为视角,系统研究这一时期中国中学三角学教科书的发展状况。

2. 中学校用三角学教科书

"教科书(textbook),亦称课本,根据教学大纲(或课程标准)编定的系统地反映学科内容的教学用书。……清末废科举,兴学校,把自然科学、数学列入学校课程。当时,这些新学科的课本,多半采用外国书籍的译本。……1906年,清政府学部设图书局,是近代中国有计划地编辑成套教科书的开端。辛亥革命以后,中华民国政府教育部实行教科书审定制。商务印书馆和中华书局等都编辑出版了成套的教科书。……教科书是教学内容的主要依据,是实现一定教育目的的重要工具,是师生教与学的主要材料。"[1]

本书以1902~1949年中学校用三角学教科书为研究对象,不涉及大学三角学教材。因此,如无特殊说明,文中所指三角学教科书均为中学三角学教科书。

3. "教育制度下"和"教育制度外"的三角学教科书

"民国时期虽然有教科书审定制度,但审定制度只对国人编写的教科书有效,对翻译的教科书没有具体规定,所以翻译的教科书不一定受中国审定制度的制约,被自由地大量翻译出版,把这种现象称为'数学教育制度之外的三角学教科书'。"[2] 在反映民国时期三角学教科书发展的同时,也从另一个侧面反映当时中学数学教学的情况,即以一种教科书为主,同时参考其他教科书。

1922年,三角学教科书从翻译日本转向翻译欧美,如温德华士、葛蓝威尔等学者所编写的三角学教科书被引进中国,而且译者和版本较多,

---

[1] 中国大百科全书总编辑委员会《教育》编辑委员会、中国大百科全书出版社编辑部编《中国大百科全书·教育》,中国大百科全书出版社,1986,第145~146页。

[2] 代钦、刘冰楠:《民国时期高中数学教科书发展及其特点》,《数学通报》2015年第4期,第4页。

使用的时间跨度较长。因此，对民国时期三角学教科书从"数学教育制度下"和"数学教育制度外"两个方面进行梳理。其中，前者以国人自编为主，后者以翻译为主。

（二）研究内容

（1）力求把握近代中国三角学教科书发展的背景、脉络及核心内容的沿革与发展，总结近代三角学教科书的编写经验及编写特点，对目前中学数学教科书改革有何启示和借鉴。

（2）梳理教育界对三角学教科书建设的各种批评、建议及发行情况等，探寻清末民国时期中国三角学教科书的编写经历了哪些演变过程。

（3）考察清末民国时期使用广泛或影响较大的三角学教科书并进行比较：一是原著与译著之间的比较；二是同译本间的比较；三是不同时期教科书的比较。

（4）选择清末民国各阶段具有代表性的三角学教科书进行个案分析，阐述其编写特点及优缺点等。

三　文献综述

加勒特·汤姆森曾说："当我评价别人时若出现差错，我宁愿错在宽容他人上。对他人著作的评价也是如此。在著作中，我努力发现的不是应该责怪什么，而是应该赞扬什么，应该从中学到哪些东西。"① 这也是本书进行文献综述时遵循的原则之一。

（一）国内研究现状

1. 中国中学数学教育史研究现状

中国数学教育的历史源远流长，成绩斐然。然而，对中国数学教育史的系统研究与整理却出现得较晚。近年来，中国在数学教育史研究方面取得了一定的进展，也得到了学者的广泛关注。

---

① 加勒特·汤姆森：《莱布尼茨》，李素霞、杨富斌译，中华书局，2002，序言。

（1）专著

①魏庚人、李俊秀、高希尧编著《中国中学数学教育史》（人民教育出版社，1987）被认为是中国第一本数学教育史方面的著作。该书记述了从晚清到民国末年这一阶段的中学数学教育概况。其中，简要介绍了几本清末民国时期使用的三角学教科书目录及图片，对内容设置和编排特点等方面做出了简单的评价。但是，此书中有些评价是不合适的。如，"达到与西方并驾齐驱的地位"等属于不当评价。

②张奠宙、曾慕莲、戴再平著《近代数学教育史话》（人民教育出版社，1990）是继魏庚人先生之后出版的中国第二本有关数学教育史方面的著作。其中，第13篇题为《合久必分，分久必合——记20年代混合数学的前前后后》，其中有一些关于三角学在混合教学时期的简单描述。

③张奠宙著《数学教育经纬：张奠宙自选集》（江苏教育出版社，2003）从20世纪80年代以来数学教育改革谈起，既有纵向的历史传统，又有横向的国际比较和现实述评，折射出数学教育改革的现实。其中，第二部分"数学教育视点"中有关于三角学发展历史的简单介绍及三角函数教学的相关论述。

④马忠林、王鸿钧、孙宏安、王玉阁著《数学教育史》（广西教育出版社，2001）探讨了中外数学教育史的兴衰历程，是中国第一部通史性的数学教育史著作，列有清末时期主要使用的数学教科书，其中包括代数学、几何学、三角学等教科书。

⑤李兆华编《中国近代数学教育史稿》（山东教育出版社，2005）讨论了1862~1911年学校数学教育的变化、民间的数学传播及数学教科书的编审工作等。其中，第5章"新式学堂的数学教育"涉及部分三角学教科书书目的列举。

⑥代钦、松宫哲夫著《数学教育史——文化视野下的中国数学教育》（北京师范大学出版社，2011）从中国的文化思想和教育传统角度，考察了中国数学教育的发展史。其中，第8章"清末数学教育"和第9章"民国数学教育"涉及清末民国时期部分三角学教科书的出版情况。

⑦李春兰著《中国中小学数学教育思想史研究（1902-1952）》（内蒙古教育出版社，2011）第5章"数学教育思想的中国化"以数学教科

书的发展为视角，比较系统、深入地论述了西方数学教育中国化的曲折历程，其中涉及一些三角学教科书书目。

⑧王建磐主编《中国数学教育：传统与现实》（江苏教育出版社，2009）第2章"国外数学教育的传入与影响"，介绍了20世纪日本、欧美、苏联等国对中国数学教育的影响，并以表格的形式呈现了部分译自外国的三角学教科书。

除以上专门的数学教育史方面的著作外，还有一些散见于中国近代中学教科书研究、中国中学教育史研究、教科书出版研究等著作中，但与数学教育关系不大，仅在参考文献中列出，此不赘述。

（2）博士学位论文

在"中国博士学位论文全文数据库中"，以"题名"为检索项，以"数学""教科书""中国近现代""清末民国""20世纪教科书""数学教育史"等为检索词，检索出8篇关于近代数学教科书研究的博士学位论文，如表0-1所示。

表0-1 有关近代数学教科书研究的博士学位论文

序号	作者	论文题目	年份	毕业学校
1	陈婷	20世纪中国初中几何教科书编写的沿革与发展	2008	西南大学
2	魏佳	20世纪中国小学数学教科书内容的改革与发展研究	2009	西南大学
3	李春兰	中国中小学数学教育思想史研究（1902－1952）	2010	内蒙古师范大学
4	张伟	中国近代中学代数教科书发展史研究	2011	内蒙古师范大学
5	刘盛利	中国微积分教科书之研究（1904－1949）	2012	内蒙古师范大学
6	王敏	欧美对中国中小学数学教育的影响（1902－1949）	2014	内蒙古师范大学
7	张美霞	清末民国时期中学解析几何学教科书研究	2018	内蒙古师范大学
8	张彩云	中国中学几何作图教科书发展史（1902－1949）	2019	内蒙古师范大学

陈婷的《20世纪中国初中几何教科书编写的沿革与发展》以影响20世纪中国初中几何教科书编写的一些重大事件为线索，分八个阶段对20世纪中国初中几何教科书编写演变的背景及脉络等做了系统的梳理。采用个案研究法，对每个阶段有代表性的几何教科书进行了分析，总结了其编写体系与主要特点等。

魏佳的《20世纪中国小学数学教科书内容的改革与发展研究》对20世纪中国小学数学教科书内容的百年演变历程做了全景式分析，探究影响其变革的内因与外因，最后得出的八点启示，对当今中国小学数学教科书内容改革与实践具有一定的启示和借鉴意义。

李春兰的《中国中小学数学教育思想史研究（1902~1952）》以数学教育思想变革的历史背景、现代数学教育的中国化过程等问题为切入点，系统考察了1902~1952年中国数学教育思想发展的历史经纬。以数学教育目的、数学教科书和教学法的发展为视角，论述了西方数学教育中国化的曲折历程。

张伟的《中国近代中学代数教科书发展史研究》通过对代数教科书发展史的梳理，阐明了近代中学代数教科书的编写背景及发展脉络；对清末民国时期使用广泛、影响较大的代数教科书采用个案分析法进行研究，总结近代代数教科书的编写经验，为当今数学教科书的编写提供借鉴。

刘盛利的《中国微积分教科书之研究（1904-1949）》从宏观上对中国1904~1949年使用的微积分教科书进行了系统的梳理，探讨了近代微积分教科书的编写、出版、内容体系的变迁，呈现出该时期微积分教科书发展之经纬。微观上对近代各个时期比较有代表性的微积分教科书进行了个案研究，探讨其编写特点。

王敏的《欧美对中国中小学数学教育的影响（1902-1949）》系统分析了1902~1949年欧美数学教育对中国数学教育的影响。其中，第4章以数学教科书为载体，在概述清末民国译介欧美数学教科书背景的基础上，探讨了欧美数学教科书在中国的创造性转化的过程。

张美霞的《清末民国时期中学解析几何学教科书研究》以清末民国时期解析几何学教科书整体发展情况作为研究主线，重点论述了中学解析几何学教科书的发展历史，从解析几何课程设置、出版情况、审定情况、作者群的知识背景、教科书内容与课程内容比较等方面分析不同时期解析几何学教科书的特点等。

张彩云的《中国中学几何作图教科书发展史（1902-1949）》以中学几何作图教科书及几何教科书中的作图为研究对象，以数学教育史为背景，梳理中国几何作图教科书的发展脉络，总结其发展特点，分析影响其发展的因素，为当今几何教育及几何教科书的编写提供了启示。

除以上研究外，还有一些有关近代教科书研究的博士学位论文，如毕苑的《中国近代教科书研究》（北京师范大学，2004）、吴小鸥的《清末民初教科书的启蒙诉求》（湖南师范大学，2009）、王昌善的《中国近代中小学教科书编审制度研究》（湖南师范大学，2011）等。这些论文都是从宏观上对近代教科书进行分析，没有立足于数学这一门学科，故在此不赘述。

（3）硕士学位论文

在"中国优秀硕士学位论文全文数据库"中，以"题名"为检索项，以"数学""教科书""中国近现代""清末民国""20世纪教科书""数学教育史"等为检索词，检索出7篇关于近代数学教科书研究的硕士学位论文，如表0-2所示。

表0-2 有关近代数学教科书研究的硕士学位论文

序号	作者	论文题目	年份	毕业学校
1	王晓霞	中国数学教育研究史之研究	2006	内蒙古师范大学
2	韩 斌	民国时期大学入学数学考试研究	2010	内蒙古师范大学
3	王靖宇	中国近现代高中立体几何教科书研究（1902-1949）	2012	内蒙古师范大学
4	肖 萍	20世纪中国小学数学教科书"数与计算"内容演变研究	2015	赣南师范学院
5	王 莉	中国中学解析几何教科书发展史研究（1902-1949）	2016	内蒙古师范大学
6	李 瑶	清末民国时期三套中学数学教科书的比较研究	2018	四川师范大学
7	程 清	民国时期小学数学教科书"数与代数"领域的插图研究	2019	广西师范大学

王晓霞的《中国数学教育研究史之研究》分三个阶段（1901～1949年、1951～1966年、1976年至今）对中国数学教育研究的内容、思想方法和主要特征等问题进行了系统的研究。其中，1901～1949年，以《教育杂志》为素材，对这一时期的重要数学教育思想、教学方法产生的影响等做了简要论述。

韩斌的《民国时期大学入学数学考试研究》从历史的视角，对清末民国时期的大学入学数学考试题和招生制度进行了较为系统的研究，对 1922 年之前、1922~1937 年、1938~1949 年三个阶段大学入学数学考试题进行分析整理，总结出各个阶段的试题特点及变化。

王靖宇的《中国近现代高中立体几何教科书研究（1902-1949）》以大量一手资料为素材，对中国近现代高中立体几何教科书进行了较为深入的研究；同时，选取五种具有代表性的立体几何教科书进行了个案分析。

肖萍的《20 世纪中国小学数学教科书"数与计算"内容演变研究》以纵向的时间发展为线索，分三个阶段对具有代表性的小学数学教科书中"数与计算"的部分，从内容选择、编排体系、呈现方式三个方面探讨其演变特征并给出启示。

王莉的《中国中学解析几何教科书发展史研究（1902-1949）》借助第一手资料，对这一时期中学解析几何教科书的历史背景、内容体系及其特点进行了比较深入的研究。同时，对解析几何核心概念的变迁进行了梳理。

李瑶的《清末民国时期三套中学数学教科书的比较研究》从教科书的编写和使用两个方面梳理了清末中学数学教科书的发展历程。选取三套教科书，从教科书的编写理念、教科书的结构、教科书的内容、名词术语、数学符号等角度对其进行对比分析，并提出对当前数学教科书编写的建议。

程清的《民国时期小学数学教科书"数与代数"领域的插图研究》以三套教科书为研究对象，对"数与代数"领域的插图进行研究，分析其编排特点，并试图为现行小学数学教科书插图编写提供启示。

此外，还有一些有关近代教科书研究的硕士学位论文，如宋军令的《近代商务印书馆教科书出版研究》（四川大学，2004）、李文慧的《民国时期中小学教科书发展研究》（河北大学，2008）等。但这些论文与数学教科书没有多大关系，兹不赘述。

（4）期刊

在"中国期刊全文数据库"中，以"题名"为检索项，以"三角学""数学""教科书""中国近现代""清末民国""20 世纪教科书""数学教育史"等为检索词，检索出相关文章共 55 篇，如表 0-3 所示。

绪 论

表 0-3 有关近代数学教科书研究的期刊论文

序号	作者	论文题目	期刊/杂志名称	年,卷(期)
1	颜秉海、文晓宇	中国数学教育史简论	数学通报	1988(6)
2	颜秉海、文晓宇	中国数学教育史简论(续)	数学通报	1988(7)
3	颜秉海、文晓宇	中国数学教育史简论(续)	数学通报	1988(8)
4	田 淼	清末数学教育对中国数学家的职业化影响	自然科学史研究	1998,17(2)
5	田 淼	清末数学教师的构成特点	中国科技史料	1998,19(4)
6	代 钦	中国近现代数学教学法发展研究	内蒙古师范大学学报(自然科学汉文版)	2000,29(2)
7	代 钦	王国维与中国近代数学教育	内蒙古师范大学学报(教育科学版)	2006,19(5)
8	代钦、李春兰	中国数学教育史研究进展 70 年之回顾与反思	数学教育学报	2007,16(3)
9	张 伟	外国数学教科书的翻译对中国数学教育的影响	内蒙古师范大学学报(教育科学版)	2007,20(12)
10	张 伟	清末数学教育之变迁	三峡大学学报(人文社会科学版)	2007,29(专辑)
11	李春兰	民国时期中学混合数学教学法发展研究	内蒙古师范大学学报(自然科学汉文版)	2007,36(6)
12	吕世虎	20 世纪中国中学数学课程的发展(1901~1949)	数学通报	2007,46(6)
13	代 钦	王国维到陈建功——中国数学教育研究 50 年的回顾与反思	数学通报	2008,47(3)
14	代 钦	王国维到陈建功——中国数学教育研究 50 年的回顾与反思(续)	数学通报	2008,47(4)
15	郭玉峰、李亚玲	吴在渊、胡敦复初中几何教材内容简介、分析及思考	数学通报	2008,47(4)
16	陈 婷	20 世纪上半叶中国初中几何教科书的演变及其启示	教育学报	2009,5(2)
17	吕世虎、吴春燕、陈婷	20 世纪以来中国中学数学课程内容综合化的历程及其启示	数学教育学报	2009,18(6)
18	魏 佳	清末小学数学教科书编写:史实与借鉴	课程·教材·教法	2009,29(11)

续表

序号	作者	论文题目	期刊/杂志名称	年,卷(期)
19	林志伟、代钦、李春兰	小仓金之助的数学教育思想——以《算学教育的根本问题》为中心	内蒙古师范大学学报(自然科学汉文版)	2009,38(5)
20	张伟	民国时期主要使用的数学教科书(1911~1949)	内蒙古师范大学学报(自然科学汉文版)	2009,38(5)
21	李朝晖、张伟	清末的数学教科书	内蒙古师范大学学报(自然科学汉文版)	2009,38(5)
22	陈婷	20世纪20年代末中国初中混合数学教科书考察	教育学报	2010,6(2)
23	代钦、李春兰	吴在渊的数学教育思想	数学通报	2010,49(3)
24	代钦	漫话清末中学数学教科书	中华读书报	2012,6(6)
25	刘盛利、代钦	清末罗密士的《最新微积学教科书》	数学教育学报	2012,21(2)
26	刘盛利、代钦	中国高等教育之研究——以微积分教科书(1904~1949)为视角	内蒙古师范大学学报(教育科学版)	2012,25(5)
27	付云菲、代钦	清末民国时期初中算术教科书研究	内蒙古师范大学学报(教育科学版)	2012,25(6)
28	刘盛利、代钦	民国时期微积分教科书研究——以熊庆来的《高等算学分析》为例	内蒙古师范大学学报(自然科学汉文版)	2012,41(3)
29	魏佳	清末小学笔算教科书的艰难蜕变	中华读书报	2013,3(13)
30	陈婷、吕世虎	二十世纪混合数学教科书的先河——《布利氏新式算学教科书》之考察	数学教育学报	2013,22(2)
31	李春兰	中西数学文化碰撞下的清末中学数学教科书	内蒙古师范大学学报(教育科学版)	2013,26(4)
32	张伟、董杰	论中国近代代数教科书的多元化	内蒙古师范大学学报(教育科学版)	2013,26(4)
33	李江南、付云菲	清末民国时期初中算术教科书中分数概念内容编排特点	内蒙古师范大学学报(教育科学版)	2013,26(4)
34	王敏、代钦	上野清数学教科书研究	内蒙古师范大学学报(教育科学版)	2013,26(6)
35	苏日娜、代钦	民国时期的《初级混合数学》教科书	内蒙古师范大学学报(教育科学版)	2013,26(8)

续表

序号	作者	论文题目	期刊/杂志名称	年,卷(期)
36	刘冰楠、代钦	清末新学制下的《最新中学教科书三角术》	内蒙古师范大学学报(教育科学版)	2013,26(8)
37	张涛、代钦	温德华士数学教科书在中国	内蒙古师范大学学报(教育科学版)	2013,26(8)
38	海红、代钦、刘冰楠	"中学校用共和国教科书"数学教科书研究	内蒙古师范大学学报(教育科学版)	2013,26(12)
39	杨薇、刘晓平、代钦	吴在渊对中学数学教科书的贡献	内蒙古师范大学学报(教育科学版)	2013,26(12)
40	陈婷	中国20世纪30年代初中实验几何教科书考察	数学通报	2014,53(1)
41	代钦	民国时期初中数学教科书发展及其特点	数学通报	2014,53(8)
42	代钦	清末中学数学教科书发展及其特点	课程·教材·教法	2015,35(1)
43	代钦、刘冰楠	民国时期高中数学教科书发展及其特点	数学通报	2015,54(4)
44	刘冰楠、代钦	民国时期国人自编三角学教科书中"三角函数"变迁	数学教育学报	2015,24(3)
45	代钦	图像学视野下的清末数学课堂	数学通报	2015,54(9)
46	李雪婷、代钦	清末民国时期统计学教材的发展	内蒙古师范大学学报(教育科学版)	2015,28(3)
47	张伟、代钦	西方代数学在中国的传播与普及(1859-1911)	数学通报	2015,54(11)
48	张伟、代钦	民国函数教育历史之考略	兰台世界	2015(31)
49	代钦	民国时期实验几何教科书的发展及其特点	数学教育学报	2016,25(1)
50	常红梅、代钦	清末小学算术教科书个案分析——以《初等小学用最新笔算教科书》为例	内蒙古师范大学学报(教育科学版)	2016,29(4)
51	代钦	作图是几何教育的根基——兼论清末民国时期几何作图教科书的发展	数学通报	2017,56(10)
52	张美霞、代钦	20世纪前半叶我国中学解析几何课程演变之探微	内蒙古师范大学学报(自然科学汉文版)	2018,47(3)

续表

序号	作者	论文题目	期刊/杂志名称	年,卷(期)
53	张美霞、代钦	20世纪我国中学解析几何课程目标的演变	数学通报	2018,57(1)
54	张彩云、代钦	民国时期中学几何作图教科书发展及其特点	数学通报	2019,58(4)
55	张彩云、代钦	清末几何作图教科书《最新中学教科书用器画》研究	数学教育学报	2019,28(1)

从表 0 - 3 中可以发现以下几个特点。

第一，从文章发表的数量来看，关于清末民国时期数学教科书的研究已经成为重点及热点问题之一。

第二，从文章发表的杂志类型来看，主要发表在数学教育核心期刊上，以《内蒙古师范大学学报》为多。

第三，从研究内容来看，主要从清末民国时期的数学教育、数学教科书（代数、几何、三角、微积分、解析几何）等方面进行研究。

第四，从研究方式来看，主要通过对时代背景、编译者、编写理念与编排形式、内容、名词术语、数学符号等进行论述，最终总结其特点，并举有实例。

第五，从文章发表的作者群来看，以代钦教授及其带领的一批硕博士研究生为多，同时吕世虎、陈婷等学者的相关研究也较多。

(5) 论文集

①李迪《1860～1960 年间中国数学教科书的变迁及原因与思考》(《中日近现代数学教育史》第二卷，ハンカイ出版印刷株式会社，1998)，是目前收集到的第一篇从整体上全面论述 1860～1960 年中国数学教科书变迁史的文献资料。

②李迪、代钦《中国数学教育史纲》(《中日近现代数学教育史》，第四卷，ハンカイ出版印刷株式会社，2000) 以近现代为重点，论述了从周代到现代近 3000 年中国数学教育的发展，并对其发展史做了较为全面的阐述。

③代钦《清末数学教育》(《中日近现代数学教育史》第一卷，ハン

カイ出版印刷株式会社，1997）以"壬寅学制"和"癸卯学制"为背景，简要列举清末时期使用的数学教科书，同时对清末的数学教育进行了简单评价。

④代钦《民国初年（1912～1922年）的数学教育》（《中日近现代数学教育史》第一卷，ハンカイ出版印刷株式会社，1997），以民国初年数学教育改革为背景，对这一时期使用的数学教科书进行了简要介绍。

⑤代钦《中国清末民国期间数学教育研究之经纬》（《中日近现代数学教育史》，第六卷，ハンカイ出版印刷株式会社，2007），以《教育杂志》为主要线索，论述了中国数学教育研究在清末民国时期近50年的发展历史；同时，对数学教育研究的进展及其特点进行了归纳。

⑥李春兰《清末民国时期的数学教科书》（丘成桐、杨乐、季理真主编《数学与教育》（数学与人文）第5辑，2011），从宏观上对清末民国时期主要使用的数学教科书进行了简单介绍，其中包括"共和国数学教科书""新学制数学教科书""复兴教科书"，并对清末民国时期数学教科书的特点进行了分析。

上述所列专著、硕博士学位论文、期刊/杂志论文、论文集等相关研究成果，为本书提供了重要的参考价值。虽然以上研究均从数学教育史的不同角度对近代数学教科书进行了分析，在分科阶段的讨论过程中，有人提到三角，或是对此进行了简单的介绍，却没有立足于三角学这门学科展开系统而深入的研究。故本书以此为突破口，对1902～1949年中国中学三角学教科书的发展史进行系统的研究。

2. 中国数学史中三角学研究现状

对三角学教科书的研究也有一些学者从数学史的角度展开，并且散见于数学的著作中。但这些研究大多立足于三角的发展，没有从中学数学教材建设的角度进行论述。

（1）专著

①莫由、许慎编著的《中国现代数学史话》（广西教育出版社，1987）第13章，以"史话"的形式简要论述了1911～1949年数学教科书的演变。

②张奠宙著《中国近现代数学的发展》（河北科学技术出版社，

2010）第 3 章第 9 节，对 20 世纪中国数学教科书的演变进行了论述。

此外，还有一些关于三角学历史的著作，如中外数学简史编写组编写的《中国数学简史》（山东教育出版社，1986），袁小明编著《初等数学简史》（人民教育出版社，1990），梁宗巨著《数学历史典故》（辽宁教育出版社，1995），杜石然、孔国平编《世界数学史》（吉林教育出版社，2009），李文林著《数学史概论》（高等教育出版社，2011），特古斯、尚利峰著《清代三角学的数理化历程》（科学出版社，2014）等。

（2）硕博士学位论文

在"中国优秀硕士学位论文全文数据库"和"中国博士学位论文全文数据库"中，以"题名"为检索项，以"三角""教科书""清末民国"等为检索词，检索到 1 篇博士学位论文和 2 篇硕士学位论文，如表 0-4 所示。

表 0-4 有关三角学研究的硕博士学位论文

序号	作者	论文题目	学位	年份	毕业学校
1	董 杰	清初三角学的独立与发展研究	博士	2011	内蒙古师范大学
2	杨 楠	《三角数理》的翻译及其影响	硕士	2009	天津师范大学
3	张凤英	《八线备旨》在清末	硕士	2014	内蒙古师范大学

董杰的《清初三角学的独立与发展研究》是第一篇以三角学为主要研究内容的博士学位论文。该文以清初三角学为研究对象，考察了三角学在中国的流传、发展与演变的过程。

杨楠的《〈三角数理〉的翻译及其影响》以《三角数理》的翻译与传播为主线，概述其翻译背景，阐述了《三角数理》的内容及影响，并对其做出评价。

张凤英的《〈八线备旨〉在清末》对《八线备旨》传入中国的背景、内容等进行了探讨，分析其在中国从流行到衰落的过程，并对其特点进行了总结。

此外，还有两篇硕士学位论文从数学史的角度对三角学在中国的传播与发展进行了论述，分别为杜雨珊的《三角学历史研究》（辽宁师范大学，2009）和尚利峰的《清代三角学的基本概念与变迁》（内蒙古师范大学，2011），因与三角学教科书关系不大，故不赘述。

(3) 期刊/杂志论文

同样,以"三角""教科书""中国近现代""清末民国""20世纪教科书"等为检索词,检索出相关文献7篇,如表0-5所示。

表0-5 有关三角学研究的期刊/杂志论文

序号	作者	论文题目	期刊/杂志名称	年,卷(期)
1	白尚恕	介绍中国第一部三角学——"大测"	数学通报	1963(2)
2	沈康身	17-19世纪中国在球面三角学方面的研究成果	杭州大学学报(自然科学版)	1980(3)
3	云利英、宋志业	从中国三角学早期会通看科学传播中的创新点	咸阳师范学院学报	2011,26(6)
4	董杰、张伟	从清初中算家对三角学的会通看科学精神之兴起	内蒙古师范大学学报(自然科学汉文版)	2011,40(4)
5	特古斯	晚清三角学的稳定与变迁	内蒙古师范大学学报(自然科学汉文版)	2011,40(5)
6	董杰	清初三角学研究中的学术精神	自然辩证法通讯	2012,34(1)
7	特古斯	清代三角学的结构与变迁	内蒙古师范大学学报(自然科学汉文版)	2012,41(5)

由表0-5可知以下几点。

第一,从文章发表的时间与数量来看,有关三角学的研究时间跨度较长,起步较早,但数量不多。

第二,从文章发表的期刊类型来看,主要发表在数学教育的一些核心期刊上。

第三,从研究内容来看,主要从历史的视角,对三角学的传入、发展及影响进行了论述。

综上所述,以上研究均关注的是1902年以前三角学的发展,大多是从历史的角度进行阐述,而很少从教育的视角审视清末民国时期三角学教科书的发展情况。

(二) 国外研究现状

在国内外学者进行学术交流的同时,国内学者对中国数学教育史的研究也引起了一些外国学者的关注，其中以松宫哲夫的研究为代表。

松宫哲夫在《中国数学教育史概观（1862～1987年）——分期与各时期的特征》（《数学教育研究》第17号，1987年）和《对中国的初中数学中的混合教授法的历史性考察与现代性》（《数学教育研究》第24号，1994年）等10多篇论文中，均对中国数学教科书从整体上进行了一定的概括，属于宏观层面的研究。

此外，专著方面有H.伊夫斯著、欧阳绛译《数学史概论》，M.克莱因著、张理京等译《古今数学思想》，Eli Maor著、曹雪林等译《三角之美：边边角角的趣事》，伊恩·斯图尔特著、熊斌等译《数学的故事》，斯科特著、侯德润等译《数学史》，博耶著、秦传安译《数学史》，黑木哲德著、赵雪梅译《数学符号理解手册》等。

经以上整理发现，国内数学教育工作者对清末民国时期数学教科书进行了较为系统的研究，并且已经出现了关于这一时期代数教科书、几何教科书、微积分教科书、解析几何教科书研究的博士学位论文，尚未发现对清末民国时期中学三角学教科书的发展史进行研究的著作。故本书在收集大量原始资料的基础上，对清末民国时期中学三角学教科书的发展史做一系统而深入的研究，旨在为中国中学数学教育史领域打开一个小小的窗口。

四 研究方法与思路

（一）研究方法

本书主要采用了历史研究法、文献研究法、比较研究法、个案研究法、图表法等研究方法。

1. 历史研究法

任何事物的发展都有其自身的历史，并且是作为一个过程展开的。欲认识现实首先应了解历史，从数学教育的丰富历史事实中，寻求对教育规律的科学认识。首先，进行史料收集。通过收集三角学发生、发展和演变的历史文献，加以系统客观的分析研究，从而揭示其发展规律。其次，在时代背景、教育制度、数学教育家的教育思想等大环境下，通过历史研究揭示不同时期三角学教科书的编写特点等。

2. 文献研究法

对文献进行查阅、分析及整理。鉴于本研究属于数学教育史领域，所以对清末民国时期有关中学数学教育的文献尽可能多地收集。文献查阅的范围包括数学教育史及数学史领域，查阅的内容还包括清末民国时期的教科书总目录、中学数学教科书、教育制度、课程标准，清末民国时期的报纸、杂志上有关教科书的编写经验、评论性论文，该时期一些重要教育家、数学家及数学教育家的教育论著、回忆录等，以及现代学者对清末民国时期数学教育方面的相关研究成果等。

本书从三角学教科书目录开始，力图从学术史的视角认识本课题的研究意义和发展方向。因此，对三角学教科书目录的收集是比较完整的。其中，教科书总目录类主要查阅了王有朋主编《中国近代中小学教科书总目》（上海辞书出版社，2010）、人民教育出版社图书馆编《民国时期总书目：中小学教材》（书目文献出版社，1993）、李迪编《中国算学书目汇编·中国数学史大系》（副卷第二卷）（北京师范大学出版社，2000）、中华书局编辑部编《中华书局图书总目（1912～1949）》（中华书局，1987）、吴艳兰编《北京师范大学图书馆馆藏师范学校及中小学教科书书目（清末至1949年）》（北京师范大学出版社，2002）、谭汝谦主编《中国译日本书综合目录》（香港中文大学中国文化研究所书目引得丛刊之一）（中文大学出版社，1980）、熊月之编《晚清新学书目提要》（上海书店出版社，2007）、实藤惠秀编《中国译日本书综合目录》（香港中文大学出版社，1980）、商务印书馆编《商务印书馆图书目录（1897-1949）》（商务印书馆，1981）、周振鹤编《晚清营业书目》（上海书店出版社，2005）、王韬和顾燮光编《近代译书目》（北京图书馆出版社，2003）。

杂志类阅读与参考了商务印书馆印行的《东方杂志》（1904～1948，共发行44卷819号）、商务印书馆教育杂志社编辑出版的《教育杂志》（1909～1948，共出版33卷382期）、中华书局编辑发行的《中华教育界》（1912～1950，共出版发行29卷305号）、江苏省教育总会在上海创办的《教育研究》（1913～1931）、商务印书馆出版的《学生杂志》

(1914～1931，共出版24卷210期)、任鸿隽和赵元任等创办民国时期的期刊《科学》（1915年创办至今）①、武汉大学的《中等算学月刊》(1933～1937，共出版44期)②、中国数学会创办的《数学杂志》(1936～1939，共出版2卷5期)、上海中国数学会的《中国数学杂志》(1936～1939，共出版36期)。1949年以后的文献主要以"三角学""数学""教科书""中国近现代""清末民国""20世纪教科书""数学教育史"等为检索词，通过"中国学术期刊全文数据库"进行查阅。

根据教科书总目录及各网站，搜索相关三角学教科书，在占有大量原始文献的基础上，将三角学教科书置于百年中国社会的宏观历史背景中，结合当时的教育状况与社会思潮，给予较为系统的研究，最大限度地再现其历史并对其做出解析。本书的所有材料都需要一点一滴地收集，并对其进行梳理。尽管全力收集，但也无法保证史料的绝对完整性，只能是相对完整的。

3. 比较研究法

比较研究的实质在于从事物的相互联系和差异的比较中观察事物、认识事物、从而探索规律。正如爱因斯坦所指出："知识不能单从经验中得出，而只能从理智的发明同观察到的事实两者的比较中得出。"③

本书在比较研究法中利用了同类比较研究、纵向和横向比较研究、定性和定量分析比较。从事物间存在差异性和同一性的角度，对同一版本的三角学教科书的不同译本采用同类比较研究，其中对同类相同点进行比较，找到其特定历史环境下呈现的特点；对同类相异点进行比较，找到其发展的特殊性。从比较对象历史发展和相互联系的角度，对三角学教科书在不同时期的发展变化进行纵向比较，从而弄清其发展的来龙去脉。对同一时期编写的三角学教科书采用横向比较研究，在相互关系的比较中找出其异同。根据所有事物都是质和量的统一的观点，对三角学教科书中的

---

① 刘敏：《民国时期〈科学〉杂志研究》，博士学位论文，内蒙古师范大学，2013，中文摘要。
② 乌兰图亚、代钦：《〈中等算学月刊〉研究》，《内蒙古师范大学学报》（教育科学版）2012年第2期，第83页。
③ 爱因斯坦：《爱因斯坦文集》第1卷，许良英、李宝恒、赵中立、范岱年编译，商务印书馆，1976，第278页。

核心内容——三角函数,采用定性分析法,分析其演变的特点。对这一阶段使用的三角学教科书的版本、再版次数、使用情况等进行定量分析,以判断其发展变化的特点。

4. 个案研究法

"个案研究是整体研究的基础,整体研究假如缺乏个案研究的基础,通常会流于'知性化'、教条化,无法处理各种很复杂的问题,而个案里面通常各种复杂的思潮、观念、心态交织在一起,更有一种逼真感,更能达到某种分析的深度,历史的还原性更好。"①

据目前收集到的原始资料来看,1902~1949年出版的三角学教科书数量较多,以民国为最。在此选取不同时期具有代表性的三角学教科书进行分析,旨在对其时代背景、编译者、编写理念与编排形式、内容、名词术语等进行分析与研究,进而总结其编写特点及历史意义。本书力图从五个维度进行分析。(1)时间维度,尽量兼顾清末民国各个阶段的三角学教科书;(2)类别维度,尽量兼顾再版次数较多的三角学教科书;(3)课程标准维度,尽量选取每一阶段依据数学课程标准编写的三角学教科书;(4)作者群维度,尽量兼顾著名数学家、数学教育工作者等编写的三角学教科书;(5)出版企业维度,尽量兼顾商务印书馆和中华书局出版的三角学教科书。基于以上考虑,本书选取了1902~1949年不同时期的三角学教科书作为个案进行研究。

5. 图表法

基于本书横跨清末和民国两个时代,时间跨度较大,而且距今已有110多年之远,无论是教科书出版的种类还是数量都比较多,但个别三角学教科书仅存书目而难寻其书,故对1902~1949年出版的三角学教科书进行了统计,为了直观,将以表格的形式给出。同时,对使用较为广泛、影响较大的三角学教科书配有相应的图片。对三角学教科书目录的变化、名词术语的演变及符号的西化历程等都在不同程度上以表格的形式展现。

---

① 许纪霖:《大时代中的知识人》,中华书局,2012,第434页。

（二）研究思路

鉴于目前三角学教科书研究成果重于局部而弱于整体，对三角学教科书编写的历史多于泛论而少于精述等现状，本书以 1902~1949 年为时间域，探讨中国三角学教科书的发展历程，继而根据各学制的颁布及数学课程标准（或课程纲要）的实施，对三角学教科书从编写、审定、发行到使用的发展情况逐一进行考察，总结出这一时期不同阶段三角学教科书的编写特点，并结合一些鲜为人知的重要原始文献，论述中国三角学教科书的发展历程。

采用系统论述与重点深入研究相结合的方式，对清末民国时期的三角学教科书展开论述。在系统概述的基础上与典型的个案分析相结合，通过对过去的反思以期对当今数学教科书的编写提供借鉴。目前已经收集到大量有关清末民国时期的三角学教科书，为本书奠定了扎实的研究基础。研究思路如图 0-1 所示。

首先，对收集到的文献资料进行梳理，以清末和民国两个时代为界分别进行考察。从数学课程标准的演变、教科书的审定经过、教科书种类及使用情况等，对清末时期三角学教科书进行宏观地梳理。同时，分别选取翻译美国和日本的两类三角学教科书作为案例，从教科书的编写背景、作者群、编写形式、内容体系、名词术语、特点等方面进行案例分析。

其次，对民国时期三角学教科书从"数学教育制度下"和"数学教育制度之外"两个方面展开论述。数学教育制度下的三角学教科书以国人自编为主线，从阶段划分、数学课程标准、教科书审定制度、教科书种类及使用情况等方面进行研究。其中，以数学课程标准的演变为依据对民国时期进行阶段划分，即将 1902~1949 年中国三角学教科书编写的沿革与发展历程划分为四个阶段：1902~1911 年（清末时期）、1912~1922 年（民国初期）、1923~1936 年（民国中期）、1937~1949 年（民国晚期）。其中，根据 1922 年学制的变化，又将 1923~1936 年划分为 1923~1928 年、1929~1936 年两个阶段。对每一阶段影响较广、使用较广的三角学教科书以案例分析的形式进行详细论述。1923 年，中国在初中开始实行混合数学，对 1923~1941 年商务印书馆和中华书局出版的四套混合

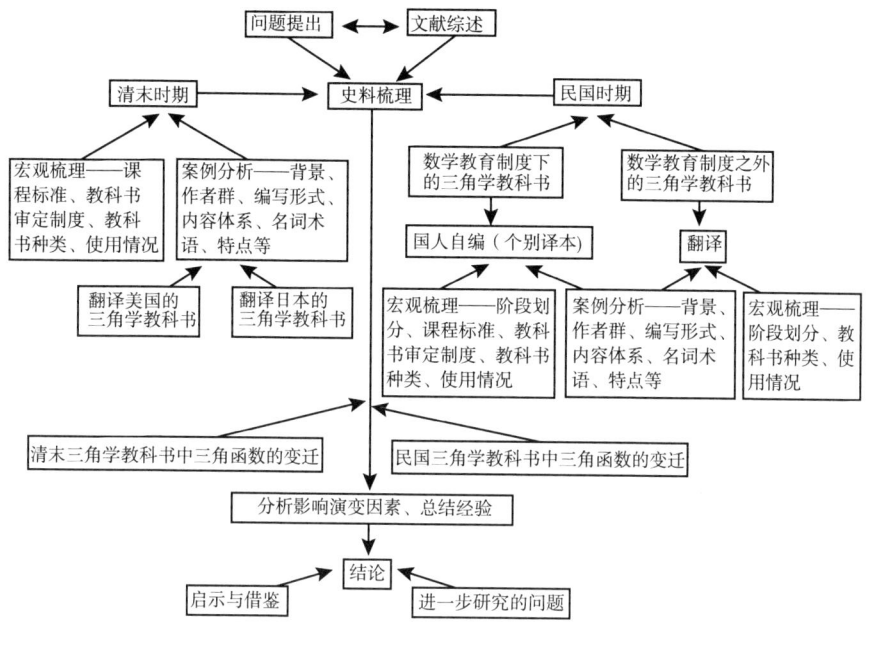

图 0-1 研究思路

数学教科书中的三角部分进行简要探讨。数学教育制度之外的三角学教科书主要是翻译的三角学教科书。其中,将 1912~1949 年划分为 10 年代、20 年代、30 年代、40 年代四个阶段,选取每一阶段使用范围较广、译本较多的外国三角学教科书进行个案分析。

再次,基于对清末民国时期三角学教科书沿革与发展历程的梳理及对教科书编写的案例分析,分别从内部和外部两个方面探究影响中国这一时期三角学教科书编写演变的主要因素,纵向厘清清末民国时期中学三角学教科书发展的基本脉络与核心问题。

最后,综述 1902~1949 年中国中学三角学教科书的发展历程及演变特点,从中总结历史经验,为当今数学教科书的编写提供借鉴与启示。

清末民国时期,中国的政治、经济、文化、教育经历了重大变革,对这一时期的历史进行研究非常重要,而很少有对该时期的三角学教科书进行研究的。本书以三角学教科书为核心,一方面力求系统揭示影响三角学教科书建设和发展的内因与外因,兼顾宏观和微观;另一方面也重视对三角学教科书的内容、编写理念、组织形式等具体过程的研究,避免泛泛叙事的弊端。本书的创新体现在以下几个方面。

（1）目前，关于三角学史的研究颇多，但大多立足于三角学的发展，没有从中学数学教材建设的角度进行论述。故本书以此为突破口，在占有大量原始文献的基础上，从数学史、数学教育史和教育制度的视角，对1902~1949年中国三角学教科书的发展历程进行系统梳理和深入分析。同时，结合三角学教科书编辑、出版、使用情况进行研究，展现中国三角学教科书由翻译到编译再到自编的过程。其中，值得指出的是，英文原版三角学教科书在清末民国时期一直被使用。

（2）将三角学教科书置于教育制度下与教育制度之外的背景下进行研究。选取教育制度下具有代表性的国人自编三角学教科书和教育制度之外翻译的三角学教科书进行个案分析，总结三角学教科书的编写特点。

（3）以三角学教科书中的核心内容——"三角函数"为线索，对其概念与内容的沿革进行详细梳理，展现近半个世纪的中国三角学教科书的演变过程，从而挖掘其变化过程中所蕴含的思想及编写特点等。

第一章　1902～1911年中学三角学教科书

"清末是一个新旧交替的过渡时代，即旧的已经被动摇但还没有被淘汰，新的已经开始但还没有完全形成"，① 三角学教科书亦如此。1904年颁布施行《奏定学堂章程》以后，中国三角学教科书得到前所未有的发展，并起到承前启后的作用。"除体现自身特征外，还反应了国人追求西方新式数学教育的梦想以及接受新事物的矛盾心态。"② 这一时期中国三角学教科书的编写以翻译、编译日本的为主。此时的中国通过日本学习西方数学知识，并把学习与借鉴日本作为实现数学和科学近代化的一条捷径，如效仿日本进行数学教育改革；聘请日本数学教习来中国任教，传授数学和科学知识；派遣大量留学生赴日学习；大量引进和翻译日本数学教科书和著作。近代数学知识通过日本源源不断输入中国，而且日本近代数学教育制度也被引进中国，对中国数学的近代化产生了深远的影响。③

清末时期虽然时局动荡，但中学三角学教科书得到蓬勃发展。本章在对清末数学教育制度中的学制及教科书审定制度的演变进行概述的基础上，对1902～1911年中学三角学教科书的发展历程进行梳理，分别选取翻译美国和日本的三角学教科书进行案例分析，以便从微观上详细了解这一时期三角学教科书的编写情况等。

---

① 代钦：《清末中学数学教科书发展及其特点》，《课程·教材·教法》2015年第1期，第114页。
② 代钦：《清末中学数学教科书发展及其特点》，《课程·教材·教法》2015年第1期，第114页。
③ 冯立昇：《中日数学关系史》，山东教育出版社，2009，第220页。

一 数学教育制度

(一) 数学课程设置的演变

明治32年（1899）2月，日本颁布《中学校令》，敕令第二十八号规定："第九条 中学校之修业年限为五年，但得置一年以内之补习科。第十条 得入中学校者，须年龄十二岁以上卒高等小学校第二年之课程者，或与此有同等之学力者。第十一条 关于中学校之学科及程度规则，文部大臣定之。第十二条 中学校之教科书，就已经文部大臣之检定者，而得地方长官之认可，由学校长定之。但非经文部大臣检定之教科书，而有时必须使用者，则地方长官可经文部大臣之认可，暂时许其使用。……第二十二条 既设之公私立寻常中学校，自本令施行之日改称中学校。他法令中有寻常中学校者，自本令施行之日后，以正当之中学校论。"[①] 该令自1899年4月1日在日本施行。中国翻译并刊载日本有关学制的期刊主要有《教育世界》（1901年创刊），内容分为言论和译文两部分。译文几乎全部是日本创办新教育的章程、法令、规章制度等，其中包括日本的《中学校令》。《中学校令》是中国制定近代学制的重要参考资料之一。

1902年8月11日，袁世凯拟定《中学堂暂行章程》，其中第一章"学堂办法"规定："直隶大学堂现在业经开办。各府、直隶州应设立中学堂，亟宜遵旨筹办。应每府设一处，各直隶州所属较少，或就近附于各府，或两州令设一处……中学堂学生，每学以五十名为额。有州附者，加额二十五名……中学堂学生统限四年毕业。"[②] 中学堂课程分中学、西学两项。其中，西学课程设置的七门科目中包括算学一门（西学课程的七门学科分别为英文、算学、地学、国史学、格致学、外国浅近政治学、体操）。使用的教科书，由总督统一颁行饬遵。学生每日在校学习时间为七小时，其中四小时学习西学。四年算学课程如表1-1所示。

[①] 璩鑫圭、唐良炎编《中国近代教育史资料汇编·学制演变》，上海教育出版社，2007，第225~226页。

[②] 璩鑫圭、唐良炎编《中国近代教育史资料汇编·学制演变》，第89~90页。

第一章 1902～1911年中学三角学教科书

表1-1 《中学堂暂行章程》中算学各学年课程安排

学年	学科	课程安排
第一年	算学	数学
第二年	算学	数学、代数
第三年	算学	代数、平积几何
第四年	算学	立积几何、平三角（即八线）

资料来源：璩鑫圭、唐良炎编《中国近代教育史资料汇编·学制演变》，第91页。

1902年8月15日，清政府颁布的《钦定学堂章程》（亦称"壬寅学制"），是中国近代教育史上第一个法定学校系统，也是中国新式学校体系诞生的标志。《钦定中学堂章程》中对三角课程没做要求，而是在《钦定京师大学堂章程》中有所规定，即三角课程在该章程中被移至大学学习。然而，《钦定学堂章程》虽然公布，但没有实施，它的颁布预示着中国学校教育的未来走向。换言之，《钦定学堂章程》颁布后，数学教育工作者已经着手翻译和编写学堂用三角学教科书，并为《奏定学堂章程》颁布后三角学教科书建设奠定了良好的基础。

1904年清政府颁布的《奏定学堂章程》（亦称"癸卯学制"），是完全模仿日本学制而定的。它对学校体系、课程设置、学校管理、教科书审定等都做了具体规定，是中国近代史上最早颁布并在全国施行的章程，一直沿用到中华民国成立。"癸卯学制"的施行改变了中国长期封建式的官学、私学、书院等形式，为中国建立现代形式的学校制度奠定了基础。《奏定中学堂章程》中，科目共分十二门，其中包括算学。中学堂学习年数以五年（10～14岁）为限，不分初中和高中，中华民国成立后将"学堂"改为"学校"。中学堂算学课程包括算术、代数、几何、三角和簿记。数学教科书也以算术、代数、几何和三角四个分支分科设置，进行分科教学。

《奏定中学堂章程》"学科程度章第二第四节"规定了算学教法："先讲算术（外国以数学为各种算法总称，亦犹中国御制《数理精蕴》定名为数之意，而其中以实数计算者为算术，其余则为代数、几何、三角，几何又谓之形学，三角又谓之八线)。"① 算学各科程度及每周授课时数如表 1-2 所示。

表 1-2 《奏定中学堂章程》中算学各科程度及每周授课时数

学年	学科	程度	每周钟点
第一年	算学	算术	4
第二年	算学	算术、代数、几何、簿记	4
第三年	算学	代数、几何	4
第四年	算学	代数、几何	4
第五年	算学	几何、三角	4

资料来源：课程教材研究所：《20世纪中国中小学课程标准·教学大纲汇编·数学卷》，人民教育出版社，1999，第207页。

1905年，清政府废除科举制度，模仿日本建立了学部，近代教育体制得以实施。同时，政府鼓励开设学校，近代学校教育开始普及。

中等教育方面，1909年5月15日，《学部奏变通中学堂课程分为文科、实科折》基于以下各原因，对中学堂进行文实分科："窃维治民之道不外教养，故学术因之有文学与实业之异。特是教养两端，分之则各专一门以致精，合之则循环相济以为用。……至中学堂之宗旨，年齿已长，趣向已分；或令其博通古今，以储治国安民之用；或令其研精艺术，以收厚生利用之功，于是文科与实科分焉。……伏查从前奏定中学堂课程，凡分……算学……十二门，五年毕业，普通学科大略皆备。果使教者善教，学者善学，五年毕业之后，其不再升学之学生，于普通知识、道德当足应用；惟学生毕业有志升学者，其所志既有殊异，而所升之学堂亦有文科实科之不同。……学文科者当求文学之精深，学实科者尤期科学之纯熟。中国文学既难，加以科学又极繁重，果能于五年之内二者兼通，岂非甚善？无如近日体察各省情形，学生资性既殊，志趣亦异，沈潜者于实科课程为宜，高明者于文科学问为近，此关于天授者也。"② 该章程参照德国已成

---

① 课程教材研究所编《20世纪中国中小学课程标准·教学大纲汇编·课程（教学）计划卷》，第43页。
② 璩鑫圭、唐良炎编《中国近代教育史资料汇编·学制演变》，第560~561。

之法，结合中国学堂实际情形，拟采用文实分科。

其课程仍照《奏定中学堂章程》十二门分门讲授；惟于十二门之中就文科实科之主要，权其轻重缓急，各分主课通习二类。文科以读经讲经、……为主课，而以修身、算学、……为通习；实科以外国语、算学、……为主课，而以……为通习。主课各门授课时数较多，通习各门较少，皆以五年毕业。文科、实科应习算学程度与课时如表1-3和表1-4所示。

表1-3　中学堂文科一类应习算学科程度及授课时数

学年	程度	每周钟点
第一年	算术	3
第二年	算术、代数	3
第三年	代数、几何	3
第四年	代数、几何	3
第五年	代数、几何、三角	3

注：中学堂文科所习三角课程在第五学年与代数、几何一起进行，三角课程每周授课时数不超过1小时。

资料来源：璩鑫圭、唐良炎编《中国近代教育史资料汇编·学制演变》，第562~564页。

表1-4　中学堂实科一类应习算学科程度及授课时数

学年	程度	每周钟点
第一年	算术	6
第二年	代数、几何	6
第三年	代数、几何	6
第四年	三角、解析几何	6
第五年	解析几何、微积分初步	6

注：中学堂实科所习三角课程在第四学年与解析几何一起进行，三角课程每周授课时数不超过3小时。

资料来源：璩鑫圭、唐良炎编《中国近代教育史资料汇编·学制演变》，第565~567页。

数学教育在中国的制度化是清末教育改革的重要成果之一，具体表现在：全面模仿日本的学制，把数学课程纳入各类学校的课程体系中。《钦定学堂章程》和《奏定学堂章程》在制度上确定了数学教育在中国的法定地位。

（二）数学教科书的审定经过

清末使用的教科书大多经各出版企业编纂出版，而对于教科书的审查工作却没有实施。各出版企业编纂的教科书，无须送政府进行审查，而学校采用的教科书，也由各科教师自由选用。自1902年无锡三等学堂将所编的蒙学课本七编，同时呈请官厅存案，但非正式送审。1903年京师大学堂刊布暂定各学堂应用书目，也不过聊备参考而已。"至1906年学部设立编译图书局，拟编各种教科书，在未竣事以前，取各家著述，先行审定，以备各学堂之用。于是，同年3月第一次审定初级小学和高级小学暂用教科书凡例及书目，是为政府机关正式审定教科书之始，自是迄今，政府对于教科书的审查工作，多于编纂工作，其审查的方针，也随时而不同。"①

当时由西方传入中国的教科书审查制度有两种，分别为审定制和国定制。审定制是允许民间自由编辑教科书，经政府教育部门审查通过后方可被学校采用的一种教科书审查制度。从当时世界各国教科书审查制度来看，大部分西方资本主义国家都实行审定制。日本在明治维新时期也实行审定制。这种制度促进了教科书出版企业间的竞争，从而推动了数学教育的进步。但凡事都有两面性，随着教科书出版企业间竞争日趋激烈，行贿受贿事件频发并渐趋严重。故1902年日本开始施行教科书国定制，由国家颁行统一的教科书。国定制有利于全国教育的整齐划一，控制国民思想，整体把握全国的教育。

按照主观意愿，清政府自然更倾向于国定制，因为国定制与传统"钦定制"更为接近，对于巩固封建统治更为有利。在清朝统治者还未弄清楚审定制、国定制为何物时，他们本能地希望能够"钦定"一种教科书颁行全国，以便有效地控制新式教育的发展。1903年京师大学堂以"钦定"形式颁布了各省学堂的暂行用书："京师大学堂，以各地学堂采用书籍，初无别择知识，而外府州县之稍僻远者，则更书名而不得知，乃

---

① 郑鹤声：《三十年来中央政府对于编审教科图书之检讨》，《教育杂志》（夏季特大号）第25卷第7期，1935年7月，第21页。

于光绪二十九年刊行暂定各学堂应用书目一册，其内容如下：……七、算学——列入普通珠算课本、物算教科书、笔算教科书、笔算数学、代数备旨、形学备旨、八线备旨、代形合参、几何原本、重学、微积溯源等数种。"① 这里规定了具体的教科书书目。从中可见，官方对中学教科书的了解和观点异常滞后，似乎见不到新的迹象，基本不能满足新式学堂数学教育的需要。因此，留日学者等纷纷参与数学教科书建设，翻译或编译自己认为合适的数学教科书，促进了数学教育的发展。

教科书审定制度的产生是清政府采取的一种权宜之计。其目的在于控制新式数学教科书的发展，从而有效地控制新式学堂的发展。"这一制度的确立，正式宣告了近代有目的，有计划，有组织地编审教科书的开始。从另一种意义上讲，这一制度的确立，也就肯定了新式教科书存在的合理性，肯定了民间编写教科书的合理性，这对于促进近代教科书的发展是具有积极意义的。"②《奏定学堂章程》正式确立了教科书审定制度。其中，"学科程度章第二之第八节"规定了教科书审定制度："凡各科课本，须用官设编译局编纂经学务大臣奏定之本，其有自编课本者，须呈经学务大臣审定，始准通用。官设编译局未经出书之前，准由教员按照上列科目，择程度相当，而语无流弊之书，暂时应用。出书之后，即行停止。"③ 由于《奏定学堂章程》颁布施行之际，尚未具备应有的历史条件，因此虽然有教科书审定制度，但是翻译、编写三角学教科书者无所顾及，按照自己的选择和判断翻译、编写三角学教科书，学校也根据自己的需要选择使用教科书，不考虑所使用的教科书是否审定通过。此外，《奏定学堂章程》也没有具体规定使用哪一种三角学教科书。在一定程度上，这种现象从清末一直延续到中华人民共和国成立。随着《奏定学堂章程》的颁行，数学教科书的编译工作被列入议事日程，并且形成了官私合作或分编教科书的局面。

然而，清政府对教科书的审定，正式开始于学部设立的编译图书局。

---

① 郑鹤声：《三十年来中央政府对于编审教科图书之检讨》，《教育杂志》（夏季特大号）第 25 卷第 7 期，1935 年 7 月，第 23 页。
② 王建军：《中国近代教科书发展研究》，广东教育出版社，1996，第 160 页。
③ 张之洞等：《奏定学堂章程》，台北：台联国风出版社，1970，第 374 页。

郑鹤声认为："清季兴学有三难：一曰经费难，二曰师资难，三曰教科图书难。而教科图书之难得，尤为教育上之阻碍。其时学校初开，大抵以旧学粗具之人，姑充讲师。对于图书审查能力，甚微薄弱，于是京师大学堂有暂行书目之刊行。然大学堂审查书籍，本备各学堂参考之用，非正式之课本可比，至于正式课本之审定，则当自学部始。"① 其时官编课本既无从采用，自不得不采取私编之书，私编之书不得不加以审定。1905年9月，山西学政宾熙奏请设立学部审查课本："窃谓课本未定，学生将无业可执，以致毕业之说，迄无期限，此今日所最当研究者也。查直隶学校司近编之各种科学书，及湖北官立学堂所出各门讲义，颇足以资采用，下至上海文明商务等书局，发行新辑中小学各教科书，亦多有宗旨不诡，繁简合宜之本，宜先荟萃此等讲义课本，由编译处统加审定。择其善者，分别部居，暂作为各学堂应用之书。"② 1906年5月，学部大臣奏定学部官制，设审定科，属总务司，掌审查教科图书，凡编译局之已经编辑者，详加审核颁行。审定中学暂用书目表内教科图书136种。其中，"商务印书馆编辑之最新教科书，实开中国学校用书之新记录"。③

1906年6月，学部成立编译图书局，专门负责编纂和审定教科书。要求凡编一种教科书要同时兼编其教授书等。关于中学数学教科书的审定，规定凡是有违京师大学堂编书处"端正学术，不堕畸邪"的编纂宗旨或"忠君、尊孔、尚公、尚武、尚实"的教育宗旨的教科书，均难通过审定为中学所采用。这些规定从一个侧面反映出清政府企图通过审定工作来控制新式教科书，从而达到巩固其统治地位的目的。对于没有充分体现清政府教育宗旨的教科书，学部在审定时，要求补充内容。总之，凡在政治、道德、风俗方面有违封建统治的教科书，内容均需删改，而未充分体现清政府政治、道德的则要求予以加强。1910年，四川留学生蔡文铨

---

① 郑鹤声：《三十年来中央政府对于编审教科图书之检讨》，《教育杂志》（夏季特大号）第25卷第7期，1935年7月，第21页。
② 郑鹤声：《三十年来中央政府对于编审教科图书之检讨》，《教育杂志》（夏季特大号）第25卷第7期，1935年7月，第22页。
③ 郑鹤声：《三十年来中央政府对于编审教科图书之检讨》，《教育杂志》（夏季特大号）第25卷第7期，1935年7月，第23页。

呈《平面三角教科书》，学部批复："应俟弧面编竣后再呈审定。"① 由此可见，这一时期，学部在审定三角学教科书时还十分注重平面三角与球面三角完备。学部对三角学教科书的审定意见，在一定程度上反映了当时三角学教科书的编写趋势。此外，"审定之图书，准五年内通用，五年后再加改良，仍可呈部再加审定。审定之图书，准标明学部审定字样"。②

虽然编译图书局在中学数学教科书审定工作中具有主导权，但其编印的教科书质量在社会上声誉并不佳。据《教育杂志》1909年第7期《学部编纂之近情》，"学部编纂各教科书，早经分门派定。编纂员每员月薪五十两，惟到部之时甚少。所编之稿，又必经管部大臣审定，往往一稿既定，忽以为不可，则提笔涂乙，或搁置不论，故书成无期。万一期限迫促，即东抄西袭，杂凑成册，聊以塞责云"。③ 虽然有这种情况存在，但迫于清廷的要求，学部编译图书局的中学教科书仍为众多中学所采用。然而，中学三角学教科书则均由各大教科书出版企业编辑出版，未见学部编译图书局出版的三角学教科书。

1909年，学部奏呈预备立宪事宜，规定于第二年颁布中学堂教科书审定书目。是年学部更定初等学堂课程，将部编各教科书书目，注于各科目之下，似有采用国定教科书的趋势。当时各种教科图书的弊端，据学部报告约有五处："一曰事多假设不能征实；二曰杂立名词，无复抉择；三曰方言讹误，不便通行；四曰文义艰深，索解不易；五曰卮言异说，惑乱人心。"④ 除学部外，又有各省学务公所设图书课，掌理编译教科书参考书，审查本省各学堂教科图书。"学部建立之后，师资培养的制度与教科书的编审制度渐趋规范。"⑤ 与此同时，众多民营出版企业也投入中学数学教科书的编译中来，他们出版的三角学教科书已经不再囿于译本，开始出现国人自编三

---

① 张运君：《晚清书报检查制度研究》，社会科学文献出版社，2011，第276页。
② 中华民国教育部编《第一次中国教育年鉴——戊编·教育杂录》，开明书店，1934，第119页。
③ 教育杂志社：《记事（本国之部）——学部编纂之近情》，《教育杂志》第1卷第7期，1909年6月，第48页。
④ 郑鹤声：《三十年来中央政府对于编审教科图书之检讨》，《教育杂志》（夏季特大号）第25卷第7期，1935年7月，第23页。
⑤ 李兆华主编《中国近代数学教育史稿》，山东教育出版社，2005，第21页。

角学教科书。这些民间企业出版的三角学教科书质量较高，数量也较多。

尽管清末三角学教科书在编写方面存在一些弊端，但在没有现成体例可供借鉴的情况下，三角学教科书编译者敢于尝试，努力打破传统教科书编写的陈规，力图将先进的编写理念引入教科书中，无疑已经迈出了近代新式教科书编写的一大步。

二 三角学教科书汇总

在《奏定学堂章程》颁布之前，清末已经出现中学堂水平的三角学教科书，并为其后翻译、编译和编写三角学教科书奠定了基础。当时，基督教传教士为新式三角学教科书的肇始与发展起到了关键性作用。来华的基督教传教士于1877年在上海召开第一次传教士大会，并在会上成立了益智书会，即"学校教科书委员会"，由狄考文、丁韪良、傅兰雅、潘慎文等组成。狄考文曾主张："教会学校的成败在相当程度上取决于是否拥有好的和适用的教科书。"[①] 在对教科书持这般认识下，他们编译或与中国数学家合作编译的数学教科书达20多种，其中包括一部三角学教科书——《八线备旨》，流传较广。该书共四卷，美国罗密士（E. Loomis，1811~1889）原撰，美国潘慎文（Alvin P. Parker，1850~1924）选译，谢洪赉校录，1893年仲春潘慎文序于博习书院，翌年出版。该书虽用"八线"表示"三角函数"这一术语，但内容则包括平面三角学和球面三角学。"《八线备旨》自光绪十九年（1893）初版至宣统元年（1909）修订、重印20余次。由美华书馆、益智书会、申江中西书院、墨润堂出版发行，其中美华书馆出版最多。《八线备旨》出版后，有注释性的著作问世。如，《八线备旨习题详草》八卷（又名《八线详草》），刘鹏振撰，光绪三十二年（1906）绍兴墨润堂出版。"[②] 由《八线备旨》的再版时间可知，学堂章程颁布施行后，国人没有立即与过去的三角学教科书一刀两

[①] 费正清、刘广京编《剑桥中国晚清史1800-1911年》上卷，中国社会科学院历史研究所编译室译，中国社会科学出版社，2007，第561页。

[②] 代钦、松宫哲夫：《数学教育史——文化视野下的中国数学教育》，北京师范大学出版社，2011，第178页。

断而使用新教科书。作为过渡,《八线备旨》也被当作教科书、教师参考书、自学用书等使用了一段时间。

清末三角学教科书几乎都是翻译或编译日本、英国和美国的教科书,并呈现繁荣景象。由代钦教授私人藏书与笔者已购得的三角学教科书,并结合实藤惠秀编《中国译日本书综合目录》、商务印书馆编《商务印书馆图书目录（1897-1949）》、吴艳兰编《北京师范大学图书馆馆藏师范学校及中小学教科书书目（清末至1949年）》、王韬和顾燮光编《近代译书目》、王有朋主编《中国近代中小学教科书总目》等所列三角学教科书目录来看,1902~1911年出版的三角学教科书有35种（见表1-5）。

表1-5 清末部分中学三角学教科书概览

序号	书名	编著者/译者	出版者	年份	备注
1	新撰平面三角法教科书	克济原著,顾澄编译	商务印书馆	1907	1913年第6版
2	三角教科书*	顾澄编译	不详	不详	1909年前出版
3	最新中学教科书三角术	费烈伯、史德朗著,谢洪赍译述	商务印书馆	1907	1913年第7版
4	中等教育平面三角法教科书	远藤又藏编纂,言涣彡、言涣彰合译	商务印书馆	1907	1913年再版
5	中学教科平面三角法	陈文编	商务印书馆	1908	
6	新编初等三角法教科书	饭岛正之助著,周藩译	商务印书馆	1908	1914年第5版
7	平面三角法新教科书	菊池大麓、泽田吾一著,王永炅译述	商务印书馆	1909	1909年3月初版,1913年6月第5版
8	中等平三角教科书	突窣德原著,田中矢德译,崔朝庆编译	商务印书馆	1909	1911年再版
9	汉译温氏高中三角法	温德华士著,顾裕魁译	商务印书馆	1911	1935年国难后第17版
10	中等教育克依其氏最新平三角法教科书	原滨吉编译	科学书局	1896	清末一直被使用
11	最新平三角法教科书	原滨吉著,无锡译书公会译	科学书局	1907	

续表

序号	书名	编著者/译者	出版者	年份	备注
12	新三角法教科书	长泽龟之助著,周京编译	科学书局	1911	
13	近世平面三角法教科书	远藤又藏著,湖南编译社译	昌明公司	1905	
14	平三角法教科书	算学研究会编	昌明公司	1906	1909年第3版
15	初等平面三角法	奥平浪太郎著,周藩译	文明书局	1907	
16	中学平面三角法教科书	远藤又藏著,葛祖兰编译	文明书局	1909	
17	平面三角法讲义	奥平浪太郎著,周藩译	文明书局	1911	
18	平面三角法教科书	桦正董著,仇毅译	群益书社	1907	
19	平面三角法	翰卜林斯密士著,李国钦、邓彬合译	群益书社	1908	
20	中等教育平面三角法教科书	孙贸瞻编	新学会社	1906	
21	新撰三角法	松村定次郎著,范迪吉等译	会文学社	1903	
22	初等三角教科书	上野清著,焦缘居士译	科学仪器馆	1904	1906年再版
23	平面三角法讲义录	上野清著,乔冠英译	三江师范学堂	1904	
24	平面三角教科书	陈世雄、王永炅译	东京闽学会	1905	
25	最新平面三角法教科书	林鹤一编著,松坪叔子译	湖南作民译社	1906	
26	球面三角法	饭岛正之助著,周道章译	理学社	1907	
27	平面三角法教科书	长泽龟之助著,张修爵译	普及书局	1907	1915年第6版
28	新三角法教科书	长泽龟之助著,包荣爵译	东亚公司	1907	
29	几何三角法教科书	桦正董著,仇毅译	不详	1907	

第一章 1902~1911年中学三角学教科书

续表

序号	书名	编著者/译者	出版者	年份	备注
30	平面三角	泽田吾一著,赵秉良译	上海南洋官书局	1908	
31	三角法讲义	奥平浪太郎著,宋屿译	广智书局	1908	
32	中等教科平面三角法	陈文编	科学会编译部		1907年初版,1913年第11版
33	平面三角教科书	蔡文铨编	不详	1910	
34	普通平面三角法	张树枳编	太原晋新书社	1911	1920年订正再版
35	八线备旨	罗密士原撰,潘慎文译	美华书馆	1902	

* 该书在《四原原理》（哈岱氏原著,顾澄编译,京师学部图书局,1909）广告页中有列出，包括平面一册和球面一册。因《四原原理》为1909年出版，故推测顾澄编译的《三角教科书》为1909年前出版。其他不详。

由表1-5中所列35种三角学教科书可知以下几点。

（1）从教科书来源看，译自日本的三角学教科书有22种，译自欧美的三角学教科书有6种，国人自主编纂的有6种，1种不详。其中，译自欧美的三角学教科书中有些是经日本翻译的。如，崔朝庆编译的《中等平三角教科书》并非直接译自突罕德的英文原著，而是根据日本学者田中矢德的日译本翻译而成。再如，顾澄编译的《新撰平面三角法教科书》也不是直接译自克济的原著，也是由日译本转译而成。这些翻译的三角学教科书，有些是与外文原版对照直接翻译而成，有些则是根据中国的实际情况进行编译的。

（2）从三角学教科书出版企业来看，有19家，他们出版的情况依次为：商务印书馆出版8种，文明书局、科学书局各出版3种，昌明公司、群益书社各出版2种，新学会社、会文学社、科学仪器馆、三江师范学堂、东京闽学会、湖南作民译社、理学社、普及书局、东亚公司、上海南洋官书局、广智书局、科学会编译部、晋新书社、美华书馆各出版1种。其中，商务印书馆在清末编译三角学教科书的数量、质量上都居于民间教科书出版机构的领先地位，在社会上享有盛誉，成为民间出版机构中的一个突出代表。

（3）从被翻译的日本数学家撰三角学教科书情况来看，远藤又藏、奥平浪太郎、长泽龟之助各3种，上野清、桦正董、泽田吾一、原滨吉、饭岛正之助各2种，菊池大麓、林鹤一、东野十治郎、田中矢德、松村定次郎等各1种。译自英国的主要有克济、突罕德、翰卜林斯密士等学者的三角学教科书。译自美国的主要有罗密士、费烈伯和史德朗著的三角学教科书。

（4）从国人自编三角学教科书的作者群来看，主要为陈文2种，算学研究会、孙贸瞻、张树栻、蔡文铨各1种。

总之，1902~1911年近十年中，大致有19家出版企业、20余位中国学者参与三角学教科书的翻译与编写，翻译20余位外国学者所著教科书，出版发行30多种三角学教科书，这种繁荣景象是前所未有的。在出版企业中，上海的出版企业占据了绝大多数。其中，商务印书馆竞争优势明显，独占鳌头，出版结构较为完整，各级学校用教科书系统而完备。这种情况持续到1912年中华书局的创立，其后商务印书馆和中华书局占据了大部分教科书市场份额。

三 翻译美国的三角学教科书个案分析[①]

1904年《奏定学堂章程》颁布并实施后，在蔡元培的提议和编纂下，商务印书馆出版了一套新式教科书——"最新教科书"，这是清末唯一一套涵盖小学、中学各科的较完整的、有影响的、重要的中小学教科书。"它开创了教科书编写史上众多个'第一'，是教科书发展史上的一套经典巨作，在近代教科书发展进程中占有十分重要的地位，是整个教科书发展系谱上一座难以超越的里程碑"，[②] 并为商务印书馆出版各类教科书奠定了基础。正如张人凤所说，"即便今天看来，这套'最新教科书'也可以认为是符合近现代教育科学理论而又适合当时中国国情的成功

[①] 刘冰楠、代钦：《清末新学制下的〈最新中学教科书三角术〉》，《内蒙古师范大学学报》（教育科学版）2013年第8期，第103~106页。

[②] 石鸥、吴小鸥编著《百年中国教科书图说：1897~1949》，湖南教育出版社，2009，第57页。

之作",① 对中国近代教科书事业的建设起到了推动作用。《最新中学教科书三角术》是《奏定学堂章程》颁布后商务印书馆出版的最早的三角学教科书。下面以此为例，从其编写的时代背景、编排形式、内容、名词术语、数学符号及其特点等方面进行详细论述。

(一) 时代背景

由于《奏定学堂章程》的颁布和科举制度的废除，新式学校如雨后春笋般涌现。之前使用的教科书已经不能满足新时代的要求，因此，编纂一套适应当时中国国情的教科书迫在眉睫。商务印书馆抓住了这一机遇，聘请一批学识渊博的具有新思想的学者开始进行教科书的编写工作。"由于每种、每门、每册书上都有'最新教科书'五个字，所以称'最新教科书'。"② 该套教科书的编纂者倡导新式教育，他们中的成员有的办过新式学校，有的任教于新式学校，有的翻译过大量的西学书籍，还有一部分人具有留学背景。编纂队伍的新教育思想，使得该套教科书成为最适合当时中国国情的成功之作。据清廷学部图书局发布的《学部审定中学暂用书目表》可知，截至光绪三十二年（1906）六月初三日，商务印书馆出版的中学用"最新教科书"共32种。③ "最新中学教科书"中，数学教科书有《最新中学教科书代数学》《最新中学教科书几何学·平面部》《最新中学教科书几何学·立体部》《最新中学教科书三角术》三种。

《最新中学教科书三角术》是由费烈伯、史德朗二位博士合著，谢洪赉译述，周承恩校订，于光绪三十三年（1907）三月④初版，宣统二年（1910）二月第五版，如图1-1所示。《最新中学教科书三角术》是中国

---

① 张人凤：《中国近代教育史上第一套成功的教科书——商务版〈最新教科书〉》，商务印书馆编辑部主编《商务印书馆一百年（1897-1997）》，商务印书馆，1998，第375页。
② 汪家熔：《民族魂——教科书变迁》，商务印书馆，2008，第55页。
③ 石鸥在《开现代教科书之先河的〈最新教科书〉》一文中提出，截至1907年夏，商务印书馆共出版40种54册最新教科书供中学堂之用。
④ 在北京图书馆和人民教育出版社图书馆合编，书目文献出版社于1993年出版的《民国时期总书目（1911~1949）中小学教材》中，将该套教科书的初版月误写成十二月，实际上应为三月，在此更正。

近代学制公布后,商务印书馆出版的第一本三角学教科书。① 该书的编写特色对中国近代三角学教科书的发展具有十分重要的现实意义,其作用不可低估。

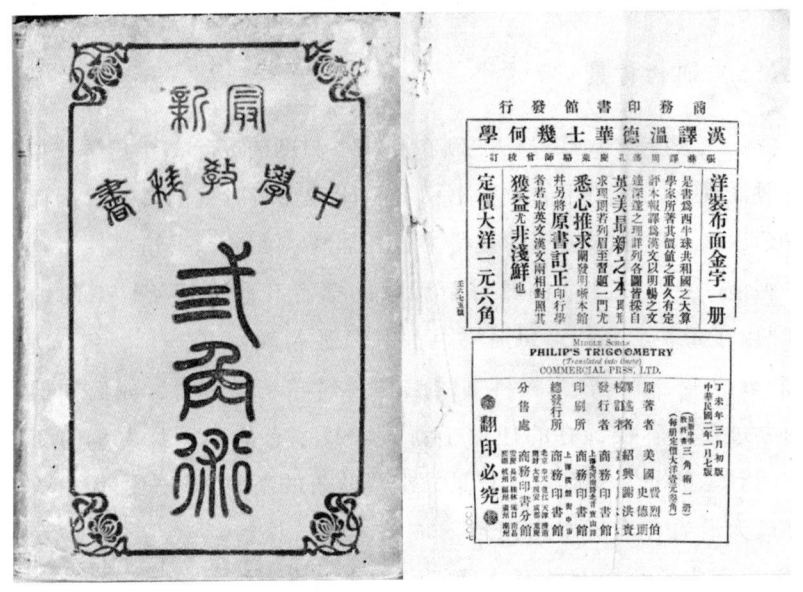

图1-1 《最新中学教科书三角术》封面及版权页

(二) 著译者简介

费烈伯(A. W. phillips)、史德朗(W. M. Strong)均为美国耶鲁大学算学教师,其他不详。

谢洪赉(1873~1916),字鬯侯,号寄尘,笔名庐隐,1873年出生于浙江绍兴,中国清末民初时期著名的翻译家、著述家。7岁入私塾,11岁在基督教监理会主办的苏州博习书院学习,通晓西学。在博习书院学习期间,谢洪赉得到书院院长、美国传教士潘慎文的赏识,并且与其一起翻译

---

① 商务印书馆还于1907年12月初版《新撰平面三角法教科书》(克济著,顾澄编译)和《中等教育平面三角法教科书》(远藤又藏编纂,言涣彣、言涣彰合译)两种三角学教科书。

了许多科学和宗教书籍，翻译的书籍大多作为中西书院的教材使用。谢洪赉在1895年以第一名的成绩从博习书院毕业。同年，应潘慎文的邀请在中西书院担任管理员，同时协助进行编辑工作等，1896年升任教授。谢洪赉在上海中西书院率先创办了"青年会"，这对启迪青年人的心智、塑造青年人的品格等方面有很大的影响。可惜谢洪赉正值中年有为之时，不幸感染肺病，未能医治，于1916年病逝，享年43岁。杭州青年会为纪念他，特建造"谢公钟塔"以致缅怀。谢

图1-2 谢洪赉

资料来源：《耆献写真》。

洪赉一生译著丰富，为中国教科书发展做出了重要贡献。

谢洪赉翻译了大量各科教科书，且大多数由商务印书馆出版。以"最新教科书"为例，其中的物理学、化学、生理学、代数学、平面几何、立体几何、三角、用器透视画、投影画等11种教科书均由谢洪赉编译。[①] 本节仅从其翻译的大量著作中选取《最新中学教科书三角术》进行论述。

（三）编写理念与编排形式

《最新中学教科书三角术》的编排顺序为译例、目录和正文内容。《最新中学教科书三角术》与"最新中学教科书"中其他两种数学教科书不同，本书采用从左至右横排编写形式，页码均用阿拉伯数字。书中没有名词对照表，就连正弦、余弦等三角函数也是用汉字书写，而不是用字母表示。字符大小适宜，排版有致，较适合阅读。在该书的最后有商务印

---

① 中华民国教育部编《第一次中国教育年鉴——戊编·教育杂录》，开明书店，1934，第118页。

馆出版的其他书目的广告等。

在此引用书中"译例"说明该书的编写理念及编排情况：

1. 是书原本，系美国耶鲁大学算学教员费烈伯，史德朗二博士所合著，耶鲁为美洲唯一大学校，则是书之声价何待赞言。

2. 三角术之艰深，学者每以为苦，是编祇供中学教授而已，非为专家研究之用，故力求简捷清楚，学者勿讥其浅也。

3. 作者原序，举本编之特色，计有左列七事。

（1.）本书论平三角弧三角术俱极简明。

（2.）解三角形之诸公式特为表出。

（3.）演习之丰富。

（4.）以曲线代表法解三角函数，反函数，双线函数。

（5.）弧三角术中之图，以新法描摹，显豁异常。

（6.）论杂糅数与双线函数，俱极新颖自在。

（7.）以图解弧三角形。

4. 本编后半附刊各种数表，学者推算之际，检阅最为便利。印刷数表，其困难异于寻常，本编特延熟谙算学之士，专司较勘，以期其无所罣误，不至贻害读者。①

在"译例"中，编译者明确提到该书的使用范围，即仅供中学教授，所以力求简洁。在作者原序中，计有左列七事，是本书的特色所在。如平三角和弧三角十分简明；解三角形的公式清楚地罗列出来；习题丰富；用图象法解三角函数；以新法描摹弧三角的图形；用图解弧三角形；等等。书后所附各种数表，由熟谙算学的学者校勘，力求准确，供学者查阅与参考，十分方便。此外，该书的定义、公理、定理、习题等采用统一编号。书中图形和表格较丰富，将三角函数值、象限符号等利用表格展现出来，直观明了，便于记忆。如：

---

① 费烈伯、史德朗：《最新中学教科书三角术》，谢洪赉译述，商务印书馆，1910，译例。

22. 左列表中之同数，学者宜熟记之。

角	0°	30°	45°	60°	90°
正弦	0	$\frac{1}{2}$	$\frac{1}{2}\sqrt{2}$	$\frac{1}{2}\sqrt{3}$	1
余弦	1	$\frac{1}{2}\sqrt{3}$	$\frac{1}{2}\sqrt{2}$	$\frac{1}{2}$	0

（四）内容简介

《最新中学教科书三角术》共分平三角术（七章）、弧三角术（四章）和对数表三部分。正文内容154页，答案18页，对数表178页。

《最新中学教科书三角术》的平三角术目录如下：

第一章：三角函数（角；三角函数之界说；三角函数之号；函数之相关；正三角形锐角之函数；余角之诸函数；0°，90°，180°，270°与360°之函数；补角之函数；45°，30°，60°之函数；（-天），（180°-天），（180°+天），（360°-天）之函数；（90°-地），（90°+地），（270°-地），（270°+地）之函数）

第二章：正三角形（解正三角形之法；藉正三角形而解斜三角形）

第三章：三角公式（(11)至(14)四公式之证；和角较角之正切；倍角之函数；半角之函数；函数和较之公式；三角反函数）

第四章：斜三角形（公式由来；三角形面积公式；疑端；解三角形之法（1.）已知一边两角（2.）已知二边与其一边之对角（3.）已知二边与其间角（4.）已知三边；演习）

第五章：真弧度，曲线代表法（真弧度；三角函数之周复；曲线代表法）

第六章：推对数术，推三角函数术，棣美弗之例，双曲线函数（级数式；推对数术；推三角函数术；棣美弗之例；单数之根；双线函数）

第七章：杂题（函数之相关；正三角形；等腰三角形与有法多边形；三角方程；斜三角形）

《最新中学教科书三角术》的弧三角术目录如下：

第一章：正弧三角形与象限三角形（正三角形公式之来由；纳氏之术；疑端；象限三角形）

第二章：斜弧三角形（公式之来由；以对数推算之公式；斜弧三角形之六端与法问；疑端；弧三角形之面积）

第三章：天文地舆算题（天文算题；地舆算题）

第四章：弧三角形之实验解法

《最新中学教科书三角术》的对数表目录如下：

1. 五位真数对数表；2. 五位弦切对数表；3. 微角之五位弦切对数表；4. 四位纳氏对数表；5. 四位真数对数表；6. 四位弦切对数表；7. 四位弦切真数表；8. 真数之方数根数表；9. 自0至2.5每隔0.1之双线函数及指函数；10. 各种恒数表

该书内容分类量化见表1-6。

表1-6　《最新中学教科书三角术》内容分类量化

单位：个，道

		章、节	定义	相关知识点	公式	例题	习题
平三角术	第一章	第一节	2	3	/	/	4
		第二节	1	3	8	/	/
		第三节	/	2	/	/	11
		第四节	/	1	18	/	21
		第五节	/	2	8	/	/
		第六节	/	1	4	/	6
		第七节	/	2	20	/	/
		第八节	/	1	4	/	/
		第九节	/	2	10	/	7
		第十节	/	1	16	/	/
		第十一节	/	2	16	2	11

续表

	章、节		定义	相关知识点	公式	例题	习题
平面三角术	第二章	第一节	1	/	6	1	35
		第二节	/	1	/	/	11
	第三章	第一节	/	3	4	/	10
		第二节	/	1	4	/	/
		第三节	/	1	7	/	/
		第四节	/	1	5	/	/
		第五节	/	1	9	/	37
		第六节	1	1	/	/	18
	第四章	第一节	/	4	5	1	/
		第二节	/	1	2	/	/
		第三节	/	5	/	4	26
		第四节	/	/	/	/	37
	第五章	第一节	1	2	10	2	3
		第二节	/	1	/	/	/
		第三节	/	1	/	/	/
	第六章	第一节	1	2	4	/	/
		第二节	1	7	9	2	/
		第三节	/	3	4	1	/
		第四节	/	4	6	1	/
		第五节	/	1	/	/	4
		第六节	/	1	15	2	19
	第七章	第一节	/	/	/	/	60
		第二节	/	/	/	/	29
		第三节	/	/	/	/	23
		第四节	/	/	/	/	91
		第五节	/	/	/	/	50
弧三角术	第一章	第一节	/	1	10	/	/
		第二节	2	3	/	1	/
		第三节	/	1	/	1	/
		第四节	1	1	/	1	10

续表

章、节		定义	相关知识点	公式	例题	习题
弧三角术	第二章 第一节	/	2	2	/	/
	第二节	/	4	8	/	/
	第三节	/	3	/	2	/
	第四节	/	2	/	1	10
	第五节	/	1	4	/	4
	第三章 第一节	11	1	/	/	3
	第二节	3	1	/	/	5
	第四章 第一节	/	1	/	6	/
总计		25	82	218	28	545

该书内容从定义、公式、例题、习题等方面进行量化。书中定义较少。例如，平三角术第一章第一节有2个定义、第二节有1个，第二章第一节、第三章第六节、第五章第一节、第六章第一节和第二节均为1个定义；弧三角术第一章第二节有2个定义、第四节有1个，第三章第一节11个，第二节3个。除此之外的其他章节均没有定义。书中公式较多，几乎每一节都有。例如，平三角术第一章第二节有8个公式，第四节18个，第五节8个，第六节4个，第七节20个等。再如，弧三角术第一章第一节有10个公式，第二章第一节2个，第二节8个，第五节4个等。书中配有例题的章节较少，并且例题的数量也十分少。例如，平三角术第一章第十一节、第五章第一节、第六章第二节、第六节均为2道例题，第二章第一节、第四章第一节、第六章第三节、第四节均为1道例题，第四章第三节4道；弧三角术第一章第二节、第三节、第四节、第二章第四节均为1道，第二章第三节2道，第四章6道，除此之外均未设置例题。相反，书中习题设置的数量较多，几乎在每节知识的后面均附有丰富的习题（如图1-3），供学者练习之用。例如，平三角术第一章第一节有4道习题，第三节11道，第四节21道，第六节6道，第九节7道，第十一节11道等；弧三角术第一章第四节有10道例题，第二章第四节有10道，第五节有4道等。

该书有专门的习题章节，如平三角术第七章为"杂题"。该章从函数之相

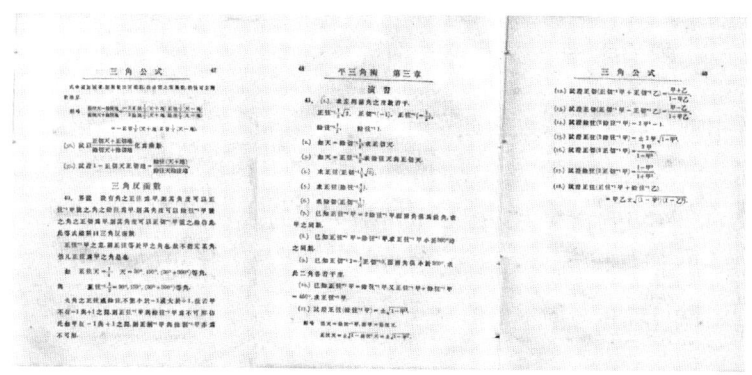

图 1-3　第三章第六节"三角反函数"内容与习题

关、正三角形、等腰三角形与有法多边形、三角方程、斜三角形等五个方面编排杂题。练习题的序号没有重新编号而是与正文内容统一编排，其中有些习题没有编号。正文中的标题与目录中的标题不符，如第 80 页，目录中为"推三角函数术"，而正文中却为"推三角函数法"（见图 1-4）。书中有些定义明确标明"界说"二字，有些没有标明，而是以"曰"的形式呈现。例题有些标明"例题"二字，有些没有标明，但也是例题。书中图形比较丰富，函数图象比较清晰。书中附有精美的插图，并且书后附有公式汇录 7 页。

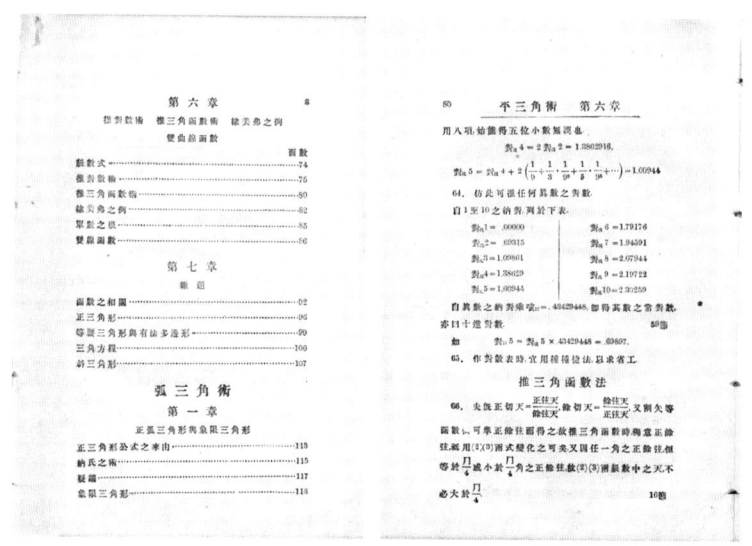

图 1-4　第六章第三节"推三角函数术"目录与正文内容

(五) 名词术语、数学符号简介

该书的名词术语、数学符号采用中国传统的表示方法。例如，用呷、乙、丙、丁等表示大写英文字母，用甲、乙、丙、丁等表示小写英文字母。又如，在甲、乙、丙等的右上角加一撇的表示法，相当于现在的 A'、B'、C' 等。加、减、乘、除、乘方、开方等表示方法和现在一样。书中部分名词术语与现行名词术语的对照详见表 1-7。

表 1-7 《最新中学教科书三角术》中名词术语与现行名词术语的比较

序号	本书名词术语	现行名词术语	序号	本书名词术语	现行名词术语
1	译例	前言	14	倚边(角)	邻边(角)
2	界说	定义	15	间角	夹角
3	目次	目录	16	有法多边形	正多边形
4	演习	习题	17	三角反函数	反三角函数
5	尖	顶点	18	覆验	检验
6	端	点	19	平行方形	平行四边形
7	较	差	20	倚边	邻边
8	角尖	角顶点	21	纳白尔氏对数之底	自然对数底
9	曲线代表法	图象法	22	能敛	收敛
10	双线函数	双曲函数	23	周界	周长
11	双线正弦	双曲正弦	24	正角	直角
12	双线余弦	双曲余弦	25	正三角形	直角三角形
13	仰(俯)视角	仰(俯)角	26	正弧三角形	球面直角三角形

《最新中学教科书三角术》中的名词术语有些沿用了《三角数理》《八线备旨》中的表示，如界说、较、倚边、倚角等。而"三角函数"这一术语在《三角数理》《八线备旨》中则表示为"三角比例数"。由表 1-7 可知，清末与现在的名词术语大多不同。谢洪赉虽然是基督教徒，且翻译了许多美国教科书，但在根深蒂固的传统思想的影响下，他翻译的教科书中多用中国旧有的名词术语表达新的知识。例如，利用天干地支表

示英文字母（见图 1-5），用这种方法表示公式非常烦琐。这种译法，是谢洪赉为了使学者能够易于接受新知识，而故意将西方简洁的表示方法改成中国的传统表示方式，在某种程度上来讲不利于国人向西方学习，对数学学习十分不方便。

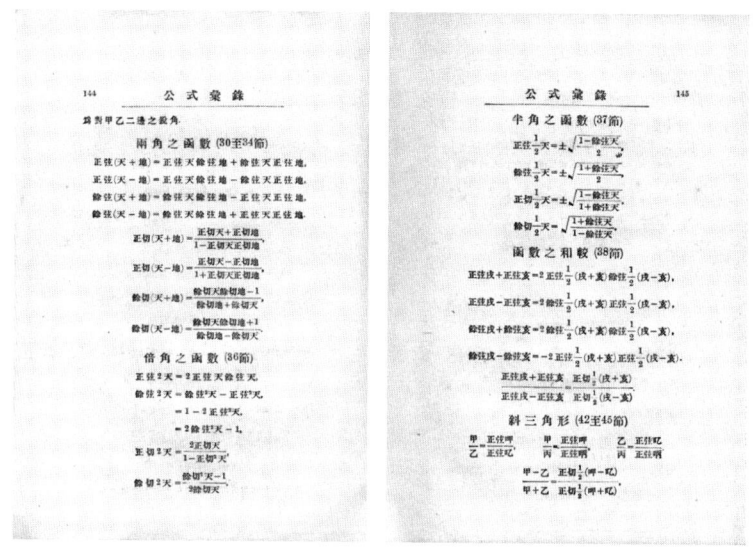

图 1-5　天干地支表示英文字母

（六）具体例析

以下仅举几例以便更加详细地了解该教科书，如第一章第六节"余角之诸函数"的例题与习题的设置（见图 1-6）：

16. 自 14 节，有

$$\left.\begin{array}{l}\text{正弦 甲} = \text{余弦 乙} = \text{余弦}\,(90° - \text{甲}) \\ \text{余弦 甲} = \text{正弦 乙} = \text{正弦}\,(90° - \text{甲}) \\ \text{正切 甲} = \text{余切 乙} = \text{余切}\,(90° - \text{甲}) \\ \text{余切 甲} = \text{正切 乙} = \text{正切}\,(90° - \text{甲})\end{array}\right\} \quad (9)$$

用现代符号表示如下：

$$\left.\begin{array}{l}\sin A = \cos B = \cos(90° - A)\\ \cos A = \sin B = \sin(90° - A)\\ \tan A = \cot B = \cot(90° - A)\\ \cot A = \tan B = \tan(90° - A)\end{array}\right\} \quad (9)$$

正弦与余弦有若是之相关,故互称为彼之余函数,正切与余切亦然。由以上所得之理,可述之为例语曰,

凡锐角之函数,等于其余角之余函数。

演习 17. (1.) 试以小于 45° 之角之函数,表左列诸角之函数。

正弦 70°,余弦 89°30′,正切 63°,余弦 60°,余切 47°,正弦 72°39′。

……

(6.) 今有呷叱唝为三角形之三角,求证余弦 $\frac{1}{2}$ 叱 = 正弦 $\frac{1}{2}$ (呷 + 唝)。

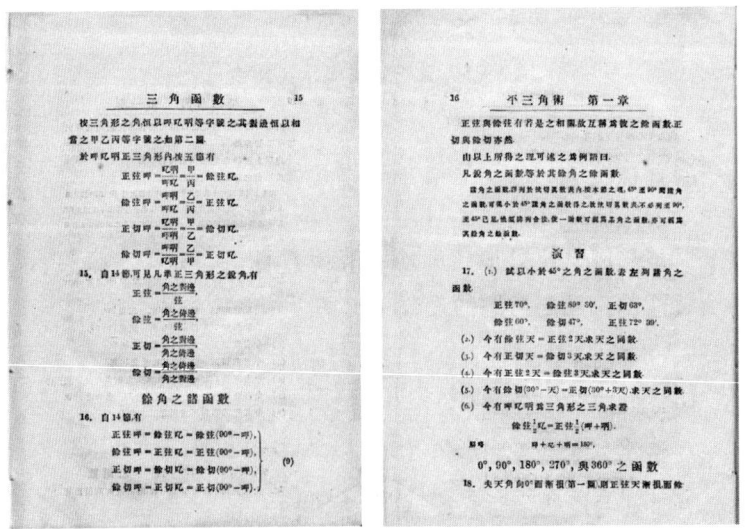

图 1-6 第一章第六节 "余角之诸函数"

由此可见,书中正弦、余弦、正切、余切等均用汉字表示,与现代的符号表示法不同,大写字母也是用呷、叱等表示。根据已学相关知识点,

推出四个公式，并在公式之后配备六道演习题，可看作对上述公式的具体应用，供学者自己练习，熟练公式的用法。

（七）特点分析

1909 年 11 月 26 日，学部对《最新中学教科书三角术》有以下批文："三角术直译西籍，甚为难得，算式参酌于新旧之间，亦甚适用。本编之特色，计有七事，具见于作者原序。其中如以曲线代表法解三角函数双线函数，确为他书所未载。其余虽非罕见之作，然亦较他书为显豁。末附各表，最便检阅，作为中学教科书。"[①]

《最新中学教科书三角术》特点如下。

（1）装帧形式不同于清末中式书籍的线装书单面印成，而是采用西式书籍的圆背精装书双面印刷。书名采用篆体书写，外观精美，装订牢固，易于保存。该书的装帧、装订、印刷等都是采用西方的技术和形式，这是清末三角学教科书从传统的线装书转变为精装书的重要例证，是装订方式的根本性转变，是清末三角学教科书装订革新的基本走向。由于身处世纪转型之际，这种变化并非简单的装订技术的改换，而是分别代表着古典和现代两种不同的文化。

（2）内容方面，由于该书仅供中学校教学用，所以论及平三角和弧三角均力求简洁清楚。正文内容之后附有各种数表，以便学习者查阅。书中习题丰富，问题设置的难易程度适宜。另有杂题辅之，答数部分尚属全面。图形、图表、图象均十分丰富，易于学生理解（见图 1 - 7）。该书直接译自美国，没有根据中国的实际需要及自己的意见做修改或增删的工作。

（3）编排形式方面，"最新中学教科书"中数学方面的其他两种教科书均为竖排编写，而《最新中学教科书三角术》完全采用横排编写形式。名词术语、数学符号等都采用中国传统的表示方法，使得公式表达烦琐，不利于数学公式的书写。这种表示方法与数学的简洁性特点不相符，必然

[①] 中华民国教育部：《学部批示商务印书馆呈请审定教科书》，《教育杂志》第 2 卷第 1 期，1910 年 1 月，附录 2。

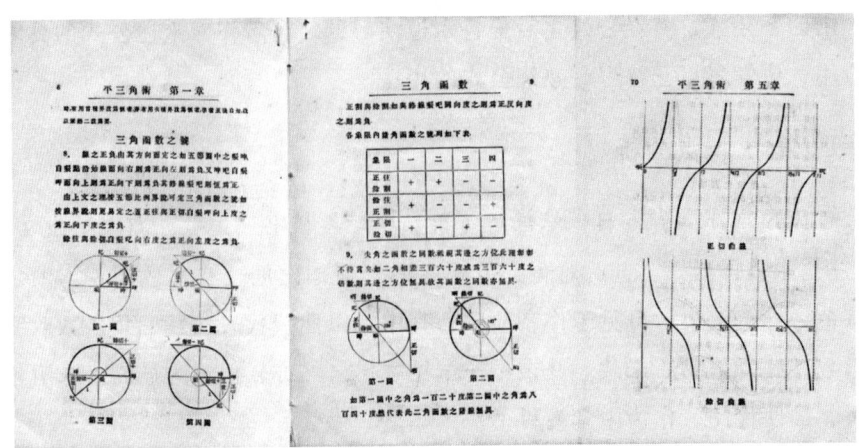

图 1-7 图形、图表与图象

被淘汰。

（4）"最新教科书"根据国家颁布的学制，分年级、分学科进行编写。其中，《最新中学教科书三角术》在编辑方法方面，力求浅显、精炼。并且在编写的过程中十分注重图文并茂，内容由浅入深，以期符合学生学习数学的心理特点，力求有所创新。例如，第一章第七节"0°，90°，180°，270°，与360°之函数"，结合具体的图形，按照正弦、余弦、正切、余切的顺序探讨0°~90°各三角函数值的变化，并给出0°及90°各三角函数的值。之后，书中并未直接给出180°、270°及360°的三角函数值，而是要求学生仿照上述方法独立求解，给予学生一定的思考空间（见图1-8）。

（5）体现了工具性的特点。该书所附各种对数表，全由熟谙算学的学者进行校勘，以保证数表的准确性与可参照性。各种数表与正文内容所占的比例相当，即各种数表占据了该书一半的篇幅，除了能够方便学者进行查阅，也省去了单独出版对数表的步骤。

然而，该书也有不足之处，如例题少而习题的设置过多、公式表达烦琐等，这些都是时代的局限性所导致的。但它在近代出版史、教育史上的价值，还是很值得肯定的。之后的三角学教科书编写根据中国的国情不断改进，逐渐趋于现代数学教科书的形式。

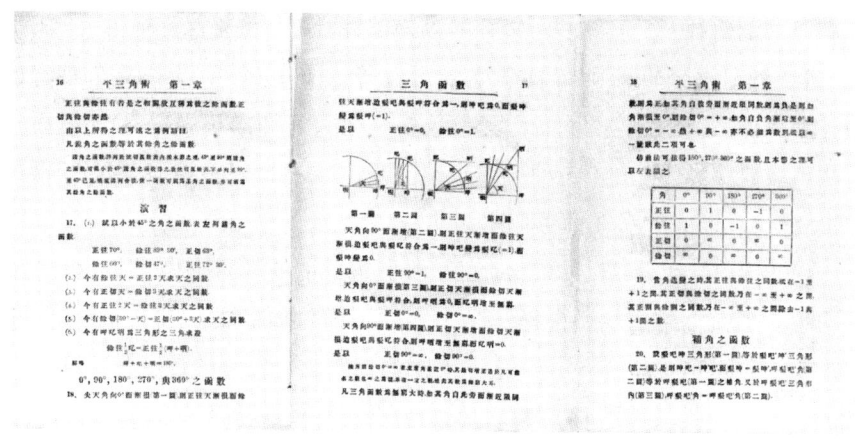

图1-8　第一章第七节"0°，90°，180°，270°，与360°之函数"部分内容

资料来源：《最新中学教科书三角术》，第16~18页。

四　翻译日本的三角学教科书个案分析

清末时期是中国数学教育发展非常重要的历史阶段。通过学习日本，新式数学教育制度在中国确立，西方近代数学被引进中国。中国中学阶段的数学教育以学习日本为主，三角学教科书也以翻译日本的为主。商务印书馆在这一时期出版的三角学教科书最多，影响最大。可以说，商务印书馆出版的三角学教科书在一定程度上反映了当时的三角学教育情况。从三角学教科书原著者来看，克济、菊池大麓、泽田吾一、突罕德等学者在当时具有较高的知名度，其所著三角学教科书影响也较大。故本节在商务印书馆出版的翻译日本的三角学教科书中，选取克济著、顾澄编译《新撰平面三角法教科书》（1907），菊池大麓和泽田吾一著、王永炅译《平面三角法新教科书》（1909），突罕德著、崔朝庆译《中等平三角教科书》（1909）三种教科书进行案例分析，以此了解清末时期中国翻译日本三角学教科书的具体情况及其编写特点等。

（一）时代背景

清末大规模的日文著作翻译是由留日学生进行的，他们创办的翻译组织有译书汇编社①、教科书译辑社、湖南编译社②、普通百科全书③、闽学会④等。教科书译辑社由留日学生陆世芬等，于 1902 年设立于东京。最初计划翻译 27 种数学教科书，其中包括菊池大麓和泽田吾一著《平面三角法新教科书》，但由于各种原因未能实现。该书最终由留日学生王永炅于 1909 年翻译完毕后在商务印书馆出版。

1909 年 11 月 26 日，学部对商务印书馆呈请的教科书做出批示："呈书均悉。平面三角法教科书译三角书，须平面弧面兼备，方合教科之用。仅译一种，恐难接续授课。惟克济氏原著，甚有条理。现在三角书完备者甚少，姑先取此以为中学参考之用，应另译弧面以补其缺。"⑤ 这一时期要求中学所习三角学教科书平面与球面俱备，而克济所著三角学教科书较为符合当时的要求，被看作一本标准的三角学教科书。然而，顾澄仅对克济所著三角学教科书的平面部分进行了翻译，而没有涉及球面部分。由此可见，这一时期教科书的翻译有些是不受制度制约的，虽然教育部有相关规定，但是译者、教科书出版企业等会根据实际需要对三角学教科书进行调整。

同治十年五月初十日（1871 年 7 月 14 日），《北华捷报》（*North-China Herald*）刊登后学堂教习加乐尔（James Carroll）汇报第一届毕业生的学习情况时，提到了福州船政学堂当时使用的教材："平面及球面三角采用托德亨特（突窣德——笔者注）的课本，他们掌握了理解航海与航海天文知识所必备的涉及三角形的所有规则。"⑥ 此外，其所使用的代数

---

① 1900 年，留日学生在留学之后第五年组织译书团体——译书汇编社，同年 12 月出版《译书汇编》月刊。教科书译辑社是译书汇编社分社，其中译书汇编社以翻译大学教材为主，教科书译辑社则专译中学教科书。
② 该社 1903 年发行月刊《游学译编》，与纯学术性的译书汇编社相比，湖南编译社略带政治倾向。刊登的论文，经常引用各种日本的学说和时论，而在引用的时候，不时混入翻译资料。
③ 1903 年，范迪吉等译《普通百科全书》（100 册），由会文学社出版，是当时日本中学教科书和一般大专程度参考书。其中，松村定次郎的《新撰三角法》包括在自然科学类中。
④ 1904 年，福建省留学生组织闽学会，发行"闽学会丛书"。
⑤ 中华民国教育部：《学部批示商务印书馆呈请审定教科书》，《教育杂志》第 2 卷第 1 期，1910 年 1 月，附录 2。
⑥ 粟进英、易点点：《晚清军事需求下的外语教育研究》，湖南大学出版社，2010，第 97 页。

与几何教科书也均为突罕德所著。1909年《教育杂志》第1卷第13期刊有《绍介批评》一文,对当时各出版企业出版的教科书给予评价或批评。例如,对崔朝庆译突罕德原著的《中等平三角教科书》评价为:"三角法为测地步天之阶梯,而测量尤为航海行军所必需,则三角法之学尚焉。是书系英国数学家突罕德原著,日人译作教本,已久脍炙人口矣。静海崔君聘臣又重译之,崔君数学专家,教育多年,著作甚富,至其译笔之明晰,久为学界所欢迎。今第就是书评论。书共二十四篇,由理论以及应用,曲尽解题之妙,而于三角之定理及性质,条分缕晰,足以启人领悟者甚多。其中如几何解法、八线变化诸篇,详人所略,饶有趣味。卷末所附求圆周率,及造八线真数表各法,尤足供学者之研究,当亦海内数学家所同许也。用以充中等学堂之教科,极为合宜。"① 由此可见,崔朝庆所译《中等平三角教科书》在当时具有良好的口碑,且较受欢迎,是一本标准的中学校用三角学教科书。

突罕德所著 Plane Trigonometry 除崔朝庆译本外,马君武于1907年重新翻译,并于1913年8月由商务印书馆初版。该书"序言"写道:"丙午(1906年——笔者注)之夏,归自日本,承乏为中国公学教长。公学设有理化班,学生研究三角,苦无良本。念惟英人Todhunter之中等三角,最简而备,辄译之以为课本,半年而毕。适今年又为欧洲之旅,译稿散置箧中,不忍弃之,乃匆匆清理之以公于世,译文一依原本,惟第六章稍有改窜。今年算学界出版物之可读者殊寥寥,此或为学三角之良教科书欤。"② 由以上种种可以推知,中国至迟在1871年就引进了突罕德所著的三角学教科书。

本节所选三种三角学教科书均由日本引进中国。其中,《新撰平面三角法教科书》是英国克济原著,顾澄择日本最完善之本重为移译,丁未年(1907)十二月初版,民国2年(1913)5月六版。《平面三角法新教科书》是日本学者菊池大麓和泽田吾一合著,王永炅译述,黄元吉校订,宣统元年(1909)三月初版。《中等平三角教科书》为英国突罕德原著,

---

① 教育杂志社:《绍介批评》,《教育杂志》第1卷第13期,1909年12月,第30页。
② 突罕德:《中等平三角新教科书》,马君武编译,商务印书馆,1913,序言。

崔朝庆经日本学者田中矢德译本进行编译，赵秉良、寿孝天校订，宣统元年八月初版，宣统三年（1911）六月再版。三种教科书的书影如图1-9所示。

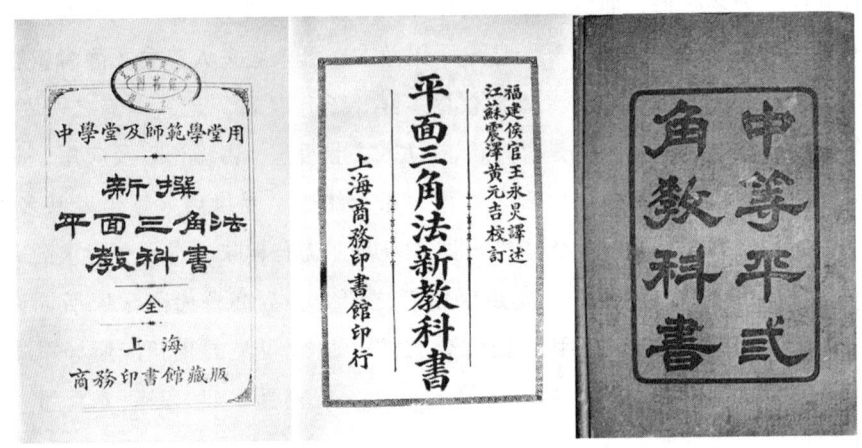

图1-9　商务印书馆出版经日本翻译的三种三角学教科书书影

（二）著译者简介

克济，英文名John Casey，1820年5月12日生于爱尔兰，1891年1月3日在柏林逝世。英国著名几何学家，因克济定理而驰名中外。1869年，克济被柏林大学授予荣誉法学博士学位，1875年6月被选为英国皇家学会会员，1880年成为爱尔兰皇家艺术院理事会会员。著有 Elements of Euclid（1881）、Sequel to Euclid（1884）、Treatise on Elementary Trigonometry（1887）等。

突罕德（Isaac Todhunter，1820~1884，见图1-10），英国著名数学家。1820年11月23日生于英国苏塞克斯的拉伊，1884年3月1日卒于剑桥。曾在伦敦大学学院、剑桥大学圣约翰学院学习，获得双学士学位。1849~1864年在剑桥大学任研究员，1862年被选为伦敦皇家学会会员，1871~1873年担任理事，为伦敦学会创始会员。突罕德从事数学教育工作多年，是19世纪数学教育界最有影响的人物之一。他编写的许多数学教科书都十分受欢迎。例如，Algebra（1858）和 Elements of Euclid

(1862)再版次数达十五六次，*Plane Trigonometry*（1859）和 *Spherical Trigonometry*（1859）汉译本在中国也流行甚广。

图 1 - 10　突罕德

图 1 - 11　菊池大麓

菊池大麓（1855～1917，见图 1 - 11），日本数学家，理学博士，政治家，男爵。1855 年出生于江户幕府，日本明治时期最早传播正统西欧数学的数学家之一。毕业于剑桥大学数学系，归国后任东京大学理学部教授、部长，东京帝国大学校长，文部大臣，京都帝国大学校长，帝国学士院院长，理化学研究所首任所长。1917 年 8 月 19 日去世，享年 62 岁，安葬于谷中公墓。著有《论理略说》（同朋舍，1882）、《初等几何学教科书·平面几何学》（文部省编辑局，1889）、《初等平面三角法教科书》（大日本图书，1893）、《菊池前文相演述九十九集》（大日本图书株式会社，1903）、《几何学初步教科书》（大日本图书株式会社，1904）、《平面解析几何学》（大日本图书，1913）、《普通几何学大要》（大日本图书株式会社，1918）等。中国翻译菊池大麓的汉译本教科书主要有《几何小教科书（平面）》（仇毅译，群益书社，1945）、《立体几何学新教科书》（胡豫译，商务印书馆，1908）、《平面几何学新教科书》（黄元吉译，商务印书馆，1913）、《新式几何学教科书平面（立体）部》（吴奎壁、言微译，吉林印刷社，1914）等。

泽田吾一（1861～1931），日本著名数学家，历史学者。1861 年 9 月

23日出生于岐阜县,师从菊池大麓。在第一高等学校、第四高等学校担任商品学、经济数学教授。殁于1931年3月12日,享年71岁。著有《解析几何学大意》、《算术教科书》、《代数学教科书》、《日本数学史演讲》、《微分积分学纲要》[1]、《最新代数教科书》(张务本、赵宪曾译,河北译书社,1906)等。

田中矢德(1853~1910),日本数学家,1853年3月生于静冈县浜名。在高等师范学校担任攻玉社教授。1890年创办《数学报知》。著作有《初等代数学教科书》(崔朝庆译,商务印书馆,1914)、《几何学讲义》、《珠算教科书》、《中等算术教科书》(崔朝庆译,文明书局,1908)、《高等算术教科书》等[2]。

图 1-12 顾澄

顾澄(1882~?,见图1-12),字养吾,江苏无锡人,数学家。毕业于江南格致书院数学科。历任京师大学教授,清华大学数学总教授,学部编译馆数学总纂,民国政府教育部秘书兼统计科科长,北京大学、北京师范大学数学系主任,[3]北京女子文理学院院长等职。1938年3月,任伪中华民国维新政府教育部次长、代部长、部长。曾任《数学杂志》(1936年8月创刊)主编,发表的论文有《Winger谓"迷向线与本身垂直"之错误》《无穷级数之理论及应用》《汪联松君所谓"几何三大问题解法"之错误》《无穷级数之理论及应用》《无穷级数之理论及应用(续)》《近译克诺伯级数论序》等。著有《普通教育代数教科书》(科学书局,1906)、《普通教育代数教科书》(商务印书馆,1912)、《代数因子分解教科书》(京师译学馆,1929)等。译著有《普通教育几何教科书平面之

---

[1] 小野﨑紀男『日本數學者人名事典』現代數學社、2009、107頁。
[2] 小野﨑紀男『日本數學者人名事典』、136頁。
[3] 张宪文等主编《中华民国史大辞典》,江苏古籍出版社,2002,第1480页。

部》(阪井英一原著,理学社,1907)、《高等数学四原原理》(哈岱氏原著,京师学部图书局,1909)、《积分方程式之导引》(波瑟耳原著,商务印书馆,1935)等。

王永炅,留学于日本东京物理学校,毕业后回国。1907~1910年任闽学堂数理教习。曾在福建优级师范学堂讲授理化选科的初等数学和物理类科目。著有《新制算术教本》(上、下)(中华书局,1917)、《新制平面几何学教本》(中华书局,1917)、《新制代数学教本》(中华书局,1918)、《新制平面三角法教本》(中华书局,1919)、《新制立体几何学教本》(中华书局,1920)、《数学公式》(中华书局,1929)等,大都为中学校及师范学校使用。

崔朝庆①(1860~1943,见图1-13),字聘臣,江苏南通人。曾在江苏南通、南京等地教授数学,并任江南高等学堂算学教习。1912年5月,在南通创办数学杂志社,8月出版《数学杂志》并任主编。与日本数学家长泽龟之助素有往来。著有《一得斋算草》(1891)、《中西算学课艺鸿裁》(1897)、《民国新教科书几何学问题详解》(商务印书馆,1919)、《中国人之宇宙观》(商务印书馆,1934)等。译著有《中等平面几何学阶梯》(长泽龟之助原著,上海会文学社,1906)、《中等算术教科书》(田中矢德编,文明书局,1908)、《初等代数学教科书》(田中矢德著,商务印书馆,1914)等,大多被收录在"万有文库"中。

图1-13 崔朝庆

资料来源:《中国数学史简编》。

---

① 屈蓓蓓、代钦:《崔朝庆的数学教育贡献》,《咸阳师范学院学报》2014年第4期,第69页。

（三）编写理念与编排形式

《新撰平面三角法教科书》的编排顺序为：序、目录、附录、正文内容、例题答案、三角函数表及问题笺。采用从左至右横排编写形式，页码均用阿拉伯数字。名词后紧跟英文，避免概念混淆。书中附有精美的插图，字符大小适宜，较适合阅读。书后附有商务印书馆的广告等。

在此引用该书"序"说明其编排情况。

> 此书原著者英国 JOHN CASEY，经日本翻译，已不止一家，如佐之井愿，如东野十治郎。其所译之初等平面三角法，皆即此书。盖三角法之书，行世者虽不少，然或图学者之易解，而不免失于冗长；或文义高尚，力求简约，学者受之，又生困难之感。惟此书体例完善，详略适宜，于学校教科最为合用。宜其自西徂东，纸贵一时也。无锡顾君澄现择日本最善之本重为移译，于中国教科学者，其裨益正非浅鲜，用亟受而印行，以饷当世之先睹为快者。①

该"序"由商务印书馆编译所作，明确了该书的翻译背景。原著者为克济，在日本已有多种译本，顾澄选择最善的译本重新翻译，力图简明，避免冗长，以利于学生学习。该书体例完善，适于学校教科之用。书中图形和表格丰富，将三角函数的符号及大小变化等利用表格的形式展现出来，直观明了，便于记忆。正如《微分积分学》广告栏所说："是书为英国算学名家克济氏原著，日本译而用之风行一时。内容分十一编，其要目如下……学部评云，克济氏原著甚有条理，现在三角书完备者少，姑先取此以为中学参考之用。"②

《平面三角法新教科书》的编排顺序为：绪言、目录、公式集录、正文内容、附录、习题答案及对数表。横排编写，页码采用阿拉伯数字编

---

① 克济：《新撰平面三角法教科书》，顾澄编译，商务印书馆，1907，序。
② 长泽龟之助：《微分积分学》，马瀛译述，商务印书馆，1911，封底。

号，字号较大，方便阅读。书后附有商务印书馆出版的格致、算学书目广告3页。该书"绪言"写道：

> 该书系就中学程度编纂，凡关于高等之学理，概从略。然三角之为法，介于初等高等之间，如桥梁然，必且涉及极限之理。函数之连续与夫近似计算等类，初学难解之处，固犹甚多也。是虽力求平易，随处以真意相示。而该书系教科体裁，约言处尚多。必待教员推勘说明，乃始完全无遗憾。阅者谅之。
>
> 初等三角法所授定义定理问题等类，殆有一定，不可漫为改窜。然以予等授业，犹多属望之处，故尝便宜参酌。比其他三角法书，不无稍异其趣。
>
> 三角方程式，自为一编。俟圆函数演述既竟，乃始考究及之，一以取学生解答之便，一以祛仅就90°以下解答者之陋习。
>
> 论三角法应用之处，以切于实用多者悉心编述。又问题不惟研究本文诸定理，抑与其他之智识，由间接或直接，而能辅养有成者，采集编列。
>
> 三角法应用之最著名最近便者，莫如测量。测量之为术，在受中学教育者，颇适切于实用，且于学者亦大增趣味，故于其学三角法而以实用示之者，必形利便。然测量亦一大技术也，非仅数十页所能尽。且若充教授之量，必备有高价之仪器。所以该书之附录，不过略示一斑，就初学所易于实施者，揭取其十之二三而已。其所用器具之说明，及处理之方法，由教员口授可矣。
>
> 卷末所附之表，不欲其多占纸幅，因于检用者深致不便，然以备学者练习，殆适切用。盖三角计算表，行世既多，组织各异，有列比例部分一桁或列二桁以上者，有附列比例部分小表或亦有不附列者。该书之表，固求其具备，悉心编成者也。
>
> 圆函数对数表，差之变化过大者，用五分进法；其缓者用十分进法。故由此表所得之数，比由一分进表所得者，不无小异。惟其差甚微，以实地验之，只系不足争之小数耳。（近于0°及90°之角。其圆函数。必当依密表检算。）

该书谋始于明治二十四年，以予等编纂者两人，粟碌鲜暇。又其后奔驰隔绝，故迁延至今，乃始成书。然其不完善处，犹复不少。所冀用是书之教员，及凡阅者，不吝指示，俾编纂者从而改良焉。幸甚。①

该"绪言"由原著者菊池大麓和泽田吾一于明治26年（1893）8月所作，而日文原版在1893年由大日本图书株式会社出版发行。该书每次再版，都详加修正。明治38年（1905）已出日文版第五版订正本。"绪言"指明了该书的使用范围，即为中学校教科体裁。论述简洁，较注重实用性。

《中等平三角教科书》的编排顺序为：序、目录、正文内容、杂题、习题答案、附录（求圆周率法、造八线真数表法）。横排编写，页码采用阿拉伯数字编号，字号略小。书后附有商务印书馆广告5页。该书"序"写道：

三线相接而成形，谓之三角。在平面者曰平三角，在球面者曰弧三角。三角形之三角三边，共六项。互相关系，有理存焉。研究六项关系之理，据所已知以求所未知，谓之三角术。日星之远也，山岳之峻也，江河之广也，城邑之位置，船舶之驶行也，步天推历，航海行军，可以坐而致测而绘者，皆是术之妙用也。地体本为球形，然苟面积不广，则弧与弦所差甚微，亦可用平三角驭之。且弧三角之法，仍借径于平三角，犹之立体几何，必以平面几何为基础。故习三角术者，必自平三角始。论三角之书，往昔畴人，不少名著，大都独抒己见，未必适用于教科。近顷中外交通，译教科书者日多，顾亦有两人同译一书，而适用不适用，彼此迥殊者。此则关乎译笔之良否矣。尝谓辑教科书有二难：编置凌杂，不能导人以易入，未善也；词句奥衍，不能与人以易喻，未善是也。是书为英国突军德原著，理论与实习，相辅而行，经田中矢德氏译行东邦，脍炙已久。其编次之适当，

---

① 菊池大麓、泽田吾一：《平面三角法新教科书》，王永炅译述，商务印书馆，1909，绪言。

无待赘言。静海崔君，邃于算理，译笔达雅，久为海内所信仰，今以田中之原译，由崔君译成是书，倘亦所谓合之双美者欤。爰亟为印行，敢以质诸当世之教授三角者。①

该"序"由商务印书馆编译所于宣统元年八月所作。"序"指出了学习平面三角学的目的及其研究的范围，可使学生在学习平面三角学之前，对该门课程有一个大致的印象。书中强调理论与实际的结合，内容次序安排较为适当，在英国、日本、中国等流行一时。

三种译自日本的三角学教科书从再版次数来看，以顾澄编译的《新撰平面三角法教科书》最多。据作者目力所及，该书至1913年已出第六版，而王永炅译本再版过，但仅见初版，崔朝庆译本至1911年出第二版。王永炅译本的编排顺序与顾澄译本相似，不同的是，"绪言"为原著者所作，再版时将百分法、弧度法、正矢、余矢、逆圆函数等内容删减并在公式集录中列出了公式70组，124个。崔朝庆译本注重理论与实际相辅而行。三种教科书的定义、公理、定理都采用统一编号，每节习题重新排序，且习题均在书后附有答案。字号方面，王永炅译本相比顾澄译本大，阅读舒服，而崔朝庆译本字号最小。

（四）内容简介

《新撰平面三角法教科书》全书共十一编，目录如下：

第一编：定义及测角；第二编：直接圆函数；第三编：对数之性质及用法；第四编：角之和及差之函数；第五编：反圆函数；第六编：消去法；第七编：级数之和；第八编：平面三角形之边及其角之圆函数之关系；第九编：斜角三角形之解法；第十编：三角形之性质等；第十一编：用三角形之解法测高及距离。

《平面三角法新教科书》共十五编，目录如下：

---

① 突罕德：《中等平三角教科书》，崔朝庆译，商务印书馆，1909，序。

第一编：角之计算法；第二编：圆函数；第三编：30°45°60°角之圆函数；第四编：任意之角；第五编：余角外角圆函数之关系；第六编：二角之圆函数；第七编：倍角之圆函数；第八编：三角方程式；第九编：分角；第十编：对数；第十一编：对数及三角表之用法；第十二编：三角形角及边之关系；第十三编：三角形解法；第十四编：距离及高；第十五编：三角面积，外切圆，内容圆。

《中等平三角教科书》共二十四篇，目录如下：

第一篇：测角法；第二篇：八线；第三篇：八线比例之值；第四篇：三角术应用；第五篇：对数；第六篇：对数表用法；第七篇：直角三角形解法；第八篇：斜角三角形解法；第九篇：正负号应用；第十篇：三角形性质；第十一篇：三角形解法；第十二篇：高低并距离；第十三篇：几何解法；第十四篇：三角形性质；第十五篇：大于两直角之角；第十六篇：论八线与角度俱为变化状势；第十七篇：去角度之繁法；第十八篇：有八线求角度；第十九篇：两角之八线；第二十篇：八线变化；第二十一篇：分角法；第二十二篇：弧度法；第二十三篇：平圆积；第二十四篇：倒式。

具体内容量化如表1-8所示。

表1-8 译自日本的三种三角学教科书内容分类量化

单位：页，个，道

书名	页数	相关知识点	例题	习题	备注
新撰平面三角法教科书	131	90	471	158	页数为正文内容的页码
平面三角法新教科书	136	111	61	352	
中等平三角教科书	168	224	14	810	

译自日本的三种三角学教科书相比译自美国和国人自编的三角教科书而言，内容较多。首先，从页数来看，译自美国的《最新中学

教科书三角术》与国人自编的《共和国教科书平三角大要》（黄元吉编纂，商务印书馆，1913）不及翻译日本的三角学教科书（《最新中学教科书三角术》包括平面和球面两部分，其中平面三角占112页，而《共和国教科书平三角大要》正文页数为55页）。其次，从例题的数量来看，译自日本的三角学教科书相比于《最新中学教科书三角术》，例题大幅增加。

然而，译自日本的三种三角学教科书与译自美国的《最新中学教科书三角术》不同的是，译自日本的三种三角学教科书均没有球面三角的内容，仅对平面三角部分进行讲解。此外，翻译日本的三角学教科书采用正文内容统一编号的形式，例题与习题均明确标注，书中图形、图表较丰富，图象清晰，易于学生学习。从中英文对照的角度来看，三种教科书有一定差异。顾澄译本在每一名词后附有英文，崔朝庆译本仅有每章题目的中英对照，而王永炅译本全书没有英文名词。翻译日本的三种三角学教科书除崔朝庆译本外，例题相对较多，以顾澄译本为最。习题方面，崔朝庆译本最多。由于当时的教辅材料仅限于教科书，故在当时来讲，有利于学生的学习。

（五）名词术语、数学符号简介

清末时期，日本影响中国数学另一个重要表现是日本的数学名词为中国所用。实藤惠秀将《现代汉语外来词汇研究》和《现代汉语中从日语中借来的词汇》中通过日语转到中国的词汇（包括很多欧美语言的词汇）整理为"中国人承认来自日语的现代汉语词汇一览表"，其中包括数学、三角、算术、积分等19个数学名词。除李善兰等创造的数学名词外，中国近代大量的数学名词都借用了日本的译名。与清末翻译美国三角学教科书不同的是，翻译日本教科书中的数学符号没有用汉字天、干、地、支、人、甲、乙、丙、丁等代替英文字母，而是用西方字母 A、B、C 来表示。从某种程度上来讲，是译者的一种取向，也是时代的一种趋势。将三种译自日本的三角学教科书中的名词术语与日文底本及现行名词术语进行对照，如表1-9所示。

表1-9　三种译自日本的三角学教科书中名词术语与
日文底本、现行名词术语的比较

序号	顾澄译本	崔朝庆译本	王永炅译本	日文底本*	现行名词术语
1	圆函数	八线	圆函数	三角函数	三角函数
2	半径角/中心角	圆心角	圆心成角	/	圆心角
3	讷底	讷白尔之对数	自然对数/讷白尔对数	自然对数	自然对数底
4	正多角形	正多角形	正多角形	正多边形	正多边形
5	内接圆	内切圆	内容圆	内接圆	内切圆
6	外切圆	外切圆	外切圆	外接圆	外接圆
7	傍接圆	傍切圆	傍切圆	傍接圆	外切圆
8	六十分法	六十进法	六十进法	六十分法	六十进制
9	始线	定线	准线	首线	始边
10	终线	活动线	旋转线	旋转线	终边
11	补角	补角	外角	补角	补角
12	半角	半角	分角	分角	半角
13	直交	正交	正交	垂直	垂直

* 此处以菊池大麓、泽田吾一著《初等平面三角法教科书》（大日本图书株式会社，1899）为例，了解当时日文底本中名词术语的情况。

由表1-9可见，这一时期译自日本的三角学教科书一部分已经采用日本的名词术语，但还没有完全采纳。符号方面，三种教科书中用∷表示等比，单位用哩、呎、码等表示。角用希腊字母 α、β 或大写字母表示。没有使用角的符号"∠"，而是用汉字代替，如"$\sin\angle ABC$"用"$\sin ABC$ 角"的形式表示，比谢洪赉翻译的《最新中学教科书三角术》用呷、叿、唡表示角的方法简便。正负号"±"，以10为底的对数"$\log_{10}$"或"$\log$"，无穷"∞"或"∝"等表示方法与今日我们所使用的相似。根号用"$\sqrt{}$"表示。

（六）具体例析

举以下例子以便更加详细地了解译自日本的三角学教科书。

1. 顾澄翻译的《新撰平面三角法教科书》

图1-14（1）为第一编"定义及测角"的内容，其中中文名词后附有英文，以免造成名词混淆。例如，"百分法"后附有英文"centesimal method"；"分、秒"的符号用撇表示，撇的方向与现今的符号相反。例如，书中"30度14分57秒"表示为"30°14ʽ57ʽʽ"，而现在我们将其

表示为 30°14′57″；书中用 "∷" 表示等比，现行教科书中已不再使用；例题序号用大写罗马数字Ⅰ、Ⅱ、Ⅲ等依次排序，例题的名称有时写成"题例"，且例题大多有答案紧跟题后。

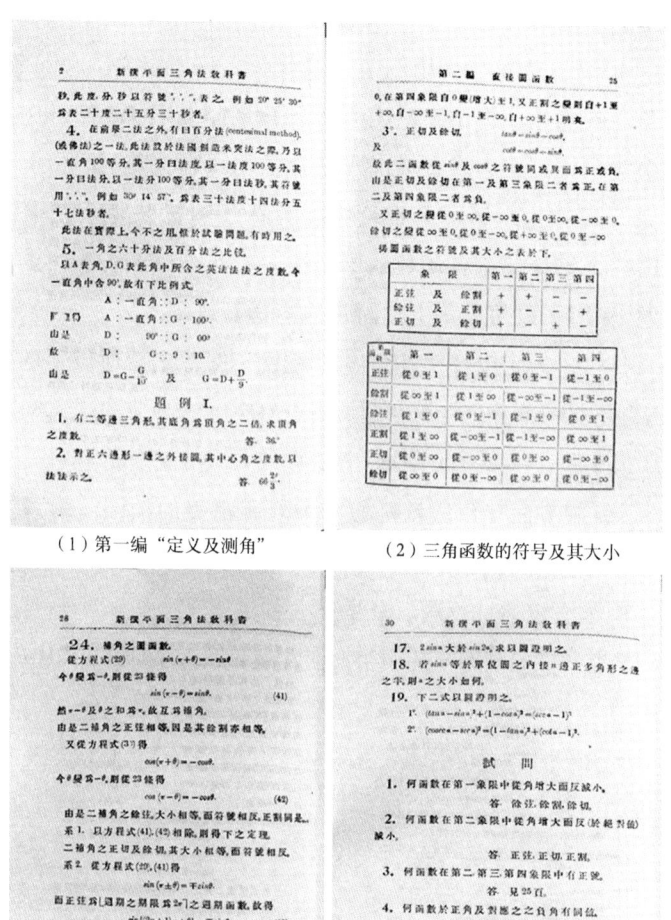

图 1 - 14　《新撰平面三角法教科书》部分内容

图 1 - 14（2）为第二编第三节"圆函数之一般定义"中第 21 个知识点——圆函数之符号及大小之变化。书中虽未给出各个三角函数的图象，

却将六个三角函数在四个象限内的符号、单调性及其单调区间利用表格的形式表示出来，且强调了六个三角函数间的符号关系。例如，正弦与余割、余弦与正割、正切与余切在四个象限内的符号是一致的。这样的设置，有利于学生理解与记忆。

图 1-14（3）为第二编第三节"圆函数之一般定义"中第 24 个知识点——补角之圆函数。书中在给出互为补角的正弦与余弦的化法的同时，分别引出余割与正割，力求在横向水平上呈现内容。随后，由此内容扩展出两个"系"即推论，第一个推论将互为补角的正弦与余弦推广到正切与余切；第二个推论基于各函数的周期性，将其推广至任意角的范围。之后配置例题 19 道，以便应用上述所讲内容进行练习。

图 1-14（4）为紧接着"补角之圆函数"例题之后所设置的"试问"，类似于思考题，且一部分思考题在题后附有答案。这一节的"试问"包括 12 道大题、23 道小题，题型有问答题、计算题及公式的变形题等。

此外，《新撰平面三角法教科书》中附有精美的插图。附录"试验问题笺"中附有 1879~1889 年各校教师所出的考试题 15 套，每套题的数量为 8~13 道，题型包括计算题、证明题、简答题等。

图 1-15 为"试验问题笺"中第七套，该套题为 WOOLWICH-Preliminary

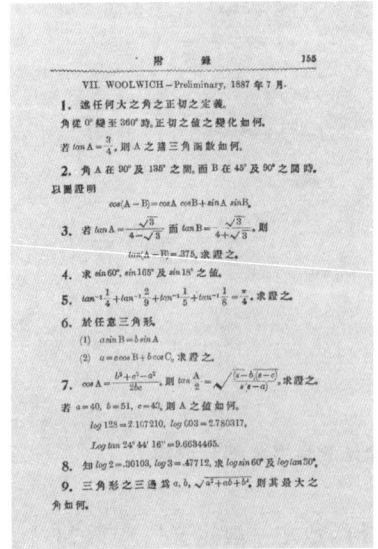 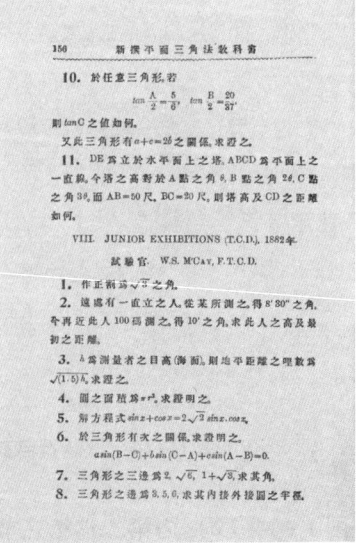

图 1-15　1887 年 7 月 WOOLWICH-Preliminary 考试题

在1887年7月的考试题。共有大题11道，题型包括问答题（如第1题、第9题）、计算题（如第4题、第8题、第10题、第11题）、证明题（如第2题、第3题、第5题、第6题、第7题），其中涉及概念定义、公式证明及三角函数的实际应用等。

2. 王永炅翻译的《平面三角法新教科书》

图1-16（1）为第二编"圆函数"的内容。该书中的知识点用较正文大的字号以表突出，每给出一个知识点，其后便给出例题若干，同时配有一定数量的习题，可看作对知识的具体应用，供学生练习。同时，在学生容易忽略的地方，标有"注意"二字，并加黑，以便提醒学生易错之处。符号方面，书中的根号有两种表示方法，有时用"$\sqrt{\ }$"表示，有时则用"$\sqrt{\ }^-$"表示。例题的序号用阿拉伯数字1、2等进行编号，而习题的序号则采用罗马数字Ⅰ、Ⅱ等。

图1-16（2）为第四编"任意之角"的内容。用表格的形式将六个三角函数在四个象限内的符号、边界值及其单调区间表示出来，简单明了，便于学生理解与记忆。书中虽没明确给出各三角函数的图象，但在一定程度上已经给出各三角函数的大致图象，只是没有直接画出而已。与顾澄编译《新撰平面三角法教科书》中用汉字表示六个三角函数不同，该书用字母表示三角函数，更符合数学书写规范。书中没有使用"角"的符号，而是用汉字代替，如"cot XOP 角"等。此外，存在略写的地方，如四行内容有些地方一样，仅第一行完整表达，其他三行均用"‥"来代替。

图1-16（3）为附录"测量大意"，体现了该书注重实用性的特点。测量大意包括六章内容，分别为测链测量，罗针盘测量，罗针子午线、真子午线，经纬仪，三线测量，水准测量。所占篇幅为21页。每一章均从具体实例出发，利用三角函数知识对实际问题进行求解。

《平面三角法新教科书》也附有精美的插图。此外，"公式集录"列有公式124个，这些公式分组进行编排，以便于学生学习（见图1-17）。

3. 崔朝庆翻译的《中等平三角教科书》

图1-18（1）为第二篇"八线"的内容。每一章标题下均有英文标题，如第二篇"八线"后标注"Trigonometrical Ratios"。与其他两种译自日本的三角学教科书给出六种三角函数不同的是，《中等平三角教科书》

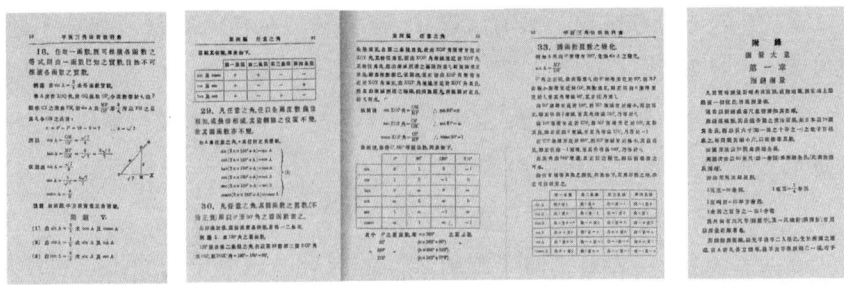

(1) 第二编 "圆函数"　　(2) 第四编 "任意之角"　　(3) 附录 "测量大意"

图 1-16　《平面三角法新教科书》部分内容

资料来源：《平面三角法新教科书》，第 16、31、35、36、137 页。

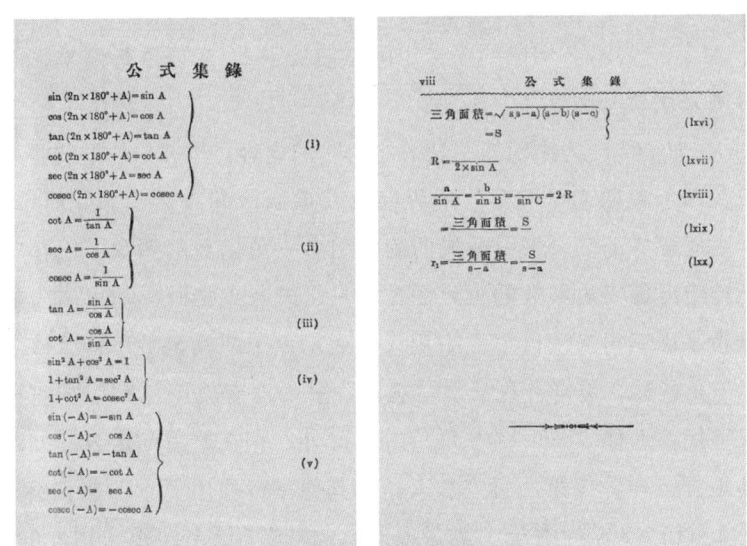

图 1-17　《平面三角法新教科书》公式集录

定义了八种三角函数，并以八线表示。此外，崔朝庆在翻译田中矢德译本的过程中，时常配有标注，如在讲解八线的意义时，标注："田中云，八线皆为两线之比，可以译为八比，因古人译为八线。沿用已久，故从古例。"① 这种标注在书中有多处，可见崔朝庆在翻译田中矢德译本的过程中，根据中国具体的情况进行了一定程度的修改。

---

① 突罕德：《中等平三角教科书》，第 5 页。

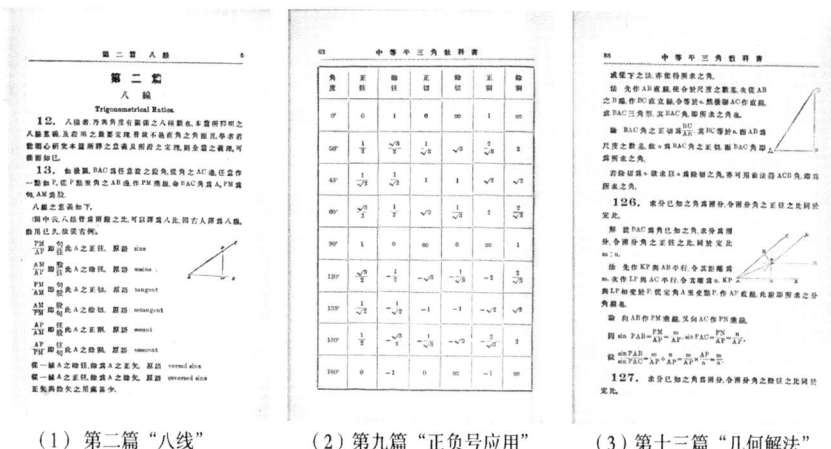

(1) 第二篇"八线"　　(2) 第九篇"正负号应用"　　(3) 第十三篇"几何解法"

图 1-18　《中等平三角教科书》部分内容

资料来源：《中等平三角教科书》，第 5、62、88 页。

图 1-18（2）为第九篇"正负号应用"的内容。以表格的形式列出正弦、余弦、正切、余切、正割、余割六个三角函数的特殊角度的三角函数值（其中包括 0°、30°、45°、60°、90°、120°、135°、150°、180°），一目了然，便于学生记忆。其中根号的写法仍用"√"表示。整体来看，该书字号偏小。

图 1-18（3）为第十三篇"几何解法"的内容。几何解法即用几何学的方法求解三角术的问题，如书中第 126 个知识点：

126. 求分已知之角为两分。令两分角之正弦之比同于定比。

解　设 BAC 为角已知之角。求分为两分。令两分角之正弦之比。同于定比 $m:n$。

法　先作 KP 与 AB 平行。令其距离为 m。次作 LP 与 AC 平行。令其离为 n。KP 与 LP 相交于 P。从定角 A 至交点 P。作 AP 直线。此线即所求之分角线也。

论　向 AB 作 PM 垂线。又向 AC 作 PN 垂线。

因 $\sin PAB = \dfrac{PM}{AP} = \dfrac{m}{AP} \cdot \sin PAC = \dfrac{PN}{AP} = \dfrac{n}{AP}$ ①

---

① 此处书写错误，应改为：$\sin PAB = \dfrac{PM}{AP} = \dfrac{m}{AP}, \sin PAC = \dfrac{PN}{AP} = \dfrac{n}{AP}$。

故 $\dfrac{\sin PAB}{\sin PAC} = \dfrac{m}{AP} \div \dfrac{n}{AP} = \dfrac{m}{AP} \cdot \dfrac{AP}{n} = \dfrac{m}{n}$

本题首先利用几何作图法，作出待求的两个角，之后在直角三角形中利用三角函数的定义进行求解。书中将几何解法单列一章，共涉及 8 个具体问题，后附有习题 18 道，强调学科间的联系，实现了三角与几何的融合。

此外，三种教科书存在一些错漏之处，如有些步骤中分母、分子处为空白，疑似印刷时被漏掉等。

（七）特点分析

本节所选三种三角学教科书特点如下。

（1）译者方面。有顾澄、崔朝庆等数学家，也有一些留日学生或非数学专业人员参与三角学教科书建设，如王永炅等。他们意识到数学在整个数学教育中的重要作用，并做出重要贡献。

（2）教科书的装订、装帧方面。与《最新中学教科书三角术》用篆体书写书名不同，崔朝庆译本为圆背精装书，书名用隶书书写。顾澄译本与王永炅译本为普通洋装，其中顾澄译该书名用隶书书写，王永炅译本用楷体书写。在向洋装本过渡的过程中，石印线装本教科书逐渐退出了数学教育的历史舞台。

（3）编排形式方面。完全按照西方数学教科书的形式，采用横排编写。符号方面，三种译本没有像谢洪赉翻译《最新中学教科书三角术》那样，将原本西方简洁的符号表示方法改为中国传统烦琐的表示方法，这是译者思想上的一种进步。这种改变，避免了公式表达的烦琐，有利于数学公式的书写，符合数学简洁性的特点。

（4）内容及程度方面。供中学校教学用，内容较多，例题、习题丰富，难易程度适宜。讲解力求简洁清楚。部分习题后紧跟答案或在书后附有答案。与《最新中学教科书三角术》直接翻译美国的著作不同，这三种教科书根据中国的实际需要及意见做了相应的修改与增删。例如，《平面三角法新教科书》"绪言"指出："此次据寻常中学校教科细目调查委员之报告，又特大为取舍订正。如百分法，弧度法，正矢，余矢，逆圆函数，各条项，概从删略。活字大小之类，一律订正。"①

（5）编辑方法方面，以实用为主。中学教育，颇适切于实用，对于学者亦大增趣味。因是教科书体裁，约言处尚多，需教师推勘说明，才能完全理解。编写过程中较注重图文并茂，将三角函数值的变化等以表格的形式给出，清晰明了，便于记忆。内容由浅入深，符合学生认知发展规律。

（6）教科书宣传方面。新书出版往往在各种杂志上做广告，如《新撰平面三角法教科书》在出版时，在《东方杂志》1909年第6卷第3期做广告，马瀛译长泽龟之助《微分积分学》（商务印书馆，1911）中亦有其宣传广告等。

清末使用的中学三角学教科书并不是到民国就戛然而止，有些在民国期间也被使用过一段时期，如上野清、菊池大麓、桦正董等数学家编著的三角学教科书使用到1922年新学制颁布施行。日本的小仓金之助曾指出："日本的数学教育，一开始就引入英国教材。"② 而《新撰平面三角法教科书》与《中等平三角教科书》原作者均为英国人，中国经日本翻译，通过日本向欧美等国家学习。此外，一些日本学者所著三角学教科书在当时也是十分流行的。例如，日本著名数学家长泽龟之助所著《新三角法教科书》（东亚公司，1907）在日本再版九次，包荣爵将其翻译成中文引进中国，且在中国流行一时。再如，日本数学家远藤又藏著《平面三角法教科书》于明治30年（1899）11月15日由风光馆书店初版发行，至明治39年（1906）3月31日已出订正十五版，是日本最受欢迎的三角学教科书之一。1907年，言涣彡和言涣彰将该书译为中文，其中译本在中国使用范围较广。

小　结

1902～1911年，中国三角学教科书处于翻译、引进日本的阶段。其

---

① 菊池大麓、泽田吾一：《平面三角法新教科书》，绪言。
② 张奠宙、曾慕莲、戴再平：《近代数学教育史话》，人民教育出版社，1990，第41页。

间，大量日本三角学教科书如开闸之水，迅速涌入科学技术相对落后的中国。中国传统数学开始融合西方先进的理念，从一个崭新的角度开始三角学教科书的编写。这一过程表现出如下特征。

（1）中国通过日本学习西方数学文化，不但照搬日本的数学教育制度，而且中学数学教育也基本移植于日本，数学课的科目、内容、教科书与日本当时的学校几乎完全一致。世纪之交的留日运动与中国的学制改革几乎同步进行。留日学生作为三角学教科书翻译的主力军，使当时编写最先进、最完善的三角学教科书通过日本源源不断地流入中国。

（2）三角学教科书的取材来自欧美及日本，其中尤以日本为主。日本的上野清、菊池大麓、泽田吾一、远藤又藏、田中矢德、奥平浪太郎、桦正董、林鹤一、长泽龟之助、原滨吉，欧美的克济、翰卜林斯密士、突罕德、费烈伯、史德朗、温德华士、罗密士等学者所著三角学教科书的原版及汉译本，流行于当时的中国。

（3）1905年废除科举之后，由于各学堂急需，商务印书馆、科学书局、文明书局、科学会编译部、群益书社等20余家出版企业争先出版各种三角学教科书。自商务印书馆所编《最新中学教科书三角术》出版后，其他书局所出者渐被商务本取代。

（4）三角学教科书的装帧与编排，逐渐采用洋装本，由竖排改为横排，过去的石印线装本教科书逐渐退出数学教育的舞台。符号采用西式的表述方法，这是划时代的革新。中国三角学教科书从使用美国传教士的，到采用日本、英国的，从内容水平来看，已前进了一大步。这一时期，中学的三角学包括平面三角和球面三角两部分。清末时期，日本的数学名词大多为中国所用，而"三角"一词被证实来源于日本。①

（5）留日学生的教科书翻译活动，解决了中国新式学校的教科书短缺问题。他们将翻译的三角学教科书（有些在日本印刷）运返国内销售。如，仇毅翻译桦正董的《平面三角法教科书》（群益书社，1907）在东京同文印刷舍印刷后，由上海群益书社发行。中国的出版机构也有大量翻译本出版，并占市场大部分份额。其中，以陈文、赵缭等学者为代表。陈文

---

① 实藤惠秀：《中国人留学日本史》，谭汝谦等译，北京大学出版社，2012，第276页。

以远藤又藏著的《平面三角法教科书》（光风馆书店，1900）为蓝本，自编了《中学教科平面三角法》（商务印书馆，1908），但事实上，两书的内容基本一致。赵缭编的《数学辞典》（群益书社，1923）是民国时期较权威的数学工具书之一。

（6）三角学教科书向自编转化。据目前掌握的资料来看，中国最早自编的三角学教科书是算学研究会编纂的《平三角法教科书》（昌明公司，1906），但该书也是在东京同文印刷舍印刷的。当时国人自编的三角学教科书基本上都是以日本的三角学教科书为蓝本，只是根据中国的实际情况进行了一定的修改。中学三角学教科书在清末一直以采用日本教科书的汉译本为主。在这个时期，中国也有人开始自编三角学教科书，编者大多是留日归国人员，但自编的数量十分少，正处于逐步探索阶段。

总之，清末时期国人已经意识到自编教科书在数学教育中的重要性，在借鉴外国三角学教科书的同时，唯有按中国的国情引进一些内容加以熔铸，做到取多家之长，补己之短，才能编出适合国人使用的三角学教科书。随着时间的推移，中国中学三角学教科书由最初的翻译、编译外国教科书，发展到逐步具有中国自己的特色。清末三角学教科书的编写与使用情况无疑为民国时期三角学教科书的编写奠定了坚实的基础，使中国三角学教科书的编写逐步实现了从翻译到自编的转变。

第二章 1912~1922年中学三角学教科书

民国时期是中国近现代史上极其重要的历史时期。虽然这一时期局势动荡，中国中学三角学教科书却得到了一定程度的发展。1912~1922年，三角学教科书开始呈现自编的态势，中学校采用的三角学教科书也以自编为主。然而，一些生源较好的中学，也会使用外文原版三角学教科书，如北师大附中等。本章基于数学教育制度下的中学三角学课程设置和教科书制度演变之概述，以国人自编三角学教科书为主线，对1912~1922年的三角学教科书进行整理，并就这一时期最有代表性的三角学教科书进行简要分析。

一 数学教育制度

（一）学制与课程标准的演进

1911年10月，辛亥革命胜利，南京临时政府成立。1912年1月9日设立教育部于南京，3月迁至北京。教育部为适应当时政体的需要，于1912年1月19日公布《普通教育暂行办法通令》，规定："从前各项学堂，均改称为学校。监督，堂长，应一律通称校长。各州、县小学校，应于元年三月初五日一律开学；中学校、初级师范学校，视地方财力，亦以能开学为主。……凡各种教科书，务合乎共和民国宗旨，清学部颁行之教科书，一律禁用。凡民间通行之教科书，其中如有尊崇满清朝廷，及旧时官制、军制等课，并避讳抬头字样，应由各该书局自行修改，呈送样本于本部及本省民政司、教育总会存查。如学校教员遇有教科书中不合共和宗旨者，可随时删改，亦可指出呈请民政司或教育部通知该书局改正。……中学校为普通教育，文、实不必分科。中学校、初级师范学校，均改为四年毕业；惟现在修业已逾一年以上，骤难照改者，得照旧办理。"①

清末学部于1906年3月25日奏定，以"忠君，尊孔，尚公，尚武，尚实"为教育宗旨，蔡元培针锋相对地指出："忠君与共和政体不合，尊孔与信教自由相违，可以不论。"② 必须删去。这就以民主精神和思想自由扫除了封建教育的"马厩"，冲击了传统教育中神圣不可侵犯的两根支柱。与此同时，教育部颁布《普通教育暂行课程标准》③，其中第五条规定中学校之学科目为修身、国文……数学等14门课程。数学在中学校四个学年教授时数均为四小时。

1912年教育部拟议《学校系统草案》，其中较为注重小学与中学、中学与大学之间的衔接问题。中学修业年限仍为四年。民国成立后，蔡元培召集各省教育界人士，在北京召开中央教育会议，规定了一个学制系统，附有九条说明，并于9月3日颁布，谓之"壬子学制"。规定中学校四年毕业，毕业后得入大学、专门学校或高等师范学校。1912~1913年，陆续颁布各种学校令，综合起来又成一个系统，谓之"壬子癸丑学制"。该学制是这一时期的核心学制，并且一直执行到1921年以后。"壬子癸丑学制"整个教育期为18年，中学校为4年。1912年9月，教育部公布《中学校令》，规定："中学校修业年限定为四年，中学校之学科目与其程度，及教科书之采用，别以规程定之。"④ 同年12月，教育部公布《中学校令施行规则》，"第一章学科及程度之第一条：中学校之学科目为修身、国文……数学等14门。……第七条：数学要旨，在明数量之关系，熟习计

---

① 朱有瓛主编《中国近代学制史料》第三辑上册，华东师范大学出版社，1990，第1~2页。
② 蔡元培：《对于新教育之意见（1912年2月11日）》，高平叔主编《蔡元培教育论著选》，人民教育出版社，2011，第7页。
③ 据《蔡元培年谱》记载，《普通教育暂行办法通令》与《普通教育暂行课程标准》均由蒋维乔和陆费逵起草。不久又公布中学校令，但课程大体与此相似，直至1922年新学制公布才失其作用。
④ 朱有瓛主编《中国近代学制史料》第三辑上册，第351页。

算,并使其思虑精确。数学宜授以算术、代数、几何及三角法。女子中学校可减去三角法。……第十七条:中学校各学年各学科目、每周教授时数依第一表(数学科第一至第四年课时分别为5、5、5、4小时——笔者注),女子中学校依第二表(数学科第一至第四年课时分别为4、4、3、3小时——笔者注);但遇不得已时,校长得通计各科历年教授时数,就各学年变通增减,每周至少须满三十二小时,至多不得过三十六小时。第十八条 中学校教科用图书,由校长就教育部审定图书内择用之。"①

1913年3月19日,教育部公布中学校课程标准,包括修身、国文、外国语、历史、地理、数学等16门课程。其中,数学课程如表2-1所示。

表2-1 1913年中学校课程标准数学课程安排

单位:学时

学科\学年	第一学年		第二学年		第三学年		第四学年	
	每周时数	教学内容	每周时数	教学内容	每周时数	教学内容	每周时数	教学内容
数学	男5 女4	算术、代数	男5 女4	代数、平面几何	男5 女3	代数、平面几何	男4 女3	平面(立体)几何、平三角大要

注:女子中学校数学未设三角法,其余学科程度比照学期时数酌定。
资料来源:课程教材研究所编《20世纪中国中小学课程标准·教学大纲汇编·数学卷》,第211页。

当时许多中学校都是遵照课程标准的要求设置课程。如,江苏省立第一中学校1917年制定的四个学年的数学课程如表2-2所示。

表2-2 江苏省立第一中学校数学课程表

单位:学时

学科\学年	第一学年		第二学年		第三学年		第四学年	
	每周时数	教学内容	每周时数	教学内容	每周时数	教学内容	每周时数	教学内容
数学	6	算术、簿记、代数	6	代数、平面几何	6	代数、平面几何	6	立体几何、三角

资料来源:朱有瓛主编《中国近代学制史料》第三辑上册,第400页。

---

① 朱有瓛主编《中国近代学制史料》第三辑上册,第352~355页。

该课程表遵照1913年颁布的中学校课程标准设置而成，其中在第一学年①增加了簿记一科，三角一门在最后一年与立体几何同时讲授。

（二）数学教科书审定经过

教科书是教育的命脉。世界各国对于教科书，无不注意编纂，而加以审查。然而，面对卷帙浩繁、版本不一、水平参差不齐的各种版本的三角学教科书，民国政府为了维护其统治，使教科书达到"整齐划一"，同时在一定程度上确保教科书的编写质量，因此加强了对教科书的审定工作。

正如郑鹤声所总结："教科图书之编审，各国以制度不同之故，咸有歧异；或由国家任之，或由国民任之，或由国家国民并任之。……又有教育会审定制者，编辑可听之民间，监督操诸教育会，尤为有利而无弊。"②何谓教科书，中国教育辞典定义为："凡按照法定之科目，选择适当之教材，编纂成书，用以教授学校学生者，皆称曰教科书。"③

综观当时各国所行教科书制度，可分为二，即国家编辑与自由编辑。国家编辑又分为两种：一曰国定制，即强制学校必须用国家编订的教科书，不许采用他种教科书，如日本，欧美各国很少用，这种制度利在统一整齐，而弊在杜绝竞争，进步迟缓。二曰模范制，即国家虽编教科书，但是否采用可由学校自行决定，国家不强制。国家不编辑又分为三种。其一，自由制，即任民间自由编辑，任各学校自由采用，国家不予过问。其二，国家审定制，即国家设立机关，对民间出版的教科书加以审查，经审定通过者，方许学校采用。其三，教育会审查制，即各地教育会对民间所编教科书进行审查，令当地的学校选用。1913年江梦梅对世界诸国所行教科书制度进行了统计，如表2-3所示。

---

① 江苏省立第一中学校一学年分为三学期。8月1日至12月31日为第一学期，1月1日至3月31日为第二学期，4月1日至7月31日为第三学期。
② 郑鹤声：《三十年来中央政府对于编审教科图书之检讨》，《教育杂志》（夏季特大号）第25卷第7期，1935年7月，第2页。
③ 余家菊等编辑《中国教育辞典》，中华书局，1928，第652页。

表 2-3　1913 年世界诸国所行教科书制度

国家编辑	不许用民间之书	近七八年之日本
	民间本不编书	德意志联邦之二小国
	兼许民间编辑	奥地利、七八年前之日本
自由编辑	一概自由	英国、美国、瑞典、瑞士
	教育部审定而采用自由	德国、七八年前之日本及现在日本之中学书
	教育会审定而采用自由	法国、意国、比国、荷国

资料来源：江梦梅：《论现行教科书制度及前清制度之比较》，《中华教育界》第 1 期，1913 年 1 月，第 15 页。

由表 2-3 可知，世界诸国采用国定制者唯有日本。日本自明治 35 年（1902）金港堂行贿引起教科书大狱后，当局者毅然决定采用国定制。七八年来，进步尤为明显。然而，国定者仅小学用书而已，至于中学用书，国家仍然不编辑，而采用国家审定制。欧美诸国，英美采用自由制，德国采用国家审定制，法国采用教育会审查制。国家皆不编辑，以竞争激烈促进其进步，呈现日新月异的景象。德意志联邦中的二国，因民间不编书，故由国家为之。奥地利设有国家编书局，但其目的在于普及德语，而非阻碍民间的编辑。以上教科书审查制度，各有利弊，不可一概而论。教科书审定制度没有最好的方法，只能就本国情形进行权衡，以求利多弊少。

1912～1922 年，中国中学教科书采用自由审定制，大致可分为以下两个时期。

1912～1918 年为第一期，教科书的编写以文言文为主。南京临时政府成立，设教育部，蔡元培任教育部长，并于 1 月 29 日通电各省，颁布普通教育暂行办法十四条，关于审查教科书者有以下两条："一、凡各种教科书，务合乎共和民国宗旨，清学部颁行之教科书，一律禁用。一、凡民间通行之教科书，其中如有尊崇满清朝廷，及旧时官制军制等课，并避讳抬头字样，应由各该书局自行修改，呈送样本于本部及本省民政司，教育总会存查。如学校教员如遇教科书中不合共和宗旨者，可随时删改，亦可指出呈请民政司或教育会，通知该书局改正。"[①] 1912 年 2 月 19 日，批

---

① 郑鹤声：《三十年来中央政府对于编审教科图书之检讨》，《教育杂志》（夏季特大号）第 25 卷第 7 期，1935 年 7 月，第 24 页。

准上海书业商会请将旧存各教科书，改正应用。同年5月，北京教育部成立，并在总务厅下设编纂、审查二处。复通电：凡教科书中不合共和宗旨者，遂一改正之。5月9日，教育部通饬各书局，将其出版的教科书送部审查。7月，教育部召开临时教育会议，改订学制，并规定教科书采用审定制。此时，蔡元培辞职，范源濂继任，于9月13日公布审定教科用图书规程十四条，其要点如下："一、小学校高等小学校，中学校，师范学校教科用图书，任人自行编辑，惟须呈请教育部审定。二、编辑教科用图书，应依据小学教育令，中学校教育令。四、图书发行人应于图书出版前将印本或稿本呈请教育部审定。六、图书不载明定价者，不予审定。九、凡图书已经审定后，若变更其内容，发行人须于六个月内重呈审定，逾期即失审定效力。一○、凡已经审定认为合用之图书，每册书面，准载明'某年某月日经教育部审定'字样。一二、各省组织图书审查会，就教育部审定图书内择定适宜之本，通告各校采用。"①

为使权力不集中于中央，教科书除教育部审定外，再交各省图书审查会加以审定，由各省人士辅助进行。其中，商务印书馆由高梦旦组织编写"共和国教科书"，小学、中学、师范各科用书齐备，经教育部审定后各校纷纷采用。1913年11月，合并编纂、审查二处为编审处。1914年1月，修正教科图书审查规程，令各省停止审查教科书。4月，以前审定的各科教科书，失于宽滥，复布告各书局将以前审定者限三个月内送部复查。5月，汤化龙任教育总长，颁布《特定教育纲要》，另设教科书编纂处，令中小学教科书于一定期限内编定颁发；同时，坊间出版的教科书，加以审定，宣布兼采模范制与审定制。袁世凯病殁，范源濂任教育总长，撤销《特定教育纲要》，其间商务印书馆出版"新教科书"，如秦汾②编

---

① 郑鹤声：《三十年来中央政府对于编审教科图书之检讨》，《教育杂志》（夏季特大号）第25卷第7期，1935年7月，第24页。
② 秦汾（1883~1971），字景阳，江苏嘉定人。1909年毕业于美国哈佛大学，是美国哈佛大学的首批中国毕业生之一，1913年获硕士学位，成为中国数学学科史上第一位硕士学位获得者。秦汾很重视中国中学数学教育的普及，回国后应商务印书馆之约，编写了"民国新教科书"，成为20世纪初中国新学采用最多的教科书之一，多次再版，到30年代还在使用，在社会上反响较好。

《民国新教科书三角学》（1913）；中华书局出版"新制教科书"，如王永炅、胡树楷编《新制平面三角法教本》（1918）；科学会编译部也出版"实用教科书"，如陈文编《实用主义平面三角法》（1919）等。但这些教科书皆因法令转移，延至1919～1920年，尚为各校所采用。

1915年1月，袁世凯颁布《特定教育纲要》。"甲　总纲"规定："兴学由造就师范编辑教科书入手，应由教育部通行各省按照各地方所需教员之数分期造就，并由部编辑小学中学教科书以确定全国教育之基础。"[①] 此项规定基于教科书是达到教育目的的重要工具，如果与教育宗旨不相呼应，即不能达到目的的原因，故设立编审处，并按照学生需求迅速编辑中学教科书。其教科书内容，务与国家教育宗旨相合。"丙　教科书"规定："一、中小学教科书于一定期限内编定颁发，国定制与审定制并行。"[②] 清末时期，学部虽编有教科书，但其编订人员并非师范出身，故所编教科书多半不适用，不如商务印书馆、文明书局等出版企业出版的教科书风行，因此纯用国定制亦有流弊，必兼采审定制为善。

1917年，布告已失审定效力的教科书，各校于招收新生时，不得采用。采用在前者，得沿用至该班学生毕业。12月，傅增湘任教育总长，于1918年4月第一次公布重新审定的教科书，并将前所审定的各家教科书厘正发表。10月，教育部在北京召开中学校校长会议，有《请教育部对于审定中学教科书应特别审慎》一案。统计自1912年至1918年，[③] 坊间出版教科书除商务印书馆、中华书局外，还有文明书局、中国图书公司、民国第一书局、新华出版社书社、同华书局、湖南图书编译局等，但以商务印书馆和中华书局两家出版社出版的三角学教科书为大宗。

1919～1922年为第二期，这一阶段教科书的特色在于改用国语。自五四运动后，采用语体，并施以新式标点符号。匡文涛编写的《平面三角法讲义》（商务印书馆，1919）和《平面三角法要览》（商务印书馆，

---

① 朱有瓛主编《中国近代学制史料》第三辑上册，第44页。
② 朱有瓛主编《中国近代学制史料》第三辑上册，第48页。
③ 郑鹤声：《三十年来中央政府对于编审教科图书之检讨》，《教育杂志》（夏季特大号）第25卷第7期，1935年7月，第25页。

1919），"于教科书教授法外，特编自习书参考书，供师生应用，实开编辑上之新纪录"。①

二 数学教育制度下的三角学教科书汇总

辛亥革命的成功，资产阶级共和国的建立，使近代三角学教科书的发展进入一个新的阶段。如果说，清末自编教科书还仅仅是一种新瓶装旧酒的改革，那么，在经历了袁世凯复辟的逆流后，人们已经逐渐认识到这种浅层次的改革并不能使教科书真正摆脱传统教育的羁绊，故当时的人们对教科书乃至新教育都有了更为深入的思考，从而在一个新的层面探讨近代三角学教科书的发展方向。

民国初期，三角学教科书实现了由翻译外国原版到国人自编的蜕变，使三角学教科书具有了自己的特色，并呈现较为繁荣的景象。据笔者目力所及，1912～1922年出版的国人自编三角学教科书有14种（见表2－4）。

表2－4 1912～1922年部分国人自编三角学教科书概览

序号	书名	编著者	出版者	年份	备注
1	共和国教科书平三角大要	黄元吉	商务印书馆	1913	1913年12月初版,1926年20版
2	民国新教科书三角学	秦 汾	商务印书馆	1913	1913年12月初版,1927年9版,1932年国难后2版
3	平面三角法讲义*	匡文涛	商务印书馆	1919	1919年1月初版,1921年再版
4	平面三角法要览(受验准备用书)	匡文涛	商务印书馆	1919	1919年5月初版,1931年3月7版
5	中华中学三角教科书	赵秉良	中华书局	1914	

---

① 郑鹤声：《三十年来中央政府对于编审教科图书之检讨》，《教育杂志》（夏季特大号）第25卷第7期，1935年7月，第25页。

续表

序号	书名	编著者	出版者	年份	备注
6	平面三角法**	佘恒	中华书局	1916	
7	新制平面三角法教本	王永炅、胡树楷	中华书局	1918	1918年4月印刷，1925年12版
8	三角	（私立）中华书局函授学校	中华书局	1912	6册97页，算学科高级讲义第3种
9	平面三角法	孙祝耆	文明书局	1914	
10	中学教科平面三角法	陈文	科学会编译部	1920	1911年前初版，1920年19版
11	实用主义平面三角法	陈文	科学会编译部	1919	1919年3版
12	中等教科平面三角法	陈文	科学会编译部	1920	1920年19版
13	平面三角法教科书	王士楷***	教育图书社	1917	1917年10月初版
14	普通平面三角法	张树枑	太原晋新书社	1920	1911年9月初版，1920年订正再版

* 该书版权页虽将匡文涛写为编纂者，但该书实为上野清《平面三角法讲义》的编译本。这一点匡文涛在该书的序中也已经说明。

** 又名《新编平面三角法》。

*** 王士楷（1886~1950），号俊千，汉族。1886年生于山东德县。清代考取秀才，后为廪生。1909年毕业于山东优级师范学校，1910年任菏泽县高等小学堂教员，1911年任曹州府中学堂教员、德州官立二等小学堂堂长，1912年任山东提学使司视学，1914年任山东高等师范学校教员，1915年任河南高等师范学校教员，1916年至抗日战争前任济南师范教员，1938~1946年任济南中学教务主任，解放初期任济南师范学校校长。1913年，创办正谊中学。编有《算术教科书》和《平面三角法教科书》，由济南教育图书社出版发行，并被各中学采用。

由表2-4中所列14种国人自编三角学教科书可知以下几点。

（1）从教科书编辑背景看，这14种三角学教科书均为国人自编，都是按照教育部颁布的数学课程标准的要求进行编纂的，即符合国家"共和"的宗旨。

（2）从三角学教科书出版企业来看，有6家。出版情况为：商务印书馆出版4种，中华书局4种，科学会编译部3种，文明书局、教育图书社、晋新书社各1种。商务印书馆在清末原为出版教科书规模最大的一家，几乎独占全国教科书市场。然而民国成立后，该馆原任《教育杂志》

主编的陆费逵约及好友，准备全部适合民国需要的中小学教科书，于1912年1月向商务印书馆请辞，创办中华书局，以其所编教科书供应需要。故在民国初年，呈现商务印书馆和中华书局两家出版企业竞争的局面。

（3）从三角学教科书自编的情况来看，处于国人自编教科书的发展阶段。自编的三角学教科书数量并不多，而且内容相对较少。这一时期较为流行的三角学教科书主要有商务印书馆的《共和国教科书平三角大要》和《民国新教科书三角学》，中华书局则主推《中华中学三角教科书》和《新制平面三角法教本》。

（4）从作者群来看，主要有陈文3种，匡文涛2种，黄元吉、秦汾、赵秉良、佘恒、王永炅、胡树楷、孙祝耆、王士楷、张树栻、中华书局函授学校各1种。他们中间有留日学生，如王永炅、王士楷；有留美学生，如秦汾等。他们大都在三角学教科书编写方面颇有建树，为中国三角学教科书走向自编贡献了力量。

民国时期，以"讲义"冠名的书籍实际也为教科书，这些"讲义"起初是作为教师教学参考之用，后来得以出版，并作为三角学教科书在中学使用，如匡文涛的《平面三角法讲义》等。总之，1912~1922年教科书出版企业及数学教育工作者积极参与三角学教科书的编写，并为三角学教科书建设奠定了坚实的基础，使中国自编三角学教科书稳步向前发展。此后，三角学教科书的编写，博采众家之长，逐渐趋于完善。

三 个案分析——以《共和国教科书平三角大要》为例[①]

《共和国教科书平三角大要》是辛亥革命胜利后，商务印书馆出版的第一本国人自编三角学教科书。该书是继《最新中学教科书三角术》之后，商务印书馆出版的第二本较为成功的三角学教科书。《共和国教科

---

① 海红、代钦、刘冰楠：《"中学校用共和国教科书"数学教科书研究》，《内蒙古师范大学学报》（教育科学版）2013年第12期，第89~92页。

书平三角大要》是同一时期出版的三角学教科书中使用范围最广的一本，体现了这一阶段三角学教科书的发展。故本节以《共和国教科书平三角大要》为例，从其产生的时代背景、编纂者情况、编排形式及内容特点等方面进行阐述，以期对当今数学教科书的编写有一定的借鉴意义。

（一）时代背景

中华民国临时政府成立，改组共和政体。著名教育家蔡元培，对封建教育制度进行了全面改革。南京临时政府教育部颁发《普通教育暂行办法通令》，这是在"壬子学制"形成之前实施教育的主要依据。其中要求："凡各科教科书，务合乎共和民国宗旨，清学部颁行之教科书，一律禁用。"[①] 面对辛亥革命这一政治巨变，商务印书馆是缺乏思想准备的。他们当时的教科书还是适应清朝统治的"最新教科书"。陆费逵很有远见地预见民国革命会成功，故暗中约人编书。此时正遇夏瑞芳投资失败，各省汇兑不通，商务印书馆一时出现经济危机。陆费逵便筹集资金，约会商务老同事，在1912年元旦，即中华民国开国之日，成立中华书局。并且在春季开学前，及时推出"中华新教科书"。由于合乎共和政体是检验当时教科书的首要标准，中华书局顺应时代潮流推出的"中华新教科书"几乎独占了整个教科书市场。商务印书馆不甘落后，立即聘集一批名家着手编写新式教科书以适应新时代教育改革和教科书市场的竞争，并于1913年推出商务印书馆第一套国人自编教科书——"共和国教科书"。[②] 然而，"共和国教科书"的出版起初受到中华书局的严厉打压，理由是商务印书馆有日本企业的股份。[③] 受当时环境气氛的影响，这一击确实对商务印书馆造成了不小的损失，各校都纷纷订购中华书局的"中华新教科书"，而对商务印书馆出版的"共和国教科书"采取搁置的态度。

[①] 莫由、许慎编著《中国现代数学史话》，第94页。
[②] 为合乎"共和民国"的宗旨，故取名"共和国教科书"。
[③] 1903年，日本出版商金港堂注资商务印书馆，并给予技术投入，双方达成合资合作的关系。商务印书馆教科书质量不断提高，并迅速占领了教科书市场。而中华书局则找到商务印书馆的"死穴"，并基于这一点对商务印书馆展开猛烈的攻击。由于正处于共和政体初建时期，商务印书馆出版的教科书销路不畅，故夏瑞芳想尽办法买入日本的股份，终于在1914年1月6日不再依赖日本企业的资助。

直至收回日本股份以后,商务印书馆编印的"共和国教科书",才为各校纷纷采用,呈大销特销之势,并成为民国初年的主要教科书。从教科书整体看,"自出版至民国二十年,复印至三百余次,销售至七八千万册"。[①] 商务印书馆至此在教科书市场上重振雄风,成为与中华书局匹敌的竞争对手,并与之在教科书市场上展开了激烈的竞争。

(二) 编者及教科书简介

商务印书馆出版的中学用"共和国教科书"共计 23 种。其中中学校用"共和国数学教科书"一套包括以下 5 种。(1) 寿孝天的《共和国教科书算术》(1913 年 9 月初版,1917 年 11 月第 20 版,共 191 页);(2) 骆师曾的《共和国教科书代数学》(卷上、卷下)(1913 年 9 月初版,1924 年 12 月第 30 版,共 274 页);(3) 黄元吉的《共和国教科书平面几何》(1913 年 10 月初版,1916 年 11 月第 8 版,共 173 页);(4)《共和国教科书立体几何》(1915 年 12 月初版,1919 年 10 月第 9 版,共 65 页);(5)《共和国教科书平三角大要》(1913 年 12 月初版,1923 年 7 月第 18 版,共 55 页)。其中,黄元吉编纂、寿孝天校订的《共和国教科书平三角大要》封面如图 2-1 所示。

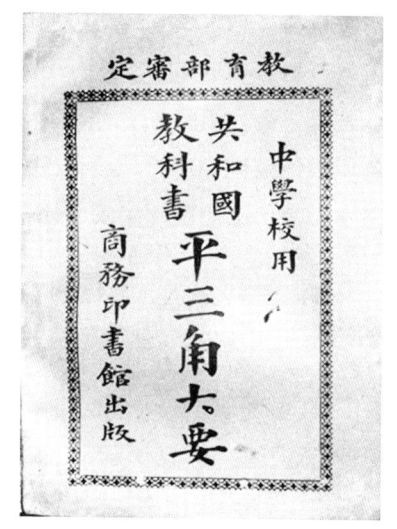

图 2-1 《共和国教科书平三角大要》封面

黄元吉,字肇成,江苏吴江松陵人,清末贡生,曾在上海商务印书馆担任编译工作。他编写的除"共和国数学教科书"外,还有《中学代数学教科书》(1915)、《中学校教科书平面几何》(1919) 等。

---

① 郑鹤声:《三十年来中央政府对于编审教科图书之检讨》,《教育杂志》(夏季特大号)第 25 卷第 7 期,1935 年 7 月,第 24 页。

黄元吉翻译的日本数学著作主要有林鹤一、津村定著《代数学：因数分解》（1929），林鹤一、淡中济著《算术——整数及小数》（1929），东利作著《平面几何学——圆》（1929），林鹤一、武田登三著《平面几何学：面积》（1930），林鹤一、淡中济、大冢驷太郎著《算术：分数四则》（1930），林鹤一、矢田吉熊著《代数学：幂法开法及无理数虚数》（1931），林鹤一、菅集人著《平面几何学：直线图形》（1933）等。这些翻译的数学著作都被囊括在"算学小丛书"中，并被收录于"万有文库"第一集。黄元吉校订的数学教科书有菊池大麓著、胡豫译《立体几何学新教科书》（1908），菊池大麓和泽田吾一著、王永炅译述《平面三角法新教科书》（1909）等。

寿孝天，绍兴城内都昌坊人，我国著名数学家、教育家、翻译家，商务印书馆编辑。1903年，与杜亚泉、王子余、宗能述等创办越郡公学。寿孝天是鲁迅的塾师，现鲁迅故居仍保留着寿孝天的书房（见图2-2）。

图2-2　鲁迅故居中的寿孝天书房

（三）编写理念与编排形式

按照1913年颁行的《中学校课程标准》的要求，出版企业担当历史责任，组织编写出版"共和国教科书"。商务印书馆"新编共和国教科书说明"很好地反映了国人对教科书历史使命的认识："国之盛衰，以教育之优劣为枢机。无良教育，何以得良国民；无良教科书，何以得良教育。

同人学识浅陋，窃不自揣，爰于壬癸之际，纠合同志，从事教科书之编辑，迄今已逾十年，为社会所共知。乃者民国成立，数千年专制政体，一跃而成世界最高尚最完美之共和国。政体既已革新，而为教育根本之教科书，亦不能不随之转移，以应时势之需要，此又同人所不敢不自勉者也。东南光复以来，本馆即将旧有各书遵照教育部通令大加改订。凡与满清有关系者，悉数删除，并于封面上特加订正为中华民国字样，先行出版。以应今年各校开学之用。更联合十数同志，日夕研究，本十余年编辑上教授上之经验，从事于教科书之革新。博采世界最新主义，期以养成共和国民之人格。造端甚微，影响至巨，不敢稍有稽延，尤不敢或滋草率。"①

《共和国教科书平三角大要》采用从左至右横排编写形式，用大写英文字母表示几何图形，页码均用阿拉伯数字。书中图形丰富，在必要处均用图形说明，帮助理解题意。在该书的最后有商务印书馆对该书的整体评价等。

在此引用书中"编辑大意"说明当时的编排情况：

一、该书备中学校平三角教科之用。

二、按中学校课程标准，第四学年三角与几何并授。是三角仅占学年之半。故该书内容，力求简要，俾得于规定年限以内，从容毕业。

三、该书于每节纲要，均加黑线为志，以便学者随时注重。

四、该书于名词之下，附注英文，以备参证。

五、卷末所附各简表，系备学者练习之用，若近于 $0°$ 及 $90°$ 之角。其圆函数，仍依密表检算为是。

六、该书于演式及说明处，务取浅显，恐犹未尽谛当。海内宏达，匡正是幸。②

在"编辑大意"中，编者明确提到该书的使用范围及授课时间。由于按照中学数学课程标准的要求，三角的教授仅占第四学年的一半时间，

---

① 王云五：《新编共和国教科书说明》，傅伟中主编《王云五文集·伍·商务印书馆与新教育年谱》上册，江西教育出版社，2008，第71页。

② 黄元吉编纂《共和国教科书平三角大要》，商务印书馆，1921，编辑大意。

所以该书在内容的编排方面力求简洁，以使学生能够在规定的年限里顺利完成学习任务。

（四）内容简介

《共和国教科书平三角大要》的目录如下：

第一篇：锐角之圆函数（第一章：圆函数之定义；第二章：角与圆函数之关系；第三章：45°等角之圆函数；第四章：直角三角形之解法；第五章：高及距离）

第二篇：普通角之圆函数（第一章：任意角之圆函数；第二章：于直角倍数相和或差之角之圆函数；第三章：合角之圆函数；第四章：普通三角形之关系；第五章：普通三角形之解法；第六章：测量之应用）

附录：表三种（圆函数表；圆函数对数表；对数表）

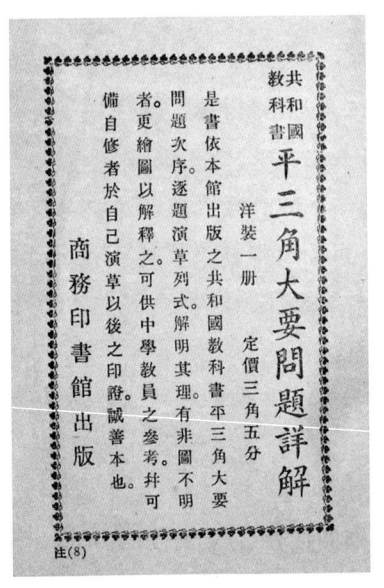

图 2-3 《共和国教科书平三角大要问题详解》扉页背面

《共和国教科书平三角大要》共两篇十一章，正文内容55页，其后附有三种表（圆函数表、圆函数对数表及对数表）16页和习题答案8页。由于书中定义的名词后附有相应的英文单词，所以没有单独列出中英文名词对照表。目录之后附有希腊文字对照表，包括希腊字母的大写和小写写法及其名称。该书在重点强调之处标有"注意"二字，旨在提示读者对此处应特别加以留意。扉页背面是与该书配套的习题书目介绍，书名为《共和国教科书平三角大要问题详解》，其按照《共和国教科书平三角大要》中习题出现的次序，对问题进行了详细解答，并且充分利用图形的直观性辅助题目，如图2-3所示。

《共和国教科书平三角大要》中的

定义、公理、定理、系等采用统一编号的方式，习题的序号也是承接上节习题的次序。书中的定理及需特别注明的地方都加下划线作为标志，便于学者学习与注意。有英文作为指导，不会出现名词误差。推理用到前面所学内容时，在内容后用括号注明其序号，以便于学生查看。卷末附有各类简表，以便学生进行练习。图2-4为《共和国教科书平三角大要》的定理8和推理53。

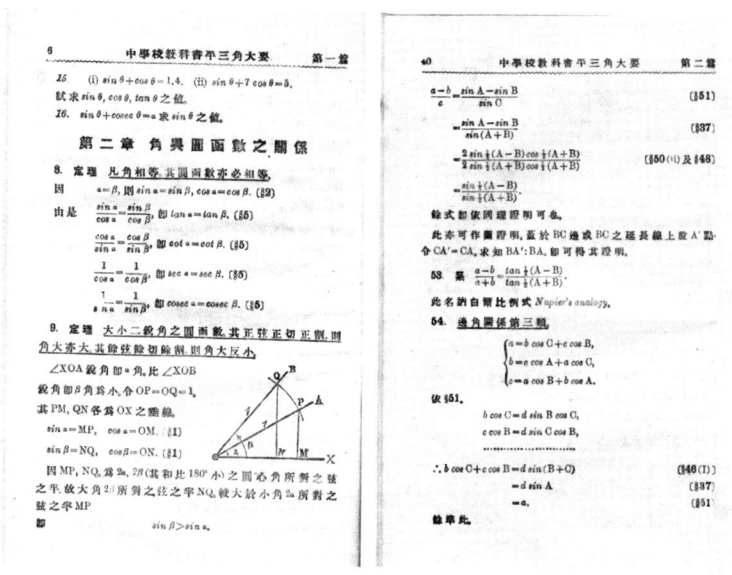

图2-4 定理8和推理53

将《共和国教科书平三角大要》中的内容进行分类量化，详见表2-5。

表2-5 《共和国教科书平三角大要》内容分类量化

单位：个，道

篇、章		定义	定理	系	例题	问题
第一篇	第一章	2	3	2	/	16
	第二章	/	3	2	/	2
	第三章	1	1	/	4	8
	第四章	1	/	/	13	4
	第五章	2	/	/	4	10

续表

篇、章		定义	定理	系	例题	问题
第二篇	第一章	/	1	2	/	8
	第二章	/	4	3	/	6
	第三章	1	/	/	8	10
	第四章	/	/	1	9	13
	第五章	/	/	/	4	1
	第六章	1	/	/	3	14

书中的定理、例题、习题等都渗透着分类的思想，如第一篇第四章中直角三角形之解法，将问题分成 11 类进行解决。习题中也有从分类角度设置的题目，如图 2-5 所示。内容和习题的量偏少，以简洁为主，但是会导致很多内容没有深意，且练习不到位。

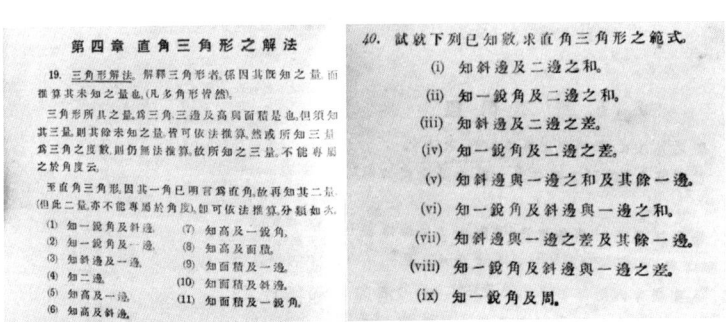

图 2-5　例题和习题中渗透的分类思想

（五）名词术语、数学符号介绍

民国初期，国人开始自编三角学教科书，名词术语基本仿照西方的表示。《共和国教科书平三角大要》中的名词术语大多已接近现行教科书中的表示，如定义、公理、定理等。书中的几何图形都用英文字母表示，角用希腊字母表示，简单明了。只是用"圆函数"代表"三角函数"，用 cosec 表示余割，这种表示方法与现行教科书不同。该书中部分名词术语与现行教科书中的表示对照详见表 2-6。

表2-6 《共和国教科书平三角大要》中名词术语与现行名词术语对照

序号	书中名词术语	现行名词术语
1	目次	目录
2	系	推论
3	答数	答案
4	图解	图象
5	正方和	平方和
6	圆函数	三角函数
7	正(余)弦定则	正(余)弦定理
8	全等	相等
9	正交	垂直
10	周	周长

由表2-6可以看出,《共和国教科书平三角大要》中大多数的名词术语已接近现行的表示,只有少数几个还沿袭清末的表示方法。书中的例题序号均用阿拉伯数字排序,如例1、例2等。定理采用汉字排序,如定理一、定理二等。将符号"√"或"√⁻"称为根号,如√5等(见图2-6),这些表示在现行数学教科书中已不出现。

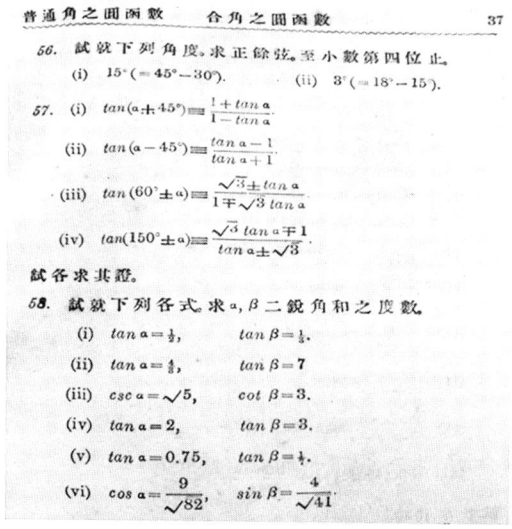

图2-6 书中根号的表示方法

（六）具体例析

为具体了解该书，兹以第二篇第二章、第二篇第三章、第二篇第五章为例予以说明。

38. 系　一角之正余切。与其外角之正余切数同而正负适相反。（第29～30页）

$tan(180° - \theta) \equiv - tan \theta$。

$cot(180° - \theta) \equiv - cot \theta$。

[注意]　钝角之圆函数。恒通于锐角之圆函数。故其值即于圆函数表求之可也。又无论如何。但使二角之和为180°。则其二角必系互为外角。即如200°与 -20°亦得依外角推算。

由该例可见，《共和国教科书平三角大要》推论中叙述的文字采用加下划线的形式，用以强调，有助于引起学者注意。此外，在推论之后，标有"注意"二字，类似现今数学教科书中的提示。

42. 以二角之正余弦。表二角之和之正弦。（第32页，见图2-7）

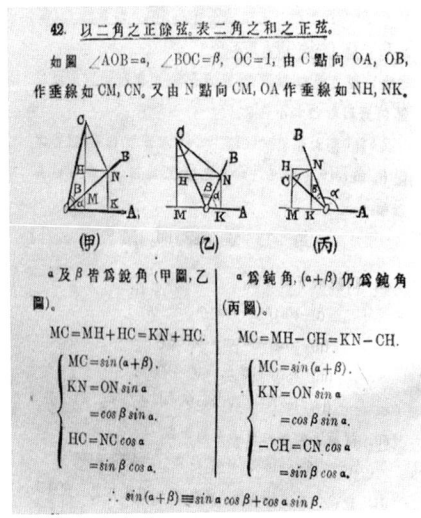

图2-7　两角和公式

本题利用几何图形进行辅助证明，几何图形采用 A，B，C 等大写字母表示，相应的角用希腊字母 α，β 等表示，简单明了。证明中采用分类的思想，将角分为锐角和钝角两种形式分别加以讨论，最终得出结果。

58. 普通三角形之解法　分类如次。（第 45 页）
（1）知一边及二角。　（2）知二边及其一对角。
（3）知二边及夹角。　（4）知三边。

本例将一般三角形的解法分成四种情况加以讨论，进一步渗透了分类的思想。

（七）授课时间及使用情况

1912 年以后，中学学制由五年改为四年，不分初中和高中，三角一门课程在第四学年与平面几何、立体几何同时讲授。三角学教科书中的内容与各科目教授时间安排相适应。但《共和国教科书平三角大要》并没有统一的课时安排，而是根据内容深浅、难易程度而定，具有一定的随意性。

1920 年，倪尚达对当时中等学校使用的数学教科书情况进行统计，其中包括算术、代数、几何、三角四科。这四科使用的教科书书目如表 2-7 所示。

表 2-7　最多及次多采用数学教科书书名

采用书别	条目数	书名	编辑者	出版处
算术	最多	共和国教科书	寿孝天	商务印书馆
	次多	民国新教科书	徐善祥	商务印书馆
代数	最多	民国新教科书	秦汾、秦沅	商务印书馆
	次多	共和国教科书	骆师曾	商务印书馆

续表

采用书别	条目数	书名	编辑者	出版处
几何	最多	汉译温氏几何学	张彝	商务印书馆
	次多	民国新教科书	秦沅、秦汾	商务印书馆
三角	最多	共和国教科书	黄元吉	商务印书馆
	次多	汉译温氏三角法	顾裕魁	商务印书馆

注：其中有错漏之处，如代数和几何《民国新教科书》的编辑者均落下了"秦汾"；代数《共和国教科书》的编纂者应为"骆师曾"，而表中写成了"骆师会"；三角的书名应为《汉译温氏三角法》，表中写成了《汉译温氏三角学》，作者"顾裕魁"错写成"顾裕奎"。

资料来源：倪尚达：《全国中等学校数学科教授状况之调查》，《教育杂志》第12卷第5期，1920年5月，第8页。

由表 2-7 可见，"共和国数学教科书"在当时的使用范围相当广泛，而且一直再版，是很多中学校的首选数学教科书。其中，《共和国教科书算术》和《共和国教科书平三角大要》使用范围最广，被采用次数最多。根据 1917 年江苏省立第一中学校的各级教科用书及教师一览表可知①，该校四年级三角课程所使用的教科书为黄元吉编纂的《共和国教科书平三角大要》（商务印书馆，1913），任课教师为陆裕枥。

（八）特点分析

《共和国教科书平三角大要》特点如下。

（1）装帧方面。该套"共和国数学教科书"为普通洋装书籍，装订牢固，但是纸质易碎，不易保存。民国初期正处于手工造纸向近代机械造纸和印刷阶段过渡的时期，普通洋装书工艺简单、快捷、成本低，适宜大量生产。但由于装帧工艺还很落后，在使用过程中很容易造成破损。该书有布面、纸面两种，经济稍宽裕的学校可用布面，定价较纸面贵了一角，

---

① 江苏省立第一中学校数学一门课程所用教科书如下：一年级算术、代数教科书分别为寿孝天编《共和国教科书算术》（商务印书馆，1913），王永炅编《代数教本》上册（中华书局，1916），任课教师均为陆裕枥；二年级所用代数教科书为王永炅编《代数教本》下册（中华书局，1916）；三年级所用代数、几何教科书分别为长泽龟之助著《新代数学教科书》（东亚公司，1910），秦沅、秦汾编《几何学新教科书》（商务印书馆，1914）；四年级几何教科书仍为秦沅、秦汾编《几何学新教科书》（商务印书馆，1914）。

美观且耐用，毕竟学校皆从节俭，纸面本畅销，而布面本销数极少。

（2）在编排形式上完全采用横排编写形式，应用英文字母表示几何图形，用希腊字母表示角，大大简化了教科书的内容，方便实用，简明扼要。重点内容采用加下划线的形式强调，重点突出。在名词后加上英文原名，统一名词术语，为熟习英文的学生提供方便，不致概念混淆。教科书附有"编辑大意"，阐明了教科书学习期限、内容结构、名词术语、文字排列等。教科书封面上方印有"教育部审定"字样，右侧有"中学校用"字样，中间有"共和国教科书平三角大要"字样，左下角有"商务印书馆出版"字样。封底印有"教育部审定批语"："是书按照新制选取，教材删繁就简，尚属妥洽，准予审定作为中学教科书之用。"本套教科书中的其他数学教科书亦然。

（3）编写方法上，力求浅显、精炼，旨在一方面如期完成教学计划，另一方面期望适合学生心理发展的需要。思想性较强，突出了教科书的思想性，从定理、系的证明到例题、习题的运算，分类思想贯穿始末。

（4）内容简明扼要。书中习题大幅减少，与西方传入的三角学教科书大为不同。例题、习题的设置简单，内容较少，答案部分尚属全面。该教科书与《最新中学教科书三角术》相比，文字更浅更短，图形也十分丰富，图文并茂，易于学生理解。

（5）民国初期，国人自编三角学教科书中的名词术语基本仿照西方的表示方法，但名词术语尚没有完全统一。名词术语大多与现行的表示方法相同，但也有一些沿用了清末的表示，如根号的表示方法前后不一等。

（6）采用分科的编排方式。该套数学教科书采用算术、几何、三角的分科设置，这是这一时期数学教科书的编排特点之一。

（7）具有与之配套的问题详解——《共和国教科书平三角大要问题详解》。该书由叶振铎编纂，于1917年7月由商务印书馆出版发行。正如商务印书馆在"购书诸君鉴"（见图2-8）中声明，"本馆出版之《共和国教科书平三角大要》，民国新教科书《代数学》《三角学》《几何学》，另印问题详解，专供教员之用。各校教员如需用此书者，无论函购面购，请于书价之外，另备教员或校长名号图章，或签字之凭信，并加校章，以昭慎重。此系仿照欧美书肆办法，尚祈鉴察"。可见，此书并非可在市场上随意购买，而仅针对在职教师，并需学校出具一系列手续方可买到。该书对《共和国教科书平三角大要》中的习题进行了详细解答，方便教师教学之用。

图 2－8　《共和国教科书平三角大要问题详解》"购书诸君鉴"

《共和国教科书平三角大要》在 20 世纪 20 年代初期仍被使用（1923 年 7 月第 18 版），可见其使用时间之久和受欢迎程度。由于时代的局限性，该书也有不足之处。形式方面，与译自欧美等国的三角学教科书相比显得粗糙。例如，《最新中学教科书三角术》为圆背精装书，外观精美，装订牢固，易于保存；而《共和国教科书平三角大要》为普通洋装书，纸质易碎，不易保存。这种变化也许是商务印书馆考虑教科书售价必须低廉，而刻意减少成本的一种做法。程度方面，相比商务印书馆出版的《最新中学教科书三角术》在社会上有程度过深的反响，而《共和国教科书平三角大要》的出版又有过于简单的反映。然而，教科书越简单，对于教师教学来讲，难度越大。由于《共和国教科书平三角大要》属于应急的教科书，编写较仓促，习题较少，书很薄。时间方面，授课时数依照 1913 年中学校课程标准，视内容深浅而定。不同于小学用"共和国数学教科书"，中学校用"共和国数学教科书"没有与之配套的教授书，也没有统一的课时标准，这就要求教师要有足够的教学经验，随意性较大。

总之，"从民国时期教科书水平来看，由于政体突然变更，时间仓促，《共和国教科书》的水平不尽人意"，[①] 却反映了近代中国学者在三角学教科书编写初始阶段的追求及艰难的探索。正如王云五所言："共和国教科书之编印，系在共和政体建立后一年以内；因清末所编之教科书，已

---

① 代钦：《数学教育史——文化视野下的中国数学教育》，北京师范大学出版社，2011，第 240 页。

随国体改变而不适于用，不得不从速改编，结果虽能如期供应学校之需求，内容质素自难期完满。"①

小 结

这一时期，中国在政治制度上经历了由封建帝制到民主共和的历史性巨变，但在学制变革上，情况却不尽相同。事实上，以日本学制为楷模而订立的清末"癸卯学制"，已经在法律形式上体现了中国传统教育向近代教育的转变。而民初"壬子癸丑学制"，原以"癸卯学制"为蓝本，因此民初学制的订立不是对清末学制的全盘否定，而是继承和发展了它的合理性，并在辛亥革命民主主义精神的指导和鼓励下，批判和改造了它的不合理性。将"壬子癸丑学制"与"壬寅癸卯学制"相比，其进步显而易见。首先，以民主主义精神，涤荡了封建专制主义，如废除不合民国教育宗旨的教科书等就是例证。其次，男尊女卑的封建观念有所改善。"癸卯学制"没有关于女子教育的任何规定，民初学制在很大程度上肯定了男女都有平等受教育的权利，课程设置也兼顾女生生理上的特点，做了一定的调整。再次，修业年限有所缩减。相比"癸卯学制"而言，民初学制的初小、高小、中学均缩短1年。这对于促进课程的合理设置、加快人才的培养和输送是十分必要的改进。

然而，学制改革是一项复杂的系统工程，不可能一蹴而就，从旧教育到新教育的转变更是一个长期而艰巨的历史过程，加之中日国情、国力的不同，沿海与内地各省、边远地区发展不平衡，传统教育影响的根深蒂固，进行教育改革的配套条件相对较差，因此，民初学制在全国付诸实践时，亦暴露出不少矛盾。而教科书的审查也引起了相当广泛而深刻的讨论。例如，江梦梅对教育部采取"许民间自由编辑，不以国家之力揠苗助长，又辅以教育部之审查，图书审查会之选用"的教科书审查制度做出以下评论："吾谓教育部之大功有二，即废国家编教科书及删去读经是

---

① 王云五：《中小学教科书及补充读物问题》，《王云五全集》（13），九州出版社，2013，第175页。

也。……中华书局忽涌现于国内，编辑方法，大有进步，耳目为之一新。继起者十余家，或方组织，或正编辑，此后教育界中之新出品，可卜月异而岁不同。此自由竞争之成绩，一也。往者一册教科书，定价率在二角以上……中华书局各书，每册定价不过六分至一角五分，旧书肆大受影响，乃竞相廉价。最近中华书局遵教育部新章编辑之新制教科书，每册定价六分至一角，且售对折。实则每册不过三分五厘而已，较之前清时代，低减倍蓰矣。此自由竞争之成绩，二也。往者学部之书，再四翻刻，模糊至不可辨。坊间一二大书肆，亦以竞争不烈之故，偷减成本，任其无陋。今年则竞求精美，绝鲜模糊恶劣之弊，此自由竞争之成绩，三也。夫编辑完善，定价低廉，印刷精美，教科书之原素尽于此矣。此实现行制之优点也。"①

这一时期，数学课程标准开始主导三角学教科书的编写，且三角学教科书内容较为简单。一旦学制课程变更和修订，各出版企业就按照新学制的要求重新编辑一套教科书，以适应新学制的要求。商务印书馆的《共和国教科书平三角大要》《民国新教科书三角学》，中华书局的《中华中学三角教科书》《新制平面三角法教本》，科学会编译部的《实用主义平面三角法》等都是根据课程标准的要求进行编写的。例如，王永炅、胡树楷编《新制平面三角法教本》"编辑大意"记："该书按照部颁课程标准编辑。为中学校及其他同等各学校用书。中学科目较多。取材过丰。难期熟习。故该书理论。务以简明为主。"② 再如，秦汾编《民国新教科书三角学》编辑大意记："是书依据教育部令编辑。专为中学校，女子中学校，及师范学校，女子师范学校之用。说理务求完备，俾学者思想得渐趋精密。预备进习专门。"③ 由此可见，当时国人自编的三角学教科书，无论是形式还是内容均符合当时的国情，与南京临时政府的教育方针大致吻合，改变了清末完全翻译日本、欧美国家三角学教科书的现状，体现了国人自编三角学教科书的实力，开了中国近代学制颁布后国人自编中学三角

---

① 江梦梅：《论现行教科书制度及前清制度之比较》，《中华教育界》第 1 期，1913 年 1 月，第 21 页。
② 王永炅、胡树楷编《新制平面三角法教本》，中华书局，1919，编辑大意。
③ 秦汾编《民国新教科书三角学》，商务印书馆，1913，编辑大意。

学教科书的先河，体现了近代数学教育家追求科学的真诚态度和严谨的学风。

清末的出版企业，商务印书馆一家独大，1912 年，中华书局崛地而起。1913 年后，以商务印书馆和中华书局两家为三角学教科书出版巨擘，同时也有其他出版机构展开三角学教科书的出版工作，如开明书店、正中书局、世界书局等，但在当时不占主流。商务印书馆和中华书局之间的竞争激烈而持久，在民国初期一直处于紧张对峙的状态。在其竞争的过程中，中华书局在抢占教科书市场先机方面的手段略高一筹，可谓出版界一颗迅速升起的明星。在中国革命之际，中华书局以"教科书革命"为口号确实是十分有见地的，它反映了中华书局领导人对局势的判断和对教科书出版所寄予的厚望，正是这个口号，赢得了消费者对中华书局的认同。然而，从发行状况和历史评价来看，还是"共和国教科书"略胜"中华教科书"一筹。在一定程度上来讲，出版企业间的良性竞争促进了中国三角学教科书的发展，提高了三角学教科书的质量。

商务印书馆为了创编教科书，在张元济先生领导之下，编译人员从数人增加至数百人，在馆外帮忙的还不计其数，筚路蓝缕，煞费苦心，得成一种辅助教育的新事业，使编写、出版的教科书质量较高，因此，商务印书馆出版的中小学教科书发行全国，很多学校乐于采用。南洋华侨的子弟学校便是其中之一。据周谷城回忆："我于 1913 到 1917 年在长沙读书，进的是第一中学，其中教材，只要是教科书，无一不是商务印书馆编的或译的。"[①]

1912~1922 年，中国三角学教科书以自编为主，翻译日本、美国等为辅。虽然自编的数量不多，但使用范围却十分广泛，得到许多中学数学教师及学生的好评，即三角学教科书完成了由翻译到编译再到自编的过渡。三角学教科书内容方面，与清末时期平面三角与弧面三角完备不同，民国初期，数学课程标准规定，中学所习三角学教科书仅包括平面三角的内容，故这一时期国人自编的三角学教科书中仅有平面三角学

---

① 陈江：《百年风雨，人间正道——商务印书馆百年简述》，《商务印书馆一百年（1897 - 1997）》，第 553~554 页。

的内容。

相比于同一时期翻译国外的三角学教科书而言，国人自编的三角学教科书内容更符合学生心理发展特点。例如，黄元吉编纂的《共和国教科书平三角大要》与美国温德华士的《温德华士平面三角法》相比，在三角函数概念的引入部分，《共和国教科书平三角大要》结合具体图形，先给出正弦和余弦的定义，之后利用正弦和余弦的关系呈现正切、余切、正割、余割的定义，十分注重知识间的联系，引人入胜；而《温德华士平面三角法》直接将八个三角函数的定义用文字写出，后结合一个图形，给出八个三角函数的公式表示。虽然很清晰，但是没有知识的生成过程，较为生硬。又如，秦汾编的《民国新教科书三角学》在讲特殊角的三角函数时，结合具体的图形进行求解，严谨周详，一目了然；而《温德华士平面三角法》在讲这个问题时却一带而过，似乎更强调记忆。然而，瑕不掩瑜，《温德华士平面三角法》在20世纪10～20年代风靡中国，并有多种汉译版本。民国初期，中国涌现出一批学者，积极投入三角学教科书的建设，可见，中国数学教育工作者在编写三角学教科书方面已经具备了一定的实力。其后的二三十年里，随着对教科书需求的增加，编印三角学教科书的出版企业也在持续增加，数量急剧上升。

第三章 1923~1936年中学三角学教科书

1922年新学制颁布后,中国中学实行"三三制",即将民国初期的中学分成初中与高中,各三年。1923~1936年,初中三角学教科书呈现两种形态,一方面,受美国教育思想影响,中国于1923年开始施行混合数学,并有4套较为经典的混合数学教科书保存至今;另一方面,是分科教科书,在国家推行混合教科书时期,一些学校仍坚持采用分科教科书,并同时出版了一定数量的分科三角学教科书。故这一时期初中三角学教科书经历了由分科到混合再到分科的过程。而高中三角学教科书主要是分科教科书。

民国中期,国人自编三角学教科书在各方力量的努力下,达到清末与民国时期出版、编写的高潮,三角学教科书在这一时期亦得到蓬勃发展,为之后三角学教科书的编写夯实了基础并产生了深刻的影响。本章以1923~1936年国人自编三角学教科书为研究对象,分别从初中和高中两个方面进行探讨,在梳理这一时期数学教育制度中有关教科书的编审制度、数学课程标准对三角内容不断修订的基础上,进一步研究中国中学三角学教科书自编的发展状况及所呈现的编写特点等。

一 初中三角学教科书发展概况

(一) 混合时期 (1923~1928)

数学原是一个整体。中国传统数学并无代数、几何、三角之分,数学教育亦从未分科。直至近代,随着欧几里得《几何原本》、借根方、八线

（三角）等相继传入中国，清末民初的数学教科书以分科为主要趋势。五四运动后，杜威实用主义教育开始流行，美国的教学模式在中国广泛传播。一种将算术、代数、几何、三角合并成"混合算学"的教学法随之盛行。

1. 混合时期课程标准的演变

随着西方教育思想的涌入及一批接受先进思想的国外留学生回国后对西方教育的宣传，加之杜威（John Dewey，1859~1952）和孟禄（Paul Monroe，1869~1947）相继来华讲学，当时的中国教育界被美国教育思想笼罩。从20世纪20年代起，中国教育受杜威的影响颇深。1919年5月1日至1921年7月11日，杜威在中国宣传其实用主义教育思想，并在中国产生了很大的反响。实用主义教育思想指导下的课程和教材不断涌现，三角方面的教科书主要有陈文著《实用主义平面三角法》（科学会编译部，1919）等。

受美国"六三三制"的影响，当时中国教育界针对中小学教育脱离生活实际的状况，要求改变这种现状的呼声很高，最终全国教育联合会于1919年发起讨论修改学制的倡议，成为新学制的酝酿准备阶段。1921年10月，召开第七届全国教育会联合会议，颁布《学制系统草案》，规定中等教育采用选科制，将中学分为初高两期，各三年。其分科性质，有宜于"四二制"或"二四制"者，得酌量变通之。其后，各省市进入讨论及试行阶段。该学制系统草案得到众多专家的评议。如学制年限方面，蔡元培提倡"中学宜以四二制为通则"。① 廖世承在苏州讲演《中小学沟通问题》时，主张"中学宜采用三三制"，并基于现行中小学学制上的缺点，提出中学实行"三三制"的好处，认为："三三制是适合个性的，顺应时代潮流的；四二制是不适合个性的，偏于理想方面的。"② 此外，在第七届全国教育会联合会会议期间，孟禄除发表演说外，还与各省代表及《学制系统草案》的起草人黄炎培、袁希涛等进行了广泛的讨论与交流。他关于改革学制的意见和主张得到与会代表的广泛认可。可以说，"孟禄

---

① 蔡元培：《全国教育会联合会所议决之学制系统草案评》，《新教育》第4卷第2期，1922年1月，第126页。
② 璩鑫圭、唐良炎编《中国近代教育史资料汇编·学制演变》，第950页。

为此次学制会议指明了改革的方向,他的演讲成为学制改革的指导思想,其精神对学制草案的制定产生了深刻的影响,进一步坚定了人们最终采纳美国教育模式的决心"。[①]

自 1921 年全国教育会联合会议决新学制后,全国教育界人士群起研究,各学校亦有试办者,教育部鉴于学制改革刻不容缓,于是对新学制进行审定与颁布。1922 年 7 月 1 日,教育部召集学制会议,提出议决案,并公布章程。中学校实行"四二制",但得依地方情形,是否选用"三三制"。9 月,决定两者并存,以"四二制"为原则,"三三制"为例外。10 月 11 日,在济南召开全国教育会联合会会议,重点讨论新学制问题。会议决定,中学校仍以"三三制"为原则,"四二制"与"二四制"为副则。11 月 1 日,北洋政府以大总统令颁布施行《学校系统改革案》,即"壬戌学制",亦称"六三三制"。该学制以之前会议通过的"新学制草案"为蓝本,是借鉴美国的学制。然而,该学制的制定并非盲目跟风,而是在借鉴与吸收欧美先进教育经验和教育理论的基础上,经过长期酝酿、反复讨论等择善而从的结果,是当时教育界集体智慧的结晶。壬戌学制尽管并非完美无缺,但对民国时期数学教育的发展起到了巨大的推动作用,在中国数学教育发展史上有着深远的影响,所以一直沿用到新中国成立。

壬戌学制中的教学思想也多从美国输入,混合算学就是一例。"1923 年 8 月中旬,在中华教育改进社第二届年会上,数学教学组对数学科是否采用混合教学法进行了专门的讨论研究。会上鉴于(1)免除学习困难;(2)易于联络;(3)节省时间;(4)适于实用;(5)增加兴趣等理由,由卫淑伟、程廷熙两人提出了此案,讨论决定认为初级中学宜用混合教学法。并根据各校的实际情况,或是用分科课本,由教员随时参合教授,或是采用混合课本。觉得小学没有混合的必要,而高中宜专门研究,不宜混合。因而决定仅对初级中学数学采用混合教学法。这可谓是中国'混合数学'之端。"[②]

在这次年会上,也有不同的观点:"(1)主张用分科课本,而混合教授系统不明;(2)认为采用混合教学法书籍太少,没有选择的余地;

[①] 周洪宇、陈竞蓉主编《旧教育与新教育的差异:孟禄在华演讲录》,安徽教育出版社,2013,第 5 页。

[②] 张奠宙、曾慕莲、戴再平:《近代数学教育史话》,第 65 页。

(3) 用混合教学法但不用混合课本似不甚妥，但无善本。"①

"混合教学指混合一切科目，或数种科目之教材，行施教学而言，与分科教学相对立。古来之教育，偏重知识，其结果遂致各种教材分成门类，而儿童所习因亦不外各科独立之内容。故旧式之教育往往有与实际胜过过于隔离之弊。最近诸学家，有鉴于此，乃创为教育即生活之说，以为教育非为生活之准备，乃是生活之本身，其义甚精，足救前此之失。是说既行，于是教学论上亦大受影响，凡百教学皆讲所以适合生活之道，而混合教学之讲因以发生。盖实际生活内情最杂，一问题之范围大抵涉及各种之知能，断难划分清楚，建科别类；故教育果应与生活相合，则分科教学之效用，自不如混合教学之大。"② 由此可见，混合教学在当时具有相当高的地位。

"在欧美最初极力提倡混合教授法的，是德国的大算学家菲利克斯·克莱因（Christian Felix Klein，1849~1925），他的功绩在算学教育史上是不可磨灭的。因为他努力鼓吹的结果，乃由全国算学专家集会制定有名的划分时代转变的米兰改造方案（*Meraner Lehrplan*），白连德孙（Behrendson）和哥丁（Gotting）根据这方案，编成一部混合法教科书（*Lehrbuch der Mathematik nach Modern Grundsatzen*），日人森之郎译作'新主义算学教科书'。这部书是以代数和直观几何的混合为主要题材，辅以三角和算术，特别偏重函数观念和图解。"③ 随后，美国的穆尔（E. H. Moore，1862~1932）受克莱因和培利（J. Perry，1850~1920）的影响，也高倡改造算学教育，并"在1902年全美数学年会上，作了'关于数学的基础'的长篇报告"。④ 他主张：

（一）在中学应将各科（算术、代数、几何、物理）融合在一起，搞统一的数学。

（二）在专门学校要把三角、代数、解析几何、微积分融合成一个学科。

---

① 张奠宙、曾慕莲、戴再平：《近代数学教育史话》，第65页。
② 唐钺等主编《教育大辞书》，商务印书馆，1933，第1088~1089页。
③ 余潜修：《中学算学采取混合教授法的商榷（下）》，《中等算学月刊》第1卷第2期，1933年2月，第1~2页。
④ 张奠宙、曾慕莲、戴再平：《近代数学教育史话》，第66页。

(三) 教学形式可采取实验的方法。

(四) 改良运动不应只是变革的，而应该是发展的。①

根据这个主张而出版的混合教科书很多，实验的效果也很显著，其中最流行的要算布利氏（E. R. Breslich）所编《布利氏新式算学教科书》（三编），"这部书比我们先讲的德国书，写得更要彻底，每卷的卷末都附有日常计算必要的种种数值表，这就可以想见实用主义色彩的浓厚了。可惜材料太多，用作初中的教科书，似乎有些不太恰当，并且有许多地方不适合于中国的国情，所以采用的结果，没有多大的成效"。②

新学制公布后，全国教育联合会组成"新学制课程标准起草委员会"草拟中小学课程纲要，议决中小学各科毕业标准，编订各学科课程要旨，又分请专人拟定各学科课程纲要。1923年，由胡明复起草《新学制课程标准纲要——初级中学算学课程纲要》。纲要规定："初中算学，以初等代数几何为主，算术三角辅之，采用混合方法。始授算术，……并随时输入代数几何观念……再由代数几何，渐渐引入三角大意，三角分量，亦略占全部六分之一。"③ 三角部分应以"角之量法，正负角，弦切割各线，渐近公式，边角相求，三角应用大意"为标准，在编制上要求四部分知识混合贯通。三角部分毕业最低限度标准为"略知平面三角初步"。

2. 混合时期教科书的编写与审定

1922~1927年，这一时期教科书因学制的改革，而编制内容俱受其影响。商务印书馆由王云五等遵照部颁新学制课程大纲，编辑新学制教科书，初中各科用书齐备。其初中教科书编制有两种，甲种教科书采用混合编制法，为中国教科书空前之创作；乙种教科书采用分科编制法，但仍注重各科联络。这两种教科书使用最广，代表了该时期教科书的精神。此外，中华书局编辑有"新中学教科书""新制教科书"等，世界书局亦有

---

① 张奠宙、曾慕莲、戴再平：《近代数学教育史话》，第66页。
② 余潜修：《中学算学采取混合教授法的商榷（下）》，《中等算学月刊》第1卷第2期，1933年2月，第2页。
③ 课程教材研究所编《20世纪中国中小学课程标准·教学大纲汇编·数学卷》，第212~213页。

"新学制教科书"出版。当时教育的趋势，颇受美国的影响，特别注重学生的心理，教科书内容体裁俱为之一变。至于编审机构，也不断变更，1923年12月裁教育部编审处，改设图书审定处，以审定教育图书。1924年10月，全国教育联合会在开封召开第十次年会，提出"改革教科书审定制度"一案。1925年2月，仍改图书审定处为编审处，后又改为教育部编译馆；9月，国立编译馆成立；10月，改教育部编译馆为图书审定委员会。1927年10月，又改图书审定委员会为编审处，并公布编审处规程。

自大学院成立至各科暂行课程标准公布时期。1927年南京国民政府成立后，教育行政委员会即有教科图书审查委员会之组织与审查办法。1927年10月16日，公布教科图书审查条例十六条，其要点如下："一、中小学教科图书、非经大学院审定，不得发行采用。二、中小学现用教科图书，如大学院认为不适当时，得通令修正，或不得再用，并得禁止其发行。三、应行审查之教科图书，分为三民主义，国文、国语、外国语、社会科学、自然科学、职业科学、音乐、图画、手工、体操七项。四、审查图书，以不背本党的主义，党纲及精神，并适合教育目的，学科程度及教科体裁者为合格。五、发行或编辑人，应于图书发行前，呈该书五份（部定规程，初改三份，后仍五份）送审，如用稿本，应送预印纸张印刷款式等样本，各呈二份，其未全者，不予审查。……七、呈请审查时，应纳定价十倍之审查费，挂图二倍，复审费减半。……一一、已经审定者，应在书面上记明'某年某月日经大学院审定'等字样。……一三、审定后，如有不适当处，应于三个月内遵照修正呈核，逾期失效。一四、审定后，如经两年后（部改三年）认为不合时宜者，得取消其审定效力。"[①] 该条例于1928年9月实行。

3. 混合数学教科书中三角内容的设置情况

在混合教学的影响下，美国数学教育家芝加哥大学乔治·布利氏教授打破代数、几何、三角的界限，编写统一的数学教科书，即 *Breslich's General Mathematics*（三册），中译本为《布利氏新式算学教科书》（共三编），由商务印书馆出版（见图3-1）。其中，第一编由徐甘棠译，1920年2月初版，1930

---

① 郑鹤声：《三十年来中央政府对于编审教科图书之检讨》，《教育杂志》（夏季特大号）第25卷第7期，1935年7月，第26~27页。

年4月11版；第二编由王自芸译，1922年5月初版，1930年4月8版；第三编由文亚文、唐梗献译，1924年8月初版，1930年5月4版。

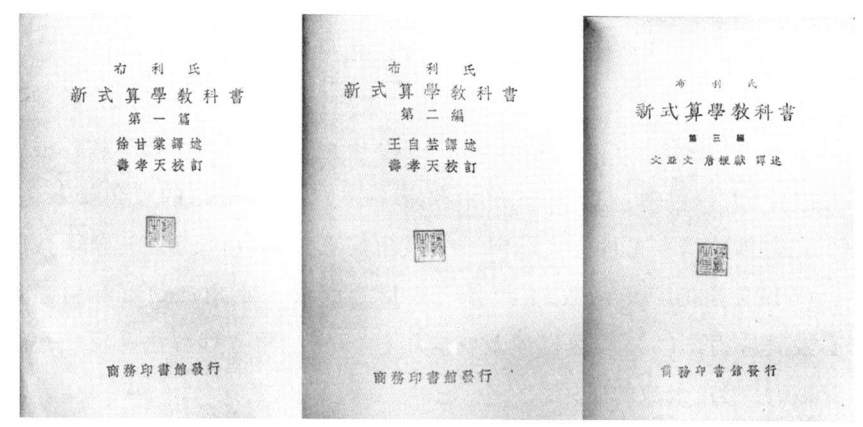

图3-1　《布利氏新式算学教科书》（1~3编）扉页

《布利氏新式算学教科书》由实验而来，以学生的经验心理为依据，自原理定证法，用圆周法以明代数、几何、三角之关系，可以说是20世纪上半叶中等数学教育的新作。日本曾将此书译为《数学新主义》。中国首先在南京高等师范学校附中使用，由于收效较好，故很快向全国推行。

除此以外，国内的混合算学出版物尚有段育华编《新学制混合算学教科书初级中学用》（1~6册）（商务印书馆，1923），程廷熙、傅种孙编《新中学教科书初级混合数学》（1~6册）（中华书局，1923），张鹏飞编《新中学教科书初级混合法算学》（1~6册）（中华书局，1923）。中国混合数学的创始人当推程廷熙[1]和傅种孙[2]，二人合编《新中学教科

---

[1] 程廷熙（1890~1972），字春台，安徽歙县人，北京高等师范毕业。曾任私立中国学院、北京师范大学、北平大学教授、安徽旅扬公学校长等职。据北京师范大学附属中学1915年档案可知，程廷熙于1913年8月作为数学教员，执教于北京师范大学附属中学，其间每周授课时数为15小时，月薪104元。1922年任四年二班一年特班学级主任、数学科主任教员，每周授课时数为15小时，月薪160元。该校当时的数学教员还有许绳祖（浙江绍兴）、张家栋（直隶天津）、王鹤青（浙江乐清）、张鸿图（奉天法库）、傅种孙（江西高安）、吴鉴（直隶滦县）、王育黎（奉天沈阳）等。

[2] 傅种孙（1898~1962），江西高安人，数学教育家。1928年任北京师范大学教授。曾任北京师范大学第二副校长、西北联合大学教授、西北师范学院教授、北京师范大学附属中学教员。

书初级混合数学》使用较广。

在分科教学中,"三角学"曾被认为最没有必要成为独立的一门学科。唐钺、朱经农、高觉敷在合编的《教育大辞书》(商务印书馆,1933)中指出:"旧时皆认三角学为分立之科目,而单独教学,实乃大误。今之稍明算学教育者,莫不深诋旧时分科之不善,而亟赞混合教学之宜采用。此在三角学尤为不容或缓。"① 20 世纪 20 年代混合数学教科书中三角内容②大致包括:(1)三角函数定义;(2)特殊角的三角函数值;(3)三角函数基本关系公式;(4)一般角的三角函数;(5)三角函数图象;(6)负角的三角函数;(7)三角形之解法(直角三角形和斜三角形)及其应用;(8)对数性质及其应用;(9)三角方程解法及反三角函数;(10)三角函数的应用。

对以上内容可以进行如下处理。鉴于三角学本身起源于几何学,故可将三角函数的定义,看作几何上的线段之比。直角三角形的解法不过是三角函数定义的应用而已。将其与几何中的勾股定理一起讲授,则更加合适。对数原则及其应用的解法,纯粹是代数问题。解三角形所需的公式、加法定理和一切恒等式,一方面可以用几何方法直接证明,另一方面也可以根据已有的公式推导而得。三角方程,堪称代数方程的变换形式。从这一层面上看,三角学应与代数和几何相混合,代数与几何同样也应混合。

不过当时的混合数学热闹了一阵子后,慢慢地沉寂下去。究其原因,大致有以下几个方面。(1)内容本身,量太多,较庞杂。初中要学习六本书,内容太多了,与教学时间发生冲突。(2)数学教师人数不够,能够胜任混合教学的教师并不多,能力不够。(3)习惯方面。多数教师虽然有能力胜任混合教学,但是觉得混合不如分科好,教起来麻烦,而分科教起来相对简单。(4)学生角度。只有成绩相当好的学生才能够接受混

---

① 唐钺等主编《教育大辞书》,第 27 页。
② "三角函数"这一名词在四套混合教科书中表述有所不同。《布利氏新式算学教科书》中将其称为"三角比",张鹏飞编《新中学教科书初级混合法算学》称为"三角倚数",而段育华编《新学制混合算学教科书初级中学用》与程廷熙编《新中学教科书初级混合数学》均将其称为"三角函数"。

合数学。而且一般在城市里条件较好的学校开设，较适合精英教育，如北师大附中①就可以讲授。基于以上原因，加之不适应时代发展的趋势等，混合数学逐渐被淘汰。

20世纪30年代以后，代数、几何、三角仍分科设置，一些国外的分科教科书也逐渐流行起来，如《葛氏平面三角学》等。国内数学家如周元瑞、周元谷编的三角学教科书也有相当的影响。这种情况一直持续到新中国成立后的最初几年。

4. 分科教学中的三角学教科书

国家虽硬性推行混合数学，但基于混合数学教学的弊端，一些学校还是倾向于分科数学，出版企业为了适应学校教育的需要，一方面继续再版民初较为流行的三角学教科书。这一时期再版的民初三角学教科书以商务印书馆和中华书局两家出版的教科书最受欢迎，商务印书馆主要有：黄元吉编纂《共和国教科书平三角大要》，1913年初版至1926年已再版20次；秦汾编《民国新教科书三角学》，1913年初版至1929年已再版12次。中华书局主要有：王永炅、胡树楷编《新制平面三角法教本》，1918年初版，至1925年已再版12次。另一方面根据学制编印出版新学制三角学教科书。例如，1922年新学制颁布后，商务印书馆即根据《初级中学算学课程纲要》出版"新学制教科书"一套，"初小、高小、初中、高中，分别编纂，宗旨方法，无不从新。科目种类，无不全备，这是我馆第二套最完善最进步之本"。② 同时，有"现代教科书"十余种，专供中学师范等学校使用，如刘正经编《现代初中教科书三角术》（商务印书馆，1923）。中华书局也有"新中学教科书"出版，如胡仁源编《新中学教科书平面三角法》（中华书局，1923）等。1927年，国民革命军北伐成功，教育以三民主义为基础，废教育部，实行大学院区制，大学院即颁布小学暂行条例，商务印书馆又编"新时代教科书"一套，也是初小、高小、初中、高中各科同编。

---

① 这一时期共出版了四套混合教科书，而且一直再版，说明混合数学有一定的市场，较为适合程度较好的学校进行精英教育。
② 庄俞：《谈谈我馆编辑教科书的变迁》，商务印书馆主编《1897～1987商务印书馆九十年——我和商务印书馆》，商务印书馆，1987，第65页。

20世纪20年代分科数学教科书中三角内容大致包括以下几个方面：（1）角度与弧度；（2）锐角三角函数；（3）直角三角形解法及其应用；（4）对数及对数计算；（5）普通三角形边角关系；（6）任意三角形解法及应用；（7）任意角的三角函数；（8）重要恒等式；（9）反三角函数；等等。

这一时期国人自编三角学教科书遵照课程标准的要求进行编写，三角学教科书较为注重实用，理论方面也不偏废，即以实用为主，理论辅之。例如，刘正经编《现代初中教科书三角术》就十分注重实用，而将理论作为补篇。该书由商务印书馆于1923年8月初版，同年3月中华书局出版胡仁源编《新中学教科书平面三角法》。虽为同一年出版，仅差几个月的时间，但从书名来看存在一定的差异。中华书局出版的《新中学教科书平面三角法》虽名为"中学"，实则为"初中"，内容与商务印书馆出版的《现代初中教科书三角术》大致相同。1922年新学制即将中学分成初中和高中两个阶段，但中华书局出版的三角学教科书仍以"中学"命名，由此可见，新学制虽有规定，但三角学教科书没有完全抛弃旧制，而是有一个逐渐过渡的阶段。

（二）混合与分科并行时期（1929~1936）

1. 数学课程标准的演进

1922~1929年，中国强制推行混合数学。之后在一部分学者的反对声中，三角学教科书呈混合与分科并行的局面。

1929年，南京政府大学院（10月改组为教育部）根据全国教育会议决议组成中小学课程标准起草委员会编订《初级中学算学暂行课程标准》，令各省作为暂行标准，试验推行。初中设14门科目，180学分，其中算学30学分。算学兼订混合制与分科制两种标准，由各校自行采用。规定三角大意部分讲授内容包括："三角的定义和起源，三角函数的意义，三角函数的关系，特别角三角函数，三角表，解直角三角形及应用问题，浅易测量，用解直角三角形法解斜角三角形。"[1] 初中三年算学各部分授课时数见表3-1。

---

[1] 课程教材研究所编《20世纪中国中小学课程标准·教学大纲汇编·数学卷》，第221页。

表 3-1 《初级中学算学暂行课程标准》中算学各部分知识时间支配

年级 \ 每周时数 \ 学期	上学期	下学期
一年级	5 小时算术	2 小时算术　3 小时代数
二年级	3 小时代数　2 小时几何	2 小时代数　3 小时几何
三年级	2 小时代数　3 小时几何	2 小时几何　3 小时三角

由表 3-1 可知，三角一门课程被安排在初中三年级下学期讲授，每周授课时数为 3 小时。《初级中学算学暂行课程标准》第四项"教法要点"，要求数学课程用分科教学或混合教学均可，可由各校依自身情况施行。但混合教学时，不宜分列分科教学时间，并须注意取材。三角教学，应用实例的函数论，引到三角函数，随时顾及应用问题和实测方法。第六项"毕业最低限度"规定，对于三角要明了三角函数的意义，并会用三角函数解决浅近应用问题。这项要求也体现了初中毕业会考的程度。

1932 年，教育部组成中小学课程及设备标准编订委员会汇集各方意见，对 1929 年颁布的《初级中学算学暂行课程标准》进行修订，并颁布《初级中学算学课程标准》。该标准取消了三角作为一门单独课程的地位，仅在几何教科书后附数值三角的内容，包括三角函数定义、基本关系式、表之用法、直角三角形解法（指数解法）、简易测量问题。而"三角之正式讲授，宜移至高中，但三角应用方面极广，初中亦不可不知。故宜就实例入手，讲授三角函数定义，及直角三角形解法，简易测量，余可从略"。[①] 自 1932 年，三角课程的正式讲授被移至高中，初中仅以数值三角的形式学习三角课程的初步知识。而"数值三角"一词首次在课标中出现是在 1932 年颁布的《初级中学算学课程标准》中。具体课程时间支配见表 3-2。

---

① 课程教材研究所编《20 世纪中国中小学课程标准·教学大纲汇编·数学卷》，第231 页。

表 3 - 2 《初级中学算学课程标准》中算学各部分知识时间支配

时数 学程 \ 学年	第一学年		第二学年		第三学年	
	第一学期	第二学期	第一学期	第二学期	第一学期	第二学期
算术（附简易代数）	4	4				
代数			3	3	2	2
几何（附数值三角）			2（实验几何）	2	3	3

1933 年，江苏省教育厅仿照该课程标准，对初中数值三角的课程进行了调整（见表 3-3）。

表 3 - 3 江苏省教育厅《初中算学进度表》中时间支配

时数 学程 \ 学年	第一学年		第二学年		第三学年	
	第一学期	第二学期	第一学期	第二学期	第一学期	第二学期
算术	4	2				
代数		2	2	2	2	2
几何及数值三角			3	3	3	3

资料来源：孙宗堃、胡尔康编辑《初中标准算学几何》下册，上海中学生书局，1935，叙。

1936 年，教育部颁布《初级中学算学课程标准》（修正——笔者注）。该标准是教育部根据各地反映"教学总时数过多"，对 1932 年颁布的课程标准进行修订而成。在 1936 年《初级中学算学课程标准》中，三角知识仍附设在几何部分，以数值三角的形式呈现，内容与 1932 年颁布的《初级中学算学课程标准》的要求一致。三角一门的正式讲授仍放置在高中。

2. 初中三角学教科书的审定

1928 年 11 月 11 日，改大学院为教育部，公布组织法，设立编审处。1929 年 1 月，教育部公布编审处分组规程，以第二组掌审查事宜。同时，公布修正教科图书审查规程十二条。……又通令各书局，"教科图书应从速送部审查，其已呈请前大学院审查者，不必再送，不合审查标准者，则自行销毁"。① 同年 2 月，要求增补教科书编辑大意，并标明何种学校用字样。1929 年 6 月，教育部要求将教科书封面上的"共和国""新主义"等字样删掉，另标明"书名""某学校用""教育部审定日期"等。如，胡雪松、龚昂云编的《初中三角》（世界书局，1930），封面上印有"初级中学学生用"字样，并附有编者所写"提要"和"编辑大意"。再如，薛邦迈编著的《平面三角法》（大东书局，1931），封面上标有"初级中学教本"，但没有附"编辑大意"，在 1933 年 1 月第 4 次再版时，版权页上印有"该书于民国二十一年十一月经国民政府教育部审定领到审字第一三九号执照"字样。又如，周为群等编《开明算学教本三角》②（开明书店，1929）封面印有"教育部审定，初级中学学生用"字样，并于版权页处标有"民国十九年六月教育部审定执照审字第五十三号"字样。

国民革命军北伐告成之后的学制，虽没有重大的变更，但国民训练的目标转为以三民主义为基础。商务印书馆为协助贯彻党义教育起见，由王云五、何炳松等编辑"新时代教科书"一套，从小学至初中齐备，均先后经大学院及教育部审定，风行全国。与此同时，中华书局出版"新中华教科书"，世界书局亦编印有"新主义教科书"。"自 1927 年 10 月大学院成立至 1929 年 9～10 月公布初高中课程暂行标准时止，共审定中学教科图书 34 种。"③

1928 年 5 月，全国教育联合会会议议决由大学院组织中小学课程标准起草委员会编订中小学课程。大学院于 8 月公布委员会组织大纲，遴聘专家经亨颐、赵迺传等为委员，从事起草工作。10 月，教育部修订委员会组织大纲，另聘陶行知、艾伟等为委员，至 1929 年 8 月，共开大会 4 次、小组会议 18 次，拟成初高中普通科等课程标准，规定以一年为试验期，后又延长一年，是为中小学课程暂行标准。自 1929 年 9 月教育部陆续公布初高中课程暂行标准后，11 月，部令前大学院及部前所规定各教

---

① 郑鹤声：《三十年来中央政府对于编审教科图书之检讨》，《教育杂志》（夏季特大号）第 25 卷第 7 期，1935 年 7 月，第 27 页。
② 该书作为开明书店中学教本，在《中华民国教育年鉴》中印有广告。
③ 郑鹤声：《三十年来中央政府对于编审教科图书之检讨》，《教育杂志》（夏季特大号）第 25 卷第 7 期，1935 年 7 月，第 28 页。

科书的审定有效期限改为截至课程标准正式公布时。1930年2月，饬遵前令标明各种教科书书面字样，不得再有延误，又令各书坊以后编辑的初中教科书除国文外，一律采用语体；3月，又令各省市转饬所属中小学教员，一律用国语作为教授用语；6月，令各省市转饬初级中学，除外国语教本外，应一律采用中文本教科书，不得再用原本；9月，申令凡经本部审定之图书，各校得自由采用，各地方教育行政机关，不得另行选择，或经书局呈请，通令采用，又令各书坊迅将尚未送审之中小学教科图书，一律送部审查。1931年6月，令各书坊凡经审定各图书，如有增加定价，须将审查费补缴到部；10月，令各书坊，教科用书印刷错误须一律于书后附勘误表，并于再版时更正。1932年7月，令各书局凡印刷中文书籍及教科书等，应采用本国纸料；8月，令各书局嗣后呈审书籍，一律应送5份。

自课程暂行标准颁布以来，书局纷纷改编新标准教科图书。自1929年9～10月初高中课程暂行标准公布至1932年11月、1933年3月、7月，1934年8月各该科课程正式标准公布，计审定中学教科图书63种。

1930年9月，通令中小学课程暂行标准得延长一年。1931年6月、1932年8月，迭经召开中小学课程标准委员会会议。是年11月，经审核后正式公布，对于民族复兴及国防国耻之激励，尤三致意。同年6月，教育部编审处裁撤，国立编译馆正式成立。审查中小学教科图书事项，归入教育部普通司，另令编译馆办理。11月，令编译馆遵照中小学课程正式标准，审查中小学教科图书，并将尚未审查的教科图书汇呈到部，由部转发各书局，重行编辑，再送审查。12月，令各省市颁中小学分年实施新颁标准办法；又令中学除外国语科外，不得采用外国文法为教科书。1933年2月，令各省市转饬各书局及所属学校知照，规定中小学各学级递改采用教科图书办法，并特准各书局先将初高中第一学年应用的教科图书，先行送审。8月，令各省市本部审定的教科图书，各校得自由采用。各地方教育行政机关，不得另行组织教科图书审查会，限令各学校采用。又令各书局，自9月15日起，继续送审教科图书，仍应遵照图书审查规程办法，不得再将未完成的小学教科图书，零星送审。1934年2月，令各省市规定准予发行书籍面上标明字样及限令修正后准予发行之书籍，于6个月内将修正本呈送复核；10月，令各省市令知中小学正式课程标准以前审定之教科图书，除高初中各科三年级应用部分仍得沿用外，其余一概无效；11月，令直辖各机关嗣后各书局中学教科书，须全部送审。凡前已送审未完成部分，须于下次送审时一次缴齐，不得零星送审；12月，令各省市发给正式课程标准公布后审定之中小学教科书图书表，以为各省市嗣后采用教科图书之标准。1935年2月，令各省市转饬各书坊，凡经本部发还修正各教科图书，一律须按照半年期限修正，呈送复核。

自正式课程标准颁布后，教科图书审查之趋势始稍稳定。于是商务印书馆有"复兴教科书"，世界书局有"第一种第二种"，大东书局有"新生活"，中华书局、开明书店亦各有编印。自1932年11月中小学课程正式标准公布至1934年12月底，计审定中学教科图书53种。这一时期编纂教科图书之书局，时起时落，其间历史最久而用力最勤者，首推商务、中华两书局，世界开明等亦云后起之秀。正如郑鹤声所言："年来正中书局由叶楚伧，汪懋祖诸氏之主持，努力于新课程标准教科书之编纂，正在陆续送审，则所谓异军突起者欤！试拭目俟之。"①

（三）数学教育制度下初中三角学教科书汇总

1922年新学制颁布后，中国初中开始实行混合数学。在实施的过程中，由于师资缺乏，脱离旧轨，另创新法也并非易事，因此大部分学校仍采用分科教科书。迫于混合数学存在的问题，商务印书馆在出版《新学制混合算学教科书》（初级中学用）5个月后，不得不另编一套分科的数学教科书以适应这种要求，故刘正经的《现代初中教科书三角术》应运而生。而中华书局则在商务印书馆出版《新学制混合算学教科书》（初级中学用）期间，出版混合与分科两种数学教科书，分别为程廷熙、傅种孙编《新中学教科书初级混合数学》和胡仁源编《新中学教科书平面三角法》。1932年"一•二八"事变后，以商务印书馆出版的"复兴教科书"影响最

---

① 郑鹤声：《三十年来中央政府对于编审教科图书之检讨》，《教育杂志》（夏季特大号）第25卷第7期，1935年7月，第30页。

大。此外，民国初期所编的三角学教科书有的仍继续印行。如"共和国教科书"一直使用到 1929 年。各初级中学可自行选订教科书。

1923~1936 年，中国自编初中三角学教科书书目见表 3-4。

表 3-4 1923~1936 年数学教育制度下部分初中三角学教科书概览

序号	书名	编著者	出版者	年份	备注
1	现代初中教科书三角术	刘正经	商务印书馆	1923	1923 年 8 月初版，1936 年国难订正 31 版
2	新学制混合算学教科书初级中学用(1~6 册)	段育华	商务印书馆	1923	1923 年 3 月初版
3	共和国教科书平三角大要	黄元吉	商务印书馆	1926	1913 年 12 月初版，1926 年 20 版
4	民国新教科书三角学	秦汾	商务印书馆	1927	1913 年 12 月初版，1932 年 10 月国难后 2 版
5	复兴初级中学教科书三角	周元瑞、周元谷	商务印书馆	1933	1933 年 7 月初版，1948 年 150 版
6	复兴初级中学教科书三角教员准备书	陈岳生	商务印书馆	1935	1935 年 4 月出版
7	新中学教科书平面三角法	胡仁源	中华书局	1923	1923 年 3 月初版，1936 年 2 月 45 版
8	新中学教科书初级混合数学(1~6 册)	程廷熙、傅种孙	中华书局	1923	
9	新中学教科书初级混合法算学(1~6 册)	张鹏飞	中华书局	1923	1923 年初版
10	新制平面三角法教本	王永炅、胡树楷	中华书局	1925	1918 年 4 月初版，1925 年 12 版
11	初中三角	张鹏飞	中华书局	1936	1936 年 7 月初版，1947 年 4 月 26 版
12	开明算学教本三角	周为群、刘薰宇、章克标、仲光然	开明书店	1929	1929 年 7 月初版，1933 年 6 月 7 版
13	三角入门	仲光然	开明书店	1934	1934 年 6 月初版，1948 年 5 月 12 版
14	初中三角	胡雪松、龚昂云	世界书局	1930	1930 年 7 月初版，1935 年 3 月 8 版
15	初中平面三角法教本	薛邦迈	大东书局	1931	1931 年初版，1933 年 1 月 4 版

第三章 1923～1936年中学三角学教科书

续表

序号	书名	编著者	出版者	年份	备注
16	数值三角（修正课程标准适用）	余介石、周纶阁、唐佩金	北新书局	1933	1937年11月5版
17	初中算学教科书三角	中等算学研究会	南京书店	1933	
18	初中三角教本	薛元龙、蒋息岑	民智书局	1933	1933年6月出版
19	初中三角	徐谷生	艺文书社	1935	1935年8月初版，1937年3月3版
20	初中标准算学数值三角	孙宗堃、胡尔康	中学生书局	1935	1935年1月初版，1936年1月5版
21	建国教科书初级中学数值三角法	汪桂荣	正中书局	1935	1935年8月初版，1936年8月12版

由表3-4可知以下几点。

（1）从教科书出版数量看，1923～1936年仅初中三角学教科书就出版了21种，与民国初期相比，数量大增，标志着中国自编三角学教科书呈现出较为繁荣的景象。

（2）从教科书编辑背景看，以上21种三角学教科书均为中国学者根据不同时期颁布的数学课程标准的要求进行编写的，即符合国家教育宗旨。其中，3种为混合数学教科书，18种为分科三角学教科书。可见，国家虽要求实行混合数学，但实际上分科教科书仍占据主要市场。

（3）从教科书出版企业看，有11家。出版三角学教科书的大致情况为：商务印书馆6种，中华书局5种，开明书店2种，世界书局、大东书局、北新书局、南京书店、民智书局、艺文书社、中学生书局、正中书局各1种。相比民国初期出版三角学教科书的企业增长一倍，商务印书馆和中华书局两家仍为初中三角学教科书出版企业中的翘楚。

（4）从教科书内容看，1923～1936年使用的初中三角学教科书大致有三种类型。第一类为混合内容，即将三角与代数、几何等内容混合进行讲授；第二类为分科内容，即分科编写三角、代数、几何等教科书；第三类为数值三角，1932年《初级中学算学课程标准》颁布后，三角学被移到高中，初中三角仅以"数值三角"的形式附在几何教科书中简单介绍。然而，也有一些出版机构单独将"数值三角"出版，如余介石等编《数值三角》（北新书局，1933）、汪桂荣编《建国教科书初级中学数值三角法》

（正中书局，1935）等。此外，受"五四"爱国运动的影响，一些三角学教科书中常常插入三角术历史上的谈话，贯穿爱国主义精神，使学生对三角术大概的沿革有所了解，并引起其兴趣。如，刘正经编《现代初中教科书三角术》中介绍了郭守敬的球面三角术、刘徽的《海岛算经》等。

（5）从教科书编写者的职业看，有数学家、数学教育工作者、大学教授、一线教师，一些教科书出版者也积极投入三角学教科书建设。例如，胡仁源曾于1914年1月至1916年12月出任北京大学校长、1926年任北洋政府教育部总长。再如，傅种孙为中国著名数学家，曾任北京师范大学数学系主任、教务长、副校长。又如，程廷熙、周为群等均为一线教师，黄元吉为商务印书馆的编译员。也有一些教科书编写者同时具有多重身份，既是大学教授，又有中学一线教学管理经验，还有政治背景，如秦汾曾任上海浦东中学校长、北京大学教授、教育部代次长（1926）等职。他们均为三角学教科书的编写贡献了力量，使国人自编三角学教科书又上了一个新的台阶。

（6）从教科书再版次数来看，1923～1936年最为流行的国人自编三角学教科书主要有刘正经编《现代初中教科书三角术》，周元瑞、周元谷编《复兴初级中学教科书三角》，胡仁源编《新中学教科书平面三角法》等。这些教科书多次再版，可见其在当时受欢迎的程度。

这一时期初中三角学教科书的编写受欧美影响较深，一些教科书是在参阅欧美教科书基础上进行编纂的。如胡仁源编《新中学教科书平面三角法》，"系根据编者多年教授经验，并参考欧美新出各书，取其最适用者列入之"。① 根据新学制课程纲要编写的三角学教科书无论在数学知识的编排与呈现等方面，都较前期有较为显著的改进和提高。总之，这一时期初中三角学教科书编写队伍逐渐壮大并走向成熟，三角学教科书的编写与出版达到高峰。

二　高中三角学教科书发展概况

（一）数学课程标准的演变

1922年新学制颁布后，由全国教育联合会新学制课程标准起草委员

---

① 胡仁源编《新中学教科书平面三角法》，编辑大意。

会发起，请各专家分别拟定新课程标准，在1923年《新学制课程纲要总说明》中拟定由汪桂荣负责起草高级中学三角课程纲要。基于各地方情形不同，该纲要仅供全国教育界参考，不强求一律实施。随后，在《新学制课程纲要总说明》的基础上，由郑宗海、胡明复、廖世承、舒新城、朱经农、陆士寅起草，委员会复订的《高级中学课程总纲》将高级中学课程内容分为三部分——公共必修、分科专修和纯粹选修，要求高级中学分设诸科，如以升学为主要目的者称为普通科，普通科分为第一组和第二组。其中，第一组注重文学及社会科学；第二组注重数学及自然科学。三角一门与高中几何、高中代数、解析几何大意等一同被设置在普通科第二组的分科专修中。要求毕业学分总额为150学分，三角为3学分。

1923年，汪桂荣起草《高级中学第二组必修的三角课程纲要》，对三角一门课程进行了详细的制定。要求三角每周授课2小时，一学期授毕，共3学分。内容应包括："锐角三角倚数、直角三角形解法、高低及距离之测量、任意角之三角倚数、三角倚数之关系、斜角三角形、正弦定律、余弦定律、正切定律、三角形之各种性质、诸角三角倚数之关系、和较角之三角倚数、倍角半角之三角倚数、反三角倚数、三角方程式、极限论、指数级数与对数级数、对数表造法、杂数论及马氏定理、航海术、方程式之三角解法。"[①] 与民初课程内容相比，普遍增加了指数级数、对数级数、杂数论及马氏定理等，更为注重三角的实用性。三角课程纲要有五点说明：

1. 本科应注重倚数、思想、图解、表示研究方法，实际问题。
2. 选择实用问题，不应偏重测量一方面，因为平面三角对于科学及工程，均有莫大关系。
3. 本科应与代数形学相联络，且与他科相联络。
4. 本科教材次序，如三角倚数关系，应放于直角三角形解法之后，可参考 Granville 书，又如斜角三角形解法，应放于诸角三角倚数之前，可参考 Breslich 书。

---

① 课程教材研究所编《20世纪中国中小学课程标准·教学大纲汇编·数学卷》，第213~214页。

5. 本科主要参考书如下

Plane Trigonometry	Hobson
Plane Trigonometry	Granville
Plane Trigonometry	Wentworth & Smith
Plane Trigonometry	Marsh
Plane Trigonometry	Breslich
Plane Trigonometry	Crocktt

由此可见，该课程纲要突出强调了函数、思想、图象及其实际应用，而且注重与代数、几何等学科的混合。这一时期高中三角学教科书的内容设置受美国影响较大，其中《葛氏平面三角学》和《布利氏新式算学教科书》堪称20世纪20～30年代风靡全国的分科教科书和混合教科书的代表。此外，温德华士所著三角学教科书对中国三角学教科书的编写影响也较大。即编者可根据实际情况，参酌各英文原版教科书进行三角学教科书的编写工作。

1929年9月，教育部中小学课程标准起草委员会制订了《高级中学普通科暂行课程标准说明》，基于"旧时普通科又分文理两科，虽曰适合学生个性，便于升学，惟分化过早，于研究高深学术，殊多窒碍。缘为学首贵沟通，治哲学者以高深数学为基础，治心理学者亦取径于生理学生物学。反之，自然科学之应用，亦在在与社会科学有关。故高中学生允宜涉猎各科，略窥门径，以为升学后专攻深造之准备，不宜立文理两科之名而强为区分"，① 故普通高中课程标准即以此为标准，不再分科。该标准印行后，由教育部通令各省市教育行政机关转发各高级中学研究或实验，将所得结果报告委员会，② 共同商讨、修订后正式公布，俾全国高级中学一律遵行，即《高级中学普通科算学暂行课程标准》。高中学生必修的算学

---

① 课程教材研究所编《20世纪中国中小学课程标准·教学大纲汇编·课程（教学）计划卷》，第121页。
② 该标准起草委员会本部职员有黄建中、谢树英、洪式闾、赵廷为、黄振华、黄守中、熊正理、沈恩祉、蒋息岑、张邦华、郑奠、郑鹤声、周祜、黄遵，本会常务委员朱经农、赵乃传、吴研因均分别参加。

教材属于代数、几何、三角及解析几何的范围，三角一门大纲如下："（甲）角之各种量法，正负角。（乙）三角函数（正余弦正切）之定义，三角函数间之关系式，30°、45°、60°之三角函数之值，三角函数之变值及变迹。（丙）和较角之三角函数，倍角半角之三角函数。（丁）反三角函数。（戊）正弦定律，余弦定律，正切定律，三角形之解法。（己）应用问题，测量及航海术。（庚）三角在代数学上之应用。"[1] 三角仅在高中二年级第二学年讲授，每周时数为2小时，占全部算学课程的1/9。高中算学各科的最先部分，是初中算学的复习，这时可多出些较难问题，以资练习，使学生达到初中毕业之最低要求。鉴于三角函数是函数的一种，所以在讲授三角时应把其看作代数的一部分。同时，应注重三角与代数、几何间的相互联系。该标准规定了三角毕业"最低限度"：明了三角函数的定义、变值的变迹以及能解任何三角形。

1932年，教育部组成中小学课程及设备标准编订委员会汇集各方意见，对1929年颁布的暂行课程标准进行修订。同年公布《高级中学课程标准总纲》，对高级中学三个学年六个学期各科教学时数进行了规定，其中算学一门在六个学期的授课时数分别为每周4小时、4小时、3小时、3小时、4小时、2小时、共计20小时。随后推行《高级中学算学课程标准》。1932年课程标准将三角一门课程的正式讲授移至高中，初中仅学习三角学初步知识。1932年《高级中学算学课程标准》中算学一门课程具体时间支配见表3-5。

表3-5 1932年《高级中学算学课程标准》中时间支配

学程 \ 时数 \ 学年	第一学年		第二学年		第三学年	
	第一学期	第二学期	第一学期	第二学期	第一学期	第二学期
代数			3	3	2	
几何	3	2				
三角	1	2				
解析几何大意					2	2

三角课程在1929年《高级中学普通科算学暂行课程标准》中是在第二学年第二学期讲授，而表3-5显示，1932年《高级中学算学课程标

---

[1] 课程教材研究所编《20世纪中国中小学课程标准·教学大纲汇编·数学卷》，第225页。

准》则将其移至第一学年讲授，课时有所增加，即第一、第二学期授课时数分别为每周 1 小时和 2 小时。三角一门约占整个算学课时的 1/7。1932 年《高级中学算学课程标准》第三项"教材大纲"对三角部分的要求为："（1）广义之三角函数，基本关系式，三角函数变迹（图解）。（2）和角公式，化和为积法，三角恒等式。（3）任意三角形性质。（4）任意三角形解法，对数，测量及航海方面之应用问题。（5）反三角函数，三角方程。（6）三角函数造表法略论，表之精确度。"[①] 与 1929 年课程标准相比，减少了差角的三角函数、正弦定律等。1932 年课程标准要求高中三角课程的讲授应以三角函数为中心，主要体现在以下两个方面："（1）锐角三角函数及直角三角形解法，既已于初中习过，故高中即可从普通角三角函数入手，以资参较，而示推广，此不仅求理论之普遍，且为习物理者所必需之知识。（2）初中所授三角，以简易为主，高中宜注意三角函数性质，三角恒等式，方程式等（均宜与代数方面相当问题比较），以供进修高等算学时之用。"[②]

1936 年，教育部颁布《高级中学算学课程标准》。该课程标准系由教育部根据各地反映"教学总时数之过多及高中算学课程繁重殆有一致之表示"，而对 1933 年颁布课程标准进行修订而成。决定高中自第二学年起，算学中除三角和平面几何外均分甲乙两组，第一学年每周仍为 4 小时，第二、第三学年甲组每周 6 小时，乙组每周 3 小时，其课程内容甲组与原标准相同，乙组较原标准降低。时间支配见表 3-6。

表 3-6 1936 年《高级中学算学课程标准》中算学课程时间支配

学程	时数学年		第一学年		第二学年		第三学年	
			第一学期	第二学期	第一学期	第二学期	第一学期	第二学期
三角			2	1				
几何	平面		2	3				
	立体				2(甲)	2(甲)		

---

① 课程教材研究所编《20 世纪中国中小学课程标准·教学大纲汇编·数学卷》，第 233 页。
② 课程教材研究所编《20 世纪中国中小学课程标准·教学大纲汇编·数学卷》，第 237 页。

续表

学程 \ 学年 学时数	第一学年		第二学年		第三学年	
	第一学期	第二学期	第一学期	第二学期	第一学期	第二学期
代数			4（甲） 3（乙）	4（甲） 3（乙）	2（甲）	2（甲）
解析几何					4（甲） 3（乙）	4（甲） 3（乙）

1936年课程标准仍将三角设置在高中第一学年进行讲授，与1932年课程标准不同的是，将两学期的授课时数做了颠倒，三角整体课时没有变化。该课程标准第三项"教材大纲"对三角一门课程内容的安排为："（1）广义之三角函数，基本关系式，弧度法。（2）三角函数之变值与变迹，图解。（3）和角及倍角之三角函数，三角函数之和与积，三角恒等式。（4）任意三角形之边与角及其面积，半角之三角函数。（5）解任意三角形，对数之理论及其用法，测量及航海方面之应用问题。（6）反三角函数，三角方程式。（7）三角函数造表法略论，表之精确度"。① "教法要点"规定与1932年《高级中学算学课程标准》相同。

（二）数学教育制度下高中三角学教科书汇总

民国中期，中国中学数学教育主要学习借鉴西方中学教育的体制、方法和经验，引进国外教材，并结合中国的实际情况，摸索创建中国的教育体系。经过数十年的努力，数学教育日趋完善。1932年《高级中学算学课程标准》颁布后，各大出版企业先后出版了多种三角学教科书和教学参考书。除商务印书馆、中华书局两家仍占主要地位外，世界书局、民智书局、正中书局、中华印书局等均出版了一定数量的高中三角学教科书，使民国中期国人自编高中三角学教科书达到鼎盛时期。1923～1936年出版使用的国人自编高中三角学教科书见表3-7。

---

① 课程教材研究所编《20世纪中国中小学课程标准·教学大纲汇编·数学卷》，第243页。

表 3-7　1923~1936 年数学教育制度下部分高中三角学教科书概览

序号	书名	编著者	出版者	年份	备注
1	新学制高级中学教科书三角术	赵修乾	商务印书馆	1924	1924 年 1 月初版,1933 年 6 月国难后 8 版
2	复兴高级中学教科书三角学	李蕃	商务印书馆	1936	1936 年 12 月初版,1948 年审定 90 版
3	三角术(高中复习丛书)	周元谷	商务印书馆	1935	1935 年 4 月初版
4	高中三角学(新课程标准适用)	余介石	中华书局	1934	1934 年 8 月初版,1947 年 4 月 24 版
5	高级中学三角法教科书	王邦珍	中华书局	1935	1935 年 9 月初版,1939 年 11 月 7 版
6	高中三角法	傅溥	世界书局	1932	1932 年 8 月初版
7	新课程标准世界中学教本高中新三角	裘友石	世界书局	1936	1936 年 10 月初版,1949 年 9 月新 10 版
8	平面三角学(高级中学用)	汪桂荣	民智书局	1933	
9	高中平面三角法	李菱镜	中华印书局	1934	
10	建国教科书高级中学三角学	余介石	正中书局	1936	1936 年 7 月初版,1944 年 9 月 99 版

由表 3-7 中所列 10 种国人自编高中三角学教科书可知以下几点。

(1) 从教科书编辑背景看,以上 10 种高中三角学教科书均为国人自编,基本都是按照数学课程标准的要求进行编纂的。

(2) 从三角学教科书出版企业来看,大致有 6 家,其出版情况为:商务印书馆出版 3 种,中华书局、世界书局各 2 种,民智书局、中华印书局、正中书局各 1 种。与民国初期商务印书馆和中华书局占据教科书市场主要份额情况不同的是,民国中期世界书局、正中书局等逐渐加入教科书编写行列,占据了高中三角学教科书市场的一部分份额。例如,余介石编《建国教科书高级中学三角学》1936 年 7 月由正中书局初版,至 1944 年 9 月已再版 99 次,可见其受欢迎的程度。

(3) 从三角学教科书自编的情况来看,国人自编三角学教科书已进入高潮阶段。自编的高中三角学教科书数量虽不及初中三角学教科书多,但在同一时期能够有多种国人自编的三角学教科书并行使用,还是很不易的。商务印书馆在20世纪20年代以赵修乾的《新学制高级中学教科书三角术》为主，30年代至新中国成立前则以李蕃的《复兴高级中学教科书三角学》为主流。而中华书局、世界书局等出版企业也各有其相应的国人自编高中三角学教科书出版，如余介石编的《新课程标准适用高中三角学》及《建国教科书高级中学三角学》等。

（4）从作者群来看，主要有余介石编2种，赵修乾、李蕃、周元谷、王邦珍、傅溥、裘友石、汪桂荣、李菱镜各编1种。其中不乏一些既有一线教学管理经验也有高等教育工作经历的教师。例如，赵修乾曾留学日本，归国后任东北大学教授、福州私立开智学校校长。再如，余介石从事高等教育45年，但积极参与中学三角学教科书建设并做出重要贡献。

从国人自编高中三角学教科书整体情况来看，这一时期最流行的当属商务印书馆的《新学制高级中学教科书三角术》和《复兴高级中学教科书三角学》，其中又以后者为主流。而中华书局、世界书局、正中书局等企业出版的高中三角学教科书也有一定的市场。可见，世界书局、正中书局等后起之秀也在民国中期努力踏入三角学教科书出版行列，其出版的教科书亦占有一定的市场份额，逐步得到学者的喜爱。

总之，1923~1936年至少有6家出版企业、10余位中国学者参与高中三角学教科书编写，为高中三角学教科书建设贡献了力量。这一时期出版的高中三角学教科书呈现多元化的景象。民国中期，国人自编三角学教科书一方面参考国外流行的三角学教科书，另一方面基于中国的实际情况进行改编，逐步进入自编三角学教科书的高潮阶段，并逐渐趋于完善。相比高中阶段使用的外国三角学教科书而言，国人自编高中三角学教科书数量相对较少。

三 个案分析——以"复兴教科书"（三角）为例

1932年"一·二八"事变中，东方图书馆和商务印书馆总厂毁于日军战火。王云五表示要为中国人争点气，于是怀着民族义愤和复兴图书馆业的雄心，本着"服务文化之奋斗精神，特编'复兴教科书'一套，以为本馆复兴之纪念"。① 本节以《复兴初级中学教科书三角》和《复兴高级中学教科书三角学》为例，从这两种三角学教科书产生的时代背景、编者简介、编排形式、初高中内容的衔接以及所呈现的特点等方面展开论述，以此窥探风靡中国30年代的这套国人自编三角学教科书的具体情况。

（一）时代背景

继1931年"九一八"事变之后，次年1月28日晚，日本海军陆战队突然侵犯上海闸北。第二天上午，日机轰炸宝山路商务印书馆总厂，总管理处及四个印刷厂、栈房中弹起火，全部焚毁。2月1日，日本浪人又潜入东方图书馆纵火，火势凶猛，浓烟和纸灰遮蔽了上海东北部上空，五层大楼及藏书全毁。东方图书馆在王云五、张元济等人的努力下，藏书曾达50.02万册。对此王云五是很引以为豪的。他曾在《我的图书馆生活》一文中写道："东方图书馆以其藏书之富，在当时全国首屈一指，并为中国公开的私人图书馆树立楷模，于是好学之士每日来馆阅览者，至为踊跃，而国内图书馆人士远道来上海参观，以资取法者，亦络绎不绝。"② 张元济目睹30余年苦心经营积累的物质和精神财富付之一炬后说："连日勘视总厂，可谓百不存一。东方图书馆竟片纸无存。"③ 遭此厄运，刚上任一年多的总经理王云五认为："敌人把我打倒，我不力图再起，这是一个怯弱者。一倒便不会翻身，适足以暴露民族的弱点。自命为文化事业的机关尚且如此，更可为民族之耻。……这个机关三十几年来对于文化教育的贡献不为不大，如果一旦消失，而且继起者无人，将陷读书界于饥馑。凡此种种想念，都使他的决心益加巩固。"④

领导层有着共同的认识，复兴商务便是他们共同的目标。他们选择了秋季开学需要供应大批教科书作为复业的第一阶段目标。由于复兴最重要的是经济问题，教科书出版又是商务印书馆的重要利润来源，所以商务印

---

① 商务印书馆编《商务印书馆图书目录（1897—1949）》，商务印书馆，1981，附录。
② 郭太风：《王云五评传》，上海书店出版社，1999，第117页。
③ 张人凤：《为国难而牺牲，为文化而奋斗——抗日时期的商务印书馆》，《商务印书馆一百年（1897—1997）》，第503页。
④ 张人凤：《为国难而牺牲，为文化而奋斗——抗日时期的商务印书馆》，《商务印书馆一百年（1897—1997）》，第503页。

书馆将教科书出版置于首要地位，迅速组织编写适合教育部正式颁行的课程标准（1932）的教科书。经过半年艰苦努力，于 7 月 14 日正式对外宣告 8 月 1 日复业。复业后，商务印书馆继续在出版物上保持原有高质量的传统，到 1933 年 8 月，整套小学、初中用"复兴教科书"及教学法已经出齐。以"复兴"冠于书名之前，其意义是不言而喻的，既用于自勉，又向社会各界表明其不改初衷、继续奋进的决心。王云五利用北平、香港二分厂，在秋季开学前赶印出教科书满足全国各学校的需要，利用劫后余存的旧纸型，选出一批重印，称作"国难版"。1936 年修正课程标准颁布后，对"复兴教科书"陆续进行了修订。其中《复兴初级中学教科书三角》和《复兴高级中学教科书三角学》一直用到新中国成立以后。

（二）编者及教科书简介

商务印书馆出版的"复兴中学数学教科书"共 8 种，初中和高中完备。初级中学包括算术、代数、几何、三角四种，高级中学包括代数、几何、三角、解析几何四种。其中，周元瑞、周元谷编著的《复兴初级中学教科书三角》和李蕃编著的《复兴高级中学教科书三角学》均根据 1932 年《初（高）级中学算学课程标准》编纂而成。虽然作者不同，但均由商务印书馆出版。《复兴初级中学教科书三角》和《复兴高级中学教科书三角学》再版次数极多（见表 3 - 8），由此也可以反映其受欢迎的程度。本节所选版本分别为 1948 年第 150 版《复兴初级中学教科书三角》（版本一）及 1945 年审定本第 32 版《复兴高级中学教科书三角学》（见图 3 - 2）。

表 3 - 8 复兴初（高）级中学教科书三角（学）

书名	编著者	初版年	备注
复兴初级中学教科书三角	周元瑞、周元谷	1933 年 7 月	版本一，1948 年 5 月 150 版
复兴初级中学教科书三角*	周元谷	1933 年 7 月	版本二，段育华校订
复兴高级中学教科书三角学	李 蕃	1936 年 12 月	1950 年 12 月第 100 版

*《复兴初级中学教科书三角》这两个版本均为六章，但第一章和第三章的内容略有不同，如版本一这两章的内容分别为"三角比""三角函数及其应用"，而版本二则为"绪论""三角表之用法"。

周元瑞，上海商科大学 1923 届乙种特别生，曾任职于商务印书馆。1937 年 3 月，周元瑞在王云五成立的中山大辞典编纂处①兼管行政等事宜。与段育华合编《算学辞典》（商务印书馆，1938）、合译 D. E. Smith 的《西洋近世算学小史》（*History of Modern Mathematics*）（商务印书馆，1934）并被收入万有文库。与周元谷合作编著《初中临时教材三角》（东北书店，1949）。译著有 F. G. Carpenter 的《圣地及叙利亚（卡奔德世界游记）》（*Holy Land and Syria*）等。

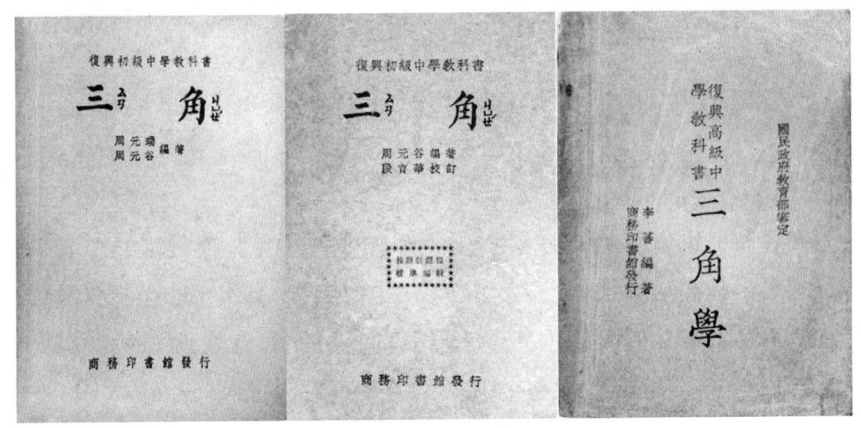

图 3-2　《复兴初（高）级中学三角（学）教科书》封面

周元谷，上海浦东中学 1923 届高中春季班学员。其他不详。

李蕃（1903～1987），又名李锐夫。浙江平阳县李家东村（今属苍南县）人。著名数学家。早年就读于私塾，熟读经史，练得一手好字，尤擅长篆体。后以优异成绩毕业于浙江省立第十中学（今温州中学）。② 1925 年考入中央大学的前身东南大学。毕业后先后在常州中学、广西大学、山东大学任教。1939 年任重庆大学教授。1946 年赴英国剑桥大学进修两年。归国后任暨南大学、复旦大学、交通大学教授。1951 年任新成

---

① 1937 年，王云五提出编纂《中山大辞典》的计划，并于 1937 年 3 月以个人名义与中山文化教育馆签订契约。中山文化教育馆资助 26 万元。在威海卫路 690 号、692 号商务印书馆《辞源》增订处两幢三层楼房里成立《中山大辞典》编纂处，由刘朗山主持编辑业务，周元瑞兼管行政方面的事务，门前挂着商务印书馆《辞源》增订处的招牌。

② 殷惠中主编《温州历史人物》，作家出版社，1998，第 256 页。

立的华东师范大学数学系教授，兼任副教务长。1960年起任副校长，1962年兼任上海市高教局副局长。同时，任《华东师范大学学报》（自然科学版）主编、《辞海》编委和数学分科主编、上海市数学会副理事长。所从事的整函数理论研究列入1956年国家科学技术发展规划。历任第五届、第六届全国人民大会代表，第三届、第四届全国政治协商委员会委员，民盟成员。1986年以83岁高龄加入中国共产党。次年病逝于上海，[①]享年84岁。李蕃为中国培养了大批知名学者，著名数学家、数学教育家张奠宙先生即为李蕃的弟子之一。

李蕃在常州中学任数学教员期间，敏锐地看到当时三角课程的重大缺陷，即只能处理180°以内的角，故为高中编写一部《复兴高级中学教科书三角学》，由商务印书馆于1936年12月出版。该书在国内首创从任意角出发讲授三角函数。出版后风行一时，被用作教材，人称"李蕃三角"。

（三）编写理念与编排形式

《复兴初级中学教科书三角》和《复兴高级中学教科书三角学》都是根据1932年算学课程标准进行编写的，编写理念从其"编辑大意"中可见一斑：

1. 该书依据最近部颁初中算学课程标准编辑，只讲数值三角。（Numerical trigonometry）

2. 本编习题之选择，仅及实际问题，以切于学生生活状况者为限。

3. 本编除应用上必需之三角函数公式外，其他一切恒等式概从省略。

4. 本编共计六章，适于一学期每周二小时教授之用。如时间尚感不足时，可将第四章及第五章之教材，酌量缩短，或将第六章完全

---

① 张奠宙：《学贯中西，高雅平和——记数学家李锐夫先生》，吴铎主编《师魂：华东师范大学老一辈名师》，华东师范大学出版社，2011，第161页。

省去。①

在此编辑大意中，编者周元瑞、周元谷明确指出了该书的编写背景，即根据1932年《初级中学算学课程标准》的要求，仅在初中讲授数值三角的内容，属于必要的三角函数初步知识，其他知识一概省略，并移至高中讲授。该书以简洁为主，主要目的在于培养学生对三角初步的认识。所以其中编写的内容比较简要，以使学生能够在规定的年限内顺利完成学习任务，且习题多从实例入手。

基于三角一门课程的正式讲授被移至高中，故高中是三角课程系统学习的阶段。在此引用《复兴高级中学教科书三角学》"编辑大意"说明当时的编排情况：

> 是书乃依据教育部所颁布之高中三角课程标准，更参考 Hobsen, Loney, Todhunter, Rothrock, Granville, Wentworth-Smith, Ferval, Commissaire 诸书而编述，期为现代高中之教科书。
>
> 普通三角教科书咸将锐角函数及任意角函数分别叙述，殊非得策；盖此易使读者分锐角函数及任意角函数为二物。该书力矫此弊，所有定理与公式之证明，不分锐角与任意角，使读者有普遍之观念。
>
> 普通三角教科书多列入对数一章，亦非作者所敢赞同；盖对数非三角学之范围，惟在解三角形时，应用之以简其运算耳，故该书不另设一章，而仅在第三章中稍加复习。再该书为读者便于进习高深数学计，特将三角之应用于代数，在第十章中述其略焉。
>
> 该书未付梓前，曾在高级中学印为讲义，试教多次，结果颇为圆满。所有习题，选择至为严密，并经演算，以为校对。我师段调元、张益光二教授亦曾细为校阅，深表谢忱，近复蒙商务印书馆诸编辑先生来函指正，尤所感激，尚望海内学者，不吝赐教

---

① 周元瑞、周元谷编著《复兴初级中学教科书三角》，商务印书馆，1933，编辑大意。

为幸。①

由"编辑大意"可知，该书是在参考若干外国三角学教科书的基础上，遵照这一时期的数学课程标准，结合自身的教学经验及对三角课程的理解编纂而成，这也是这一时期国人自编三角学教科书的共同特征。该书的最大特点在于，首创从任意角出发讲授三角函数，即没有将锐角三角函数与任意角的三角函数分开讲解，而是当作一个整体，帮助学生建立普遍的观念。

中国在20世纪30年代使用的三角学教科书多为外国原版或其汉译本，《葛氏平面三角学》《温德华士平面三角法》等均出现了多种汉译本。然而，这些翻译的教科书与中国制定的学制不同，素材也不尽相同，不是十分适合高中生学习。李蕃在任常州中学数学教员期间，意识到中国三角学教科书的弊端，故参考众多外国三角教科书，编成讲义，后由商务印书馆出版，即为《复兴高级中学教科书三角学》。此外，该书在中学进行过试验，效果良好，故值得推广。

（四）内容简介

《复兴初级中学教科书三角》目录如下：

第一章：三角比（1. 间接量度法；2. 正切；3. 正弦和余弦；4. 三角比；5. 三角函数；6. 六种三角比；7. 仰角和俯角）

第二章：基本公式（8. 余角函数公式；9. 特别角的三角函数；10. 同角函数的基本公式；11. 解三角方程式的例）

第三章：三角函数及其应用（12. 三角函数；13. 三角函数表的说明；14. 三角函数表检查法：（1）已知角度找正函数；（2）已知角度找余函数；（3）已知函数找角度；（4）角度带有分秒的检查法；15. 直角三角形解法）

第四章：对数解法（16. 对数；17. 对数的性质；18. 常用对数；

---

① 李蕃编著《复兴高级中学教科书三角学》，商务印书馆，1936，第1~2页。

19. 定位部与定值部；20. 对数表及三角函数对数表；21. 余对数；22. 用对数解直角三角形；23. 应用问题上几个名词）

第五章：任意三角形的解法（24. 钝角三角函数；25. 补角函数公式；26. 解任意三角形；27. 解任意三角形所根据的定律；28. 第一类：已知一边与任两角；29. 第二类：已知二边与一非夹角；30. 第三类：已知二边与一夹角；31. 第四类：已知三边；32. 已知三边求面积；33. 三角形内切圆的半径；34. 三角形外接圆的半径）

第六章：三角法的应用（35. 三角法在物理上的应用；36. 三角法在测量上的应用）

附表（正余弦表；正余切表；分秒化度度化分秒；对数表；正余弦对数表；正余切对数表）

《复兴高级中学教科书三角学》目录如下：

第一章：角之量法（1. 三角学；2. 角之单位；3. 各单位之关系；4. 弧之长）

第二章：三角函数及其基本性质（1. 锐角之三角函数；2. 坐标；3. 任意角之三角函数；4. 余角函数；5. 特别角函数；6. 三角函数之线表示法；7. 函数之变化；8. 负角之函数；9. 化第二象限之函数为第一象限之函数；10. 化第三象限之函数为第一象限之函数；11. 化第四象限之函数为第一象限之函数；12. 函数之基本关系）

第三章：直角三角形之解法，对数（1. 直角三角形之不用对数解法；2. 对数；3. 直角三角形之对数解法）

第四章：三角分析（1. 二角之和之函数；2. 二角之差之函数；3. 倍角之函数；4. 半角之函数；5. 函数之和与积）

第五章：三角形边与角之函数之关系（1. 正弦定律；2. 余弦定律；3. 正切定律；4. 半角定律）

第六章：斜三角形之解法（1. 已知三角形之一边及二角；2. 已

知三角形之二边及一对角；3. 已知三角形之二边及其夹角；4. 已知三角形之三边；5. 高及距离；6. 航海）

第七章：三角形之性质（1. 三角形之面积；2. 三角形内切圆之半径；3. 三角形旁切圆之半径；4. 四边形面积及圆之内接四边形面积；5. 正多边形之面积；6. 圆之面积）

第八章：反三角函数三角方程式（1. 反三角函数；2. 同函数值之角；3. 反三角恒等式；4. 三角方程式；5. 联立三角方程式）

第九章：三角函数之图解（1. 应用单位圆；2. 应用分析法）

第十章：棣美弗定理及三角级数（1. 复数；2. 复数之三角表示法；3. 棣美弗定理；4. 棣美弗定理之扩充；5. $\sin x \to x$，$\tan x \to x$；6. $\sin n\varphi$ 与 $\cos n\varphi$ 之展开；7. 三角级数）

第十一章：三角函数造表法，表之精确度（1. 绪论；2. 应用三角级数造表；3. 小角之函数之值；4. 求相差 $10°$ 之角之函数之值；5. 求大于 $30°$ 之角之函数之值；6. 表之精确度）

附录（附录一；附录二；三角函数及对数表；汉英及英汉名词对照表）

（五）内容分析

《复兴初级中学教科书三角》共六章，正文内容 101 页。各章节主要内容如下。

第一章，三角比。首先，将现实生活中直角三角形的实际问题，转化为纸上，并绘出与其相似的图形，利用三角形的相似比解决问题。通过该比值进而引出正切的定义。通过测量，得出 $0°$，$30°$，$45°$，$60°$，$75°$ 的正切值，制成正切表。为了巩固这一知识，另设置了一道实际应用问题。由于正切值是按照两边的比值算出来的，故这里 $\tan 60°$ 取值为 1.73 而不是 $\sqrt{3}$。其次，利用同样的方法给出正弦和余弦，并要求分别列出 $0°$，$30°$，$45°$，$60°$，$75°$ 各角的正弦值和余弦值。随后给出三角比的定义："正切，正弦，余弦的比值是表示一角的对边，底边及斜边任何两边和这角的关系，所以他们的总名叫做三角比。"并在本章末页附有 0°～90° 角的正弦表、余弦表和正切表。该表是前人为了计算方便，用很精密的仪器和计算得出，避免每次应用的时候再去求解。再次，三角函数的定义是由三角比引出的，"三角比都是跟着角度在改变的。在角度一定的时候，三角比就有一定的数值。如果角度改变，三角比也就相应的改变。那么根据函数的定义说，三角比是角的函数，所以三角比又叫做三角函数"。之后，由前三种三角比的倒数给出余割、正割和余切，并将其归入三角比概念。最后，给出应用题上常用的两个名词——仰角和俯角。这两个名词是用图画的形式给出的，非常直观，便于理解。

第二章，基本公式。第一节余角函数公式，首先给出余角定义及其数学公式表达 12 个，并结合文字表述帮助记忆："凡锐角的正函数等于余角的余函数；锐角的余函数等于余角的正函数。"第二节特别角的三角函数，通过几何的方法推算出 30°，45°，60° 角的三角函数准确值（即用无理数表示的准确值，而非小数表示的近似值），并要求学生记忆。证明顺序是按照 45°，30°，60° 展开的，证明过程中基于斜边为 1 的假设，利用勾股定理求得。第三节同角函数的基本公式，包括四个基本关系式，分别为平方关系式、分式关系式、倒数关系式和切割平方关系式。需要掌握的有 $\sin^2 A + \cos^2 A = 1$，$\tan A = \dfrac{\sin A}{\cos A}$，$\sin A \cdot \csc A = 1$，$\cos A \cdot \sec A = 1$，$\tan A \cdot \cot A = 1$，$1 + \tan^2 A = \sec^2 A$，$1 + \cot^2 A = \csc^2 A$ 七个公式。第四节解三角方程式的例，即从三角方程式给出的同角各函数的关系，求那个角的度数。

第三章，三角函数及其应用。主要包括两个方面的内容。第一，讲解三角函数表的检查法，将其分成四类分别进行讲解。这一内容只需学生了解查表法的方法即可。第二，从五种情况考虑直角三角形解法，分别为一锐角及斜边、一锐角及对边、一锐角及底边、斜边及另一边、对边及底边。即在解直角三角形时，除直角外，至少还要知道两个条件，这两个条件中，至少有一个是边。之后对五种情况各举一例进行说明。

第四章，对数解法。包括对数概念及其性质、对数表的查法及余对数概念。将数的倒数的对数叫作这个数的余对数。利用对数解直角三角形优点在于，从前直角三角形的解法，数目在乘除的时候非常麻烦，尤其不是整数的时候，此时利用对数并结合查表即可解决，较为简单。

第五章，任意三角形的解法。将第一章已经讲过的锐角三角函数利用终边定义法将其扩展为钝角三角函数，之后给出6个补角函数公式并附有文字说明，即"钝角各三角函数和它互为补角的锐角各三角函数的数值（即绝对值）是相等的；但是除正弦余割之外，其它各函数的正负号都相反"。角度由锐角扩展到钝角后，三角形自然也就跟着变化，即不再局限于锐角三角形。利用三角函数可以解任意三角形。书中将解任意三角形的方法分做四类：已知一边与两角、已知二边与一非夹角、已知二边与一夹角、已知三边。在解三角形的过程中需要用到一些定律，如三角和定律、正弦定律、余弦定律，均给出了定律的证明。最后，通过证明给出三个公式——已知三角形三边求面积、求内切圆半径、求外接圆半径，并要求学生记忆掌握。

第六章，三角法的应用。首先，书中以力的图解为例，说明三角法在物理上的应用。根据物理上合力的平行四边形定律，将其与三角形相联系，之后利用三角函数进行求解。其次，三角法在应用上最有功效的是帮助测量。如，田亩的面积往往不能成规则的正方形，但由直线围成的田边，大约都可以划成几个三角形，因此都可看作三角法的应用。

由于三角在高中阶段是系统学习，故其内容的分量要比初中多。《复兴高级中学教科书三角学》共十一章，正文内容145页。各章主要内容如下。

第一章，三角学。首先，界定了三角学的研究范围；其次，给出量角的三个单位——六十分制、百分制、弧制，以及之间的互换，弧制也称弧度法，在当时虽实行不久，在高等数学中却也常用；再次，通过推理得出弧长公式。

第二章，三角函数及其基本性质。首先，在直角三角形中定义了六个锐角三角函数，利用关系给出正矢和余矢两个三角函数。随后引入坐标概念和四个象限，应用坐标轴将锐角扩充到任意角的范围，在此将角的形成视为由一动线，以其一端为中心，依逆时针或顺时针的方向旋转而成。将6个三角函数（正矢、余矢除外）在四个象限的符号用表格表示，一目了然。同时，给出三个倒数关系公式。其次，利用弧度制对余角函数进行定义，并掌握其互换公式。在特殊角的三角函数中引入极限值的概念，通过求极限值的方法来求 $0° \sim 90°$ 的三角函数，并以表格的形式列出 $0, \frac{\pi}{6}, \frac{\pi}{4}, \frac{\pi}{3}, \frac{\pi}{2}$ 的三角函数值。同时，给出三角函数的单位圆定义法，有利于了解各个函数在四个象限的变化情况，进而总结六个三角函数在 $0, \frac{\pi}{2}, \pi, \frac{3\pi}{2}, 2\pi$ 五个点处的三角函数值。再次，由负角的函数出发，将其他象限的函数化为第一象限的函数。最后，要求掌握6个三角函数公式。这些公式是在证明推导过程中逐一呈现的。

第三章，直角三角形之解法，对数。在直角三角形中，设有二边或一边及一锐角为已知，则其余未知量可直接求得。如果在解题过程中应用对数，则使计算更为便利。这一章先将直角三角形的普通解法设例讲解，之后在计算的过程中应用对数。

第四章，三角分析。以推导的过程呈现若干公式，有和角与差角公式，并利用公式求解一些角的三角函数值。如，求 $75°$ 角的正弦值，可以将 $75°$ 化为 $(45° + 30°)$ 并利用和角公式进行计算。要求掌握的公式还有倍角公式（2倍角和3倍角）、半角公式、和差化积与积化和差公式等。并且公式都有推导思路，以便于学生理解。

第五章，三角形边与角之函数之关系。介绍了正弦定律、余弦定律、正切定律、半角定律，并附有详细的证明过程。之后附有三角形内切圆半径的推导过程。向学生展示了公式的推导过程，有利于逐步培养其推理能力。

第六章，斜三角形之解法。该书第三章已经详细介绍过直角三角形的解法，并介绍了三角形边与角之函数的关系，在此基础上则可以学解斜三角形。将斜三角形分为四种情况，分别进行讨论。其间也用到了对数辅助计算，例题多以实际问题为素材。

第七章，三角形之性质。包括五个方面的内容。第一，三角形面积的求法。将已知条件分三种情况——已知三角形之二边与夹角求面积、已知三角形之二角与一边求面积、已知三角形三边求面积——进行分类讨论。第二，已知三角形三边，求三角形内切圆半径与旁切圆半径。第三，四边形面积及圆内切四边形面积。这里将四边形拆成两个三角形进行求解，体现了转化的思想。第四，正多边形之面积。第五，圆的面积。圆面积的推导采用了极限证明方法。

第八章，反三角函数三角方程式。由三角函数的定义得知三角函数值随角的大小而改变；反之，角的大小亦随函数值而变，故角也可以其一函数的值表示。反三角函数视角为其正弦、余弦、正切等的函数。给出三个反三角恒等式，并给予证明。这个知识在高中现行数学教科书中已不出现。将方程式中含有未知角的函数称为三角方程式，如 $2\sin^2 x + 3\cos x = 0$ 等。要求会解三角方程式，属于计算题类型。

第九章，三角函数之图解。三角函数图象，即用曲线描绘三角函数的轨迹。书中给出正弦、余弦、正切、余切、正割、余割六个三角函数的图象，并指明各自的周期及符号等。最后，介绍应用分析法亦可绘出三角函数的曲线。

第十章，棣美弗定理及三角级数。棣美弗定理是 1725 年英国数学家棣美弗（De Moivre）研究复数时发现的重要定理，用公式表示即为：$(\cos\varphi + i\sin\varphi)^n = \cos n\varphi + i\sin n\varphi$。该定理主要以三角函数来表示方程式的根，如方程 $z^2 - z + 1 = 0 \rightarrow z_1 = \cos\frac{\pi}{3} + i\sin\frac{\pi}{3}, z_2 = \cos\frac{\pi}{3} - i\sin\frac{\pi}{3}$。之后对棣美弗定理进行扩充。进而讲解正弦、余弦、正切、余切的三角级数展开式。

第十一章，三角函数造表法，表之精确度。三角函数的级数，若先将角由度化为弪，则任意角的函数值都可以求得。三角函数表的构造也用此法。

附录一为平面三角重要公式的汇集，方便记忆。

通过以上对《复兴初级中学教科书三角》和《复兴高级中学教科书三角学》两种教科书内容的分析，总结其核心知识，如表 3-9 所示。

表3-9　《复兴初级中学教科书三角》与《复兴高级中学
教科书三角学》核心知识

条目 书名	核心知识	具体内容
复兴初级中学教科书三角	三角函数的定义	正切、正弦、余弦
	基本公式	余角函数公式，钝角函数的正负号，特殊角的三角函数，补角函数公式，同角函数的基本公式
	三角表之用法	已知角度找正函数，已知角度找余函数，已知函数找角度，角度带有分秒的检查法，三角函数对数表
	解三角形	直角三角形解法，用对数解直角三角形，任意三角形的解法
	三角法的应用	三角法在物理、测量上的应用
复兴高级中学教科书三角学	三角函数及其基本性质	三角函数(锐角→任意角)：正弦、余弦、正切、余切、正割、余割。特殊角的三角函数值。同角三角函数之间的关系。 三角函数的性质：单调性。三角函数的诱导公式
	三角分析 (三角恒等变换)	二角和(差)之函数：正弦、余弦、正切、余切。倍角、半角公式。三角函数的和差化积、积化和差
	三角形中边与角的函数关系	正弦定律、余弦定律、正切定律、半角定律

由表3-9可知，初中三角遵照课程标准的要求，仅讲数值三角的内容，除在应用上所必须用到的三角函数公式以外，其他恒等式一概省略。而高中三角重点在于矫正以往将锐角三角函数和任意角三角函数相分离的弊病，故所有定理与公式的证明不分锐角或任意角，以培养学生普遍的观念。相比而言，高中关于三角函数的基本公式较多，因此，在掌握若干三角函数基本关系式后，让学生能够独立地推导其他恒等式。

对以上两种三角学教科书内容进行分析得知，初高中教科书在内容的衔接方面有些处理得较好，体现了知识的螺旋式上升，但也有些内容存在着重复讲解的问题。衔接较好的内容体现在以下方面。

(1) 余角函数。初中设置的余角函数内容是用角度制定义的，仅要求学生了解何谓互余并记忆六个互换公式即可。而高中的余角函数是在初中的基础上，利用弧度制进行定义的，并将初中的文字语言表述"凡锐角的正函数等于余角的余函数；锐角的余函数等于余角的正函数"严谨化为定理，即"一锐角之函数等于其余角之余函数"，要求学生熟记。转用弧度制进行定义是对后续内容的铺垫。如诱导公式的推导，将第二象限、第三象限、第四象限角的三角函数化为第一象限的三角函数等。在此基础上将角扩展到一般角的范围，呈现整个周期内三角函数在各个象限的变化情况。

（2）基本公式。初中教科书在第二章中讲解同角函数的基本公式时，仅给出四种关系，即平方关系式、分式关系式、倒数关系式和切割平方关系式。而高中在此基础上，加强了三角函数间的转换，对同角三角函数基本关系式的研究更为深入，要求掌握的公式也更多。因此，公式是在逐步推导中得出结论，有助于帮助学生了解知识的发生、发展过程。

（3）初中教科书第五章任意三角形的解法中介绍了三角形内切圆和外接圆，并讲解了如何在已知三角形三条边的情况下求其内切圆和外接圆的半径问题。高中教科书在此基础上，进一步引入了旁切圆的概念，并通过三角形的三条边来求旁切圆的半径。同时，将三角形扩展为四边形、多边形、圆形等，介绍如何通过边长来求其面积。

初高中两种三角学教科书中重复内容如下。

（1）斜三角形解法。初中教科书第五章介绍了关于"任意三角形的解法"，并将其分成四种情况进行分类讨论。而高中教科书第六章，又将同样的内容重新复习一遍，使初高中这部分内容出现了重复讲解的现象。造成这一现象的原因正如《复兴初级中学教科书三角》中"编辑大意"所指出的，如果时间不够，可将第五章"任意三角形的解法"酌量缩减。

（2）初中教科书在第三章和第四章分别设置了"直角三角形解法"与"对数解法"的内容，而高中教科书在第三章设置了同样的内容，而且讲解细致，如介绍新知识一般，但相比之下，多用一句话提及了自然对数 e。整体出现重复现象。《复兴初级中学教科书三角》的"编辑大意"指出，如若时间不够，可将第四章"对数解法"酌量缩减，故这部分内容在高中教科书中出现重复可以理解。但"直角三角形解法"是初中的主要内容之一，不可随意删减，即学生在初中已详细学习了此部分内容，故在高中三角学教科书中出现重复就不应该了。

（3）初中教科书第五章内容为"任意三角形的解法"，其中包括正弦定律、余弦定律、正切定律的内容，而且讲解细致，逐步推导。但在高中教科书第五章"三角形边与角之函数之关系"中又重新讲解，推导过程亦重新进行。只不过高中教科书在后部分增加了半角定律这一内容。

（4）高中第七章"三角形之性质"中，已知三角形三边求面积已经在初中第五章"任意三角形的解法"中讲解过。另外，已知三角形三边求其内切圆半径也已经在初中详细讲过。笔者认为没有必要详细重复，仅提及结论即可。

《复兴初级中学教科书三角》与《复兴高级中学教科书三角学》虽均为商务印书馆出版，但由于不是同一作者所编，故可能造成一定的重复，使得衔接不十分完美。也许是基于这一原因，当时有些学校在选用教科书时会选择出自不同出版社的初高中教科书。然而，这两种三角学教科书从整体上来讲重复的内容不是很多，高中教科书中有些知识都是在初中基础上进行扩充的，体现了知识的螺旋式上升。

初高中两种三角学教科书中的例题和习题统计见表3-10。

表3-10 《复兴初级中学教科书三角》和《复兴高级中学教科书三角学》中例题与习题统计

书名	章节	例题（道）	习题（道）	备注
复兴初级中学教科书三角	第一章	3	16(28)	括号中为小题的数量（小题即一道大题中包括的若干道小题）
	第二章	8	22(52)	
	第三章	19	68(68)	
	第四章	11	44(89)	
	第五章	7	72(73)	
	第六章	5	17(17)	

续表

书名	章节	例题(道)	习题(道)	备注
复兴高级中学教科书三角学	第一章	/	8(8)	括号中为小题的数量(小题即一道大题中包括的若干道小题)
	第二章	18	30(80)	
	第三章	6	30(30)	
	第四章	1	73(89)	
	第五章	/	16(16)	
	第六章	13	51(51)	
	第七章	3	26(28)	
	第八章	13	58(67)	
	第九章	/	12(12)	
	第十章	4	23(23)	
	第十一章	2	7(7)	

由表 3-10 可知，两种教科书中核心内容的例题和习题相对较多，有利于突出重点，加强练习。主次分明。例题较为注重公式的证明，并且已经涉及分类讨论思想。如第二章"三角函数及其基本性质"中例 2：

已知 $\cos\theta = -\dfrac{1}{3}$，求其余诸函数。

解：因 $\cos\theta = -\dfrac{1}{3}$，则 $\dfrac{x}{r} = -\dfrac{1}{3}$

而 $y = \pm\sqrt{r^2 - x^2} = \pm\sqrt{3^2 - (-1)^2} = \pm\sqrt{9-1} = \pm\sqrt{8} = \pm 2\sqrt{2}$

在此有二解，盖 y 可为 $+2\sqrt{2}$ 或 $-2\sqrt{2}$ 也。由是 θ 角可在第二及第三象限。

i. 设 θ 在第二象限，即 $\pi > \theta > \dfrac{\pi}{2}$，则

$\sin\theta = \dfrac{2\sqrt{2}}{3}, \cos\theta = -\dfrac{1}{3}, \tan\theta = -2\sqrt{2}, \cot\theta = -\dfrac{1}{2\sqrt{2}}, \sec\theta = -2,$

$\csc\theta = \dfrac{3}{2\sqrt{2}}$

ii. 设 θ 在第三象限，即 $\dfrac{3\pi}{2} > \theta > \pi$，则

$$\sin\theta = -\dfrac{2\sqrt{2}}{3}, \cos\theta = -\dfrac{1}{3}, \tan\theta = 2\sqrt{2}, \cot\theta = \dfrac{1}{2\sqrt{2}},$$

$$\sec\theta = -3, \csc\theta = -\dfrac{3}{2\sqrt{2}}.$$

（六）名词术语、数学符号介绍

《复兴初级中学教科书三角》与《复兴高级中学教科书三角学》两种教科书中的名词术语与现行表示大致相同。也有些名词术语处于向现行名词术语的过渡阶段。如，《复兴初级中学教科书三角》将"三角函数"称为"三角比"，"三角比都是跟着角度在改变的。在角度一定的时候，三角比就有一定的数值。如果角度改变，三角比也就相应的改变。那么照函数的定义说，三角比是角的函数，所以三角比又叫做三角函数"。①

《复兴高级中学教科书三角学》中，用"八线代表八三角函数，故三角函数又可以线表之，此即昔日所谓'八线'也。凡此八线，皆自单位圆中导出；故三角函数又谓之圆函数"。② 这三个术语，在书中以定义的形式同时呈现。

符号方面，《复兴初级中学教科书三角》已接近现行表示，如已经出现∵、∴等符号。但该书中还没有使用角的符号"∠"，面积的表示方法也与现行教科书有所不同，采用直接写出字母的方式表示面积。例如，四边形 $ABCD$ 的面积就用 $ABCD$ 表示，三角形 FBA 的面积用 ΔFBA 表示。根号的写法与《共和国教科书平三角大要》一致，也是采用"$\sqrt{}$"来表示。以 10 为底的常用对数用 log 表示。又如，以 10 为底 100 的对数，书中表示为 log100。常用对数中经常出现类似 3.6732 的表示，

---

① 周元瑞、周元谷编著《复兴初级中学教科书三角》，第 5~6 页。
② 李蕃编著《复兴高级中学教科书三角学》，第 19 页。

这种写法表示 3 是负数，0.6732 是正数。《复兴高级中学教科书三角学》中已经出现角的符号"∠"，但使用方法不一致，有时用这个符号，有时省略。计算的结果没有要求分母有理化，可以写成"$\dfrac{\sqrt{3}+1}{2\sqrt{2}}$"的形式等。

（七）勘误

《复兴初级中学教科书三角》与《复兴高级中学教科书三角学》虽然在民国中期得到许多学者的认同，足够完美，但也存在一些错漏之处。现将其中存在的部分印刷排版错误加以整理（见表 3-11）。

表 3-11　《复兴初级中学教科书三角》与《复兴高级中学教科书三角学》勘误

书名	序号	书中写法	正确写法	页码
复兴初级中学教科书三角	1	$\tan A = \dfrac{\sin A}{A}$	$\tan A = \dfrac{\sin A}{\cos A}$	16
	2	6909	0.6909	33
	3	b	d	35
	4	$\log_2 9 = 2$	$\log_3 9 = 2$	39
	5	$A = 48.28$	$A = 48°28'$	48
	6	$\dfrac{a}{a\sin A} = \dfrac{b}{\sin B}$	$\dfrac{a}{\sin A} = \dfrac{b}{\sin B}$	62
	7	$= 90°$	$B = 90°$	64
	8	$5°66'$	$56°6'$	84
复兴高级中学教科书三角	1	$b = \dfrac{a\sin B}{\sin B}$	$b = \dfrac{a\sin B}{\sin A}$	68
	2	$\log\sin 41°13'22''$	$\log\sin 41°13'2''$	69
	3	$A = 40°53'24'''$	$A = 40°53'24''$	76

（八）特点分析

20 世纪 30 年代，中国三角学教科书跃上一个新台阶。商务印书馆推出的"复兴教科书"的规模是空前的，其体系庞大，科目齐全。其中,《复兴初级中学教科书三角》根据 1932 年课程标准编写而成,是民国中期商务印书馆出版的使用范围最广的三角学教科书之一,其特点如下。

（1）从量上来讲,《复兴初级中学教科书三角》是中国自有三角学教科书以来,再版次数最多的一本。其编印精良,图形、图表丰富且细致,成为民国时期三角学教科书发展史上的一座里程碑。

（2）该书最大的特点在于,以应用"三角法"为目的,因此编排内容时以三角比定义三角函数,"除应用上必需之三角函数公式外,其他一切恒等式概从省略",三角表之用法、三角形的解法也都是为应用三角法服务的。

（3）注重举例、说理明显,易于掌握,避免平铺直叙,以适应学生的学习心理。如,在平常实际的工作中度量距离,因直接度量有时很不精确或不可能测量,故须用间接方法。书中以具体的例子将实际问题转化到直角三角形中进行解决,并配以图形,根据相似三角形原理得出需要测量的距离。其中涉及一些步骤的理由时,均在该步骤后增加"何故"二字,并在证明之后予以解释,帮助学生明理达意。

（4）重视体现数学的价值。1932 年《初级中学算学课程标准》的目标第四条指出:"使学生能明了算学之功用,并欣赏其立法之精,应用之博,以启向上搜讨之志趣。"① 因此,该书在素材的选择、内容的呈现方式上均特别注重体现数学的应用价值,以此提高学生的学习兴趣。从选材上看,编入了三角法在物理和测量上的应用。例题与习题的选择也倾向于与学生生活相关的实际问题。正如其"编辑大意"所声明:"本编习题之选择,仅及实际问题,以切于学生生活状况者为限。"② 内容呈现遵从 1932 年《初级中学算学课程标准》实施方法概要的要求:"新方法与原理之教学,应多从问题研究及实际意义出发,逐步解析归纳,不宜仅用演绎推理。……故宜就实例入手,讲授三角函数定义,

---

① 课程教材研究所编《20 世纪中国中小学课程标准·教学大纲汇编·数学卷》,第 228 页。
② 周元瑞、周元谷编著《复兴初级中学教科书三角》,编辑大意。

及直角三角形解法,简易测量。"① 如,在直角三角形解法中,将问题分为五种情况,每种情况各举一实例分别讲解,以此学习解直角三角形的方法。

(5) 注重数学思想方法的渗透。书中蕴含分类讨论(见图3-3)、特殊到一般(见图3-4)等数学思想方法。如,在学习解任意三角形时,首先将已知条件分成四种情况分别讨论,在对每一种情况进行具体操作的过程中,同时渗透了分类讨论的思想方法。在学习解直角三角形后,又安排了解任意三角形的方法,实现了由特殊到一般的转化。

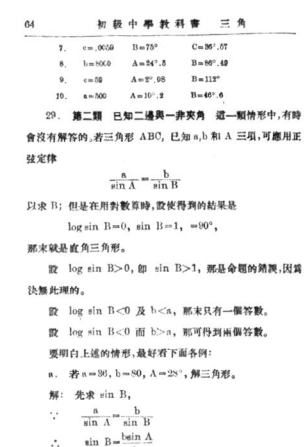

图3-3　分类讨论

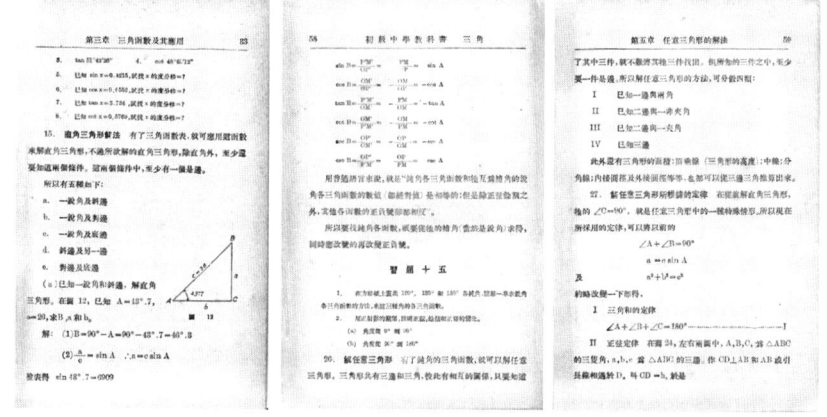

图3-4　由解直角三角形推广到解任意三角形

(6) 初步体现了各科间的融合。1932年《初级中学算学课程标准》实施方法概要规定:"本科用分科并教制,或混合制,可由各校自行酌定。惟不拘用何方式,须随时注意各科之联络并保持固有之精神。"②"复

---

① 课程教材研究所编《20世纪中国中小学课程标准·教学大纲汇编·数学卷》,第229~231页。
② 课程教材研究所编《20世纪中国中小学课程标准·教学大纲汇编·数学卷》,第230页。

兴初级中学数学教科书"采用分科制编排，各科作者在编写时均须考虑各科间的融会贯通。如，算术、代数、几何、三角四科均有"比和比例"的内容，代数上所讲的"比和比例"是以算术中的"比和比例"的算法为基础，而几何中的线段比、三角中的三角比又以前二者为基础，初步体现了各科间的融合。但总体而言，各科自成体系，缺乏上位观点的统领。

《复兴高级中学教科书三角学》呈现以下特点。

（1）从内容的组织与呈现方面来看，内容以单元组织，知识以条目呈现。该书采用单元制度组织内容，全书共分十一章，各章自成单元（见图3-5）。每一单元以条目编码的方式呈现知识，这些条目或以知识点（如锐角之三角函数、余角函数等）命名，或以知识类型（如正弦定律、棣美弗定理之扩充等）命名。

图3-5 《复兴高级中学教科书三角学》内容组织与呈现方式

采用单元制度组织内容是这一时期中学算学教材的趋势，[①] 并沿用至今。对于在中学采用单元制，余介石认为："算学中定义定理法则的繁多，往往使学生感到有如七宝楼台，拆下来不成片段，其流弊限于机械的记忆，将学习的兴趣，尽行失去。又算学的组织，本在精炼零碎的常识，成一精密普遍的系统，但为心理次序的关系，仍须从常识引入，不能采取完密逻辑的方式编制，故在此情形，学生虽可步步入胜境，而易生散乱无序的感想。欲救此弊，宜将最基本的观念为中心，将各部教材与此等观念关系，归纳成若干单元，如此易使学生透彻了解基本观念，则对其他部

---

① 汪桂荣：《中学算学教学之理论及实践》，《中等算学月刊》第4卷第9期，1936年9月，第30页。

分，亦易明白，且由此记忆较便，并可增应用能力。"① 例如，"三角函数及其基本性质"这个单元，就是以三角函数观念为中心，将坐标、余角函数、特别角函数、函数值、负角函数、函数基本关系等内容组织在一起。知识以条目形式呈现，从视觉角度就是一些知识点的累积，零碎有余而系统感不足，如今这种呈现方式已成为历史。②

（2）论述严谨，讲究方法，富有启发性。教科书没有一味平铺直叙，凡遇学生易于自动探索的，采用发问的形式，逐步导出。这样可使学生感到所得结果是自己搜讨的收获，可以提高兴趣并增强自信心。同时，经过独立思考的过程，对抽象观念与运用方法能够较为透彻明了。该书涉及定理、公式均给出严格的推导过程，即对于数学，不仅要知其然，而且要知其所以然。这样才能举一反三，触类旁通。这一时期高中三角教科书多将对数单列一章，如赵修乾编《新学制高级中学教科书三角术》（商务印书馆，1924）、傅溥编著的《高中三角法》（世界书局，1932）、裘友石编著的《新课程标准世界中学教本高中新三角》（世界书局，1936）等。李蕃则认为："对数非三角学之范围，惟在解三角形时，应用之以简其运算，故该书不另设一章，而仅在第三章中稍加复习。"③ 强调知识间的逻辑顺序及因果关系。正如刘宏谟所说："故鄙意以为编教本者应于此特别注意，或插叙一法之史迹，或表彰发明者之研究经过，或于分节述论之先，作一概括的描述，或于既经讨论之后，加以综合的观察，庶学者能深透其意义，增广其见识。……如是则纲系严整，意味盎然，斯为完善之教本矣。"④

（3）注重数学思想方法的渗透。书中内容贯穿了数形结合、分类、极限等数学思想方法。在第五章"三角形边与角之函数之关系"，通过推理论证得出正弦定理的公式表达，并利用文字进行表述。随后，给出正弦定理的几何意义（见图3-6），实现了代数与几何的结合，体现了数形结合的思想方法。在证明余弦定理时，渗透了分类的思想，即将三角形分为

---

① 余介石：《编撰中学算学教科书的原则》，《中等算学月刊》第3卷第1期，1935年1月，第17页。
② 王嵘：《民国中学数学教科书的发展与特点》，《数学通报》2014年第9期，第14页。
③ 李蕃编著《复兴高级中学教科书三角学》，编辑大意。
④ 刘宏谟：《算学教科书改良意见》，《中等算学月刊》第2卷第9期，1934年9月，第7页。

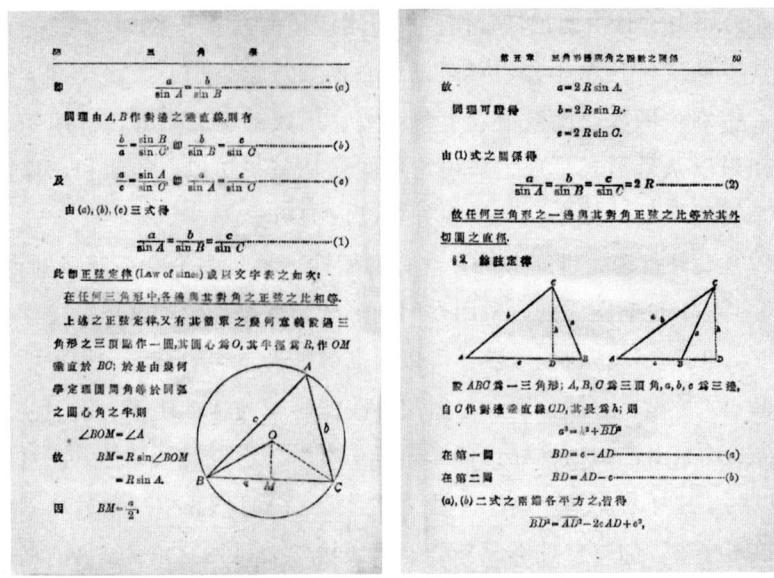

图 3-6 正弦定理的几何意义

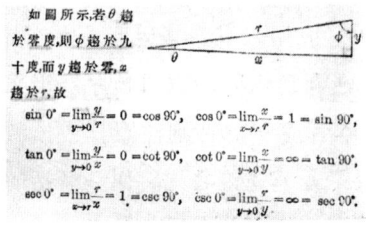

图 3-7 0°及 90°的三角函数

锐角三角形和钝角三角形两种情况分别进行讨论，最后得出同一结论。此外，在三角形解法中也将已知条件分类进行讨论，体现了分类的思想。该书对 0°及 90°的三角函数利用极限值法进行求解（见图 3-7）。此外，渗透的方法也较多，如三角函数的线表示法、应用单位圆、分析法绘制三角函数图象等。

（4）注重数学史知识的渗透。但凡科学的发现，必有一番原委，三角学也不例外。介绍该领域的相关知识，有利于学生了解其发展的过程，更好地学习。例如，该书开篇第一章就给出三角学的定义、起源及其研究范围，"三角学英文为 Trigonometry 源于希腊文 τριγανον（三角形）及 μετρον（量）二字，盖量三角形之意也；换言之，即在研究三角形之边与角之关系耳。但时在今日，其范围大加扩充，所有关系于角之代数研究亦所属焉"。[①]

---

① 李蕃编著《复兴高级中学教科书三角学》，第 1 页。

更明确了三角与代数之间的关系。再如，书中介绍六十分制时，同时给出其来历，即巴比伦天文学家取一年为三百六十日之意也。又如，在推导圆内接四边形面积公式后，补充说明"此乃十六世纪印度数学家白拉美格模达（Brahmegupta）所发明",[①] 并在发明者及其国籍的下方加下划线以表强调。

（5）体现普遍的观念。该书的最大特色在于贯穿了普遍的观念。与之前出版的其他三角学教科书将锐角三角函数与任意角三角函数分别讲授不同的是，该书为避免学生将锐角三角函数与任意角三角函数看作两种数学对象的弊端，故在所有定理与公式的证明中，没有分锐角与钝角，以此向学生灌输普遍的观念。

此外，一些学者为李蕃所编著《复兴高级中学教科书三角学》配备了解题指导等。例如，程士彻编著的《复兴高中三角学题解》（新智书店，1948）将前者中的习题逐一讲解，详略得宜，繁简有序，实为教与学两便之作。

总之，高中三角在初中数值三角的基础上有了很大的提升。内容多而全，且难度相对较大。习题数量适中，既能达到练习的目的，也不致使学生厌烦。三角函数的诱导公式全（余角函数、倍角公式、半角公式、和差化积、积化和差等），定律全（正弦定律、余弦定律、正切定律、半角定律），其内容按照基础知识（角的单位）→核心知识（三角函数及其性质、三角恒等变换、三角形边与角的函数关系）→具体应用（解三角形、求三角形、四边形、正多边形、圆形的面积）→推广（反三角函数、三角级数）的顺序展开。有些知识难度相对较大，如利用极限值法求解 $0°$ 及 $90°$ 的三角函数，对每一定理、公式都进行推导等。应用较广，如从三角形面积扩展到四边形面积、正多边形面积、圆面积等。此外，注重与代数、几何间的联系。例如，正弦定理的本质在于三角形边角关系的定量化。平面几何中只有大边对大角这样的定性描述，而三角学把它定量化了。同样，余弦定理将三角形两边之和大于第三边这样的定性陈述更加精确地定量化。而所有关于角的代数的研究属于三角学研究的范围，实现了三角与代数、几何的融合。

[①] 李蕃编著《复兴高级中学教科书三角学》，第95页。

小　结

　　中国自兴学以来，最初仿效泰西，继而学习日本，又取法于德国，后生美国热，然而都非健全的趋向。学来学去，总是四不像。当学制将改而未改之时，我们应当用科学的方法态度，考察社会个人之需要能力和各种生活事业必不可少之基础准备，修正出一个适用的学制。至于外国的经验，如适用就采取，不适用就回避。中国以前的经验如适用就保存，如不适用就除掉。去与取只以适不适为标准，不问新和旧，以此制成适合国情、适合事业学问需求的学制。1922年学制草案，颇有独到之处，推动了教科书编写与出版的热潮，又形成了一个三角学教科书发展的兴旺时期。

　　1922年新学制中设置的初中课程与过去相比，采用混合教授法是其一大特点。将算术、代数、几何、三角联络贯通为一种混合数学，称为算学课程。三角略占全部算学课程的1/6。混合算学教科书是按照新学制课程纲要的要求，以代数、几何为主，算术、三角为辅，合一炉而冶，混合编制而成。这种混合编制方法是受欧美当时流行的教科书编排方法的影响，1923年中国开始实行初中数学的混合教学。因此，学者们开始翻译或编写混合数学教科书。商务印书馆仍然是这一时期的主角，其出版的《布利氏新式算学教科书》就是这类教科书之一。对于这种编排方法的优点，《新学制初级中学课程说明书》曾予以介绍："研究专门学术，不能不分科，故大学注重分科；学生年龄幼稚不可遽行分科，故小学注重混合。介于二者之间的中学，用混合制，则利于衔接小学，不利于衔接大学——这就是旧制中学不适当之缘故。新学制的中学分初高两级。初级采用混合制，有衔接小学的便利；高级采用分科制，也顾到大学的衔接。所以一般教育家对于初级中学教科书，一律主张混合方法。"① 1922～1929年，中国虽硬性实行混合数学，但在实行的过程中，各方意见较大，使数学教科书呈现两种形式，有的学校继续使用分科教科书，而有的学校则仍

---

① 　魏庚人等编著《中国中学数学教育史》，人民教育出版社，1987，第197～198页。

旧采用混合教科书，直至1941年彻底取消混合数学。事实上，混合数学在1939年已经实施不下去了。即在教育部正式公布停止使用混合数学前就已经没有混合数学了，学校不教了，出版企业也不出了。

对于分科教学中的三角学教科书，据王云五《中小学教科书及补充读物问题》一文可知，商务印书馆在民国中期编纂的中学数学教科书中，以"复兴教科书"较优越。因政体突变而仓促编印的"共和国教科书"水平也许不尽如人意，而"复兴教科书"之能差强人意，则因新课程标准的草拟讨论早已公开，商务印书馆当时力量雄厚，得以及早筹备，尽量利用旧有经验并吸纳各套教科书的优点。1932年虽经历浩劫，准备之稿幸存，劫后复兴，编辑同人益加奋勉，但其结果较民国以来所编各套教科书均有进步。

根据新课程纲要，开始编制新学制教科书。这一时期教科书仍由私人商办书局组织人员编写，经审定后印行。中学三角学教科书有些是在新学制公布后，依据课程标准重新编写的，而有些则是再版民国初期优秀的三角学教科书。民国中期，国人自编三角学教科书的水平明显提高，编写出很多适合中国国情的三角学教科书，当然名词术语没有完全统一，但是基本上和西方的表示相同，为避免名词的混淆，在中文名词后一般会附上其英文名。例如，1932年《初级中学算学课程标准》附注二："本标准中算学名词，暂以科学名词审查会所定者为依据。其未备者，则采近日通行之名词（如复名数，变数法）。尚未有译名，或易滋误解者，则附注英文。（高中部分同此。）"[①]

1923~1936年初中三角学教科书有混合、分科、数值三角三种形式，而高中三角学教科书均采用分科的形式进行编排。中国在20世纪20~30年代所使用的三角学教科书中也有大量的外文原版及其汉译本，如《温德华士三角法》《葛氏平面三角学》《波郄特氏新三角法》等。然而，这些翻译的教科书与中国的学制不符，素材也不尽相同，不十分适合我国高中生学习。

---

① 课程教材研究所编《20世纪中国中小学课程标准·教学大纲汇编·数学卷》，第229页。

李蕃编的《复兴初级中学教科书三角》与周元瑞、周元谷编的《复兴初级中学教科书三角》，为民国中期影响最大的两本中学用三角学教科书。二者虽均由商务印书馆出版，但是作者不同，故其内容在某种意义上来讲，衔接得不是十分顺畅，甚至有些内容交叉重复。针对这一现象，王云五认为："要使程度能衔接，（中学）虽划分两阶段，然同一科目之教科书，在（高中）方面应以（初中）为基础，不宜独立编辑。以前各出版家均因时间所迫，不能不分段同时编辑，不仅（内容）深浅衔接攸关，甚至材料之重复冲突亦有问题。我所以主张编辑教科书必须有富裕之时间，并由各种学识经验之人合作，就是这个缘故。"① 此外，笔者认为，高中三角学教科书要在初中三角学教科书出版后，在其基础上进行编辑，不要同时编辑，"复兴三角学教科书"就做到了这点。整体而言，如果初中和高中用书均为同一作者编纂，其内容衔接相对会更好，不致存在内容重复等问题。但不同的作者相互合作、集思广益又不失为教科书编纂的好办法。

民国中期，课程标准分别在 1923 年、1929 年、1932 年、1936 年经历了四次修订，而各大教科书出版企业也纷纷出版了符合课程标准要求的三角学教科书。自 20 世纪 20 年代起，商务印书馆和中华书局垄断中国三角学教科书市场的局面已被打破。这一时期，开明书店、世界书局、正中书局等企业在教科书出版领域迅速崛起，出版了大量的三角学教科书，初高中完备，内容丰富，三角学教科书出版进入鼎盛时期，也为民国出版史上最为辉煌的黄金时期。此后，三角学教科书数量随着教育的发展、学生人数的增多逐年增加，其中不乏一些高质量的三角学教科书，并对当时及后世三角学教科书的编写产生了积极的影响。

---

① 王云五：《中小学教科书及补充读物问题》，《王云五全集》（13），第 176 页。

第四章 1937~1949年中学三角学教科书

1937~1941年，中学依然采用"三三制"。1939年4月，第三次全国教育会议在陪都重庆举行，始有设置六年一贯制中学的决议。故从1941年开始，中学除"三三制"外，另设"六年一贯制"，不分初中和高中。基于学校试验的情况，暴露出一些弊端，故1948年修订的课程标准仍以"三三制"为原则。1937~1949年，初高中数学课程标准共经历5次修订，三角学课程的设置也随着课程标准的修订而不断完善。这一时期教科书的审定由国立编译馆负责，中国教科书的审定逐步实现了国定制。

虽然中国在1937~1949年政局动荡，各大出版企业均在不同程度上遭受破坏，但中学三角学教科书建设并没有因此陷于停滞。众多数学教育工作者、教科书出版企业等各方力量化悲愤为动力，克服重重阻力，积极组织编写、出版三角学教科书，使得三角学教科书建设在相对困难的条件下，依然稳步前进。本章在概述1937~1949年中学数学教科书审定制度的基础上，对这一时期国人自编三角学教科书的发展历程进行梳理，并分别选取其中影响范围较广的初中和高中三角学教科书作为案例进行微观分析，总结其编写特点等。

一 数学教科书的审定经过

1937~1949年，中学数学教科书的审定工作分为两个阶段。

第一阶段，自1936年《初（高）级中学算学课程标准》公布后至1941年《修正初（高）级中学数学课程标准》公布之前。1937年出现的教科书荒，给国民政府强行取消教科书审定制，继而以部编制代替提供了借口。"部编制下的国定教科书，是国民政府教育部通令各省市统一采用的教科书的通俗名称，而不是此类教科书的法定名称。"① 成立于1932年的国立编译馆从1937年以后承担起国民政府赋予的教科书编审职能——负责教科书及学术文化书籍的编译事务，隶属于教育部，并一直持续到1949年国民党政权败退台湾。

南京政府教育部编审会、（伪）教育总署编审会在1940年前后出版了一系列教科书，其中三角学教科书的编辑、审查和出版发行机构呈现一体化倾向，即三角学教科书的编写者是教育部（总署）编审会，经过该编审会的审查，然后由编者自刊。虽或有些教科书标明"新民印书馆发行（印刷）"，但所谓的"新民印书馆"实际上是教育部门自设的出版机构。如教育部编审会编《高中三角》（1939）由新民印书馆股份有限公司发行印刷，（伪）教育总署编审会编《高中三角》（1941）也由新民印书馆股份有限公司发行印刷。这样的教科书审查监督程序，俨然实现了教科书国定的梦想。然而，这种自编、自检的教科书审查制度，显然不利于教科书的竞争与发展。

第二阶段，1941年《修正初（高）级中学数学课程标准》到1948年《修订初（高）级中学数学课程标准》时期。从1941年开始，中国正式实行教科书国定制，教科书采用国定本，"国定本即为教育部命令所属的国立编译馆，按照中小学校的全部科目，编成一整套的教科书，通过所属的教育图书审查委员会审定"。② 1942年1月，教科书编辑委员会并入国立编译馆，进行编辑国定教科书的工作。从编辑程序上说，国定教科书还是比较认真的，"每稿完成，先由编译馆各科专家审阅修改，再送馆外专家校订，然后由教育部核定付印，是为暂行本。自初编以至核定，每一过程均有修改，往往数易其稿。暂行本供应以后，一方面再召集国内各出版机构富有编辑经验人员或重庆附近教育学术专家分次举行修订会议，逐课研讨，提供意见，编译馆汇集各方面意见，再交全体编纂人员详加参酌，

---

① 吴永贵：《民国出版史》，福建人民出版社，2011，第453页。
② 李春兰：《清末民国时期的数学教科书》，丘成桐等主编《数学与教育》，高等教育出版社，2011，第105~106页。

众意签同，然后审定改版出书，是为修订本"。①

随着编写的教科书数量逐渐增多，对连带发生的印刷运销问题也采取了相应的措施。1943年4月，国定中小学教科书七家联合供应处成立，简称"七联处"。"七联处的成立，是国民政府教育部为了推行国定本教科书而采取的新举措，指定商务印书馆、中华书局、正中书局②、世界书局、大东书局、开明书店、文通书局7家出版社，专门承担国立编译馆主编的国定中小学教科书的排印运销任务。各家的资历和资金情况不同，所承担供应的份额亦不一样，协商分配的结果是，正中、商务、中华各23%，世界12%，大东8%，开明7%，文通4%。"③ 从严格意义上来说，"七联处"的成立是一种官方行为，且其联合的范围也仅局限于国定本中小学教科书的印制与发行。1946年组成"十一联"分享国定本教科书市场。1947年7月，国定本教科书开放版权，各公私机构均可申请印行国定本教科书。

总之，国民政府对教科书编审制度采取了越来越严格的控制政策。"'国立'招牌顶掉了民营出版社所编的本子，从此达到了教科书的完全一致。而且，后方物资匮乏，印刷教科书的纸张政府统一分配。规定教科书由商务印书馆、正中书局、中华书局、世界书局、开明书局、文通书局、大东书局七家按各自原来份额比例出版和发行。不久抗战结束，这个中小学教科书的出版体制延续到全国解放。"④

二 初中三角学教科书发展概况

（一）数学课程标准的演变

1936年《初级中学算学课程标准》实施一年后，即爆发了抗日战争。

---

① 张定华等：《中国抗日战争时期大后方出版史》，重庆出版社，1999，第274~275页。
② 正中书局挟官书局之威，在教科书出版上迎头赶上，迅速崛起，被时人称为"第六大书局"。根据教科书出版企业在当时所占教科书市场份额来排名，前五名分别为商务印书馆、中华书局、世界书局、大东书局、开明书店。
③ 吴永贵：《民国出版史》，第67页。
④ 汪家熔：《民族魂——教科书变迁》，第224页。

基于此，王云五云："然抗战期内，人才四散，参考资料缺乏，印制工作困难（纸质紧张），须较平时予以更充分之时间，始能望有圆满之结果，否则所改订者仅为形式，内容或更视前此不逮，此即不可不特别注意者也。"① 故中学数学教育为适应抗战建国的需要，于 1939 年 4 月举行第三次全国教育会议，提出重新修订各科课程标准的决议。由当时教育部拟定修正初中数学科目及授课时数表，分送有关方面征询意见，于 1940 年 2 月根据征询意见重新修改，并于 1941 年 5 月颁布实施。

1941 年颁布的《修正初级中学数学课程标准》，取消了三角作为一门独立学科的存在，而将三角课程融入几何课程，作为几何内容的一部分进行讲授。该课程标准规定数学各门课程的授课时数见表 4-1。

表 4-1 1941 年《修正初级中学数学课程标准》中各门课程时间支配

时数\学期\学程	第一学年		第二学年		第三学年	
	第一学期	第二学期	第一学期	第二学期	第一学期	第二学期
算术	3	3				
代数			2	2	2	2
几何			2（实验几何）	2	2	2

由表 4-1 可知，几何课程在第二和第三学年讲授，其中第三学年讲授的几何内容中包括三角的相关知识。规定第三学年几何课程包括以下内容："三角形之心；弧弦及圆心角；割线及切线；两圆之关系；角之量法；作图之方法；比例线段；相似形；锐角三角函数；直角三角形解法；直角三角形之比例线段；圆之比例线段；三角形角之平分线；三角形外接圆之直径；直线形之面积；面积之比；三角形三边之关系；三角形之中线；正多角形之外接及内切圆；圆周及圆之面积。"② 其中，锐角三角函数、直角三角形解法等内容属于三角的内容。

1941 年《修正初级中学数学课程标准》"实施方法概要"总论规定，数学教学"应多采融合精神，随时注意形与数之联络。代数中多用图形

---

① 王云五：《中小学教科书及补充读物问题》，《王云五全集》（13），第 176 页。
② 课程教材研究所编《20 世纪中国中小学课程标准·教学大纲汇编·数学卷》，第 254 页。

表示，几何中多用代数证明。新原理及方法之教学，应多从实际问题出发，逐步分析归纳，不宜仅用演绎推理。关于数学发展之历史，应随时提及，引起学生之兴趣"。① 即数学思想方法上注重数与形的结合；教学方法上基于学生心理发展的特点，尽量与学生的生活实际相联系；渗透数学史知识，展示相关数学知识发生发展的过程，激发学生学习数学的兴趣。

1941 年教育部根据第三次全国教育会议作出"设六年制中学，不分初高中。并为奖励清寒优秀子弟获得人才教育起见，六年制中学应多设奖学金额"之决议，颁布《六年制中学数学课程标准草案》，并指定国立中学数校及令川渝等十一省市教育厅局指定成绩优良的公私立中学校开始试验。其要旨如下："（1）目标专为升学准备，选择学生，宜从严格。（2）各种学科平均发展，始终不予分组，为进行高等教育培植一良好之基础。（3）各科全部课程，均采直径一贯之编配。（4）对于基本学科（国文、数学、外国语）之程度，应予提高，并求熟练，其余各科应以切实达到高中课程标准规定之程度。"② 具体时间支配、教材大纲、实施方法概要等将在高中三角学教科书课程标准的演进中详细论述。

教育部为适应抗战胜利后学校、社会等需要，对 1941 年《修正初级中学数学课程标准》进行修订，并于 1948 年颁布《修订初级中学数学课程标准》，其中规定了算术、代数、几何三门数学课程每周的授课时数（见表 4-2），三角内容仍作为几何课程的一部分进行讲授。

表 4-2 1948 年《修订初级中学数学课程标准》中各门课程时间支配

单位：小时

时数 学期 学程	第一学年		第二学年		第三学年	
	第一学期	第二学期	第一学期	第二学期	第一学期	第二学期
算术	3	1				
代数		2	3	2	1	
几何				1	2	3

---

① 课程教材研究所编《20 世纪中国中小学课程标准·教学大纲汇编·数学卷》，第 254 页。
② 课程教材研究所编《20 世纪中国中小学课程标准·教学大纲汇编·数学卷》，第 266 页。

教材大纲中对几何课程内容进行了相关规定，其中包括三角的相关知识，如"27. 一般角定义、角之单位、弧度角。28. 三角比定义，三角函数。29. 直角三角形解法及其应用，三角函数表。30. 正弦定律及其应用。31. 余弦定律及其应用"等。①

1948 年《修订初级中学数学课程标准》仍注重各科间的融合及数与形的结合。如，建议在代数中多用图形表示，而几何中则多用代数证明。初中数学以计算为中心，故在学习三角函数等相关知识时，较为强调运算。

（二）数学教育制度下初中三角学教科书汇总

1937~1949 年处于政局动荡阶段，各方面条件相对困难，教科书的编纂也相对零星分散，不如民国中期系统完整。没有出现像民国中期"复兴教科书"那样规模宏大的教科书。这一时期使用的国人自编三角学教科书来自两个方面：一方面，再版民国中期口碑较好的三角学教科书，如《复兴初级中学教科书三角》（商务印书馆，1933）、《初中三角法》（中华书局，1936）等；另一方面，在相对困难的条件下编辑出版适应当时情形的三角学教科书以济学校急需之用，如《数值三角法》（商务印书馆，1938）、《三角》（中华书局，1948）等。教科书审定方面，1941 年后，要求各校改用国定本教科书。然而，当时学校采用的依然是原来的教科书。如，商务印书馆出版的《复兴初级中学教科书三角》一直使用到1949 年。再如，中华书局出版的《修正课程标准适用初中三角法》至 1947 年仍在使用。又如，正中书局于 1935 年初版《建国教科书初级中学》并一直使用到1948 年。

以下列举各大出版企业在 1937~1949 年出版的国人自编初中三角学教科书（见表 4-3），以此管窥这一时期初中三角学教科书的发展状况。

---

① 课程教材研究所编《20 世纪中国中小学课程标准·教学大纲汇编·数学卷》，第 277 页。

表4-3　1937~1949年数学教育制度下部分初中三角学教科书概览

序号	书名	编著者	出版者	年份	备注
1	数值三角法（更新初级中学教科书）	陈怀书、黄锡祺	商务印书馆	1938	1938年7月初版，1939年5月7版
2	现代三角术（重编）（修正课程标准初级中学）	荣方舟	商务印书馆	1938	
3	复兴初级中学教科书三角	周元瑞、周元谷	商务印书馆	1949	1933年7月初版，1948年5月150版
4	初中三角法	张鹏飞	中华书局	1940	1936年7月初版，1947年4月26版
5	数学补习用书——三角	许莼舫	中华书局	1948	1948年1月初版，1949年4月再版
6	初中三角	徐谷生	南昌艺文书社	1937	1935年8月初版，1937年3月3版
7	三角初步	徐谷生	南昌艺文书社	1946	1946年2月10版
8	平面三角法讲义	张玲、杨拓	天和文化社	1946	1946年9月初版，1946年11月订正再版
9	三角入门	仲光然	开明书店	1948	1934年6月初版，1948年5月12版
10	三角（初中临时教材）	周元瑞、周元谷	东北书店	1949	1949年5月初版
11	建国教科书初级中学数值三角法	汪桂荣	正中书局	1948	1935年8月初版，1936年8月12版，1948年3月沪1版
12	数值三角（修正课程标准适用）	余介石等	北新书局	1937	1937年11月5版
13	初级中学三角术教科书	杨少岩	不详	1946	1946年9月删订7版
14	易进三角	郁祖同	易进出版社	1946	1946年10月初版，1949年1月2版
15	初中三角学	王海云	世界书局	1948	

由表4-3可知，这一时期使用的初中三角学教科书在1937~1949年初版及再版的数量各半。由于1941年颁布的《修正初级中学数学课程标准》没有将三角作为一门独立的课程，而是将三角的相关内容作为几何课程的一部分融合在几何课程中，故1941~1948年较少有新编纂的三角学教科书初版。

这一时期国人自编供初中使用的三角学教科书至少有15种。从出版企业来看，商务印书馆3种，中华书局、南昌艺文书社各2种，天和文化社、开明书店、东北书店、正中书局、北新书局、上海易进出版社、世界书局各1种。从初中三角学教科书出版的情况来看，还是商务印书馆和中华书局两家相对占优势，南昌的艺文书社后来居上，跻身其中。从再版次数来看，1937~1949年较为流行的初中三角学教科书有商务印书馆的《复兴初级中学教科书三角》和《数值三角法》，中华书局的《初中三角法》，南昌艺文书社的《三角初步》，开明书店的《三角入门》，正中书局的《建国教科书初级中学数值三角法》及杨少岩编《初级中学三角术教科书》等。

此外，由于课程标准的要求，一些初中几何教科书也包含数值三角的内容，如何时慧编著的《何氏初中几何（附数值三角）》（上下册）（世界书局，1937），黄泰编著的《黄氏初中几何（附数值三角）》（上下册）（世界书局，1937）等（见图4-1）。

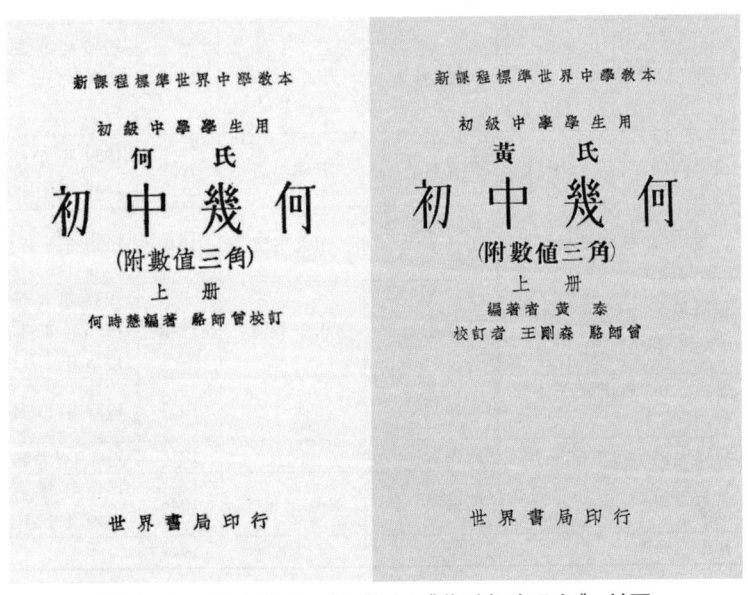

图4-1 《何氏初中几何》与《黄氏初中几何》封面

总之，这一时期出版的初中三角学教科书较民国中期略有减少。从初版的角度看，呈大幅缩减的态势，大多为再版民国中期初版的初中三角学教科书。然而，在相对困难的条件下，初中用三角学教科书并没有衰落，而是在困难中前进。

1. 商务印书馆出版的初中三角学教科书

1937~1949年，商务印书馆出版的初中三角学教科书主要有以下两种。

(1) 陈怀书①、黄锡祺编《数值三角法》由商务印书馆于 1938 年 7 月初版，至 1939 年 5 月已出第 7 版，依照教育部 1936 年颁布的《初级中学算学课程标准》编辑而成（见图 4-2）。由于该课程标准没有将三角作为一门独立的学科设置，而是将其附在几何学科中，以"数值三角"的形式呈现，故这一时期亦单独出版了一些"数值三角"的教科书。该书为 32 开简装本，共 116 页，包括三角函数定义、基本关系式、表之用法、直角三角形解法、简易测量等内容，属于三角初步知识，较为简单。

图 4-2　《数值三角法》封面

(2) 周元瑞、周元谷编著《复兴初级中学教科书三角》，由商务印书馆于 1933 年 7 月初版，在民国中后期一直被再版使用，成为当时最为流行的初中三角学教科书之一。该书一直被使用到 1948 年。由于第三章对其已有详细论述，故在此不赘述。

2. 中华书局出版的初中三角学教科书

1937~1949 年，中华书局出版的初中三角学教科书主要有以下两种。

(1)《初中三角法》，编者张鹏飞，华襄治校订。原名《初中三角》，由中华书局于 1936 年 7 月初版，1947 年 4 月再版第 26 次。全书共 80 页，32 开本。该书与商务印书馆出版的《复兴初级中学教科书三角》，正中书局出版的《建国教科书初级中学数值三角法》为 1937~1949 年使用最广的三种初中三角学教科书。该书遵照 1936 年教育部颁布的《初级中学算学课程标准》编辑而成，正文内容共 7 章，附录 3 个，在书后附有中西名

---

① 陈怀书（1884~1951），江苏吴江人。1913 年毕业于南洋大学电机科，1928 年回校任教。主要从事工科和数学教育工作。编有《数学游戏大观》（商务印书馆，1926）,《解析几何学》（商务印书馆，1938）等，译著有《初等几何学作图不能问题》（林鹤一著，商务印书馆，1935）等。

词对照表。详见该书第六章第三节。

（2）由许莼舫编著、秦沅校订的《三角》（见图4-3）属于数学补习用书，被收录在"中华文库"初中第一集中，该书于1948年1月初版，至1949年4月再版。该书基于"近年投考高中学生数学程度的低落，各地补习学校、补习夜校以及暑期学校的日见增多，而所用数学教材，全系普通教科书，不论教者学者都感觉种种困难，所以特地编了这套初中数学补习用书，以应各学校的需要"。① 其内容呈现以下特点：第一，取材虽与普通教科书大略相同，但去普通教科书的烦琐，撷其精华，把在半年之内才能修完的功课，缩短在1~2个月读完。第二，叙述定义、法则及证明公式等，都用极浅显易懂的方法，不但可由教师讲授，而且可自修；不但可作补习用书，而且可作为投考指南。第三，编制方面，有条不紊，使学生可以一目了然，免去东翻西找的麻烦。第四，该书篇幅虽较冗长，但教师所讲述的，书中已详备，不必另加补充，故所费时数不多，平均每小时可授3页。假定每天授1小时，7星期即可授毕。

图4-3 《数学补习用书三角》封面

3. 其他企业出版的初中三角学教科书

1937~1949年，除商务印书馆和中华书局两家出版初中三角学教科书外，亦有许多企业积极参与到初中三角学教科书的出版工作中来。

（1）天和文化社于1946年9月初版的《平面三角法讲义》，由张玲、杨拓合编，共154页（见图4-4）。正文内容7编，分别为角度之单位、锐角之三角函数、直角三角形解法、一般角三角函数、加法定理、斜角三角形、三角形之解法。正文内容后有附录及问题详解。"该书鉴于好学者之困难及要求，为初学自习复习者，给以相当之指导，以便充实实力，修养数

---

① 许莼舫编著《数学补习用书三角》，中华书局，1949，编辑大意。

学工夫，对于数学有趣之学习者，更可作一良好之伴侣，使实力渐趋于尽美尽善。"① 该书可供初中高年级、高中初学三角者、准备升入专科或大学者、自修和参考者使用。特选精粹问题四百余种，并在书末附有问题详解，以供参考。

（2）仲光然编《三角入门》于1934年6月由开明书店初版，至1948年5月已再版12次（见图4-5）。该书共152页，正文内容共3编11章，分别为三角函数的定义、特别角的三角函数、三角函数的真数表及对数表、直角三角形解法、高及距离的测量、同一角三角函数相互间的关系、三角函数的定义和他相互间的关系、两角和及差的三角函数②、三角形角与边的关系、斜角三角形解法、测量上应用问题。书中所设问题都是经过精心筛选的，以使学生做一题而获一题的益处，题不虚设，力不徒费。该书可供学校教科之用，也可用以自修。

（3）郁祖同③编辑的《易进三角》，由上海易进出版社于1946年10月初版（见图4-6）。该书属于扩充数值三角的范围，帮助学生巩固基础，加深理解，可作初学补充课本之用。全书共116页，包括7章内容，分别为锐角之三角函数、

图4-4　《平面三角法讲义》封面

图4-5　《三角入门》封面

---

① 张玲、杨拓编《平面三角法讲义》，天和文化社，1946，绪言。
② 原书误写为"三角和及差的三角函数"。
③ 郁祖同，易进教学创始人，字听彝，张家港市南沙三甲里人，编有《易进算术》《易进代数》《易进三角》《易进平面几何》。

三角函数之基本公式、直角三角形之真数解法、任何角之函数、两角之和与差与倍角半角之函数、两角函数之乘积与和差之变化、斜三角形角与边之关系及其解法。书中举例多而扼要，演算清楚而详细，习题与例题多类似，可以模仿练习。该书从开始至第 33 页，为三角基本公式，习题 15 组，足以供一学期每周 1 小时讲授；34 页以后为任何角之函数及通用公式，设置习题 43 组，足供一学期每周 2 小时之用。书中图象、图表清晰明了，可使初学者一目了然。

图 4-6 《易进三角》封面

（4）汪桂荣编著《建国教科书初级中学数值三角法》，由正中书局于 1935 年 8 月初版，在 1948 年 3 月仍被再版使用（见图 4-7）。该书奉教育部编陆 7 第 11311 号批审定，封面上印有"教育部审定"字样。该书是学习三角课程的初步知识，较为简单。从再版次数来看，是当时较受欢迎的初中三角学教科书之一。

图 4-7 《建国教科书初级中学数值三角法》封面

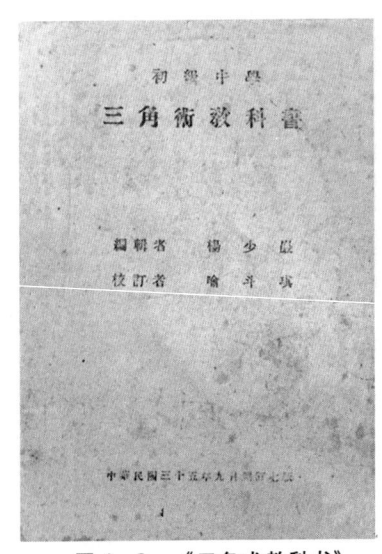

图 4-8 《三角术教科书》封面

(5) 由杨少岩编辑,喻斗琪校订的《初级中学三角术教科书》于1946年9月出删订第7版,该书出版社不详(见图4-8)。该书正文内容共5章,分别为锐角的三角函数、直角三角形的解法及应用、任意三角的三角函数、复角倍角及半角的三角函数、任意三角形的解法及应用。该书特点如下:第一,从内容来看,以简要为主,能够使初中生在极少的时间里得到急需的三角知识;第二,兼顾理论与实用,展示三角恒等式的证法,借以阐明公式的变化;第三,叙述由浅入深,由简而繁,以期符合学生学习的心理;第四,书中例题较多,十分注重解题步骤的书写,并以此为准则供学生模仿;第五,习题分布均匀,足供学生练习,进而收到事半功倍的效果;第六,该书采用宣纸印刷,纸质非常薄,全书虽72页,但整体来讲非常轻薄。

(三) 案例分析——以《建国教科书初级中学数值三角法》为例

数值三角,乃研究用三角函数解三角形的学问。数值三角所研究的,大都为间接测量法,如山的高、河的宽、土地的面积,均不能直接量,把可量的边和角先量出来,然后计算未知量,是为间接量法。本节以汪桂荣编著的《建国教科书初级中学数值三角法》为例展开论述,以了解这一时期"数值三角法"的编写情况等。

1. 编者及教科书简介

由汪桂荣编著,任诚校订的《建国教科书初级中学数值三角法》于1935年8月初版,1936年8月第12版,并使用至1948年。该书最早根据1932年《初级中学算学课程标准》编写而成,根据历次课程标准的修订而不断完善。其间,三角作为几何学的一部分,以"数值三角"的形式呈现。该书是正中书局于1935年出版的"初级中学数学"教科书之一,其他还包括余信符、汪桂荣编著的《初级中学算术》(上下册),黄泰、戴维清编著的《初级中学代数学》(上下册),万颐祥编著的《初级中学几何学》(上下册),汪桂荣编著的《初级中学实验几何学》,算术、代数、几何(实验几何与论证几何)、数值三角完备。

本节选取该书作为研究对象理由有三:(1)编著者汪桂荣曾起草1923年的《三角课程纲要》,对三角课程的理解较为深刻;(2)该书以

《数值三角法》单独成书，没有附于几何教科书中，具有一定的代表性；(3) 该书在出版一年的时间就再版 12 次，且再版使用十余载，使用时间跨度较长，其受欢迎的程度可见一斑。

汪桂荣，字静斋，数学家，原扬中首席教员。1899 年出生于江苏江都，1916 年毕业于江苏省第八中学（现扬州中学），同年考入南京高等师范学校。1919 年毕业后留校任教。1921～1927 年执教于东南大学附属中学。①曾在《新教育》《江苏教育》《学生之友》《科学教学》《教育杂志》等期刊上发表论文 20 余篇。著有《新中国教科书初级中学算术》（正中书局，1945）、《新中国教科书初级中学几何学》（正中书局，1946）等。汪桂荣深受学生的敬爱，并被学生亲切地称为"菩萨"，受其栽培成才者甚多，周广周②便是其中一位。

2. 编写理念与编排方式

1932 年《初级中学算学课程标准》规定，将三角学的正式讲授移至高中，初中仅学习数值三角的内容。此后至 1948 年《修订初级中学数学课程标准》都如此规定，即在初中仅学习简单的三角初步知识。这一规定却使得一些初中视三角这门科目无足轻重，而只注重代数与几何难题的注入，只是在有闲暇之时，才稍稍涉及三角，从而忽视了数值三角法的真正价值。

该书的出版，基于"初中是否教授三角法"而展开。在此，引用书中"编者自序"来说明当时编排的情况：

兹先述数值三角法之功用：

(1) 数值三角法甚为实用，对于简易测量，如高低、距离、面积等计算，以及空间概念之养成，均极有效。

(2) 数值三角法非特实用，且每日学习，亦至饶兴趣。

(3) 数值三角法对于算术、代数学、几何学，均有密切之关系，学之可借以复习上述诸科。

(4) 数值三角法可以使学者对于数字计算之准确与否，有练习

---

① 李伟军：《汪桂荣的数学道尔顿制教学实验》，《内蒙古师范大学学报》（教育科学版）2014 年第 8 期，第 114 页。

② 江苏徐州人，台湾大学名誉教授。

检验之机会。

（5）数值三角法，可以使学者对于函数观念得一相当之了解。

（6）中学既分为初中、高中两阶段，则初中算学自宜自成系统，学者读完数值三角法，对于初等算学可以告一段落。

该书所注意编纂之处如下：

（1）使学者由实际作图，自行量度，用归纳方法了解三角函数的意义。

（2）使学者对于三角函数之应用，有初步之练习。

（3）只论正弦、余弦、正切，其他函数从略。因在初中时代，其他函数无大用处也。

（4）注重用真数解三角形。因在初中时代用真数比用对数尤为重要。

（5）除稍讲简易恒等式及方程式外，其他理论部分，一概从略。

（6）凡大于90°之三角函数，均避免不谈。

（7）解题注重原理及方法，关于形式的公式一概不列。

（8）关于斜三角形解法，只指示如何化为直角三角形解之，不讲各种公式。

（9）论及三角对数表，均用四位小数，且极简单，在实用上似已足用。[①]

在"编者自序"中，编著者阐明了数值三角法的重要性，并对在初中是否讲授数值三角法这一问题给出了明确的理由。编排方式上，突出了以上九个方面。总体来讲，该书内容较为简单，其中删去不少较为复杂的公式，适合初步学习三角的学生使用。

3. 内容简介

1933年，江苏省教育厅编制《初中算学教学进度表》，其中关于数值三角法部分，由汪桂荣起草。而《建国教科书初级中学数值三角法》在编纂时，除根据该表外，另对取材及次序等各方面，都进行了一定的改

---

① 汪桂荣编著《建国教科书初级中学数值三角法》，正中书局，1939，编者自序。

进。全书共 6 章 26 节内容，正文内容 75 页，目录如下：

第一章：锐角的三角函数（1. 数值三角法的目的；2. 正切；3. 正切表及其应用，习题 1；4. 正弦及余弦；5. 其他诸函数；6. 正弦、余弦表及其应用，习题 2；7. 30°，45° 及 60° 的三角函数，习题 3；8. 三角函数表检查法，习题 4；9. 内插法，习题 5，习题 6）

第二章：直角三角形解法及其应用（10. 直角三角形的解法，习题 7；11. 等腰三角形的解法；12. 正多角形的解法，习题 8；13. 简易测量，习题 9）

第三章：对数（14. 对数之意义及其功用；15. 常用对数；16. 对数表检查法，习题 10，习题 11；17. 应用对数的计算，习题 12）

第四章：直角三角形的对数解法（18. 三角函数对数表检查法，习题 13；19. 直角三角形的对数解法，习题 14）

第五章：斜三角形的解法（20. 已知两角夹一边，习题 15；21. 已知两边夹一角，习题 16；22. 已知三边，习题 17；23. 已知两边及一边的对角，习题 18，习题 19）

第六章：三角函数的关系（24. 三角函数的关系；25. 简易三角恒等式的证法，习题 20；26. 简易三角方程式的解法，习题 21，复习题）

第一章，学生通过作图，用归纳法了解三角函数的意义。对正弦、余弦、正切的应用，分别举例说明，使学生对三角函数有所了解，并达到熟练的程度。关于三角函数表检查法，应使学生有充分的练习。

第二章，使学生熟习直角三角形、等腰三角形、正多角形的解法。注重理解，一切形式上的公式一概删掉。最后说明各种简易测量的方法，学生读后可产生兴趣。

第三章，理解对数的意义及其性质。因其定义并不正式讲解，故没有对公式进行证明。但关于对数的检查及应用对数的计算，则多予以充分的练习。

第四章，直角三角形的对数解法，一切原则与之前相同。但在数值三角法内，三角形的对数解法，不如真数解法重要。

第五章，讲授将斜三角形如何化为直角三角形进行求解的方法，并避免钝角三角函数及两个解的情况出现。

第六章，略述三角函数的关系，一概用实例，由学生自行归纳 $\sin^2 A + \cos^2 A = 1$ 和 $\dfrac{\sin A}{\cos A} = \tan A$ 两个基本公式。这两个公式均为学习三角法所必需。之后引导学生利用这两个公式，证明其他简易三角公式。

4. 具体例析

值得指出的是，20 世纪 20 年代实验几何传入中国，教育部在 1932 年制定的《初级中学算学课程标准》中首次设置了实验几何课程，受实验几何的影响，同一时期出版的《数值三角法》也具有实验的味道。

例如，该书在探究"正切"时，就是采用实验的方法（见图 4-9）。

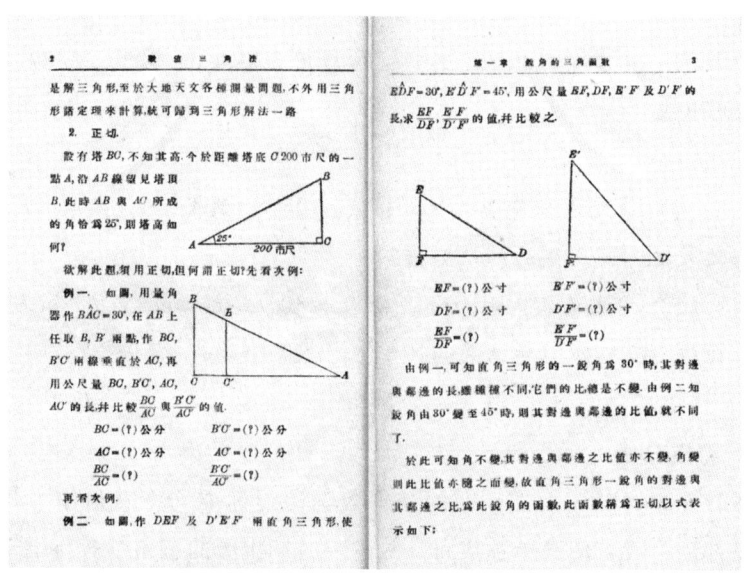

图 4-9 探究"正切"的实验方法

资料来源：《建国教科书初级中学数值三角法》，第 2~3 页。

由图 4-9 可见，书中在讲解正切概念时与以往直接在直角三角形中定义不同，而是首先抛出一个求塔高的实际问题。接着给出两个例题，帮助学生在实验的过程中找到突破。通过解答第一个例题，学生可以获得"当直角三角形一锐角为 30° 时，其对边与邻边的长虽不同，但它们的比值不变"的结论。第二个例题将锐角由 30° 变为 45° 时，其对边与邻边的比值虽与前者不同，但学生通过实验，可进一步得到"角不变，其对边与邻边的比值也不变"的结论。至此，引出正切的定义。正切的定义既已明白，于是就可以利用该定义去求解前面的实际问题。随后，正弦及余弦的定义也是采用同样的实验方法给出。

此外，该书的习题中也包含了一定数量的实验题。如第一章"锐角的三角函数"习题 2 中共设置习题 16 道，其中涉及实验方法的题目有 4 道，具体如下：

（1）用量角器求 A，使适合于次列诸函数：

①已知 $\tan A = \dfrac{3}{4}$；②已知 $\sin A = \dfrac{1}{2}$；③已知 $\cos A = \dfrac{2}{3}$。

（2）用量角器作 80° 的角，然后用量法求 $\tan 80°$，$\sin 80°$ 及 $\cos 80°$ 的值。

……

（4）作直角三角形 ABC，使 $\hat{A} = 25°$，试求 $\sin A$ 及 $\cos B$ 的值，并比较之，则所得的结果如何？

（5）作直角三角形 DEF，使 $\hat{D} = 40°$，试求 $\cos D$ 及 $\sin E$ 的值，并比较之，则所得的结果如何？

5. 特点分析

1937～1949 年，历次颁布的初中数学课程标准均将三角作为几何课程的一部分，没有使其单独成科。故这一时期出版的三角学教科书呈现三种形态：其一，作为几何课程的一部分，内容融合在几何教科书中，书名为"××几何教科书（附数值三角法）"，如黄泰编著的《黄氏初中几何（附数值三角）》（世界书局，1944）等；其二，以《数值三角法》为书名，独立成书出版，如余介石编《数值三角》（北新书局，1937）等；其三，仍将三角学视为一门独立的学科，出版相应的三角学教科书，如徐谷生编《初中三角》（南昌艺文书社，1935）等。

《建国教科书初级中学数值三角法》遵循各时期课程标准的要求编

写、修订而成，呈现以下几个特点。

（1）教科书封面上方印有"教育部审定"字样，"建国教科书初级中学数值三角法"置于中间，下方印有"正中书局"的标识以及"正中书局印行"字样。

（2）该书第一章第一节即阐明了学习数值三角法的目的，并给出了理由，可使学生在开篇即对这门学科有一个较为完整的认识，令其可以知晓所学的这门学科包含的范围及其用途（见图 4 – 10）。

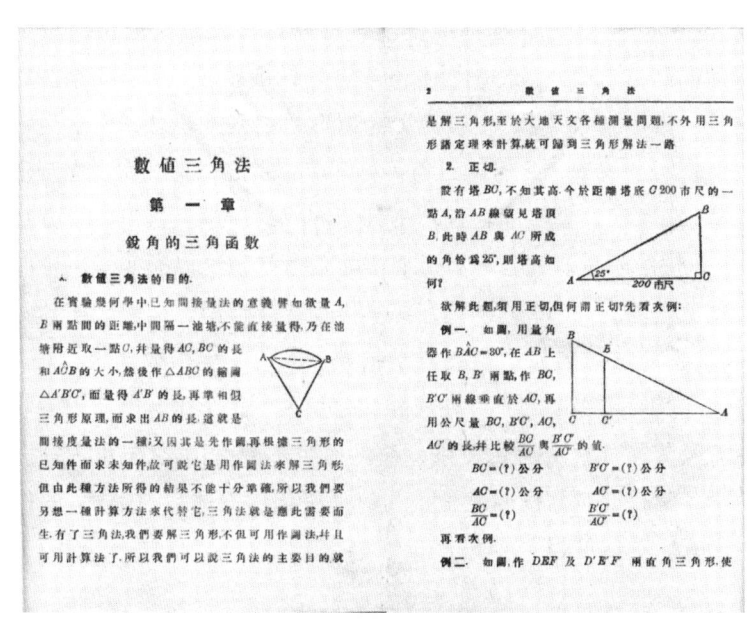

图 4 – 10　第一章第一节部分内容

资料来源：《建国教科书初级中学数值三角法》，第 1 ~ 2 页。

（3）具有实验的特点。受这一时期实验几何的影响，该书具有明显的实验味道。其中，定义、例题、习题中都不同程度地渗透了实验的方法，利用实验的方法引导学生探索问题。

（4）内容简明扼要，表述简洁。由其页数可知，共 75 页，包括习题。在一些章节后附有习题 1 ~ 2 组，习题多以实际问题呈现。所讲内容点到为止，不继续引申，学生了解即可。解题注重原理及方法，而对形式上的公式则一概不列。

由此可见，汪桂荣编著的《建国教科书初级中学数值三角法》是这一时期较有代表性的一本数值三角法教科书。

三 高中三角学教科书发展概况

（一）数学课程标准的演变

1941年，教育部根据第三次全国教育会议提出的"适应抗战建国之需要"，对1936年各科课程标准重新进行修订并颁布《修正高级中学数学课程标准》，该课程标准相比1936年课程标准教学时数有所减少，内容略有调整。目标有六："（壹）充分介绍形数之基本观念，使学生认识二者之关系，明了代数、几何、三角等科呼应一贯之原理，而确立普通数学教育之基础。（贰）切实灌输说理推证之方式，使学生认识数学方法之性质。（叁）供给学生研究各学科所必需之数学知识，以充实学生考验自然与社会现象之能力。（肆）继续训练学生计算及作图之技能，使其益为丰富敏捷。（伍）注重启发学生之科学精神，养成学生函数观念。（陆）数理之深入与其应用之广阔，务使成相应之发展，俾学生愈能认识数学本身之价值，及其与日常生活之关系，油然而生不断努力之志向。"[①] 该标准规定数学各学科课时数按照三角、几何（平面、立体）、代数、解析几何的顺序展开，具体见表4-4。

表4-4 1941年《修正高级中学数学课程标准》中各门课程时间支配

单位：小时

学程 \ 时数 \ 学期	第一学年		第二学年		第三学年	
	第一学期	第二学期	第一学期	第二学期	第一学期	第二学期
三角	2	2				
几何 平面	2	2				
几何 立体			2(甲)	1(甲)		
代数			3(甲)3(乙)	4(甲)3(乙)	2(甲)	
解析几何					2(甲)3(乙)	5(甲)3(乙)

---

① 课程教材研究所编《20世纪中国中小学课程标准·教学大纲汇编·数学卷》，第257页。

由表 4-4 可知，三角一门课程在高中第一学年与平面几何同时讲授，每周授课时数均为 2 小时。其中，教材大纲规定第一学年三角课程内容包括："（1）角之度量：六十分制、百分制、弧度法。（2）三角函数：广义之三角函数、基本关系式、三角函数之变值与变迹、图解。（3）三角之三角函数：和角及差角之三角函数、倍角及半角之三角函数、三角之和与积、三角恒等式。（4）基本定律：正弦余弦正切定律、三角形面积。（5）对数：理论及其应用。（6）三角形解法：三角函数表及三角对数表用法、任意三角形解法、测量及航海上之应用。（7）反三角函数、三角方程式。（8）三角函数造表法略论、表之精确度。"[①] 三角学教科书内容大体应依此规定进行编写。至于教学时间，在每学年最后一学期应留有一定的复习时间，但平时进度也不宜过快，亦不得任意增加教学时数。

1941 年《修正高级中学数学课程标准》"实施方法概要"规定了三角课程的教法要点，有四："（1）使学生熟习三角形之解法及应用题。（2）使学生明白有效数字与计算准确度之关系。（3）使学生略知测量方法。（4）使学生熟习三角上重要公式及恒等式证明法、方程式解法。"[②]

教育部于 1941 年 9 月颁布《六年制中学数学课程标准草案》，实行数学课程六年一贯制，其目标有五："（壹）介绍学生形象与数量之基本观念，使能了解其性质，及二者之关系，并明了运算之理由与法则，及各分科呼应一贯之原理，而确立普通数学教育之基础。（贰）供给学生解决日常生活中数量问题之工具，及研究各学科所必需之数理知识，以充实其考验自然与社会现象之能力。（叁）训练学生计算及作图之技能，使能纯熟而准确，精密而敏捷。（肆）注意启发学生之科学精神，养成学生函数观念。（伍）提示学生说明推证之方式，更于理论之深入与其应用之广阔，务使成平行之发展，俾学生能确知数学本身之价值，并欣赏其立法之精微，效用之宏大，以启发其向上探讨及不断努力之志趣。"[③] 其中对算术、代数、平面几何、立体几何、三角、解析几何各门课程的教学时数进行了规定，见表 4-5。

[①] 课程教材研究所编《20 世纪中国中小学课程标准·教学大纲汇编·数学卷》，第 258 页。
[②] 课程教材研究所编《20 世纪中国中小学课程标准·教学大纲汇编·数学卷》，第 264 页。
[③] 课程教材研究所编《20 世纪中国中小学课程标准·教学大纲汇编·数学卷》，第 265 页。

表 4-5　1941 年《六年制中学数学课程标准草案》中各门课程时间支配

单位：小时

学年\学期\课程	第一学年		第二学年		第三学年		第四学年		第五学年		第六学年	
	第一学期	第二学期	第一学期	第二学期	第一学期	第二学期	第一学期	第二学期	第一学期	第二学期	第一学期	第二学期
算术	4	4										
代数			4	4	2	2	2	2	2			
平面几何					2	2	2	2	3			
立体几何									1	2		
三角									2	2		
解析几何											3	5

由表 4-5 可知，三角课程在第五学年讲授，每周授课时数为 2 小时。此外，《六年制中学数学课程标准草案》教材大纲还规定了三角课程的内容："（1）三角函数定义，基本关系式。（2）直角三角形解法，简易测量问题。（3）广义之三角函数，弧度法。（4）三角函数之变值与变迹，图解。（5）和角及倍角之三角函数，三角函数之和与积，三角恒等式。（6）任意三角形之边与角及其面积，半角之三角函数。（7）解任意三角形，测量及航海方面之应用题。（8）反三角函数，三角方程式。"① 在进行三角教学的过程中，需要注意以下几个方面：（1）三角学科的教学应以三角函数为中心，注意由锐角三角函数向广义三角函数的扩展，一方面渗透普遍的思想，另一方面也为学习物理学科所必需。（2）三角恒等式、三角方程式，均为三角法的主要内容，应与代数、几何等相关知识比较联络，以备进修高等数学。（3）弧度法、三角函数之变值与变迹及反三角函数等知识，初学不易理解，教师应当特别说明。（4）三角应用问题与函数表及对数表有密切关系，如教学时间有余，可以向学生简要介绍表之造法及其精确程度。

然而，对于中学采用六年一贯制原则，一些学者持反对意见。例如，陈伯琴在《谈谈六年制中学数学课程》一文中认为："今欧美各国，中学数学，无不采圆周制，迨有由也。今一概抹煞，完全直经编制，使教材之

---

① 课程教材研究所编《20 世纪中国中小学课程标准·教学大纲汇编·数学卷》，第 269 页。

第四章　1937~1949年中学三角学教科书

排列，太重逻辑次序，而完全忽略心理之进程，此实违反现代教育之精神。"① 故之后修订的中学数学课程标准，依然以"三三制"为原则。

1948年，教育部颁布《修订高级中学数学课程标准》，其目标有六："一、介绍形数之基本观念，使学生充分了解其关系，明了代数、几何、三角等科呼应一贯之原理，而确立普通数学教育之基础。二、练习说理推证之方式，使学生切实熟习数学方式之性质。三、供给研究各学科所必需之数学基本知识，以充实其经验自然及社会现象之能力。四、继续训练学生切于生活需要之计算及作图等技能，俾更臻纯熟正确。五、培养分析能力，归纳方法，函数观念及探讨精神。六、明了数学之功用，并欣赏其立法之精，组织之严，应用之博，以启发向上搜讨之兴趣。"②

各门课程安排仍按照1941年《修正高级中学数学课程标准》中三角、几何（平面、立体）、代数、解析几何大意的顺序展开，三角一门课时不变。不同的是，在最后一学期并设"数学复习"，具体时间支配，如表4-6所示。

表4-6　1948年《修订高级中学数学课程标准》中各门课程时间支配

单位：小时

学程	时数学期	第一学年		第二学年		第三学年	
		第一学期	第二学期	第一学期	第二学期	第一学期	第二学期
三角		2	2				
几何	平面	2	2				
	立体			2			
代数				2	4	1	1
解析几何大意						3	
数学复习							3

由表4-6可知，三角课程仍在第一学年与几何同时开设，且每周授课时数均为2小时。教材大纲规定的内容大致包括七个方面："（一）角之度量：六十分制、百分制、弧度法。（二）三角函数：广义之三角函数、基本

---

① 陈伯琴：《谈谈六年制中学数学课程》，《科学教学》第2卷第3期，1942年7月，第9页。
② 课程教材研究所编《20世纪中国中小学课程标准·教学大纲汇编·数学卷》，第279页。

关系式。(三)复角之三角函数:和角及差角之三角函数、倍角及平角之三角函数、三角函数之和与积、三角恒等式。(四)三角形边与角之关系:正弦正切定律,三角形面积。(五)对数:性质及其应用。(六)三角形解法:三角函数表及三角对数表用法、任意三角形解法、测量及航海上之应用。(七)反三角函数、三角方程式。"① 与1941年《修正高级中学数学课程标准》相比,删减了"三角函数之变值与变迹、图解,三角函数造表法略论、表之精确度"等内容。高中三角仍以三角函数为中心,注重三角函数性质、三角恒等式、方程式等,并与代数中相关知识相联系。

(二)数学教育制度下的高中三角学教科书汇总

从数量上来看,1937~1949年出版使用的国人自编高中三角学教科书较民国中期大有增加。据目前掌握的资料来看,1923~1936年出版使用的高中三角学教科书大致有10种,而民国后期,除再版一些民国中期反响较好的高中三角学教科书外,仍在相对困难的条件下编写了一些供高中使用的高质量的三角学教科书,且在此期间初版的教科书较多。与同时期出版的初中三角学教科书以商务印书馆、中华书局、南昌艺文书社占大多数的情况来看,高中三角学教科书的出版也以商务印书馆和中华书局为多,但南昌艺文书社没有出版相应的高中三角学教科书,而正中书局、世界书局、龙门联合书局等出版企业积极地加入高中三角学教科书出版的行列,使1937~1949年出版的高中三角学教科书呈现出繁荣的景象,具体见表4-7。

表4-7　1937~1949年数学教育制度下部分高中三角学教科书概览

序号	书名	编著者	出版者	年份	备注
1	高级中学教科书三角术(重编本)	赵修乾	商务印书馆	1937	1937年6月审定1版
2	三角术	周元谷	商务印书馆	1943	1935年4月初版,1943年6月蓉一版

---

① 课程教材研究所编《20世纪中国中小学课程标准·教学大纲汇编·数学卷》,第280页。

续表

序号	书名	编著者	出版者	年份	备注
3	复兴高级中学教科书三角学	李蕃	商务印书馆	1948	1936年12月初版,1948年审定90版
4	新课程标准适用高中三角学(全一册)	余介石	中华书局	1937	1934年8月初版,1947年4月24版
5	高级中学三角法教科书	王邦珍	中华书局	1939	1935年9月初版,1945年11月9版
6	建国教科书高级中学三角学(建国高中平面三角学)	余介石	正中书局	1944	1936年7月初版,1944年9月99版,1945年沪一版
7	三角(大学先修及高中适用)	范际平	正中书局	1944	1944年3月初版
8	新中国教科书高级中学三角学	余介石	正中书局	1946	1946年6月渝初版,1947年9月沪65版
9	三角学(大学先修丛书)	范际平	正中书局	1948	1948年8月初版
10	傅氏高中三角法	傅溥	世界书局	1937	1937年6月初版
11	三角	骆师曾	世界书局	1944	1944年11月初版,1947年5月再版
12	新课程标准世界中学教本高中新三角	裘友石	世界书局	1949	1936年11月初版,1949年9月新10版
13	新三角学讲义(高中三角补充教材)	朱凤豪	龙门联合书局	1940	1940年3月初版,1950年7月10版
14	三角学	朱凤豪、余源庆、余源熙	龙门联合书局	1949	1949年8月初版,1955年8月17版
15	高中三角学纲要	苏盛甫	中国编译社	1937	1937年5月初版
16	高中三角(全一册)	教育部编审会	教育部编审会	1939	1939年8月5日出版
17	高中三角	(伪)教育总署编审会	(伪)教育总署编审会	1941	1941年7月30日出版
18	新撰高中三角法	孙瀚	普益图书公司	1942	
19	三角学(大学先修数学)	董树德	国立山东大学员生消费合作社	1945	1945年初版,1946年再版

续表

序号	书名	编著者	出版者	年份	备注
20	三角学	赵 型	中国科学图书仪器公司	1946	1946年9月初版,1950年7版
21	最新实用三角学	钱克仁	开明书店	1946	1946年7月初版,1949年4版
22	高中新三角学	姚 晶	上海新农企业股份有限公司	1947	1947年9月初版,1948年9月2版
23	高中三角学	王明夏、张玉寿	国立北平师范学院附属女中	1948	1948年3月出版
24	三角学(高中临时教材三角学)	钱克仁	东北新华书店	1949	1949年5月初版,1949年8月再版

由表4-7可知以下几点。

(1)从教科书编辑背景看,该表所列24种高中三角学教科书均为国人自编,且这一时期仍处于课程标准主导教科书的编写阶段,故以上所列教科书都是以1937~1949年历次修订的高中数学课程标准为指导并在其要求下进行编纂的。

(2)从教科书出版企业来看,大致有16家,体现了民国时期高中三角学教科书出版的多样化。其出版情况为:正中书局4种,商务印书馆、世界书局各3种,中华书局、龙门联合书局各2种,中国编译社、教育部编审会、(伪)教育总署编审会、普益图书公司、国立山东大学员生消费合作社、中国科学图书仪器公司、开明书店、上海新农企业股份有限公司、国立北平师范学院附属女中、东北新华书店各1种。可见,这一时期以商务印书馆、中华书局、世界书局、正中书局、龙门联合书局出版的高中三角学教科书为多。

(3)从教科书出版数量来看,已经超过民国中期,国人自编高中三角学教科书迎来第二次高潮。处于战争期间,高中三角学教科书能有如此繁荣的景象出现,实属不易。这一时期出版的三角学教科书不仅追求数量,而且质量也较高。如朱凤豪编著的《新三角学讲义》在解放初期仍被使用,目前已见1950年7月第10版。此外,1984年陈鸿侠、朱凤豪编著的《三角学讲义》[①] 也是以该书为蓝本进行编纂的，由此可见其影响之大。

（4）从作者群来看，赵修乾、周元谷、李蕃、余介石、王邦珍、范际平、傅溥、骆师曾、裘友石、朱凤豪、余源庆、余源熙、苏盛甫、孙瀚、董树德、赵型、钱克仁、姚晶、王明夏、张玉寿等均加入高中三角学教科书的编写队伍。他们有的独立编纂，且反响良好，如钱克仁编著的《最新实用三角学》（开明书店，1946），余介石编著的《新中国教科书高级中学三角学》（正中书局，1946）等。有的合作编纂，如朱凤豪、余源庆、余源熙合编的《三角学》（龙门联合书局，1949）等。还有一些以机构的名义编辑出版，如教育部编审会与（伪）教育总署编审会分别于1939年和1941年各编辑出版了一本高中三角教科书。

总之，1937～1949年，虽然条件相对困难，但是国人自编高中三角学教科书仍得到一定程度的发展。与民国中期出版的高中三角学教科书相比，无论是数量还是质量都有所提升。这一阶段参与高中三角学教科书出版的企业至少有17家，为民国时期出版三角学教科书企业数量之最。20多位中国学者加入高中三角学教科书的编写行列，为民国后期高中三角学教科书建设积极奉献。教科书编写、出版队伍的逐渐壮大，为教科书的发展提供了一定的空间。民国后期使用的国人自编高中三角学教科书，在吸取国外优秀三角学教科书经验基础上，不断开拓创新，编写适合中国的三角学教科书。

1. 商务印书馆出版的高中三角学教科书

商务印书馆在1937～1949年出版的高中三角学教科书均为再版或改编民国中期使用范围较广的三角学教科书。主要有以下三本。

（1）赵修乾编《高级中学教科书三角术》（重编本，见图4-11）以《新学制高级中学教科书三角术》为蓝本，重新编辑而成。原书初版于1924年1月，重编本于1937年6月根据1936年《高级中学算学课程标

[①] 该书虽然水平很高，但在统一大纲统编教材的形势下，在学校数学教学中没有容身之地。

准》审定出版。全书共 15 章，100 节。开篇即讲述图象法的优势及三角学的目的，一方面突出强调了图象法的便利，以此展示三角学的严密；另一方面使学生明白其功用，以此激起学习者的兴趣。书中论角分成三段，分别为锐角之三角函数、钝角之三角函数、一般角之三角函数。直角三角形解法和普通三角形解法在三角术里最有实用上的价值，故举例较多。整本书的章节大致仿 Moritz 三角学，内容则旁采 Loney、Hobson、Hall and Knight、Wentworth 等所著三角学教科书中的精华。

（2）周元谷编《三角术》（见图 4-12）于 1935 年 4 月初版，至 1943 年仍被使用，属于高中复习丛书。采用单页宣纸印刷，纸质轻薄。该书根据 1941 年颁布的《修正高级中学数学课程标准》及商务印书馆的《复兴高级中学教科书三角学》编辑而成。此外，在东西文参考书中搜求新颖的解题方法，故益完备。该书图象与表格并用，向学生展示三角的基本知识，使其对该门学科有具体的了解。书中收集当时全国各省市高中会考试题，按题作答，分析清楚，更可帮助学生对升学会考做相当的准备。全书内容共分两编五章。第一编包括三角函数、任意角度之三角函数、斜角三角形之解法、三角函数之关系及德摩定律以及三角级数五章，第二编为补充习题及解答部分。

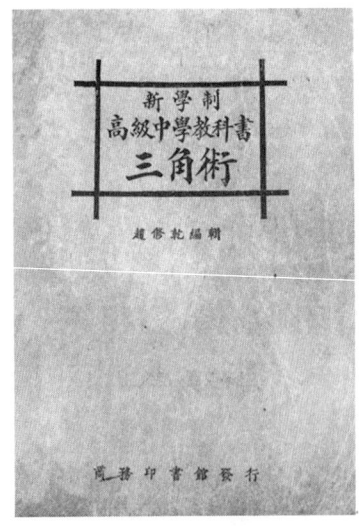

图 4-11　赵修乾编《高级中学教科书三角术》封面

图 4-12　周元谷编《三角术》封面

(3) 李蕃编《复兴高级中学教科书三角学》自 1936 年 12 月初版后，一直使用到新中国成立前。在此期间，根据历次高中数学课程标准的修订而不断改编，以期满足新课程标准的要求。该书在编写的过程中参考了 Hobsen、Loney、Todhunter、Rothrock、Granville、Wentworth-Smith、Ferval、Commissaire 等学者所著三角学教科书，博采众家之长。该书在第 4 章已详细分析，在此不赘述。

2. 中华书局出版的高中三角学教科书

民国中期，以商务印书馆和中华书局两家企业出版的三角学教科书为主流，1937 年后中华书局出版的高中三角学教科书均为再版民国中期使用效果较好的教科书。主要有两种。

(1) 余介石编《新课程标准适用高中三角学》(全一册) 于 1934 年 8 月初版，至 1947 年 4 月已出第 24 版 (见图 4 – 13)。该书以教育部颁布的高中普通科课程标准为依据，并加入其他适当教材，和中华书局出版的新课程标准适用初中算学教科书程度紧密衔接，以适合高中教学之用。该书在编写过程中参考了 *Plane Trigonometry* (Hobson)、*Elementary Trigonometry* (Hall and Knight)、*A New Trigonometry* (Lock and Child)、*Plane Trigonometry* (Brink)、*Plane Trigonometry* (Granville)、*Plane and Spherical Trigonometry* (Chauvenent)、*Plane Trigonometry* (Todhunter)、*Elements of Trigonometry* (Loney)、*Lecons de Trigonometrie rectiligne* (C. Bourlet)、*Trigonometrie, Second Cycle* (E. Borel)、*Seven Figures Mathematical Tables* (Chamber)、*Computation Rules and Logarithms* (Holman)、《三角问题解法及其着眼点》(武田建清著)、《三角方程式》(林鹤一著)、《三角法辞典》(长泽龟之助著) 等著作。

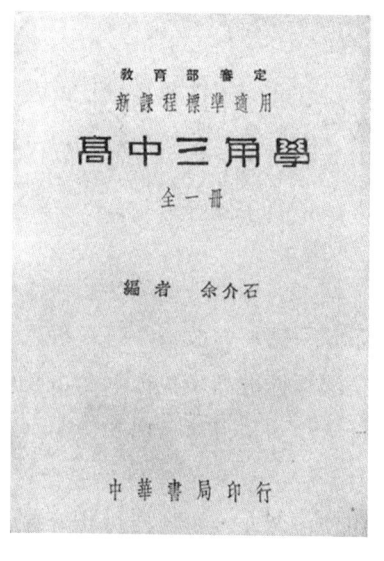

图 4 – 13　《新课程标准适用高中三角学》封面

全书共 7 章，正文内容 148 页，习题 36 组。按课程标准的要求，高中教授三角时间约 50 小时，每小时教授 3 页，每周习题两次，足够练习。依据学生学习心理排列教材内容，由浅入深，并将互相关联的教材集于一处，反复申说，使学生注意力集中，增加练习的机会，从而达到纯熟的目的。内容设置为：第一章，锐角三角函数和应用。将初中已学习的数值三角内容加以系统复习，并为全书作一总纲。后六章共分三段，第二章、第三章研究广义三角函数，讨论其性质以及公式的变化，是为三角学的基础；第四章、第五章，详述三角形的性质和实际应用问题，以此明确三角学的效用；第六章、第七章以角的观念为中心，第六章自弧度法入手，论及造表法、各表精密度以及小角等的计算问题；第七章则由函数值定角，以立反函数的意义，而论三角方程式的普遍解。故全书以角、函数、三角形性质三个基本事项为中心编制为三个单元。

习题的选择和分配是该书极重要的一部分，都是经过慎重考察，使已学习的理论和方法都蕴含在习题中，并按照难易次序排列，由浅入深。其中加入了少量的难题，可以激发学生向上探求的兴趣，养成自主研究的习惯。

该书注重与代数、几何等科目的联系。基于三角与代数、几何等科关系颇为密切，故书中对各科联络的地方极为注意，力求与中华书局出版的新课程标准高中代数、高中几何中的知识相互贯通。例如，第四章三角形性质中，论三角形各相关圆半径公式，是为研究几何提供帮助。再如，第三章中，复角函数公式多在习题中指示几何的证法。又如，论三角方程式、恒等式都可以与代数方程式、恒等式等问题比较，如此做法可以帮助学生认识高中数学的全貌与和谐性，达到融会贯通。

该书在南京市立第一中学、钟英中学、汇文女中等校试教多次，普遍反映良好，成为中华书局在 1937~1949 年主打的一本国人自编高中三角学教科书。

(2) 王邦珍编《高级中学三角法教科书》（见图 4-14）于 1935 年 9 月初版，至 1945 年 11 月已再版 9 次。该书再版期间，遵照 1936 年《高级中学算学课程标准》与 1941 年《修正高级中学数学课程标准》进行修订。全书共 9 篇，69 节内容。附录中有"杂定理"9 个、习题答案、公式表及对数表。书中公式较多，且注重公式的推导与记忆。图形、图表丰富，便于理解。注重三角的实际应用，如"杂定理"中包含平面航海术等实际问题。

3. 其他书局出版的高中三角学教科书

1937~1949年，除商务印书馆和中华书局两家出版的高中三角学教科书较为流行外，正中书局、世界书局、龙门联合书局、中国科学图书仪器公司、开明书店等企业出版的三角学教科书也占有一定的市场份额。

（1）正中书局

正中书局在这一时期出版的高中三角学教科书有三种，分别为余介石编《建国教科书高级中学三角学》和《新中国教科书高级中学三角学》、范际平编《大学先修丛书三角学》。其中，《建国教科书高级中学三角学》再版次数最多。

《建国教科书高级中学三角学》与《新中国教科书高级中学三角学》内容相同，后者是根据1941年《修正高级中学数学课程标准》略做修改后改编而成。《建国教科书高级中学三角学》自1936年7月初版，至1944年9月已再版99次，该书使用至1947年（见图4-15）。该书以葛蓝威尔所编《平面三角教科书》为蓝本，取其精华，同时遵照1936年《高级中学算学课程标准》，间或参考了1934年7月

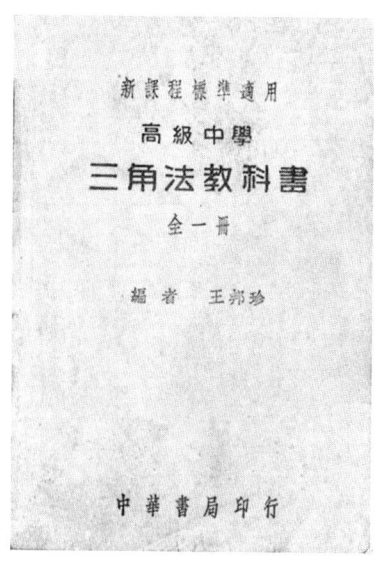

图4-14 《高级中学三角法教科书》封面

图4-15 《建国教科书高级中学三角学》封面

江苏省教育厅颁布的《修订高中算学科教学进度表》改编而成，适用于高中一年级。并经胡术五、胡滨荪、张伯康在学校各试教一次，以期适合实际教学。

涉及学生易忽略的关键之处，多以"注意"说明。对于前后联系的知识，则时时提示，帮助学生理解。书后附有四位函数表、对数表、函数对数表等若干，以便学生查阅。附录二中附有全书的公式撮要、编制方法，以理解为经，性质为纬，既便检查，更易记忆。书中所有算学名词都是依据国立编译馆整理的算学名词稿本。人名、地名译音，则按照商务印书馆出版的《标准汉译外国人名地名表》一书。书中的习题另编答案印行，且仅售予教师，未经学校盖章，概不发售。

（2）世界书局

世界书局在1937~1949年出版的高中三角学教科书有三种，分别为裘友石编《高中新三角》、傅溥编《傅氏高中三角法》以及骆师曾编《三角》。其中，第一种为再版民国中期的三角学教科书，而后两种均为民国后期重新编写出版。从再版次数来看，世界书局以裘友石编的《高中新三角》（见图4-16）为主，并一直使用到1949年9月。该书遵照教育部1936年《高级中学算学课程标准》编写而成。

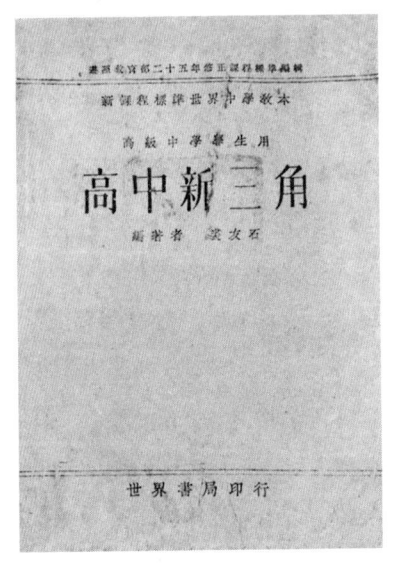

图4-16 《高中新三角》封面

内容从一般三角函数开始，自成体系，先后次序井然，易于教学。对数虽属代数范围，但其应用在学习代数时大多略而不详，故遵照标准中的规定详细论述。书中例题较多，可供学生练习时参考。习题设置分两部分，一部分在每章节内容后设置，另一部分为补充习题，设在卷末，供教师和学生酌量选用。且习题大多来自各省市会考题及大学入学试题，以此可激发学生练习的兴趣。公式的推理较为简明，教师在教学时可以根据实际情况进行补充。书后附有对数表、三角表及中英文对照表，以便查阅。同时，将三角与几何、三角与代数两节内容以附录形式呈现，以使学生了解三角在数学上的应用。该书经过十余年的实践，证实是一本较为完善的三角学教科书。

（3）龙门联合书局

龙门联合书局在民国后期加入三角学教科书的出版行列，并出版了两种使用范围较广、使用时间跨度较长的三角学教科书——朱凤豪编《新三角学讲义》和朱凤豪、余源庆、余源熙编《三角学》。说是两种，实为同一种，前者于1940年3月初版，后者于1949年8月初版，1955年8月出版至17版。1984年，陈鸿侠以朱凤豪所著三角学教科书为蓝本，重新出版，取名为《三角学讲义》，由科学出版社出版。可见其影响之大。该书在下节案例分析中将详细介绍。

（4）中国科学图书仪器公司

赵型（又名赵宪初）编写的《三角学》一书，根据1941年《修正高级中学数学课程标准》，参酌实际教学情形编纂而成，供高中学生作教科书或自修之用。该书于1946年9月初版，1950年再版7次（见图4-17）。

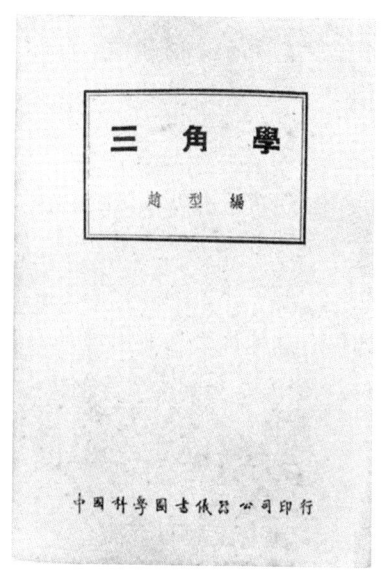

图4-17　《三角学》封面

该书共分17章、172节内容。基于任意三角形之解法包括解三角方程式之意义在内，故该书将三角形之解法，置于三角方程式及反三角函数之后。三角与代数之间的关系较为密切，而书中最后4章（三角级数之总和、三角式之代数性质、三角消元法、造表法略论及表之精确度）应与高等代数教材相联络，方能收到事半功倍的效果。书中习题设置特别多，共79组，每讲授一次即有一组习题，使学生对于讲授要点，可以有咀嚼消化的时间。同时，也注重理论的领悟与方法的练习。附有《高中三角用表》单独成册，夹在书中，包括对数表、正弦余弦表、正切余切表、正弦余弦对数表、正切余切对数表。

（5）开明书店

钱克仁编著、刘薰宇校订的《最新实用三角学》（见图4-18）于1946年7月由开明书店初版，至1949年已出第4版。该书根据1941年颁布的《修正高级中学数学课程标准》编辑而成，供高中第一学年三角教学之用。

全书共9章，前5章注重三角形的解法及实用问题的解决，后4章注重理论的探究。第4章设置的对数内容虽在初中学过，但初中代数中没有广用对数，故书中以专章讨论对数，以便学生在解三角形时，取得精确敏捷的效果。此外，对坐标详加论述，使高一学生首先对其有一个明确的概念，之后对函数的图象变化等不再畏惧。基于三角学本身为理论部分较少的数学课程，故书中例题较多，以为学生解题做示范，习题也较多，以备学生思考之用。

图4-18　《最新实用三角学》封面

除以上所列三角学教科书，这一时期仍有其他许多企业出版的高中用三角学教科书，但非主流，故仅在表4-3和4-7中列举，在此不一一介绍。

（三）案例分析——以《新三角学讲义》为例

1. 编者及教科书简介

朱凤豪（1899~1969，见图4-19），江苏宜兴人。毕业于上海大同大学数理专科学校，曾在江苏南通农科大学、江苏省立常州中学任教，曾任江苏省立上海中学理科主任、吴淞中学校长、杨浦区第五届人大代表、上海市第四届政协委员、中国数学学会上海分会副理事长等。

朱凤豪深受民主革命思想的影响，主张教育救国。担任吴淞中学校长期间，在提高数学教学质量上取得了显著成效。20世纪50年代，上海市第一届高中数学竞赛中，吴淞中学学生榜上有名。吴淞中学历年高中毕业生考取大学的比例都在 90% 以上。朱凤豪十分关心青年教师的成长,经常与其一起学习教学大纲、分析教材、研讨教学方法、传授教学经验。曾多次主持上海市中等学校招生考试数学命题工作。在区人代会上提出合理安排中学布局的提案,而淞南中学就是根据他的提案由政府出资创建的。由于在教育岗位上做出的重大贡献,他被评为上海市特级校长。

朱凤豪是上海中学权威的数学教师之一,深受学生的喜爱。据其学生叶思九回忆:"他讲课声音宏亮,时快时慢,时高时低,突出重点,吸引学生,很受学生欢迎。他的语言精练,逻辑严密,幽默风趣,学生莫不全神贯注。在他的教育下,学生都打下了良好的数学基础。

图 4 - 19 朱凤豪

科学院院士中,有不少人,出自他的门下。"[①] 上海中学名校长唐盛昌也清晰记得:"数学教师朱凤豪,同学们至今记忆犹新。他讲课时精神饱满,中气十足,条理清晰,对教材非常熟习,记忆力又很强,还能说出范氏大代数第几页第几行有错字。上课从来不看书本或讲稿。在上课时向我们大家表白自己的心声:'我喜欢喝酒,但现在不喝,等到'天亮'时再喝。'同学们都明白'天亮'是指抗战胜利,到那时喝酒意味着庆祝胜利。"[②]

朱凤豪曾参与《数学通讯》的编辑工作,著有《新三角学讲义》《初步代数讲义》等,主编数理化自学丛书"平面解析几何"等。这些书籍至今仍在东南亚一些华语学校中被列为教科书。[③] 朱凤豪编著的《新三

---

① 叶思九:《生死沉浮——一件曾轰动上海的人案》,华夏文化出版有限公司,2005,第 12 页。
② 唐盛昌主编《史品上中——菁英教育的缩影》,上海教育出版社,2009,第 129 页。
③ 上海市宝山区史志编纂委员会编《吴淞区志》,上海社会科学院出版社,1996,第 476 页。

角学讲义》由龙门联合书局负责发行销售，于 1940 年 3 月初版，1948 年 5 月已出至第 7 版。1949 年 8 月，朱凤豪联合余源庆等人对该书重新进行修订，由龙门联合书局负责出版，书名改为《三角学》。中华人民共和国成立后，该书仍被使用。1984 年 11 月，陈鸿侠编著的《三角学讲义》由科学出版社出版，该书就是以已故学者朱凤豪先生编著的《新三角学讲义》为底本改编而成，可见，朱凤豪的《新三角学讲义》自出版以来，其影响一直延续到 20 世纪 80 年代中后期。三种教科书见图 4 - 20。

（1）1948年版本

（2）1949年版本

（3）1984年版本

图 4 - 20　朱凤豪编著的三角学教科书书影

　　朱凤豪的《新三角学讲义》从世界文献中收集各种难题，可谓三角学大全。据叶思九回忆，"在'证恒等式'、'解三角方程'、'三角应用'三大部分中，难题最多，常在散课前向学生布置一二道难题，课外解答。在阅卷中发现往往有三四种解法，各有技巧不同，他在课上给予评点，比较指出解题的关键，思考的窍门在哪里，并收录在他的著作《新三角学讲义》之中。该书是一本指导学生如何在学习中探索思考的好书，出版后风靡港、沪，中学生竞先购买，一时洛阳纸贵"。①

---

① 叶思九：《生死沉浮——一件曾轰动上海的大案》，第 13 页。

2. 编写理念与编排方式

《新三角学讲义》是朱凤豪集十余年的教学经验并结合国内外多种三角学名著编写而成。曾在江苏省立常州中学用过五年，又在省立上海中学教过十余次，反响良好。在此引用该书的"编辑大意"具体说明其编写理念与编排方式等：

（1）该书编辑取材悉遵照教育部最近颁布之中学课程标准，可采为高中三角复习教本。同时教师可选为高一三角补充教材，又可作学生升学准备参考之用。

（2）该书编法新颖，材料充实切要，内容虽多而富有弹性。高中文理两组，一律适用：如文组采为复习之用，约计二十五小时可以授毕（所有带星号之本文及例题可以略去）；如理组采为复习之用，二十五小时亦可教毕（Ⅰ至Ⅵ章进度不妨加速，Ⅵ章以下之例题可以略去一部分）；至该书全部教毕约须五十小时左右。

（3）本编习题，搜罗甚富，所有温氏，龙氏，霍氏，白氏等书中重要问题及列届各大学三角入学试题比较有兴趣者无不收集在内。选其普通切要者，列为例题。全书例题计三百，习题数近七百。较难习题并附有解法提示。

（4）本编于恒等式（Ⅲ章及Ⅶ章），方程式，测量问题（Ⅳ章及Ⅺ章），反函数及消去法等列为专章，每章分类加以充分讨论。关于解题之各种方法皆有详细说明，以指导读者应用：此为该书特点之一。

（5）本编重要例题，均列有数种之不同解法，以提高学者研究之兴趣：此为该书特点之二。

（6）本编采用傍注法（即于例题傍加划方框注明该题解法上之特点）以醒眉目，以加深读者之影像：此为该书特点之三。

（7）本编不特注重题解之方法，即对于其写出之格式亦极注意。以整齐，简明为原则。印刷排列亦清楚醒目：此为该书特点之四。

（8）本编对于三角在解析几何学上应用，选例甚多，俾读者得收触类旁通之益；此为该书特点之五。

(9) 关于三角计算题，在初高中普通三角教本上所述已多。本编只略叙原则，举例甚少。此类问题均采入习题中，留待学者自己练习。又三角函数图形，在解析几何学中已有充分之讨论，因此本编未曾列入。

(10) 本编排印，虽经再三核校，但错误之处，仍所难免，深望读者随时予以指正，则幸甚矣。①

编辑大意明确指出了该书的使用范围及授课时间。根据1935年江苏教育厅调查全省初中教三角者不及三分之一的结果，故该书编排仍由8个三角函数的定义开始，从头教起。全书在编写的过程中遵循两个原则，一是在解三角形方面，即数值三角，是测量学的基础；二是在公式运用方面，为学习高等数学及物理学做准备。

3. 内容简介

将朱凤豪编著的《新三角学讲义》(1948)、《三角学》(1949)及《三角学讲义》(1984)的目录进行对比，可大致了解其内容的不断演进（见表4-8）。

表4-8 朱凤豪编著的三种三角学教科书目录

章	《新三角学讲义》	《三角学》	《三角学讲义》
第一章	角之度量法（角之意义；角之量法；任意象限内之角）	角之意义及量法（角之意义；角之量法）	角的度量（角的概念及其推广；角的度量；任意象限的角；终边相同的角）
第二章	角之八函数（角之八函数；锐角之八函数；线表函数法；函数之变迹；八函数之关系公式）	垂直坐标系（有向量线；垂直坐标；象限角）（原文将"坐标"写为"座标"——笔者注）	三角函数（三角函数定义；三角函数的定义域；三角函数的符号；锐角三角函数；三角函数的几何表示法；三角函数值的变化；同角三角函数间的关系公式）

---

① 朱凤豪编著《新三角学讲义》，龙门联合书局，1948，编辑大意。

续表

章	《新三角学讲义》	《三角学》	《三角学讲义》
第三章	三角恒等式(三角恒等式;证题术;关于证题时其他应注意之点;特别角之函数;直角三角形之解法)	角之函数(角之八函数;广义之三角函数;锐角之三角函数;余角函数)	三角恒等式
第四章	简易测量题(关于直角三角形者)	六函数之关系式(六函数之关系式;三角恒等式)	任意角三角函数化为锐角三角函数(终边相同的角的三角函数;负角三角函数化为正角三角函数;$\frac{\pi}{2}\pm\alpha$角的三角函数化为角α的三角函数;$\pi\pm\alpha$角的三角函数化为角α的三角函数;$\frac{3\pi}{2}\pm\alpha$角的三角函数化为角α的三角函数;$2\pi-\alpha$角的三角函数化为角α的三角函数)
第五章	任意象限角函数化为锐角函数法(两角相差为90°之倍数时其函数间之关系)	特别角之函数(30°,45°,60°角之函数)	若干个角和差的三角函数(两角和与差的三角函数;倍角及半角的三角函数;三角函数的积化和差与和差化积)
第六章	复角之函数(和差角之函数;倍角半角函数;函数和差公式)	直角三角形之解法(直角三角形之解法;等腰三角形解法;正多边形解法)	三角恒等变形杂例(三角恒等变形研究;含有$\sin mx$与$\sin^m x$式子的互化;特殊角的三角函数;关于三个或三个以上角的三角函数问题;有关三角函数列各项的和与积的问题;条件恒等式;关于诸角和等于定值的三角函数的问题)
第七章	证题杂例(证题术研究;$\sin mx$与$\sin^m x$之互化法;*特种角之函数;*关于三个或三个以上角之问题;*有限级数及有限积式等问题;*无限级数及无限积式等问题;*关于$A.P.$,$G.P.$,$H.P.$各问题;关于$A+B+C+\cdots$为定值时之恒等式)	简易测量题(简易测量题解法)	三角函数的性质与图象(三角函数的性质;三角函数的图象)

续表

章	《新三角学讲义》	《三角学》	《三角学讲义》
第八章	反三角函数(反三角函数之意义;同函数角;关于反三角函数之公式)	任意角函数值之变化(三角函数之线值;函数之变迹;负角之函数;$90°+\theta$ 角之函数;$n90°\pm\theta$ 角之函数)	反三角函数(反三角函数;反三角函数间基本关系;反三角函数运算)
第九章	三角方程式(三角方程式;一元三角方程式;*关于不等式问题;反三角函数方程式;三角联立方程式)	复角函数(两角和及差之函数;倍角函数;半角函数;和差化积及积化和差;复角和为定值之恒等式)	三角方程(最简单三角方程;解三角方程;反三角函数方程;三角方程组)
第十章	任意三角形(三角形中边角之关系;任意三角形之解法;三角形之面积;杂例;关于三角形中边角之恒等式)	任意三角形边角之关系(正弦定律;射影定律;余弦定律;正切定律;半角定律)	三角不等式与极值(三角不等式;三角函数的极值)
第十一章	测量题续(解题注意)	任意三角形解法(任意三角形解法总论;已知一边及二角解三角形;已知三边解三角形;已知二边及其夹角解三角形;已知二边及一对角解三角形;测量问题)	解三角形(解直角三角形;任意三角形;三角形面积;三角形有关边角的计算问题;三角形有关边角的证明问题)
第十二章	消去法(消去式之意义)	三角形之性质(三角形之面积;*三角形之外接圆,内切圆及傍切圆半径;*三角形中之线段)	三角在测量与几何上的应用(测量问题;几何问题)
第十三章	无	反三角函数(反三角函数之意义;反三角函数之主值;反三角函数之普遍值;反三角函数恒等式;反三角函数方程式)	消去法
第十四章	无	三角方程式(三角方程式;习题二十九;*联立三角方程式)	无
第十五章	无	消去法	无

第四章　1937~1949 年中学三角学教科书

由表 4-8 可知，1949 年出版的《三角学》对 1940 年出版的《新三角学讲义》进行了重新修整，将有些章节拆分或合并，组成新的章节。如，《新三角学讲义》第三章"三角恒等式"，在《三角学》中被分为第 4 章、第 5 章、第 6 章三章。而有些内容也根据情况进行了调整。如，《新三角学讲义》中第二章第八节讲述"八函数之关系公式"，而《三角学》将其改为"六函数之关系式"并独立成章。

例题与习题的设置方面，《三角学》一书没有直接照搬《新三角学讲义》中的例题与习题，而是对其进行了大量的增加与替换。《三角学讲义》中则采用了《新三角学讲义》中大部分例题与习题，另增加了一些新的题目。以"函数之关系式"这一节内容为例，《新三角学讲义》（见图 4-21）中设置例题 3 道，《三角学》（见图 4-22）将这三道例题稍做改变（如将 $\sin x$ 改为 $\sin \theta$ 等），并另增加 1 道例题。

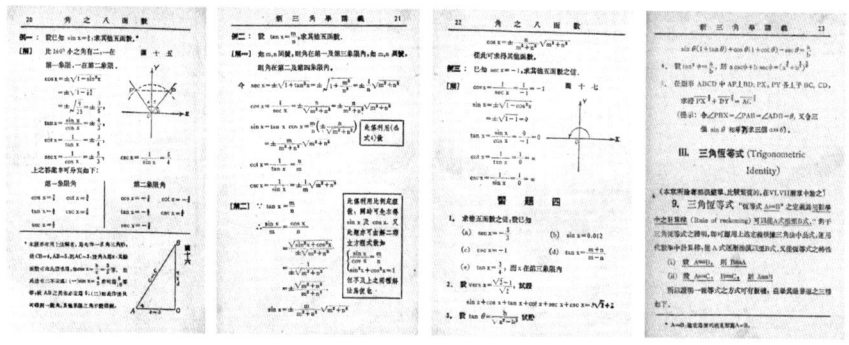

图 4-21　《新三角学讲义》"角之八函数"一节例题与习题

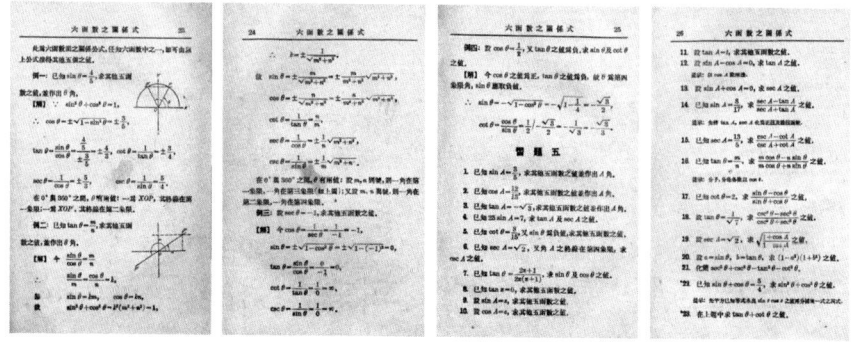

图 4-22　《三角学》"六函数之关系式"一节例题与习题

《三角学讲义》（见图 4 – 23）中设置例题 15 道，选用了《新三角学讲义》中的两道例题。《三角学》中习题设置与《新三角学讲义》截然不同。如，《新三角学讲义》中这部分内容的 5 道习题，与《三角学》中的 23 道习题无一相同。而《三角学讲义》中除包括《新三角学讲义》中的 5 道习题外，另增加 45 道习题，以供学生练习。

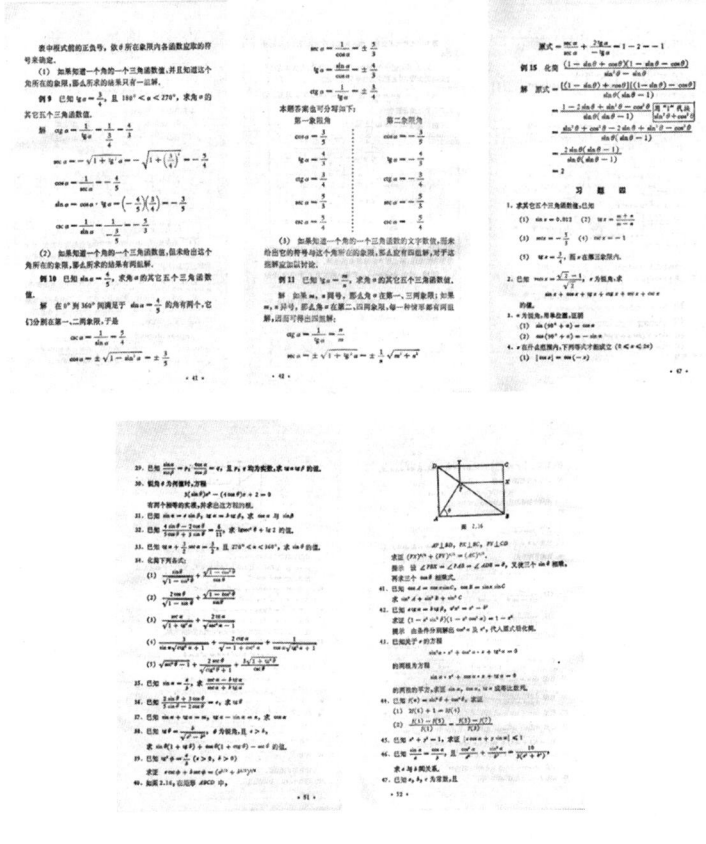

图 4 – 23 "《三角学讲义》同角三角函数间的
关系公式"一节例题与习题

4. 特点分析

朱凤豪编著的《新三角学讲义》，"据悉香港、新加坡均有原书翻译本，深受读者欢迎。建国以来，中学里三角学课本，虽然一再更新，日臻完善，而屡次编写是类有关教学参考资料，教学中增补内容或编写复习资料，甚至在编选试题中，亦多取材于是书"。① 该书具有以下特点。

（1）渗透了分类的思想。该书将恒等式、方程式、测量问题、反函数、消去法等单独成章，每章均以分类的方式进行讨论，而每类的解题方法都有较为详细的说明，有利于指导读者学习。

（2）例题解法多样化。书中对一些重要的例题常采用多种解法，有利于激发学生的探索精神，提高学生学习数学的兴趣。如，第三章"三角恒等式"中例1"求证$(1-\tan^2 A)^2 = (\sec^2 A - 2\tan A)(\sec^2 A + 2\tan A)$"给出了5种证明方法（见图4-24）。

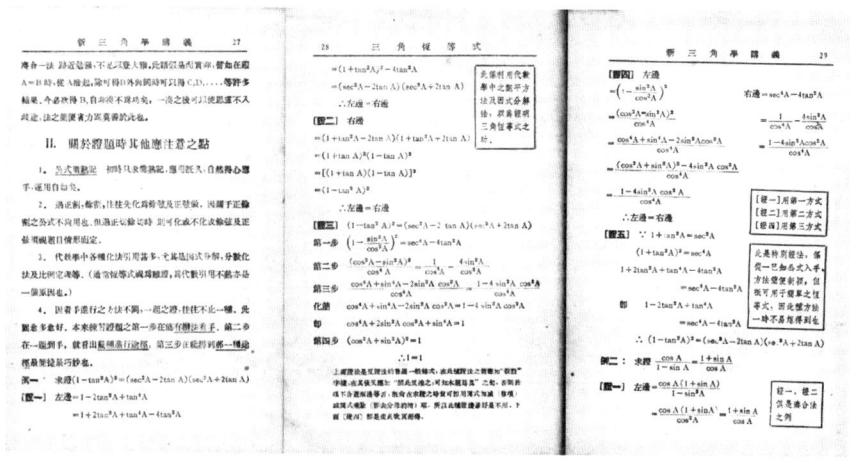

图4-24　《新三角学讲义》第三章"三角恒等式"例1

（3）采用旁注法，即在例题旁采用加旁注的方法注明该题在解法上的特点及需要学生特别注意的地方，以达到醒目、加深学生印象的作用。图4-24中的5种证明方法，就利用方框在其旁边进行了3次标注："证一：此系利用代数学中之配平方方法及因式分解法，以为证明三角恒等式之助。""证一：用第一方式；证二：用第二方式；证四：用第三方式。""证五：此是特别证法，系从一已知公式入手，方法简便新颖，但只可用

---

① 陈鸿俟、朱凤豪编著《三角学讲义》，科学出版社，1984，第 i～ii 页。

于简单之恒等式,因此种方法一时不易想得到也。"[1]

(4) 注重例题格式的书写。基于例题是学生模仿的基础,故该书在编排时十分注重例题格式的规范化,以整齐、简明为原则。此外,该书在印刷方面也较为清晰醒目,排版细致,字号、行距等较为合适。

(5) 注重与其他学科的融合。该书对于三角在代数、几何上的应用选例甚多,使学生对三角有一个新的认识,即各门学科间的融会贯通。例如,在解三角形时,常用三角方法及几何定理来考察其边与角之间的关系。再如,第四章"简易测量题"涉及大量的用三角法解几何题。又如,第九章"三角方程式"中例 8 $\frac{\tan(\theta - 15°)}{\tan(\theta + 15°)} = \frac{1}{3}$ 利用代数中的合分比定理进行证明等。

此外,还有与之配套的讲义精解。1948 年 8 月,由朱凤豪编著的《新三角学讲义精解》(见图 4 – 25) 在龙门联合书局初版,至 1954 年 1 月已再版 7 次。该书是与《新三角学讲义》配套的习题详解,且每一组习题详解中均标有《新三角学讲义》中相关习题的页码,便于与原书做对照。

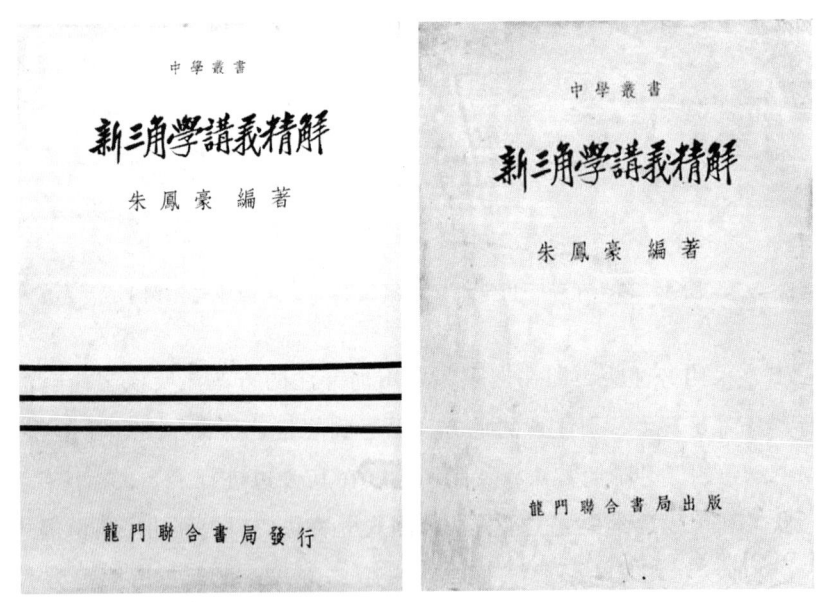

图 4 – 25 《新三角学讲义精解》初版及第七版封面

---

[1] 朱凤豪编著《新三角学讲义》,第 28 ~ 29 页。

朱凤豪编著的《新三角学讲义》系统介绍了三角学的基础知识、三角函数的运算公式、计算方法和技巧，每章都给出了一定数量的例题和习题供学生模仿与练习，书末附有习题答案、公式集录及与该书有关的几何、代数上的重要命题等。该书对今天数学教科书的编写仍具有重要的启示作用。

小 结

1937～1941年，中学仍为三三制。1941年后，中学学制有两种，一种为三三制，另一种为六年制。二者从教学目标来讲没有差异；从三角课程的教学时数来看没有变化；从教学次序来看，规定三角在第五学年教授，而代数教学为了与三角课程衔接，在第九学期中断，给人以削足就履之感。此外，三角中正弦、余弦、正切定义及三者在函数方面的初等性质，与应用其解直角三角形问题诸项教材，简明易学，且对于数学各科有极好的练习，故提前教学，既符合学生心理发展规律，又满足了与其他各科的融合。

除1941年颁布的《六年制中学数学课程标准草案》外，1937～1949年，中国初中和高中数学课程标准分别在1941年和1948年经历了两次修订。与1936年《初级中学算学课程标准》在几何教科书后附数值三角不同的是，这两次课程标准的修订，将初中阶段的三角内容作为几何课程的一部分，融合在几何课程中，没有单独设科。而高中阶段的三角课程与1936年《高级中学算学课程标准》相比课时有所增加，将原来的第一学年第二学期的课时由每周1小时增至每周2小时，并且均强调以三角函数的学习为中心。可见，三角课程的设置随着课程标准的修订不断完善。

1937～1949年出版三角学教科书的企业仍以商务印书馆为主，世界书局、正中书局、龙门联合书局等也出版了一定数量的三角学教科书。而中华书局此时并无新编三角学教科书初版，大多再版民国中期的三角学教科书。据王云五回忆："对于商务的业务始终抱持以出版为主的方针。因此，战时许多出版家虽已改营印刷业，或以印刷为主者，商务独不为一时之利而变更其政策。"[①] 1912～1937年，以商务印书馆和中华书局两家企

[①] 王云五：《八年苦斗的前期》，王云五：《岫庐八十自述》，商务印书馆，1967，第243页。

业出版的三角学教科书为主流；1937年后，中华书局似有退出教科书市场的倾向。王云五云："闻上海某出版家（这里暗指中华书局——笔者注），于战事发生时，在内地分设工厂数所，后来改营印刷事业，不注重出版。"① 故自1937年始至1942年，商务印书馆担负了后方中学三角学教科书的大部分。

从这一时期三角学教科书的装帧来看，受战争的影响，为了节约成本，故教科书版面尽可能细密，文字印在又黄又脆的土纸上，模糊不清。当我们今天手持那个时期印制的粗劣如此的三角学教科书时，确能深刻体味到在战争打击之下出版业的艰难维生。据陆殿扬记载："各书局在后方限于物力，所印二五年标准之中小学教科书，版本缩小，纸张恶劣，印刷模糊。教育部一再据各省市报告，呈验课本，认为必须改善，以免儿童目力受损。与此可见当时事实上，教科书的质与量都发生问题，非另行设法无以济其穷了。"② 然而，在大环境相对困难的情况下，各出版企业仍为国家编印了一批又一批高质量的三角学教科书，为中国中学三角学教科书建设做出了贡献。

1937～1949年的十余年间，中国初中三角学教科书大多为再版民国中期的三角学教科书，正如所描述的那样，"照过去通例，课程标准一经修改，各书局立即依照改编教科书，送审备用。这次课程标准（1941年课程标准——笔者注）虽经修改，各出版家其时只能维持现状，没有依照修订标准改编课本送审"③，但也在一定程度上平稳前进。而高中三角学教科书则呈现较为繁荣的景象，初版了一定数量的三角学教科书，与民国中期初版的三角学教科书相比，有一定的增加，使三角学教科书呈现多元化发展的景象。民国后期，初中使用的三角学教科书大多为国人自编本，而高中三角学教科书虽也以国人自编为主，但同时也出现了一些较有影响的国外三角学教科书，《温德华士三角法》《葛氏平面三角学》等也占据了一定的教科书市场份额。

---

① 王云五：《商务印书馆与新教育年谱》，钟健华编《王云五文集·伍·商务印书馆与新教育年谱》下册，江西教育出版社，2008，第691页。
② 陆殿扬：《中小学国定教科书编纂之经过及其现状》，《中华教育界》复刊第1卷第1期，1947年1月，第91页。
③ 陆殿扬：《中小学国定教科书编纂之经过及其现状》，《中华教育界》复刊第1卷第1期，1947年1月，第91页。

第五章 1912~1949年数学教育制度之外的中学三角学教科书

清末民国时期虽然有数学教科书审定制度，但是该审定制度仅作为对国人编写的三角学教科书的一种制约，而对翻译国外的三角学教科书没有具体的规定，所以翻译的三角学教科书在中国自由地、大量地出版。该书将其称为"数学教育制度之外的三角学教科书"。由于翻译的三角学教科书与数学教育制度的要求并不一致，故具有一定的独立性，民国时期翻译的三角学教科书是清末的延续与发展。这一时期，三角学教科书从翻译日本转向翻译欧美，比较有代表性的三角学教科书有《温德华士三角法》《葛氏平面三角学》，这两种三角学教科书于20世纪10~40年代风靡中国，并出现大量汉译本，有些汉译本在中华人民共和国成立初期仍在使用，可见其使用跨度之长，影响之远。然而，转向学习欧美并不意味着全盘向欧美学习，事实上，日本的影响仍一直存在。

本章以数学教育制度之外的三角学教科书为主线，对1912~1949年使用的翻译外国的三角学教科书进行梳理。选取这一时期影响较大、使用范围较广的两种翻译的三角学教科书，从译本与原本的对照、译本间的比较两个方面分别进行详细分析，进而阐述这一时期翻译的三角学教科书的发展状况及其编写特点等。

一 历史背景

1902年颁布《钦定中学堂章程》时，中国数学教育正处于百废待兴之际。虽然已有相关制度，一时间却没有根据数学教育制度编写的三角学教科书供学校使用，所以清末时期，中国根据日本、美国、英国等国家较为流行的三角学教科书进行翻译，以此暂补三角学教科书的空缺。这一时期，中国学生留学日本渐多，数学课程体系受日本影响较大，这时使用的三角学教科书大都是翻译或编译日本的三角学教科书，故没有考虑这些教科书是否符合中国数学教育制度的要求和国情。

民国成立后，更大量地移植日本教科书，同时出现了很多翻译欧美的三角学教科书。五四运动后，受美国影响渐增，杜威来华讲学后，中国学制改为"六三三"制，三角学教科书也相应地换为英美教科书，《温德华士平面三角法》《葛氏平面三角学》《龙氏平面三角学》等教科书为大多数学校所采用。至于这些翻译的教科书是否适合中国社会文化背景，则很少考虑或者根本没有研究。民国时期虽有教科书审定制度，但审定制度只对国人自编三角学教科书有效，而对翻译的三角学教科书没有做出具体的规定。翻译的三角学教科书只要任课教师觉得可以，出版企业认为有市场，就可以出版使用。

民国时期翻译的三角学教科书多在高中使用，初中则多为国人自编本。但也有一些翻译的教科书不分初中和高中，一部分在初中讲授，另一部分放在高中讲授。北京、上海等一些程度较好的中学直接使用英文原版三角学教科书，在一定程度上体现了精英教育。然而，这种情况不是仅在个别学校存在。由北平厂甸师大附中算学丛刻社①所列初高中算学书目表可知②，北师大附中当时使用的三角学教科书多为英文原版，主要有韩桂丛等编《高中平面三角法教科书》、Goodwin 著 *Plane Trigonometry*、Granville 著 *Plane Trigonometry with Tables and Notes*③ 与 *Spherical Trigonometry*。由此可见，当时中学使用的三角学教科书并非一种，而是以一种为主，同时参考其他三角学教科书进行教学。相对而言，一些中等程度的中学则选择使

---

① 据魏庚人《魏庚人数学教育文集——九十寿辰纪念》可知，20世纪20年代，许多高校使用的数学教材是英文原版，这就不得不用高价从国外购买。为了解决教科书这种既慢又贵的问题，北平厂甸师大附中教师于1929年集股成立了"北平厂甸师大附中算学丛刻社"，开始经营影印业。把常用的初等及高等算学书影印了20多种，装裱精美，物美价廉。定价方面，英文原版书的价格约为影印价格的2.7倍。正如魏庚人评价道："算学丛刻社对中国算学教育的发展，提高中国数学水平是有很大贡献的。"1949年后，算学丛刻社完成使命，就此结业。

② 中等算学月刊社：《北平厂甸师大附中算学丛刻社初高中算学书目》，《中等算学月刊》第1卷第9期，1933年11月，广告页。

③ 该书有布面本和纸面本两种，布面本售价1.1元，纸面本售价0.7元。

第五章 1912~1949年数学教育制度之外的中学三角学教科书

用外国三角学教科书的汉译本。

关于使用英文原版三角学教科书,任鸿隽在1933年对全国高中二、三年级理科课程中用中国教材讲授的科目及教材数目做了一个调查,[①] 见表5–1。

表5–1 高中普通理科教科书统计

单位:本

序号	学科	教本总数	英文教本数及其占比	中文教本数及其占比	大学教本数
1	物理学	167	117(70%)	50(30%)	50
2	化学	166	105(64%)	61(36%)	55
3	生物学	90	19(21%)	71(79%)	37
4	代数	82	67(82%)	15(18%)	53
5	平面几何	43	28(65%)	15(35%)	
6	立体几何	53	39(74%)	14(26%)	
7	三角法	78	65(83%)	13(17%)	
8	平面解析几何	61	56(92%)	5(8%)	
	共计	752	499(68%)	255(32%) 内有95个译本	

注:表中数据为原始数据,为保持原貌,不做修改。

资料来源:任鸿隽:《一个关于理科教科书的调查》,《科学》第17卷第12期,1933年12月,第2031~2032页。

表5–1中显示的数据,不禁使人惊诧不已,其中所列8门理科课程所用英文原版教科书除生物学外其他所占比例均超过50%,而三角一门更高达83%。其中,代钦教授私人藏书《三角副本》(见图5–1),是民国时期中学三角学使用英文原版教学的有利证据。这是名叫马国宪的同学的作业本,共两册,用英文有序地记录了一些三角学练习题。经核实,该作业本中的习题来源于《温德华士平面三角法》的英文原版,说明当时使用该书作为三角学教科书,且采用英语授课。图5–2为《三角副本》

[①] 当时全国立案的高中约200处,任鸿隽经过通信调查得到回信的有109处(官立45处;私立64处,其中国人创立43处,教会创立21处),其调查结果可以代表当时全国1/2高中情况。

与《温德华士平面三角法》中的练习题对照,可见此处三道习题来源于英文原版第 9 页第三组练习题中的 16 题、17 题和 18 题。

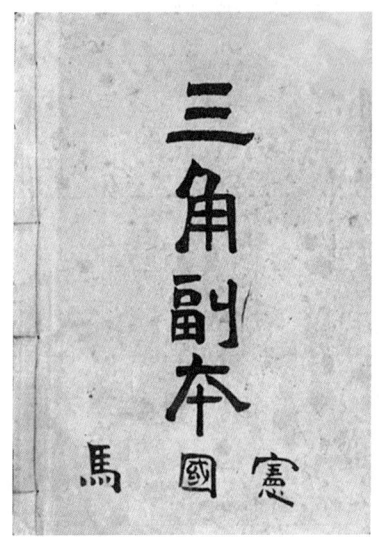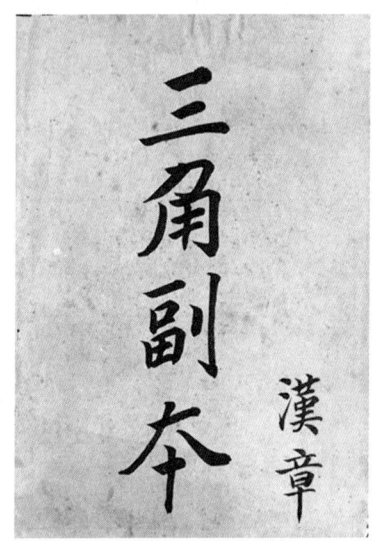

图 5-1　《三角副本》封面

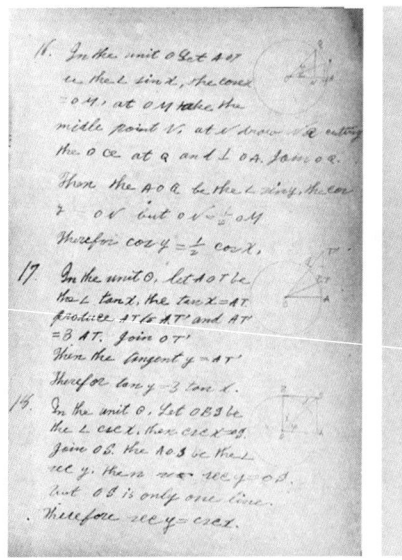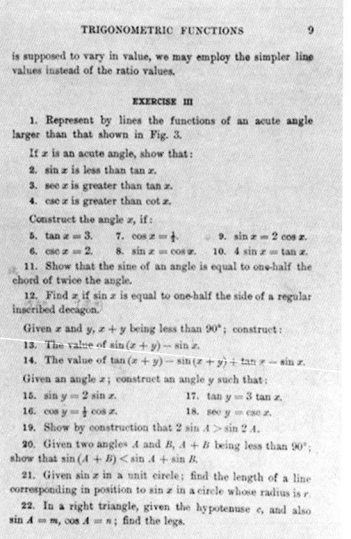

图 5-2　《三角副本》与《温德华士平面三角法》中的练习题对照

正如任鸿隽所言:"这个现象,不能说是偶然的,是无关宏旨的。他的至少的意义,是证明我们这十几年来,尽管大吹大擂的提倡科学,而学校里面这一点最小限度的科学教育工具,还不曾有相当的努力,他是证明我们在大学高中教课的先生们,对于课材,只知展转负贩,坐享成功,绝不曾自己打定主意,做出基本适合国情的教科书,为各种科学树一个独立的基础。他是证明我们学校组织的不完善,使我们的许多科学家,把他们所有的时间精力,都消磨在课堂教室口讲指画之中,绝不让有多余的时间来从事著述的工作。他是证明我们多少的教育家,宁愿把他们的闲暇时间,消磨在马将电影里面,绝不会把科学教学的工作,当作一件重大的教育事业。无论他的原因是那一样,可是事实总是在这里的。我们除非有法子改变事实,再也想不出一个方法来替原因辩护。"① 针对任鸿隽指出的问题,有些学者并不认同并反指道:"我们近年出版的大学高中的理科教科书的确不少,无如教者不愿采用,也就无可如何。"② 对这一说法,任鸿隽通过另一项调查结果指出中国在进入 30 年代后所编中文教本数量之少(见表 5-2)。

表 5-2 高中普通理科中文教本种数

科别	物理学	化学	生物学	代数	平面几何	立体几何	三角法	解析几何
教本种数	7	12	17	7	5	3	3	3

资料来源:任鸿隽:《一个关于理科教科书的调查》,《科学》第 17 卷第 12 期,1933 年 12 月,第 2033 页。

由任鸿隽在 1933 年对高中普通理科中文教本种数的调查可知,三角法一门课程所使用的中文教本种数共 3 种,而据笔者目前掌握的资料来看,这三种高中三角学教科书分别为赵修乾的《新学制高级中学教科书三角术》(商务印书馆,1924)、傅溥的《高中三角法》(世界书局,1932)、汪桂荣的《平面三角学》(民智书局,1933)。该项调查结果反映了当时国人自编的三角学教科书数量实在不如我们想象中的那么多,更有

---

① 任鸿隽:《一个关于理科教科书的调查》,《科学》第 17 卷第 12 期,1933 年 12 月,第 2032 页。
② 任鸿隽:《一个关于理科教科书的调查》,《科学》第 17 卷第 12 期,1933 年 12 月,第 2032 页。

力地回击了上述一些学者的托词。

由此可以追溯这种现象产生的原因,一方面,教师及学生未摆脱崇拜西方的心理,即使在中文教本中有同样可以使用的教科书,他们也以为用外文原本进行讲授可以凸显其程度高深,所以宁愿舍中而用西。另一方面,中文出版的教科书种类少且质量差。如《葛氏平面三角学》的汉译本存在大量的编排印刷错误等,不容易满足各学校的需求,所以不得不取材于异国。正如任鸿隽所言:"有些好高骛远的学校,在高中时代便采用大学教科书(如北师大附中初高中算学书目表显示,其三角学教科书中包含 Spherical Trigonometry,而球面三角在当时属于大学讲授的内容——笔者注),以表示他们程度的高深,此次调查也确能证明此点。"① 张元济也主张(三角学)教科书"宜自编纂",他认为:教科书必须是中国人自己的领域,应速自编译,并集通儒取旧有各本详加改订,虽未必佳,而流弊要少矣。② 这一思想也贯穿于商务印书馆出版的教科书中。

鉴于直接引进外国原版教科书成本较高等原因,中国一些机构开始负责誊印英文原版教科书,并以"极少之代价,购得极有价值之书籍。故所印各书均系名著,曾经多数学者审慎选择,印刷既极精美,价目务求低廉"③ 为宗旨。其中,以北平厂甸师大附中算学丛刻社为主,另有武昌珞珈山西文流通社等机构参与其中。北平厂甸师大附中算学丛刻社负责誊印的外文三角学教科书,在书的封面及版权页加印其中文书名后出版,而且经常在各种数学杂志上做宣传。如《中等算学月刊》第1卷第9期广告页中就有北平厂甸师大附中算学丛刻社刊行的"初高中算学书目"一览表(见图5-3),其中使用的英文原版三角学教科书见表5-3。而武昌珞珈山西文流通社誊印的英文原版数学教科书④中,三角学教科书有 Hobson 著 *Plane Trigonometry* 等(见图5-4)。

---

① 任鸿隽:《一个关于理科教科书的调查》,《科学》第17卷第12期,1933年12月,第2031页。
② 汪家熔编著《大变动时代的建设者》,四川人民出版社,1985,第53页。
③ 中等算学月刊社:《武昌珞珈山西文流通社书目》,《中等算学月刊》第3卷第8期,1933年10月,广告页。
④ 中等算学月刊社:《武昌珞珈山西文流通社书目》,《中等算学月刊》第3卷第8期,1933年10月,广告页。

第五章 1912～1949年数学教育制度之外的中学三角学教科书

图5-3 《中等算学月刊》第1卷第9期广告页

图5-4 《中等算学月刊》第3卷第8期广告页

表5-3 北平厂甸师大附中算学丛刻社出版的英文原版高中三角学教科书书目

序号	作者	书名	备注
1	Goodwin	*Plane Trigonometry*	
2	Granville	*Logarithmic and Trigonometric Tables*	备班级考试用
3	Granville	*Plane Trigonometry with Tables and Notes*	附表及笺注,布面
4	Granville	*Plane Trigonometry with Tables and Notes*	附表及笺注,纸面
5	Granville	*Spherical Trigonometry*	

资料来源：任鸿隽:《一个关于理科教科书的调查》,《科学》第17卷第12期,1933年12月,第2033页。

1912～1923年,三角学教科书以翻译日本为主,菊池大麓、上野清、远藤又藏、长泽龟之助等学者编写的三角学教科书被不断地翻译出版。虽然到20世纪30年代以翻译美国的三角学教科书为主流,但日本的影响依然存在。译自日本的三角学教科书仍被出版,直到70～80年代还在台湾出版。30年代,中国各学校平面三角学课程由于缺乏善本,故大半采用英文原版教科书。民国初期,大多采用温德华士所编三角学教科书，至 30 年代，开始采用葛蓝威尔所著三角学教科书直至 50 年代。

二 数学教育制度之外的三角学教科书汇总

民国时期，基于初中生认知发展的程度，加之没有取材他国的必要，故学校使用的三角学教科书多为国人自编的。而对于高中生来讲，其认知水平得以提升，故一些学校开始使用外文原版三角学教科书进行授课。如徐尚炯曾于 1936 年就读于聂中丞华童公学①，据其回忆："当时英文和文学、世界地理、数学（包括算术、代数、几何、三角等）、物理、化学、簿记都是用的英文原版教科书，课堂上完全用英语教学，连美术和手工也是用英语教学。"② 再如，南开中学校设立算学科目，理科在第四学年上学期习三角，使用的教科书为 Passano③ 的 *Trigonometry*。1912～1949 年，中国使用翻译的三角学教科书如表 5-4 所示。

表 5-4　1912～1949 年部分翻译的三角学教科书概览

序号	书名	著者	译者	出版者	年份	备注
1	中等教育平面三角法教科书	远藤又藏	言涣彣、言涣彰	商务印书馆	1913	1907 年初版，1913 年 5 月再版
2	中等平三角新教科书	Todhunter	马君武	商务印书馆	1913	
3	新撰平面三角法教科书	John Casey	顾 澄	商务印书馆	1913	1907 年 12 月初版，1913 年 5 月 6 版
4	新编初等三角法教科书	饭岛正之助	周 藩	商务印书馆	1914	1908 年初版，1914 年 5 版
5	平面三角法新教科书	菊池大麓、泽田吾一	王永炅	商务印书馆	1916	1909 年初版，1916 年 6 版

---

① 聂中丞华童公学由聂其杰创办于 1914 年，是旧上海租界时期四所华童公学之一，其他三所分别为格致公学、育才公学、工部局女中，解放后改为上海市市东中学。
② 徐尚炯：《聂中丞华童公学》，文史资料工作委员会编《解放前上海的学校》，上海人民出版社，1988，第 344～345 页。
③ 目前未见该书。

续表

序号	书名	著者	译者	出版者	年份	备注
6	平面三角法讲义	上野清	匡文涛	商务印书馆	1919	1919年1月初版，1921年再版
7	汉译温氏高中三角法	G. A. Wentworth	顾裕魁	商务印书馆	1936	1911年11月初版，1936年5月18版
8	葛·斯·密·平面三角学	W. A. Granville	顾树森	中华书局	1914	
9	葛·斯·密·平面三角学	W. A. Granville	金立藩	中华书局	1940	1940年10月初版，1948年4月6版
10	罗氏平面三角法	D. A. Rothrock	严春山、刘遂生	中华书局	1949	1949年3月初版
11	波邰特氏新三角法（新三角法）	波邰特、剖洛脱	薛仲华	世界书局	1933	1933年2月初版，1933年9月再版
12	葛兰蕙氏平面三角法	W. A. Granville	吴祖龙	世界书局	1935	1935年11月初版
13	Granville Smith Mikesh 平面三角学高中教本	W. A. Granville	邱调梅	世界书局	1938	
14	葛氏平面三角学	Granville-Smith-Mikesh	邱调梅	世界书局	1948	1948年9月新16版
15	平面三角	G. A. Wentworth	沈昭武	文明书局	1912	1912年9月初版
16	中学平面三角法教科书	远藤又藏	葛祖兰	文明书局	1914	1909年8月初版
17	平面三角法讲义	奥平浪太郎	周藩	文明书局	1912	1907年初版
18	葛斯密最新平面三角学	W. A. Granville	王允中	科学书局	1939	
19	汉译葛氏平面三角学（葛氏平面三角学）	W. A. Granville	程汉卿	科学书局	1939	
20	平面三角学	G. A. Wentworth, D. E. Smith	高佩玉、王俊奎	北平文化学社	1934	1934年3月3版
21	汉译葛氏平面三角学	W. A. Granville	褚保熙	北平文化学社	1933	1933年12月初版，1946年9月4版

续表

序号	书名	著者	译者	出版者	年份	备注
22	汉译葛氏平面三角学	W. A. Granville	高佩玉、王俊奎	北平科学社	1933	1933年8月初版,1948年7月11版
23	汉译温斯二氏平面三角学	G. A. Wentworth, P. F. Smith	封嘉义	北平科学社	1936	1936年11月初版
24	葛氏平面三角术	W. A. Granville	虞诗周	新亚书店	1940	1940年10月初版,1953年10月18版
25	汉译龙氏平面三角法	S. L. Loney	章彬	新亚书店	1949	1949年6月18版
26	最新中等教科书三角法	W. A. Granville	Liu Gwang Djao、H. G. Wnitcher	山东基督教共合大学	1914	
27	新三角法教科书	长泽龟之助	包荣爵	东亚公司	1914	1907年10月初版,1914年2月9版
28	平面三角教科书	长泽龟之助	张修爵	普及书局	1915	1915年9月6版
29	中学校数学教科书(三角之部:平面)	远藤又藏	黄邦桂、王应伟	群益书社	1916	1916年2版
30	汉译赫奈二氏平面三角法	Hall, Knight	马文元	戊辰学会	1932	1932年2月初版
31	高中平面三角法教科书	Granville	韩桂丛、李耀春、王乔南	算学丛刻社	1946	1946年9月删订7版
32	汉译葛兰威尔平面三角	W. A. Granville	徐谷生	艺文书社	1933	1933年8月初版
33	汉译葛蓝威尔平面三角法教科书	W. A. Granville	王国香	戊辰学社	1933	1933年1月初版
34	汉译格氏高中平面三角学	W. A. Granville	庄子信、李修睦	南京书店	1934	1934年2月初版,1934年8月2版
35	葛氏平面三角学	W. A. Granville	王绍颜	华北科学社	1935	1935年8月初版,1947年6月4版

续表

序号	书名	著者	译者	出版者	年份	备注
36	汉译霍尔乃特高中三角学	Hall, Knight	李友梅	湘芬书局	1943	1943年7月9版
37	汉译葛兰氏高中平三角术	W. A. Granville	陈湛銮	蔚兴印刷厂	1933	
38	增编葛兰氏高中平三角术	W. A. Granville	陈湛銮	清华印书馆	1947	
39	葛氏重编平面三角学	W. A. Granville	周文德	中国科学图书仪器公司	1947	1947年9月初版,1948年7月2版
40	二B平面三角学	G. N. Bauer、W. E. Brooke	王允中	开明书店	1941	1941年12月初版,1949年9月10版
41	龙氏平面三角学	S. L. Loney	何籽崟	建华书局	1948	1946年3月9版

据任鸿隽1933年对全国高中二三年级理科班所用中国教材数目的统计可知,当时统计在册的三角学教科书为78本,而表5-4中所列41种仅为1912～1949年使用的三角学教科书,加上清末时期使用的34种三角学教科书,共75种,其中不乏重复使用的教科书,另有若干散佚的三角学教科书。

由表5-4可知,这一时期中国翻译的三角学教科书呈现以下特点。

(1) 从翻译引进的渠道来看,高中所采用的西文三角学教科书大多为美国出版物,很少有欧洲其他国家出版的三角学教科书。这些国家中,像德国、法国等由于文字的关系,他们的教科书不易被我们采用,但英国出版的教科书未必就无一本比美国出版的好些,可供采用,反映了我们在采用他人现成的教科书时没有进行充分的调查。正如任鸿隽在1933年调查后感言:"无怪乎国联教育考察团对于美国教本的流行中国要失色,惊顾而要建议中国政府派遣专家前往欧洲研究教本课程了。是当时中国三角用书的一个特殊情形。"① 然而,中国在当时由学习日本转向学习西方,

---

① 任鸿隽:《一个关于理科教科书的调查》,《科学》第17卷第12期,1933年12月,第2033～2034页。

在美国出版物占主要市场的同时，翻译日本的三角学教科书仍占有一定的份额。

（2）民国时期有24家出版企业参与翻译外国三角学教科书。从各企业出版的数量来看，商务印书馆出版7种，仍为三角学教科书出版企业中的翘楚。世界书局出版4种，超过了中华书局，后来居上。中华书局、文明书局紧随其后，各出版3种。科学书局、北平文化学社、北平科学社、新亚书店各出版2种。山东基督教共合大学、东亚公司、普及书局、群益书社、戊辰学会、算学丛刻社、艺文书社、戊辰学社、南京书店、华北科学社、湘芬书局、蔚兴印刷厂、清华印书馆、中国科学图书仪器公司、开明书店、建华书局各1种。由此可见，这一时期三角学教科书出版企业的蓬勃景象，使三角学教科书呈现多元化的特点。

（3）从引进三角学教科书的原著者来看，这一时期最受欢迎的当属美国葛蓝威尔所著的三角学教科书，美国温德华士所著三角学教科书也较受欢迎。其次是日本的远藤又藏、长泽龟之助，美国的霍尔和乃特所著三角学教科书。英国的突罕德、克济，日本的上野清等学者所著三角学教科书在中国均有译本，且具有一定的市场。

与国人自编高中三角学教科书相比，翻译的三角学教科书占据大部分市场份额，尤其在20世纪30年代及以后，翻译的数量远远超过国人自编的数量，其使用的范围也较自编的教科书广泛。这在一定程度上反映了中国三角学教科书编写的规律，即一方面翻译国外优质的三角学教科书，另一方面不断编写适合中国人使用的三角学教科书，而在其发展的过程中，稍有停滞，即30年代可看作国人自编三角学教科书的短暂停滞期，其间不断吸收来自国外的营养，为后续编写出优质的三角学教科书积蓄能量。

三　个案分析——以《温德华士平面三角法》为例

1882年，美国数学家温德华士编写的 *Plane Trigonometry and Tables* 由 GINN AND COMPANY 出版。该书自出版以来，除在美国引起较大反响外，其影响还波及日本、中国等多个国家，成为清末民初中国最为流行的翻译的三角学教科书之一。《温德华士平面三角法》在美国流行一段时间后，中国经日本引进，并衍生出若干汉译本。温德华士去世后，其子乔治·温德华士（George Wentworth）与数学史家史密斯对其所著三角学教科书不断地进行修订，使得该书至20世纪20年代一直主宰着美国三角学教科书市场。该书在中国使用到50年代初期，伴随了一代学者的成长。

（一）著译者及教科书简介

温德华士（George Albert Wentworth，1835～1906），美国数学家、数学教育家，19世纪80年代美国数学教科书市场主力军之一。曾在美国哈佛大学跟随本杰明·皮尔士（Benjamin Peirce）学习数学，毕业后在菲利普斯埃克塞特学院（Phillips Exeter Academy）任教。

温德华士一生著述颇丰，所著的数学教科书主要有 *Practical Arithmetic*（1883）、*Exercises in Arithmetic*（1887）、*Grammar School Arithmetic*（1892）、*Elementary Arithmetic*（1894）、*Advanced Arithmetic*（1898）、*Elements of Algebra*（1881）、*Plane Trigonometry and Tables*（1882）、*Shorter Course in Algebra*（1886）、*College Algebra*（1892）、*New School Algebra*（1898）、*Analytic Geometry*（1886）、*Plane Geometry*（1899）、*First Steps in Geometry*（1902）、*Plane and Solid Geometry*（1903）、*Plane Trigonometry*（1891）、*Plane and Spherical Trigonometry*（1891）等36部。其中涉及算术、代数、几何、三角等学科，多为中学所采用，也有一些供大学教科之用。

史密斯（D. E. Smith，1860~1944），美国纽约州科特兰县人，哥伦比亚大学教授，国际著名数学史家和数学教育家，在第二次世界大战前，他是美国数学史界无可争议的权威。[①] 幼年在母亲的教育下，在家里学习希腊文和拉丁语。1881年于锡拉丘兹大学获博士学位，多次留学欧洲。1884～1891年在科特兰师范学校讲授数学，1891～1898年任密歇根师范学院教授，1901年起任哥伦比亚大学师范学院数学教授，直至

---

① 张奠宙：《中国近现代数学的发展》，第45页。

1926 年退休。于 1928～1932 年任国际数学教育委员会（ICTM）主席，同时也是美国数学会（AMS）和美国数学协会（AMM）的发起人，并担任主席。[①]

20 世纪初，史密斯关注日本和中国的古代数学史研究，与日本数学家三上义夫有较为密切的书信往来，与其合著的《日本数学史》于 1914 年在美国出版。同时，与青年时代的李俨也曾有书信往来，二人计划合作出版《中国数学史》一书，但由于种种原因[②]未能如愿。史密斯在数学史方面的著作颇丰，所著 History of Modern Mathematics（1896）、Rara Arithematica（1908）、Number Stories of Long Ago（1919）、History of Mathematics（两卷本，1923、1925）等一版再版，风行世界。

温德华士所著《温德华士平面三角法》在中国 20 世纪 10～20 年代影响深远，曾被中国中学广为采用。其英文书名为 Plane Trigonometry and Tables，1882 年在美国初版，1895～1902 年不断再版。中国流传的英文原版教科书有两个版本，一种为美国出版进口至中国，另一种为中国誊印本。其中，前者为大 32 开精装本，后者为 32 开平装本。在英文原版流行于中国的同时，出现了一系列汉译本，其中顾裕魁翻译的《汉译温氏高中三角法》（商务印书馆，1911）为《温德华士三角法》在中国的最早汉译版本，该书包括平面三角与球面三角两部分内容。随后，又有温斯系列三角学教科书的汉译版本相继问世。如高佩玉、王俊奎编译的《温德华士·斯密史平面三角学》（北平文化学社，1934），封嘉义翻译的《汉译温斯二氏平面三角学》（北平科学社，1936）等（见图 5-5）。

[①] 刘秋华：《二十世纪中外数学思想交流》，科学出版社，2010，第 158 页。
[②] 据张奠宙先生在《中国近现代数学的发展》中记载，李俨于 1915 年 1 月 23 日，从福州给当时任美国数学会主席的史密斯发出一封亲笔信，邀请史密斯与其合作完成《中国数学史》一书，史密斯对李俨的计划极有兴趣并希望李俨将现有材料译为英文，同时搜集有关书籍。1916 年，李俨的《中国数学史》完成，并请茅以升帮助译为英文，后将译稿送至哥伦比亚大学，但因史密斯要求过严而未能成功。1915 年，李俨年仅 23 岁，在没有经费、没有现成资料的情况下，他孤身一人敢于用近代科学观点全面总结古代数学遗产，并提出与国际数学史名家合作写书，需要何等的勇气与胆识。这次挫折对其后来的成功起到了激励作用。

(1) 英文原版　　(2) 中国誊印本　　(3) 顾裕魁译本

(4) 沈昭武译本　　(5) 高佩玉译本　　(6) 封嘉义译本

图 5-5　《温德华士平面三角法》英文原版及汉译版教科书封面

（二）编写理念与编排形式

《温德华士平面三角法》英文原版采用从左至右横排编写的形式。书中图形丰富，字符大小适宜，纸张较好且印刷清晰，便于保存。相比而言，中国誊印的英文原版质量明显不如英文原版。

在此引用英文原版的"序"，以此了解原著者的编写意图等。

　　编写这本书的目的在于，为重点学校的实际教学提供足够多的三角学知识。因而，所有针对个别学生设置的问题均被删除，除了函数的发展。书中定理以最简洁的方式展开，使其简单明了。问题的选取以有趣为主，以此唤醒学生热爱数学的意识。作者在设计最简洁的证明方式上花费了大量的时间，并且呈现了利用对数证明的最好方法。

　　测量的目的是清晰展示这个主题，在如此小的罗盘上，学生一般会发现利用时间去获得这一重要课题的有关知识。①

在英文原版序中，作者指明了该书编写的特点，如定理叙述简洁，证明简单明了；问题设计以趣味性为主，以此激发学生学习数学的兴趣；书中设置了学生动手测量的课题——罗盘，学生通过实际操作，发现相关问题。

《温德华士平面三角法》汉译本中均未包含温德华士所作的"原序"，而仅以译者"序言"代替。如顾裕魁在1911年编译的《汉译温氏高中三角法》的"序言"中写道：

　　美人温德华士（Wentworth），近世算学大家也。其所著算学各书，为中国各学校所采用者，已不止一种。盖以温氏之书，说理则明晰，选材则详备，教者易于教，学者易于学，以视他种教科书，实有比较的优点也。惟原书概为英文，在已通英文者，不难就原书而研求；在未通英文者，同抱此研求之志，而为文字所阻，致不得一窥美备之著作，亦为憾事。三角一法，在算学中，程度已高，学校中习是法者，大都为中学以上已通英文之生徒。故各学校用温氏书，多直接用原书讲授，以无借乎译本。虽然，学堂之高等生，无虑不能读温氏书，而喜读温氏书者，必不以学校高等生为限。为普及计，则译本之不可少者一。各种术语，中西本虽强同，但诵习西书，知彼而不知此，于应用必多窒碍。为贯通计，则译本之不可少者二。夫学术之为物，传播愈多其途，则昌明愈趋于速。本馆前于温氏之书，如代数

---

① 英文原版中该序言为英文，此处为笔者翻译。

学，如几何学，已先后译成汉文，岂好为骈枝哉？诚欲使不能读原书者，有捷径以探其奥；已曾读原书者，可对照而会其通云尔。今此三角法之译，亦犹前志也。印既成，用述其原意如此。①

顾裕魁在其译本的序言中，用 8 个字概括了温德华士所著三角学教科书的优点，即"说理明晰、选材详备"。其英文原版在中国使用范围较广，而对该书的普及与学习西籍的编写等方面的思考，催生出汉译本若干。读者在学习英文原版的同时，可以参考汉译本，方便大多数学生进行学习。

随后，沈昭武在 1912 年 9 月选取《温德华士三角法》中的平面部分进行了翻译，其"例言"写道：

一、是书为美国大数学家温德华士（Wentworth）所著。乃教科书最善者，吾国久已风行，然译本甚少。惟刘君光照所译《八线揭级》。但其书印为直行，颇不便于学者，盖今日学者咸习惯于横式也。且《八线揭级》为数年前所译，而今乃增订者较前尤为完善，故特译之以飨学界。

二、该书内如数目字及八线对数诸名俱用英文，盖捷于书也。兹将八线对数诸名列之如下以便对照。

正字	sine 正弦	cosine 余弦	tangent② 正切
缩写	sin	cos	tan
正字	cotangent 余切	secant 正割	cosecant 余割
缩写	cot	sec	csc
正字	versed sine 正矢	coversed sine 余矢	
缩写	vers	covers	
正字	logarithm	cologarithm	
缩写	log	colog	

---

① 温德华士：《汉译温氏高中三角法》，顾裕魁译述，商务印书馆，1911，序言。
② 原书将其写为 taugent。

三、该书译后仅二十余日为书至促而译者学识既浅，谬误之处谅不能免。务希海内博雅随时匡我不逮，是所深谢。①

沈昭武在"例言"中首先阐明促使其翻译《温德华士平面三角法》的原因有二：第一，该书英文原版在中国风行已久但译本较少；第二，原先三角学教科书竖排编写等形式已不适合当时的三角教学，而温德华士三角法为横排编写，一方面符合时代发展的要求，另一方面较其他教科书完善。此外，例言中提到用英文字母表示八个三角函数，可见在当时用英文字母表示三角函数还没有被完全接受，即还未完全西化，正处于过渡阶段。

高佩玉与王俊奎编译的《平面三角学》是以《温斯二氏平面三角学》教科书为蓝本的。书中引用了乔治·温德华士与史密斯所作的"序"：

温德华士三角一书，在美国教育界已有极长之历史。故欲代替此书，必须有相当之理由。虽算术上之真理，永久不变，然教育政策随时代而变更；而现在学校已需要一种合法的方法以适应此潮流。

在美国关于基本科学种种之改造计划，主要之要素，须视材料之效用及实际上之应用方法如何而定。就效用方面而言，凡一切新原则之发现，须注重实际，不必偏重于抽象之理论。例如自然函数之功用，乃示吾人以对数计算之重要，正割与余割并不居于重要地位；且无论何种科学，凡过于应用三角法则，可以减少初学者之兴趣。大角之函数及两角之和或差，在三角学上，必须用另外之方法以研究之，而钝角三角形虽有多数人应用，然已变为不专门之方法矣。

度数之小数除法，虽有相当之价值，然一般人已承认其居于次要之地位。在他种科学上，六十分制虽可取消，但其应用上之便利，学者仍当注意其重要。

至于弧度，各种函数表，三角学对于高等代数之应用，及三角方程式之原理，在平面三角上皆占有相当之地位，仍须应环境之需要而注重之。

---

① 温德华士：《平面三角》，沈昭武译，文明书局，1912，例言。

著者欲使教师及学生明瞭三角学之内容，故每类俱准备多数之问题，藉作每年之选择材料。关于理论方面，省略甚多，如第九至第十二章。

书中各表精心造成，既能实际应用，又可省目力，均为学生所最需要者。并可使学生得因角之除法，除至小数或六十分制之机会。

该书材料之整齐，适于应用；注重实际，不重理论；舍弃一切不甚重要之材料，而使人感觉兴趣，深得一般人之赞成焉。①

史密斯根据时代环境的变迁，对《温德华士平面三角法》的内容进行了修订。首先，修订后的教科书沿袭原著的风格，仍注重实际，不重抽象的理论。其次，受时代环境的影响，将原来书中比较强调的知识变为次要的，这就需要对教科书中的内容进行一定的调整。例如，度数的小数除法虽有一定的价值，但当时已被承认居于次要地位，故需要做一系列调整。再次，书中素材的选择根据实际情况不断更新。此外，设置了一定数量的习题，以供练习。

（三）内容简介

《温德华士平面三角法》英文原版共 6 章，58 节。正文内容 141 页，后附习题答案 21 页及对数表 76 页。其目录如下。

第一章：锐角三角函数（1. 角的测量；2. 三角函数；3. 以线表示三角函数；4. 函数随其角度的改变而变化；5. 余角的函数；6. 角之函数的关系；7. 已知角的某一函数求其它函数的公式；8. 45°角的函数；9. 30°，60°角的函数）

第二章：直角三角形（10. 已知直角三角形的部分条件；11. 不用对数的解法；12. 解直角三角形的通法；13. 对数解法；14. 直角三角形的面积；15. 等腰三角形；16. 正多边形）

第三章：测角法（17. 测角法的定义；18. 正量与负量；19. 平面内一点的坐标；20. 任意角；21. 任意角的函数；22. 变角的函数；

---

① 温德华士、史密斯：《平面三角学》，高佩玉、王俊奎译，北平文化社，1934，序。

23. 大于360°角的函数；24. 公式的推广；25. 化各函数为第一象限函数；26. 相差90°角的函数；27. 负角的函数；28. 两角和的函数；29. 两角差的函数；30. 二倍角函数；31. 半角函数；32. 函数之和与差；33. 反三角函数）

第四章：斜三角形（34. 正弦定理；35. 余弦定理；36. 正切定理；37. 已知部分；38. 斜角三角形的解法（已知一边与两角）；39. 已知两边及其一对角；40. 已知两边及其夹角；41. 已知三边；42. 三角形面积）

第五章：杂题（43. 平面三角问题；44. 直角三角形；45. 斜三角形；46. 面积；47. 平面航海术；48. 平行及中纬线航海术；49. 周游航海术；50. 测角法问题；51. 简单方程式的解法；52. 方程式的一切解法）

第六章：表的构造（53. 对数；54. 指数级数与对数级数；55. 小角的三角函数；56. simpson 三角函数造表的法则；57. 棣莫弗定理；58. $\sin x$，$\cos x$，$\tan x$ 无穷级数展开式）[1]

顾裕魁译本除包括以上内容外，另涉及三章球面三角内容。目录设置、内容安排与原著相同。沈昭武译本与原著结构相同，但由于译者理解有所不同，一些名词术语不统一。整理《温德华士平面三角法》中的核心知识，如表5-5所示。

表5-5 《温德华士平面三角法》主要内容简介

书名	核心知识	
	核心概念	子概念
温德华士平面三角法	角之测量	角度制；弧度制；角度制与弧度制间之转化；正角及负角；平面内一点之坐标；象限角
	锐角三角函数	三角函数的定义；以直线表示函数法；余角函数（余角之正弦、余角之余弦、余角之正切、余角之余切、余角之正割、余角之余割）；同角三角函数关系（平方关系、比值关系、倒数关系）；特殊角之三角函数

---

[1] 本目录依据英文原版教科书翻译而成。

续表

书名	核心知识	
	核心概念	子概念
温德华士平面三角法	直角三角形	真数解法；解直角三角形之通法；对数解法（已知斜边及一锐角、已知一直角边及一锐角、已知斜边和一直角边、已知两条直角边）；直角三角形之面积；等腰三角形；正多形
	任意角之函数	公式之扩张；化各函数为第一象限内之函数；相差90°之两角之函数；负角之函数；两角和（较）之函数；二倍角之函数；半角之函数；函数之和及较；逆三角函数
	斜三角形	正（余）弦定律；正切定律；斜三角形之解法（已知一边及两角；已知两边及一对角；已知两边及夹角；已知三边）；三角形之面积
	表之构造	对数之性质；对数底之变换；两种重要对数（常用对数、自然对数）；指数级数及对数级数；对数之计算；棣莫弗定理

高佩玉与封嘉义均根据史密斯改编后的温斯二氏系列教科书为底本进行翻译，其内容设置如下。

第1章：锐角之三角函数；第2章：自然函数表之应用；第3章：对数；第4章：直角三角形；第5章：任何角之三角函数；第6章：两角和或差之函数；第7章：斜三角形；第8章：应用杂题；第9章：平面航海术；第10章：函数之图解；第11章：三角上之恒等式及方程式；第12章：三角学对于代数学之应用。

其中，《汉译温斯二氏平面三角学》中的核心知识如表5-6所示。

表5-6 《汉译温斯二氏平面三角学》主要内容简介

书名	核心知识	
	核心概念	子概念
汉译温斯二氏平面三角学	锐角之三角函数	角之测法（六十分制、百分制）；角之六个函数；余角之函数；特殊角之函数（45°、30°、60°）；三角函数间基本关系（倒数关系、平方关系、比关系）；函数之实用（正弦之实用、余弦之实用、正切之实用、余切之实用、正割之实用、余割之实用）
	直角三角形之应用	解直角三角形（已知一锐角及一弦、已知一锐角及对边、已知一锐角及邻边、已知弦及一边、已知两边）；等腰三角形；有法多边形

续表

书名	核心知识	
	核心概念	子概念
汉译温斯二氏平面三角学	任何角之三角函数	正角及负角;点之坐标(定义、坐标之符号、点之作法、点至原点之距离);象限(定义、各象限内坐标之符号);任意角;任意角之函数;以线表函数法;化各函数为第一象限内之函数;相差为90°之两角之函数;负角之函数;函数之关系(函数关系之扩充、符号);两角和或差之函数(正弦、余弦、正切、余切);倍角之函数;半角之函数;函数之和及差(正弦、余弦);函数之图解(二次函数之图解、正弦之图解、函数之周期);反三角函数;三角恒等式及方程式(方程式及恒等式、恒等式之证法、三角方程式之解法、联立方程式)
	斜三角形	三角形之几何性质;正弦律(正弦律诸关系式、正弦律之推广、正弦律之应用);余弦律;正切律;三角形之应用(利用三律求解三角形、三角形之面积)

  史密斯修订的《温德华士平面三角法》与原著相比,在内容上做了一定的修改,主要体现在以下几个方面。

  (1) 明确了三角学的研究范围。如第一章开篇即给出数学各科的性质——算术之性质、代数学之性质、几何学之性质、三角学之性质。对三角学描述为:"今兹开始研究他一支算学,此支算学,虽用数目,而数目非其主要部分。虽用方程式,而非专研究方程式,虽用图形亦非专研究图形。三角学者,系研究三角形内诸线之关系,亦即量三角形之意。并为测量学,工程学,机械学,测地学,及天文学之基础也。"①

  (2) 补入了三角函数的图象、周期等内容。如第十章"函数之图解",从探讨一次函数、二次函数图象的方法(描点法)出发,引出正弦函数的图象与周期。至于余弦、正切、余切、正割等函数的图象,则放置在习题中,留给学生去验证(见图5-6)。

  (3) 强调数学各科间的衔接,重点突出了三角学与代数学之间的联系。如在"函数之图解"一章,用图象代表函数的方法与代数学相同,沟通了三角学与代数学之间的关系。另增加了"三角学在代数学上之应用"一章,更进一步展示了三角学于代数学应用范围之广。

  由以上整理发现,《温德华士平面三角法》一书以单元形式组织而

---

① 温德华士、史密斯:《平面三角学》,第1页。

第五章　1912～1949年数学教育制度之外的中学三角学教科书

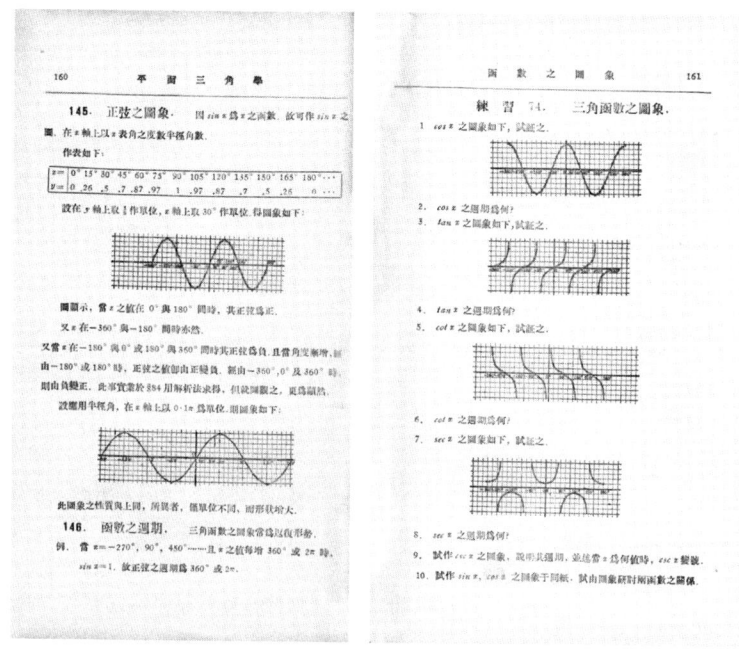

图 5-6　正弦之图解

成，以任意角及弧度制为中心，以三角函数为主线展开。知识的呈现遵循由特殊到一般的原则，如由直角三角形扩展至斜三角形，由特殊角的三角函数推广到任意角的三角函数等。书中内容的选材较为完备，但也存在一些不合理的地方，如"表的构造"一章对于高中生来讲偏难，可以酌情删去等。

（四）名词术语、数学符号简介

通过对比《温德华士平面三角法》英文原版及其四种汉译本，不仅可以感受译者翻译风格的不同，而且可以看到同一数学名词在不同时期的变化情况（见表 5-7）。

表 5-7　《温德华士平面三角法》英文原版及四种汉译本中名词术语对照

序号	英文原版	顾裕魁译本	沈昭武译本	高佩玉译本	封嘉义译本	现行名词
1	the regular polygon	正多角形	有法多边形	有法多边形	正多边形	正多边形
2	difference	较	较	差	差	差
3	anti-trigonometric functions	逆三角函数/反函数	反函数	反三角函数	逆三角函数	反三角函数

续表

序号	英文原版	顾裕魁译本	沈昭武译本	高佩玉译本	封嘉义译本	现行名词
4	law of sines (cosines)	正（余）弦定律	正（余）弦之例	正(余)弦律	正(余)弦律	正（余）弦定理
5	the oblique triangle	斜角三角形	斜角三角形	斜三角形	斜三角形	斜三角形
6	right triangles	直角三角形	正三角形	直角三角形	直角三角形	直角三角形
7	perpendicular	垂直	正交	垂直	垂直	垂直
8	unit circle	单位圆	准圆	单位圆	单位圆	单位圆
9	reciprocals	反商	反数	倒数	倒数	倒数
10	perimeter	周	周界	周界	周界	周长
11	abscissa/ordinate	横(纵)坐标	横(纵)距	横(纵)坐标	横(纵)坐标	横(纵)坐标
12	adjacent sides	邻边	倚边	邻边	邻边	邻边
13	angle of elevation (depression)	仰（俯）角	仰（俯）视角	仰（俯）角	仰（俯）角	仰（俯）角
14	circular system	真弧度法	/	弧度	弧度	弧度制
15	radian	本位弧	径率	半径弧	半径弧	弧度
16	answers	答数	答	答案	答案	答案
17	De Moivre's Theorem	马氏定理	莫非尔定理	底茅尔氏定理	马氏定律	棣莫弗定理
18	inscribed circle	外接圆	外切圆	外切圆	外切圆	外接圆

由表5-7可见，这些名词术语呈现出以下几个特点。

（1）顾裕魁译本与沈昭武译本为20世纪前十年出版的，其中使用的名词术语大多与现行表示相同。顾裕魁译本虽先于沈昭武译本出版，但相比而言，沈昭武译本中的名词术语更显陈旧。如perpendicular顾裕魁译本已将其由"正交"改译为"垂直"，但沈昭武仍将其译为"正交"，等等。

（2）高佩玉译本与封嘉义译本于20世纪30年代出版，其名词术语已与现行表示基本一致，如差（difference）、单位圆（unit circle）等。其间虽有一些与现行不一致的词语表示，但可视为基本一致，如正弦律（正弦定理）、弧度（弧度制）等。

（3）三个数学名词——law of sines、law of cosines、law of tangents，首次在温德华士所著三角学教科书 *Plane Trigonometry* 中明确以"正弦定律""余弦定律""正切定律"的名称同时提出。

此外，数学符号方面有两点说明。第一，《温德华士平面三角法》汉译本中的数学符号未完全采用英文原版中的表示方法。如"极限"，英文原版中已采用符号"limit"表示，而汉译本未引入其符号表示，仍以汉字"极限"或"限"代替，表明当时中国学者在接受西方文字符号时有所选择与保留。第二，《汉译温斯二氏平面三角学》对《温德华士平面三角法》中的数学符号做了修订。如"阶乘"，《温德华士平面三角法》中采用符号"⌐"表示，而《汉译温斯二氏平面三角学》改用"!"。符号"⌐"开始用于英美两国，而"!"的写法用于欧洲各邦，后英美两国改用"!"，这个符号一直沿用至今。但高佩玉译本与封嘉义译本中的"阶乘"符号表示又有所不同，以 2 的阶乘为例，高佩玉译本与英文原版保持一致，用"⌊2"表示，而封嘉义译本则用符号"⌐2"表示（见图 5-7）。

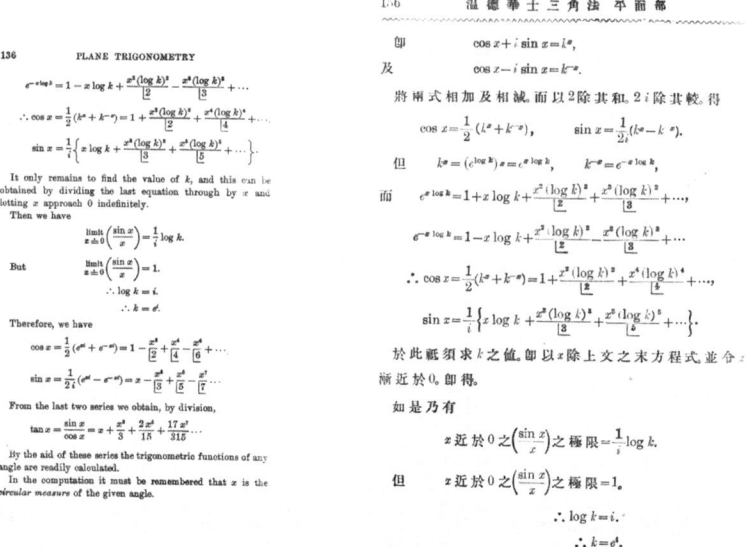

图 5-7　《温德华士平面三角法》与《汉译温斯二氏平面三角学》中数学符号表示

（五）特点分析

由以上分析可知，《温德华士平面三角法》教科书具有如下特点。

（1）说理明晰，选材详备，体例井然，简明易懂。以"变角之函数"一节内容为例，书中结合具体图形，分别探讨了正弦、余弦、正切、余切、正割、余割六个三角函数值随角度变化的情况。随后将其结论以表格的形式整理出来，十分直观。最后对整理出的结论进行文字的补充说明（见图5-8）。这一节内容脉络清晰，教师易于教，学生易于学。该书便于初学，是一部标准的高中用三角学教科书。

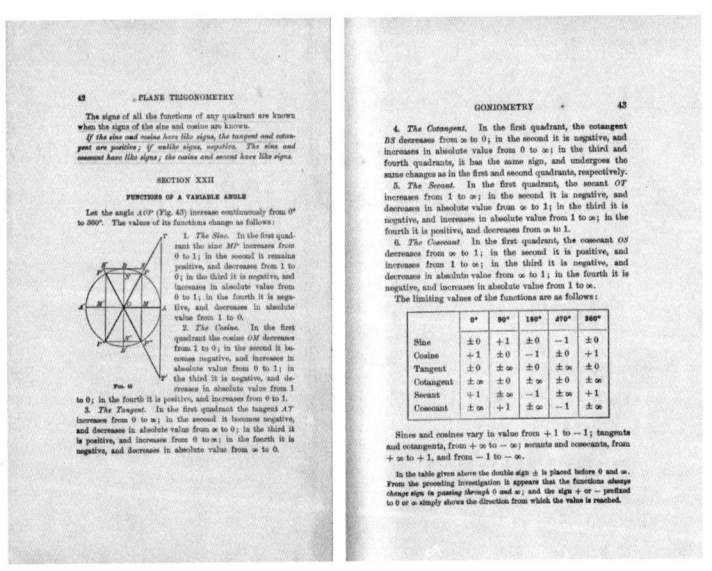

图 5-8　变角之函数

资料来源：*Plane Trigonometry*，pp. 42-43。

（2）注重实用性。该书中的例题与习题大多以实际问题为素材，且习题数量较多。以第十四章"直角三角形之面积"为例，这一章设置例题2道、习题66道。其中前52道习题是对直角三角形的简单计算，后14道为利用解直角三角形的相关知识进行解答的实际问题，如求塔高、求江宽、求树高、求梯长、求街宽、求山高等。

(3) 重视利用广告进行宣传。《温德华士平面三角法》教科书注重利用广告的力量进行自我推销，尤其在一些影响较大的教科书或杂志上做宣传，对其传播起到一定的促进作用。如在沈秉焜编译的《球面三角法新教科书》（商务印书馆，1913）及马君武编译的《中等平三角新教科书》（商务印书馆，1913）的版权页上均印有《温德华士三角法》的宣传广告语，且广告语相同（见图5-9）。"民国初建，辨方经野测量需才三角法之研究最为切要，是书共分九编，前六编论平面三角，后三编论球面三角。说理明晰，选材详备，书成于美国算学大家温德华士氏，久为吾国各学校所欢迎。今特译成汉文，以供当世有志三角测量者之需用。"①

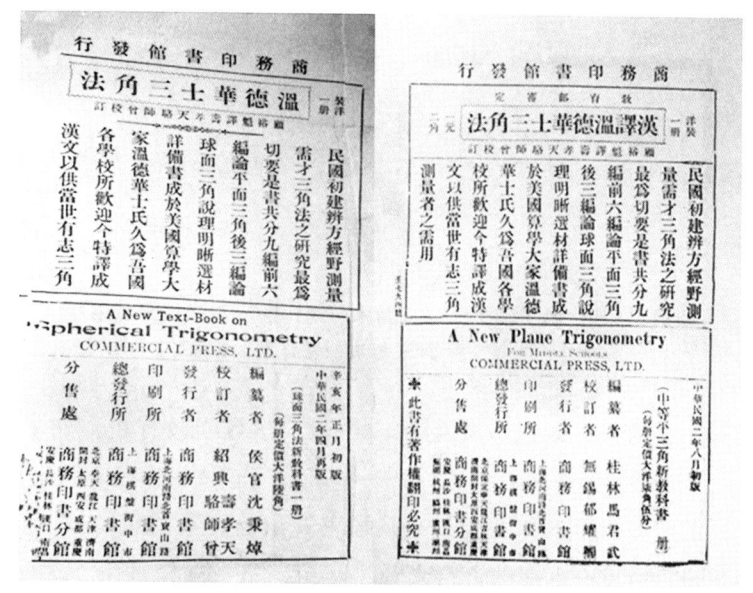

图5-9 《温德华士三角法》广告语

(4) 具有与之配套的习题详解。《温德华士平面三角法》中的习题在《平三角术习题详解》中均有较为详细的讲解。该习题详解由温德华士原著，郑辅维将其翻译成中文，文明书局于1912年5月初版（见图5-10）。习题详解的出版一方面有利于教师做教学指导，另一方面方便学生

---

① 突罕德：《中等平三角新教科书》，版权页。

课下复习与自学。此外，国人为该书中的例题配备了《温氏高中平面三角法例题详解》，由汤镜荣、张春明编演，1934 年 8 月广州宏文学社初版。

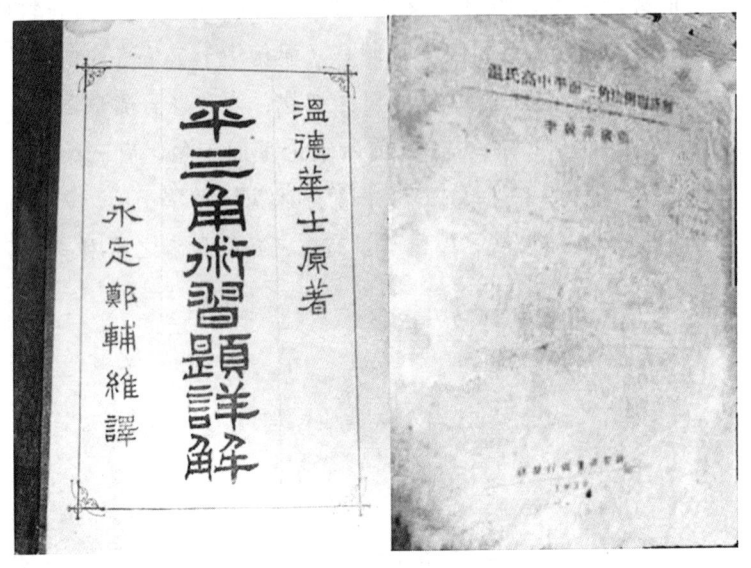

图 5-10 温德华士《平三角术习题详解》与《温氏高中平面三角法例题详解》封面

值得注意的是，魏庚人先生在《中国中学数学教育史》中曾指出："书中（《温德华士平面三角法》——笔者注）正式提出了正弦定律、余弦定律、正切定律。三律并提，是从该书开始的。"① 然而，这一说法笔者并不苟同。据目前掌握的资料来看，《温德华士平面三角法》中虽同时提出了正弦定律、余弦定律、正切定律三个定律，却不能表明是从这本书开始的。同样是三角学教科书，这三个定律早在 1859 年突罕德所著的 Plane Trigonometry for the Use of Colleges and Schools 中就已提出，只是没有明确指出这三个定律的名称而已。这一点可以从马君武翻译突罕德的《中等平三角新教科书》序言中得以证明："……念惟英人 Todhunter 之中等三角。最简而备。辄译之以为课本。……译文一依原本。惟第六章稍有

---

① 魏庚人等编著《中国中学数学教育史》，第 134 页。

改窜。"① 即该译本除第六章稍加改动外，其他章节均是依照原版翻译而成，书中三个定律的内容（见图5-11）如下：

$$正弦定律 \frac{a}{\sin A} = \frac{b}{\sin B} = \frac{c}{\sin C};$$

$$余弦定律\ a^2 = b^2 + c^2 - 2bc\cos A;$$

$$正切定律 \frac{a-b}{a+b} = \frac{\tan\frac{1}{2}(A-B)}{\tan\frac{1}{2}(A+B)}。$$

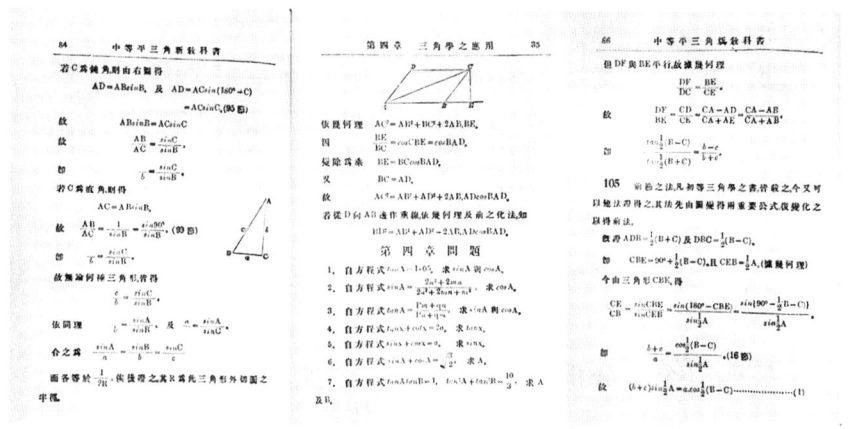

图 5-11　《中等平三角新教科书》中正弦定律、
余弦定律、正切定律的内容

其中，如果已知三角形的两条边及其夹角，可用余弦定律求出第三边，再用正弦定律即可求得其余两角。正切定律可变形为 $\tan\frac{1}{2}(A-B) = \frac{a-b}{a+b}\cot\frac{1}{2}C$，如果已知三角形两条边及其夹角（如 a、b、C），用正切定律可求得 $\frac{1}{2}(A-B)$ 的值，从而求得另一角及一边。由于正切定律可由正弦定律与和差化积公式推导出来，所以正切定律作为推论或扩展知识要求学生了解即可。

---

① 突罕德：《中等平三角新教科书》，序言。

然而，无论是突罕德还是温德华士，他们所编的三角学教科书都是基于已有的事实经验编写而成，即将已成定论的、没有争议的知识，以简单的形式、便于学生理解的方式呈现出来，故从这一层面上来讲，教科书中内容提出的时间要远远晚于专著中提出的时间。事实上，早在1464年雷吉奥蒙塔努斯（J. Regiomontanus，1436~1476）在其著作《论各种三角形》①（On Triangles of Every Kind）中，就以叙述的形式将正（余）弦定律表示出来，但由于当时工作的主要方向是正弦函数占主导地位的球面三角学，故其著作中没有出现正切函数。正切定律是韦达在1580年给出的，他也是用现代形式写出正切定律的第一人。

总之，温德华士所编三角学教科书自1911年传入中国后，在神州大地生根发芽，流行甚广。其主导作用一直延续至20世纪30年代初期葛蓝威尔所著三角学教科书传入中国，直至40年代逐渐退出三角学教科书市场。温德华士所著三角学教科书对中国三角学教育的发展起到了积极的推动作用，几代学人在其影响下成为中国数学教育领域的中坚力量。

四 个案分析——以《葛氏平面三角学》为例

民国时期，继《温德华士平面三角法》之后引入中国的外国三角学教科书中，以《葛氏平面三角学》尤为突出。《葛氏平面三角学》为美国耶鲁大学数学系教授葛蓝威尔所著，在自1909年出版的20余年里，风行全美，也是20世纪30年代风行包括中国在内的各国学校的三角学教科书，其英文原版及多种汉译版本成为中国20世纪30~40年代最有影响力的翻译的三角学教科书之一。该书在学术界流行甚广，哺育了一代学子。

（一）葛蓝威尔及其《葛氏平面三角学》

葛蓝威尔（William Anthony Granville，1863~1943），美国数学家、数学教育家。葛蓝威尔的教学生涯是从贝瑟尼学院开始的，他担任数

---

① 雷吉奥蒙塔努斯在1464年就完成了《论各种三角形》，但直到1533年他去世半个多世纪后这本书才出版。

学助教并兼任财务主管。葛蓝威尔在耶鲁大学数学系取得学士学位，15 年后（1895）成为耶鲁大学的一名数学教授，并于 1897 年被授予数学博士学位，师从 James Pierpont。他博士学位论文的题目是《基于椭圆函数的起源与发展的加法定理》（Referat on the Origin and Development of the Addition-Theorem in Elliptic Functions）。1910 年，葛蓝威尔以全票当选美国葛底斯堡学院校长，一直到 1923 年卸任加入华盛顿国民保险公司。与此同时，他还兼任美国路德会教友兄弟会主席。1943 年 2 月 4 日，突发心脏病不幸在家中逝世，享年 80 岁。

葛蓝威尔著作颇丰，所著数学教科书在美国的各个州被广泛使用。其数学方面的著作主要有 Plane and Spherical Trigonometry and Four-Place Tables of Logarithms（1909）、Elements of the Differential and Integral Calculus（1904）、Elements of the Differential and Integral Calculus（1909）、Elementary Analysis（1910）、The Fourth Dimension and the Bible（1922）等。他的这些著作被翻译成多种文字，在多个国家出版，对世界数学教育产生了一定的影响。

《葛氏平面三角学》是众所周知的一部经典的三角学教科书，原名为 Plane and Spherical Trigonometry and Four-Place Tables of Logarithms，自 1909 年英文原版问世以来，风靡全世界。该书于 1937 年由美国耶鲁大学数学教授 P. F. Smith 及 J. S. Mikesh 重行增订，书名订正为 Plane Trigonometry and Tables，汉译本名为《葛斯密三氏最新平面三角学》，内容更加充实，编制与叙述等方面更加完善。《葛氏平面三角学》原书包括平面三角和球面三角两部分，中国在引进该书的过程中，将两部分内容分开出版。其中，平面三角英文原版有两种版本，一种由算学丛刻社进行誊印，封面书名为英文，内附中文书名"葛蓝威尔平面三角法教科书"和中文的"重刻序"，并有精装和平装两种版本。中国流行的另一种英文版本是节取英文原版的平面三角部分进行出版，没有中文（见图 5 – 12）。在《葛氏平面三角学》英文原版畅销于中国的同时，也出现了大量的汉译版本，并在 20 世纪 30 年代的中国影响至深。《葛氏平面三角学》在神州大地生根发芽，开花结果，对中国数学教育产生了重要的影响。

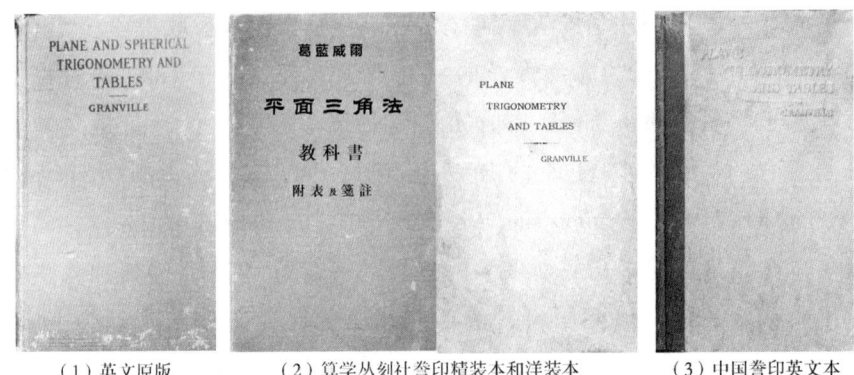

(1) 英文原版　　(2) 算学丛刻社誊印精装本和洋装本　　(3) 中国誊印英文本

图 5-12　《葛氏平面三角学》英文原版封面

（二）编写理念与编排形式

《葛氏平面三角学》英文原版采用从左至右横排的形式编写。书中图形、图表、图象等较为丰富，且附有彩图。原书封面内附有一具透明两用规（见图 5-13），中国在引进的过程中未能附于其中。

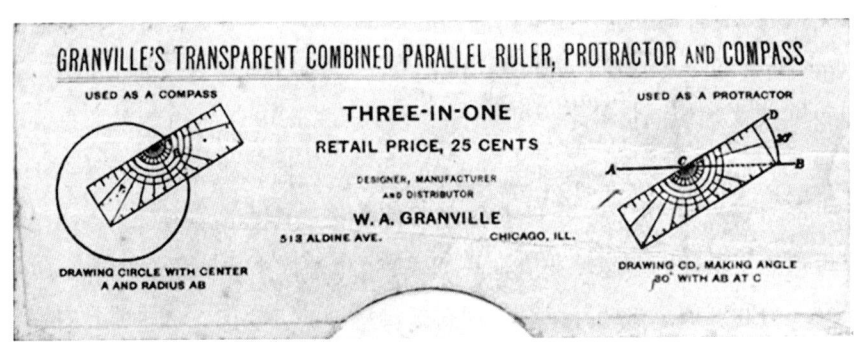

图 5-13　《葛氏平面三角学》英文原版中的透明两用规

在此引用英文原版"序"，以说明该书的编写情况等。

该书作者的目的在于，用最新、最完善的方法来编辑三角法教科书。该书可供高等学校、专门学校、师范学校、高级中学以及自修之用。对于大学入学考试所需的题材尤为注意。书中所含材料对于初学者来讲似属过多，但问题组织得法，教师可根据教学的实际情况酌情删减。

用比来定义三角函数。首先，介绍直角三角形中的锐角，然后通过坐标，将定义延伸到任意角，使学生先使用锐角的自然函数来解决直角三角形中简单的问题。值得注意的是，对于第一象限以外诸角函数的化法，在第23～29节已经阐释。一般地，每一章节后的第一组习题多数使用自然函数做出。书中多数习题依难易次序，审慎排列，并将解题的方法，归纳为通用的定则。至于每节下的例题，皆详加阐释，以资参照。

将对数独立成章，并对用对数减少计算的繁杂应特别注意。该书所用葛氏四位对数表的普通排列法并没有根本的变更，但有几点改进之处可使得计算更加方便。如用该对数表所得的结果，其精确程度极为鲜明。又如，在三角形解法中每类均有两组习题，一组的角以度和分等表示，另一组以度和度的小数表示。这种编制方法，是该书的特色所在，对于预备考取大学的中等学校，大有裨益。因在大学预备中，这两者均为十分必要的。①

英文原版作者"序"，明确指出了该书的使用范围，即可供高等学校、专门学校、师范学校、高级中学及自修之用，但作为高级中学教科书尤为适用。书中所含内容较多，如果按照中国数学课程标准中三角课时的进度安排，未必能够讲授完毕，故教师在进行教学时可以根据具体的情况选择内容进行讲授。对于平面三角部分内容的安排，葛蓝威尔特别指出两个问题：一为三角函数，是用比来定义的。二为对数，指出学习对数的目的在于简化计算。书中例题的演示十分详细，一方面帮助学生逐步理解，另一方面可以作为模板供学生模仿。习题的选择经过仔细的推敲，并按照习题的难易程度进行排列，以此达到逐层深入的目的。

算学丛刻社誉印的英文原版《葛氏平面三角学》在页码的设置上与

---

① 此"序"是笔者根据英文原版翻译而成，在此仅翻译了葛蓝威尔"序"中有关平面三角部分的论述。

原书保持一致。英文原版中所附图形、图表、图象等在算学丛刻社誊印版中无一漏掉。在其誊印的过程中继承了英文原版中附彩色图案的做法，这一举措在处于较为困难时期的中国是十分不容易的。而中国其他机构誊印的该书英文原版中的图片则一律为黑白色（见图 5-14）。与英文原版不同的是，中国誊印的英文原版教科书在印刷方面的质量、图形的清晰程度等方面明显不如英文原版。此外，在誊印本中，每涉及重点内容及证明步骤中易错之处，书中均采用黑体形式进行标注，以引起学生的注意。

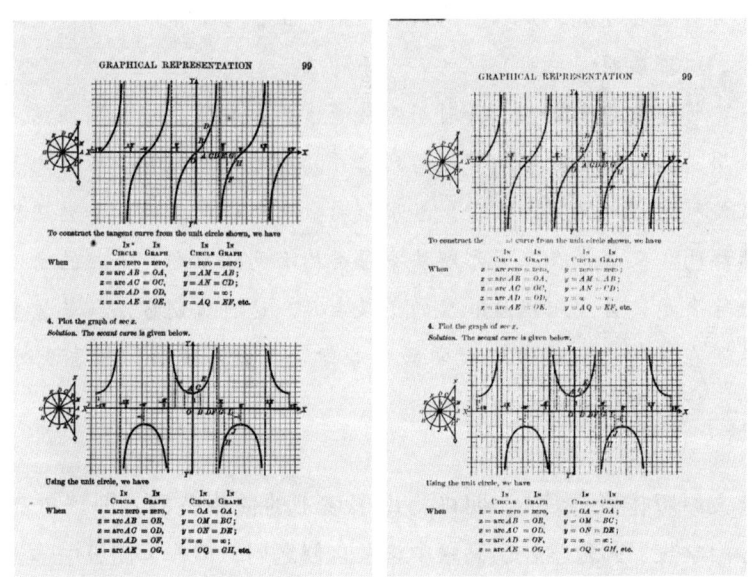

图 5-14 《葛氏平面三角学》英文原版中的彩图与黑白图

在此引用算学丛刻社 1929 年所印"重刻序"①，具体说明当时的编排情况。

> 民国十一年春，附中同人商订三三制课程标准，平面三角法一科，在高中第一部（寻常称为文科）第一年为必修，采用温司二氏三角法为课本，取其易读而通行也；在第二部（寻常称为理科）第

---

① 重刻与誊印有所不同，重刻是将书籍重新排板后印行，而誊印是照着底稿印制而成。

一年亦为必修，采用郎乃氏三角法第一编为课本，第二年则为选修，专习第二编，取其材料丰富，注重解析，搜罗习题，亦较寻常课本为艰深，学者习此，不难法乎上而得乎中也。行之数年，多方试验，觉温司之书繁琐而不精，读之令人生厌；郎乃之书，材料过多，限于时间而不能从容将事，学者亦苦之。职是之故，两部必修科三角法教科书，实有改用他本之必要。

葛蓝威尔所著之三角法，浅而精，简而扼要；取舍详略之间，斟酌至当；排列条贯之处，布置得宜；询乎匠心之作也。非富有经验者盖克臻此？返观吾国之现行学制及初中毕业生之程度，采用此书以课高中一年级，正甚相宜。本社同人曩亦用此试教多次，颇觉允当，拟自今始，附中一二两部之三角必修科均改用此本；二部选科或仍其旧，而先授以第一编之第十九章以发其凡。

近年西籍昂贵，高中学生当学年开始，图书之费动耗数十金中产之家所不易办，况等而下之者乎？同人有见及此，拟自印教科书以谋减轻学子之担负。亦教育者应有之举欤？虽然，此亦不过一时救急之策耳，非长久之计也。所望海内学术界及早编译适当之中文教科书以供学子之用，庶免借助他山，永贻邦国之羞，此则同人所愿共勉者也。兹当付厥伊始，特缀数言略陈所以，用策将来。①

"重刻序"介绍了《葛氏平面三角学》引入中国的背景及其使用范围，即原有的三角学教科书已经不能满足当时的需求并暴露出一些弊端，如内容烦琐不精炼、材料过多、情境等与中国国情不符等。故亟须引进其他优秀的外文原版三角学教科书，以解中国三角学教科书的燃眉之急。与之前使用的《温德华士平面三角法》等三角学教科书相比，《葛氏平面三角学》的内容简明扼要，取舍详略之间，斟酌至当，排列条贯之处布置得宜，能够使学生在规定的修业年限内顺利完成。然而，由于直接使用外

---

① W. A. Granville, *Plane Trigonometry and Four-Place Tables of Logarithms*，算学丛刻社，1929，重刻序。

文原版教科书的成本较为昂贵，对于普通家庭的孩子来讲负担过重，基于这样的原因，中国算学丛刻社担起誊印外文原版教科书的重任，以此减轻学生经济上的负担。

（三） 内容简介

《葛氏平面三角学》英文原版中平面三角部分共 10 章，94 节。正文内容 191 页，后附三个对数表 38 页。其目录如下。

第一章：锐角三角函数，直角三角形解法（1. 锐角三角函数的定义；2. 45°，30°，60°三角函数；3. 直角三角形的解法；4. 解直角三角形的通法；5. 等腰三角形的解法；6. 正多边形的解法；7. 插入法；8. 三角问题中常用名词）

第二章：任意角的三角函数（9. 角的产生；10. 正角与负角；11. 任意角；12. 四个象限；13. 平面内一点的直角坐标；14. 一点与原点的距离；15. 任意角的三角函数的定义；16. 三角函数的代数符号；17. 已知函数值求其角；18. 万能公式；19. 三角函数的直线定义；20. 函数值依角度而变化；21. 角度制；22. 弧度制；23. 化三角函数为锐角函数；24. 补角的三角函数；25. 第二象限内三角函数的化法；26. 第三象限内三角函数的化法；27. 第四象限内三角函数的化法；28. 负角三角函数的化法；29. 任意角三角函数的化简通则）

第三章：三角函数间的关系（30. 三角函数基本关系式；31. 任意函数用其他五种函数表示）

第四章：三角分析（32. 两角之和与差的函数；33. 两角和之正弦与余弦；34. 两角差之正弦与余弦；35. 两角和与差的正切和余切；36. 一角之函数表其二倍角之函数；37. 倍角函数；38. 半角之函数表该角之函数；39. 用一角之余弦表其半角的函数；40. 函数之和与差；41. 三角恒等式）

第五章：角的通值，反三角函数，三角方程式（42. 角的通值；43. 具有同一正弦或同一余割所有角的通值；44. 具有同一余弦或同一正割所有角的通值;45. 具有同一正切或同一余切所有角的通值;46. 反三角函数;47. 三角方程式;48. 解三角方程式的一般方法)

第六章:三角函数图象(49. 变量;50. 常量;51. 函数;52. 函数图象;53. 三角函数的图象;54. 三角函数的周期;55. 用单位圆作三角函数图象)

第七章:斜三角形的解法(56. 三角形边与角的关系;57. 正弦定理;58. 两种情况;59. 余弦定理;60. 正切定理;61. 三角形中半角的三角函数;62. 求斜三角形面积的公式)

第八章:对数的理论及应用(63. 三角学中对数的意义;64. 对数的性质;65. 常用对数;66. 决定对数特性的法则;67. 对数表;68. 由表Ⅰ求任一数的对数;69. 求与已知对数相对应的数;70. 对数在计算中的应用;71. 余对数;72. 对数底的变换;73. 指数方程式;74. 三角函数对数表的用法;75. 表Ⅱ的用法,含度与分的角;76. 求任一角度某一函数的对数;77. 与已知对数相应的锐角的求法;78. 表Ⅲ的用法,角以度及度的小数表示;79. 求一角的函数的对数;80. 与已知对数相应的锐角的求法;81. 用对数解直角三角形;82. 用对数解斜三角形(第一类:已知两角一边;第二类:已知两边及任一对角[两种情况];第三类:已知两边及其夹角;第四类:已知三边);83. 用对数求斜三角形的面积;84. 土地面积的测量;85. 平行航海术;86. 平面航海术;87. 中纬线航海术)

第九章:近于0°或90°的锐角(88. 当 x 趋近于0时,$\frac{\sin x}{x}$ 与 $\frac{\tan x}{x}$ 的极限;89. 近于0°和90°的正锐角的函数;90. 近于0°的锐角函数法则;91. 近于90°的锐角函数法则;92. 求近于0°和90°角的函数的对数法则;93. 测量与计算的一致性)

第十章:公式集要(94. 平面三角公式集要)[①]

[①] 基于各汉译本均有不同程度的错误,故本目录是在参考各汉译本的基础上,做一定程度的修改而成。

（四）比较分析

Liu Gwang Djao、H. G. Wnitcher 翻译的《最新中等教科书三角法》是《葛氏平面三角学》最早的中国译本。该译本将英文原版全盘翻译，平面三角与球面三角完备。然而，该书虽早在 1914 年就引进中国，但并没有推广开来。直至 1933 年，《葛氏平面三角学》才开始在中国流行起来。首先以王国香为代表，于 1933 年 1 月由戊辰学社出版社发行《汉译葛蓝威尔平面三角法教科书》，随后蔚兴印刷厂、艺文书社、北平科学社、算学丛刻社、北平文化学社等出版企业也有译本或编译本相继出版。此后，1934～1948 年，不同作者在不同的出版企业仍不断地出版其汉译本。据笔者目前所收集的资料来看，前后共有 16 个出版机构参与《葛氏平面三角学》的出版工作，其汉译本有 19 种之多（见表5-8）。

表 5-8 《葛氏平面三角学》汉译本概览

序号	书名	译者	出版社	出版年	备注
1	最新中等教科书三角法	Liu Gwang Djao、H. G. Wnitcher	山东基督教共合大学	1914	
2	汉译葛蓝威尔平面三角法教科书	王国香	戊辰学社	1933	1933 年 1 月初版
3	汉译葛兰氏高中平三角术	陈湛銮	蔚兴印刷厂	1933	1933 年 2 月出版
4	汉译葛兰威尔平面三角	徐谷生	艺文书社	1933	1933 年 8 月初版
5	汉译葛氏平面三角学	高佩玉、王俊奎	北平科学社	1933	1933 年 8 月初版,1948 年 7 月 11 版
6	高中平面三角法教科书	韩桂丛、李耀春、王乔南	算学丛刻社	1933	1933 年 8 月初版,1946 年 9 月删订 7 版
7	汉译葛氏平面三角学	褚保熙	北平文化学社	1933	1933 年 12 月初版,1946 年 9 月 4 版
8	汉译格氏高中平面三角学	庄子信、李修睦	南京书店	1934	1934 年 2 月初版,1935 年 8 月 3 版
9	汉译葛氏平面三角学	王绍颜	华北科学社	1935	1935 年 8 月初版,1947 年 6 月 4 版
10	葛兰蕙氏平面三角法	吴祖龙	世界书局	1935	1935 年 11 月初版

续表

序号	书名	译者	出版社	出版年	备注
11	葛斯密最新平面三角学	王允中	科学书局	1939	
12	汉译葛氏平面三角学	程汉卿	科学书局	1939	1939年7月出版
13	葛·斯·密·平面三角学	顾树森	中华书局	1914	
14	葛·斯·密·平面三角学	金立藩	中华书局	1940	1940年10月初版，1948年4月6版
15	汉译葛氏平面三角术	虞诗周	新亚书局	1941	
16	最新葛氏平面三角	王允中	上海书店	1946	
17	葛氏重编平面三角学	周文德	中国科学图书仪器公司	1947	1948年7月2版
18	增编葛兰氏高中平三角术*	陈湛銮	清华印书馆	1947	1933年2月初版1951年9月增编14版
19	葛氏平面三角学	邱调梅	世界书局	1948	

* 清华印书馆在《数学教育》杂志（南中国数学会，1947）第1卷第1期中，对该译本进行了宣传："以原书为蓝本，依新课程标准，重行改编，异常衔接，天衣无缝，且简要详明，教学两方咸感便利，加以排印精致，校对正确，战前已风行各著名高级中学，现托本馆刊行，特介绍如上！"可见，其中有些评价是不恰当的。

以上所列19种《葛氏平面三角学》的汉译本教科书除程汉卿译本、吴祖龙译本及顾树森译本未见其书外，其他16本均已收集完毕。基于《葛氏平面三角学》汉译本数量之多，故在此仅选取英文原版及较有代表性的6种汉译本作为研究对象进行比较分析。各译本出版信息等及其书影见表5-9及图5-15所示。

表5-9 《葛氏平面三角学》原版及六种汉译本出版信息

序号	书名	序言	正文页数	版权页	习题答案	勘误表	翻译类型	备注
1	Plane and Spherical Trigonometry	有	191	有/无*	无	有**	英文	以下简称"英文原版"
2	汉译葛蓝威尔平面三角法教科书	有	191	有	无	有	编译	以下简称"王国香译本"
3	汉译葛氏平面三角学	无	191	有	无	无	翻译	以下简称"高佩玉译本"

续表

序号	书名	序言	正文页数	版权页	习题答案	勘误表	翻译类型	备注
4	高中平面三角法教科书	有	284	有	无	有	编译	以下简称"韩桂丛译本"
5	汉译葛氏平面三角学	有	191	有	无	无	编译	以下简称"褚保熙译本"
6	汉译格氏高中平面三角学	有	252	有	有	无	翻译	以下简称"庄子信译本"
7	汉译葛氏平面三角学***	有	240	有	无	无	编译	以下简称"王绍颜译本"

* 直接进口到中国的英文原版《葛氏平面三角学》有版权页，而北平厂甸师大附中算学丛刻社誊印的英文原版《葛氏平面三角学》教科书没有版权页。

** 北平厂甸师大附中算学丛刻社誊印的英文原版《葛氏平面三角学》教科书附有勘误表，而外文原版没有。

*** 该书在第三版排印之前，曾被北平志成中学三角学教授郑德平先生历年采用。

从《葛氏平面三角学》著译者"序"来看，英文原版中有葛蓝威尔的"原序"，而北平厂甸师大附中算学丛刻社在誊印的过程中以"重刻序"代替了作者"原序"。且英文原版分为平面三角与球面三角两个部分，而算学丛刻社仅誊印其平面部分。汉译本"序言"方面，均有对译本的相关说明。如王国香译本除"译者自序"外，另附有"节译著者原序"；高佩玉译本有译者所作的"序"；韩桂丛译本有算学丛刻社在 1933 年 8 月所作"编译大意"；褚保熙译本有"例言"及"原序"；庄子信译本的序有三个，第一个由校订者段调元所作，第二个由周家树、张鸿基所作，第三个是翻译葛蓝威尔的原序；王绍颜译本的"序"由校订者赵进义博士所作。

正文页数方面，王国香译本、高佩玉译本、褚保熙译本均与原版对照，以保证与英文原版一致，方便学生读原文时用作参考。六种汉译本有编译与翻译两种形式，其中翻译的有高佩玉译本与庄子信译本，其他四种都是各个译者根据具体的情况编译而成。六种汉译本均有版权页，一方面明确了出版时间等出版信息，另一方面还有对其他教科书的宣传广告等。六种汉译本均按照英文原版的编写体例，将习题的答案列于其后，方便学

第五章 1912～1949年数学教育制度之外的中学三角学教科书

生对照。在再版的过程中，由于发现了一些明显的印刷编辑错误，故北平厂甸师大附中算学丛刻社誊印的英文原版、王国香译本及韩桂丛译本在书末均附有勘误表。

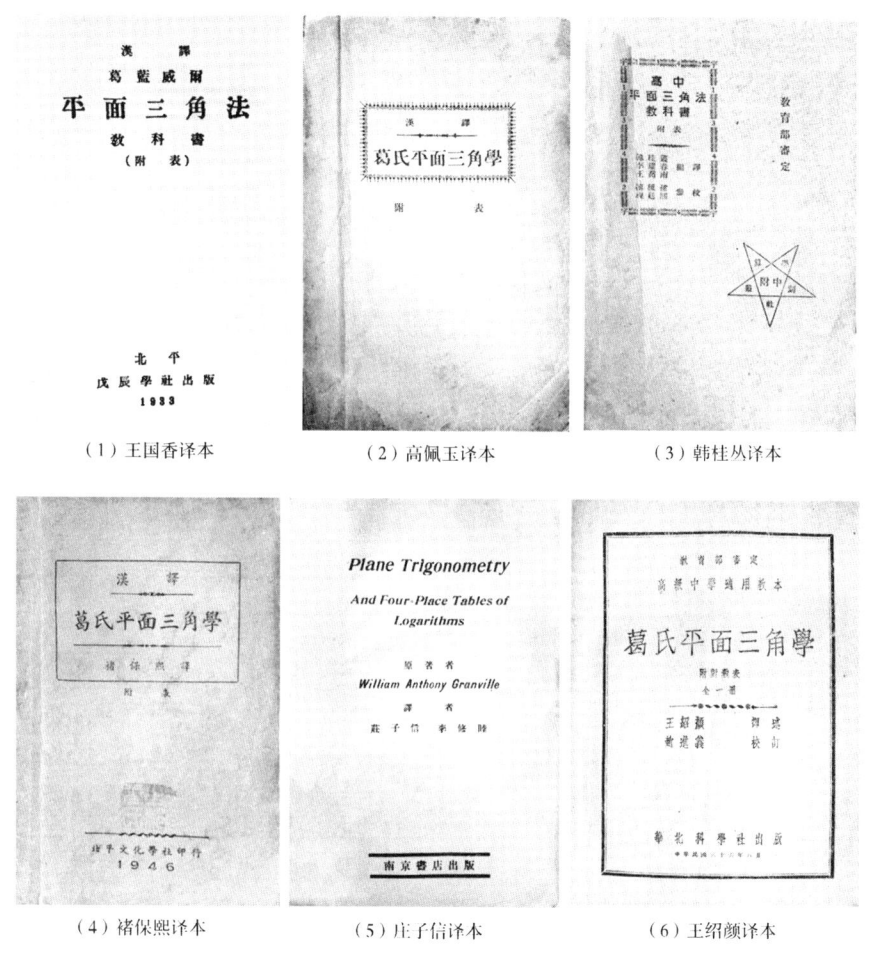

（1）王国香译本　　（2）高佩玉译本　　（3）韩桂丛译本

（4）褚保熙译本　　（5）庄子信译本　　（6）王绍颜译本

图 5 – 15　所选六种《葛氏平面三角学》汉译本封面

1. 名词术语

通过对比《葛氏平面三角学》英文原版及其六种汉译本，不仅可以明显感受到译者翻译风格的不同，而且也可以看到一些名词术语大致的演变过程，见表 5 – 10。

表 5-10　《葛氏平面三角学》英文原版及六种汉译本名词术语对照

序号	英文原版	王国香译本	高佩玉译本	韩桂丛译本	褚保熙译本	庄子信译本	王绍颜译本	现行名词
1	difference	差	差	差	较	较	差	差
2	angular measure	度分法	度制/六十分制	度量法/六十分法	六十分法/度计算法	量角法	度制/角制	角度制
3	circular measure	弧度法	弧制	弧量法	环周计算法	圆弧量法	弧角制	弧度制
4	general value of an angle	角之一切值	任意角	任意角/角之通值	角之通值/任何角	角之通值	任意角	任意角
5	inverse trigonometric functions	逆三角函数/反三角函数	逆三角函数	逆三角函数/反三角函数/逆圆函数	逆三角函数	逆三角函数/反圆函数	反三角函数	反三角函数
6	graphs of functions	图式	图示/图形	图象	图解/图形	图示/图形	图形/图解	图象
7	variables	变量	变数	变量	变数	变数	变数	变量
8	constants	常量	常数	常量	常数	常数	常数	常量
9	periodicity	周期性	周期	周期性	周期性	周环性	周期	周期性
10	law of sines (cosines)	正(余)弦定律	正(余)弦律	正(余)弦定律	正(余)弦之定律	正(余)弦定律	正(余)弦定律	正(余)弦定理
11	regular polygons	有法多边形	正多边形	正多边形	正多边形	正多边形	有法多边形	正多边形
12	vertical line	直立线	直立线	直立线	垂直线	直垂线	垂直线	垂线
13	horizontal line	水平线	水平线	水平线	水平线	平直线	水平线	水平线
14	rectangular coordinates	直交坐标	直交坐标	垂直坐标	矩形坐标	正坐标	直坐标	坐标
15	common system of logarithms	常用对数	常对数	常用对数	常用对数	常用对数系	常用对数	常用对数
16	trigonometry functions	三角函数	三角函数	三角函数	三角函数	三角函数	三角函数	三角函数
17	quadrants	象限	象限	象限	象限	象限	象限	象限
18	logarithms	对数	对数	对数	对数	对数	对数	对数
19	limit	极限	极限	极限	极限	极限	极限	极限

由表 5-10 可见，这些名词术语呈现以下几个特点。

（1）书中大部分名词术语与现行表示一致，如三角函数（trigonometry functions）、象限（quadrants）、对数（logarithms）、极限（limit）等。这一现象反映了 30 年代出版使用的三角学教科书中，名词术语的继承性较高。

（2）一些名词术语虽与现行有一定的差异，但可视为基本一致，如逆三角函数（反三角函数）、常量（常数）、变量（变数）、周期（周期性）等。

（3）一些名词术语在各译本中意思相近或相似，但表达不同，是译者根据各自的理解进行翻译的，体现了各自的翻译特色。如角度制一词有度分法、度制、度量法、量角法等译法。再如，弧度制被译为弧制、弧量法、环周计算法、圆弧量法、弧角制等。又如，任意角一词被各译者译为角之一切值、角之通值等。

2. 翻译体例

教科书页面设置方面，王国香译本、高佩玉译本、褚保熙译本与英文原版保持一致，虽方便学生与原文对照，但由于中英文写法的差异，这种强行保持一致的做法导致汉译本字号大小不一、行间距不一致，有些段落之间甚至十分拥挤，影响了整体的美观且不便阅读。然而有些译本力图避免此弊，在教科书的开本上下了一些功夫。例如，高佩玉译本则采用大 32 开本，虽在一定程度上克服了上述缺点，使整体阅读效果不太受影响，但每页文字间的行距却不尽相同（见图 5-16）。

事实上，英文原版教科书已将知识点用阿拉伯数字编号，即使不强行保持汉译本与其页码一致，学生也很方便进行查阅。如，韩桂丛译本没有遵照与英文原版页码保持一致的做法，译者认为："（四）修词句以求易解也。一国之语言文字，各有其惯例，不必强同。"[①] 此外，一些译者根据教科书编排层次的需要，添加、删除了若干知识，使知识连接更加紧密，语言更加通畅易懂。如韩桂丛译本，"（二）删繁冗以省精力也。原著于三角函数之对数，有以度分表角者，有仅以度表角者。重复解说而练习之，殊可不必。盖分度之互变极其简单，明其一未有不明其二者也。该

---

① W. A. Granville：《高中平面三角法教科书》，韩桂丛等编译，算学丛刻社，1933，编译大意。

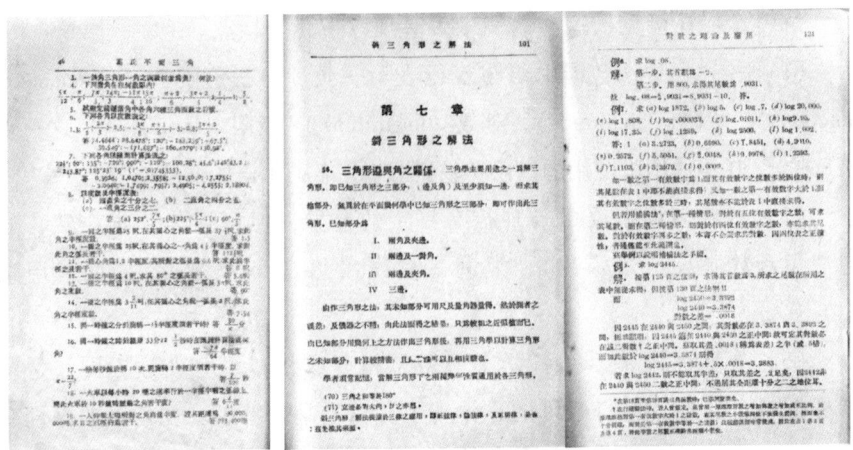

图 5–16 《葛氏平面三角学》汉译本页面设置

书删其仅以度表角之一种……（三）增教材以符定章也。原著所列教材，均与教育部新颁课程标准相符，惟三角函数表之造法及其精确度略论一项，尚付阙如，该书特增入一章，以谋适合"。①

3. 印刷错误

受当时各种条件所限，尽管译者尽其所能地翻译《葛氏平面三角学》，但译本中仍不可避免地存在一些错误。与同一时期国人自编的三角学教科书相比，校对不细致，印刷质量不过关等问题突出。这在一定程度上与翻译的教科书不受教科书审定制度的制约有关。笔者在学习各版本教科书的基础上，结合汉译本中所列勘误表，将各汉译本中存在的印刷等错误列于表 5–11 中。

表 5–11 《葛氏平面三角学》六种汉译本勘误

书名	序号	书中写法	正确写法	页码
王国香译本	1	设 B' 为 BD 内任一点	设 B' 为 AD 内任一点	2
	2	$\sqrt{m^4+2m^2n^2+n^4}=m^2+n$	$\sqrt{m^4+2m^2n^2+n^4}=m^2+n^2$	4
	3	$\dfrac{2mn}{m+n^2}$	$\dfrac{2mn}{m^2+n^2}$	4

---

① W. A. Granville：《高中平面三角法教科书》，编译大意。

续表

书名	序号	书中写法	正确写法	页码
王国香译本	4	例数	倒数	5
	5	9. 有法多边形之解法	6. 有法多边形之解法	14
	6	$\dfrac{5}{\text{ten}18°}$	$\dfrac{5}{\tan 18°}$	15
	7	设圆之半边为 r	设圆之半径为 r	16
	8	$\tan 48° = 1.1109$	$\tan 48° = 1.1106$	17
	9	$(e)\cot x = .3.5249$	$(e)\cot x = 3.5249$	19
	10	$a = 1.522$	$a = 1.521$	21
	11	coversed sin	coversed sine	29
	12	依几何学作能合适此	依几何学作能适合此	29
	13	$\csc x = \pm \dfrac{5}{4}$	$\csc x = \pm \dfrac{5}{3}$	34
	14	半经	半径	37/43
	15	可作一种述叙而写成	可作一叙述而写成	39
	16	当 x 由 $180°$ 故加	当 x 由 $180°$ 增加	40
	17	$45°。 = \dfrac{\pi}{4}$	$45° = \dfrac{\pi}{4}$	44
	18	第二象限内各之角函数之化法	第二象限内各角之函数之化法	47
	19	$350°$	$360°$	54
	20	$\cot^2 A - \cos^2 A = \cot^2 A \cos^3 A$	$\cot^2 A - \cos^2 A = \cot^2 A \cos^2 A$	62
	21	$OD, \sin x / DQ, \cos x$	$OD \cdot \sin x / DQ \cdot \cos x$	64
	22	$\cos(x-y) = \dfrac{2\sqrt{30}+1}{12}$	$\cos(x-y) = \dfrac{2\sqrt{30}+1}{12}$	67
	23	$\tan(x \pm y) = \dfrac{\tan x \pm \tan y}{1 \pm \tan x \tan y}$	$\tan(x \pm y) = \dfrac{\tan x \pm \tan y}{1 \mp \tan x \tan y}$	69
	24	$\cos x = 1 - \sin^2 x$	$\cos^2 x = 1 - \sin^2 x$	70
	25	$\cos 2x = \cos x - \sin^2 x$	$\cos 2x = \cos^2 x - \sin^2 x$	70
	26	$2\cos x = 1 + \cos 2x$	$2\cos^2 x = 1 + \cos 2x$	72
	27	$\dfrac{7\pi}{9}$	$\dfrac{7\pi}{6}$	84
	28	$\sin^2 x = 1 - \cos x$	$\sin^2 x = 1 - \cos^2 x$	90
	29	$x^3 - 2x - 3$	$x^2 - 2x - 3$	95
	30	$\text{logcos} = 9.3705 - 10$	$\text{logcos} x = 9.3705 - 10$	145
	31	29000000	92000000	157
	32	$\text{logcos } 40°25'3'$	$\text{logcos } 40°25.3'$	176

续表

书名	序号	书中写法	正确写法	页码
高佩玉译本	1	第九章 近于 0° 及 90° 之锐角	第九章 近于 0° 或 90° 之锐角	目录 4
	2	92. 求近于 0° 及 90° 之角之函数之法则	92. 求近于 0° 或 90° 之角之函数之法则	目录 4
	3	(d) $mco(\frac{\pi}{2} - x) \cdot \sin(\frac{\pi}{2} - x)$	(d) $m\cos(\frac{\pi}{2} - x) \cdot \sin(\frac{\pi}{2} - x)$	58
	4	$a = 10$	$c = 10$	110
	5	$\frac{a}{\sin A} = \frac{b}{\sin B'}$	$\frac{a}{\sin A} = \frac{b}{\sin B}$	111
	6	$8^{\frac{2}{3}} = \sqrt[3]{8}^2$	$8^{\frac{2}{3}} = \sqrt[3]{8^2}$	120
	7	$x\frac{1}{2}$	$x^{\frac{1}{2}}$	123
	8	$eo\log 56.0$	$co\log 56.4$	151
	9	og?b	logb	155
韩桂丛译本	1	末尾	末尾	13
	2	$1° : x° = .0139 : d$	$1° : x = .0139 : d$	20
	3	上国	上图	30
	4	第一像限	第一象限	33
	5	第四限限	第四象限	33
	6	纵坐标轴成 Y 轴	纵坐标轴或 Y 轴	34
	7	(k) $\sin 90° + \cos 90° + \csc 97° + \cot 90°$	(k) $\sin 90° + \cos 90° + \csc 90° + \cot 90°$	57
	8	但除弦余	但除余弦	77
	9	360	360°	79
	10	$OP = \sin x$	$QP = \sin x$	83
	11	$\cos(+y)$	$\cos(x+y)$	90
	12	此方成之成立	此方程之成立	112
	13	$\tan x = \tan(n\pi +)x$	$\tan x = \tan(n\pi + x)$	123
	14	则无此币	则无此弊	172
	15	$-2\log_b(x^2 - 1)$	$-2\log_b(x^2 + 1)$	185
	16	$\log_b \frac{\sqrt{x}(x^2-1)^3}{(x+1)^2}$	$\log_b \frac{\sqrt{x}(x^2-1)^3}{(x+1)^2}$	185
	17	$3\sqrt{\frac{\sqrt{7194 \times 87}}{98080000}}$	$3\sqrt{\frac{\sqrt{7194 \times 87}}{98080000}}$	204

第五章　1912~1949年数学教育制度之外的中学三角学教科书

续表

书名	序号	书中写法	正确写法	页码
褚保熙译本	1	$c = \sqrt{a^2 + b^2} = \sqrt{2}$	$c = \sqrt{a^2 + b^2} = \sqrt{2}$	4
	2	自己知部分作一三角形	自已知部分作一三角形	7
	3	(7)一锐角之对边 = 弦 + 此角之正弦	(7)一锐角之对边 = 弦 × 此角之正弦	11
	4	$\sin 180° = 1$	$\sin 180° = 0$	38
	5	$\cos 90 = 0$	$\cos 90° = 0$	38
	6	$\sec 2x = \dfrac{1}{\cos 2x} = \dfrac{1}{\sec^2 x - \sin^2 x}$	$\sec 2x = \dfrac{1}{\cos 2x} = \dfrac{1}{\cos^2 x - \sin^2 x}$	76
	7	$(A) n\pi + x = n\pi + (-)nx$	$(A) n\pi + x = n\pi + (-1)^n x$	79
	8	$(B)(n-1)\pi + (\pi - x) = n\pi + (-1)nx$	$(B)(n-1)\pi + (\pi - x) = n\pi + (-1)^n x$	80
	9	$\sin(A+B) + \dfrac{77}{85}$	$\sin(A+B) = \dfrac{77}{85}$	87
	10	$C_2 = 180° - (A - B_2) = 28.07°$	$C_2 = 180° - (A + B_2) = 28.07°$	106
	11	$\sin(x-y) = \sin x \cos y + \cos x \sin y$	$\sin(x-y) = \sin x \cos y - \cos x \sin y$	189
庄子信译本	1	$c = \sqrt{a^2 + b^2} = \sqrt{9+16} = \sqrt{25} = 5$	$c = \sqrt{a^2 + b^2} = \sqrt{9+16} = \sqrt{25} = 5$	4
	2	$\sin A = \dfrac{2mn}{m2+n^2}$	$\sin A = \dfrac{2mn}{m^2+n^2}$	4
	3	欲求面积,复需其商 BD	欲求面积,复需其高 BD	17
	4	n 个相等等边三角形	n 各相等之等腰三角形	18
	5	心角	中心角	18
	6	$\pm 2\sqrt{2}$	$\pm 2\sqrt{2}$	40
	7	$\sec x = -\csc(-x)$	$\csc x = -\csc(-x)$	72
	8	$A = 2n^\pi \pm \dfrac{3\pi}{4}$	$A = 2n\pi \pm \dfrac{3\pi}{4}$	110
	9	sis B	$\sin B$	217
	10	$lagB$	$\log B$	223
王绍颜译本	1	45°,50°,60°,之各函数	45°,30°,60°,之各函数	目录1
	2	$cocA$	$\csc A$	1
	3	$\sin A = \dfrac{a}{c} = \dfrac{1}{\frac{c}{a}} = \dfrac{1}{\cos A}$	$\sin A = \dfrac{a}{c} = \dfrac{1}{\frac{c}{a}} = \dfrac{1}{\csc A}$	2
	4	$1°:.57° = .0162;d$	$1°:·57° = .0162;d$	19

续表

书名	序号	书中写法	正确写法	页码
王绍颜译本	5	$270° - 11° = 239°$	$270° - 11° = 259°$	57
	6	$\tan x \dfrac{\sin x}{\cos x}$	$\tan x = \dfrac{\sin x}{\cos x}$	66
	7	$\text{tna}\dfrac{1}{2}(A+B)\cot\dfrac{1}{2}(A-B)$	$\tan\dfrac{1}{2}(A+B)\cot\dfrac{1}{2}(A-B)$	86
	8	$B = 90° - A = 26°24'$	$B = 90° - A = 29°24'$	189
	9	$\sin B = \dfrac{b\sin A}{b}$	$\sin B = \dfrac{b\sin A}{a}$	199
	10	$\mathop{\text{li} \times \text{it}}\limits_{x=0} \dfrac{x}{\tan x} = 1$	$\mathop{\text{limit}}\limits_{x=0} \dfrac{x}{\tan x} = 1$	224

注：该表结合书后所附勘误表，加之笔者阅读后发现的明显的错误列于表中，不代表书中全部的错漏之处。

表 5-11 中所列仅为各版本教科书中错漏的一部分，书中有些印刷错误则更为明显。王国香译本中有些分数在印刷的过程中丢掉分母或分子，如 $\sin A = \dfrac{a}{c}$ 写成 $\sin A = \dfrac{a}{}$ 等。更有些连分子和分母同时丢掉，只剩下一条分数线，这种情况在王国香译本中有很多。此外，例题中公式代入经常出错。9 和 6 也常被混淆。相比王国香译本，高佩玉译本对其中所犯的印刷等错误引以为戒，多加改正，避免了同样的错误，但仍没有避免字母等漏印的情况。韩桂丛译本在汉字的印刷方面出现的问题较多，而公式的印刷多为系数与指数混淆等。褚保熙译本据笔者看来是印刷最劣的一本，由于整本书印刷字迹不清晰，有些根号缺横线，有些字母缺部首，很多式子看不清其指数等。庄子信译本与王绍颜译本则在字母的印刷上容易出现错误。

相比同一时期国人自编的三角学教科书而言，翻译的教科书出现的错误较多，在一定程度上是因为缺少相关的教科书审定机构，导致教科书质量堪忧。教科书在排版印刷等方面存在较大的问题，校对相对不认真，不利于学生规范书写及培养其严谨的学风。

（五）《葛氏平面三角学》各版本特点分析

英文原版《葛氏平面三角学》自出版以来的 20 余年，风行全美，其优点如下：

（1）圆背精装，封面印有英文书名及作者，书背除印有英文书名及作者还印有出版公司。纸张较厚且很平滑，手感较好，保存至今依然如新。

（2）内容的选材取舍，斟酌至当，兼顾理论与实用两个方面。前后知识间的衔接，遵照学生学习心理的特点及理论的次序，深浅适宜，条理清晰。

（3）系统严谨，定义、定理等知识准确，说理详明、显豁，论述言简意赅，多采用归纳法。学生易学，教师易教。书中涉及重要的知识，采用黑体字加粗的形式，起到强调醒目的作用。

（4）注重函数等基本观念的渗透，同时为学生自主学习留有余地，以培养学生的理解能力。书中习题极丰富，以实用问题为多，有一二百组，约占全部习题的1/5。

然而，再完美的教科书将其放置在一定的社会背景下也有其弊端，Granville 所著《葛氏平面三角学》自然也不例外。

（1）造表法与表的准确度，不合中国部颁课程标准。书中用较多篇幅论及了该部分内容，与1932年颁布的《高级中学算学课程标准》及1936年颁布的《高级中学算学课程标准》规定的"三角函数造表法略论，表之精确度"所不同。[①] 此外，书中所讲三角方程式过分简略，又没有讲授消去法。而正切定理和由边求半角正切公式，是各以化和为积与半角函数公式证明，故不能移到两角和差公式前进行教授。

（2）三角形解法，分真数与对数两种计算，过分耗费教学时间，又不常用余对数，且解任意三角形的对数计算格式散乱。对数在三角学中虽重要，但仅限于数值计算，而对三角学的理解则没有丝毫关系，该书对对数部分过分强调，亦所不取。

（3）反三角恒等式，是初学者最感困难的部分之一，原书对此未能阐明要义。反三角函数所指非一固定角，而是一群角中的一角，故含反三角函数的恒等式，虽表示角与角之间的关系，但不过表示一群角中之一与

---

① 课程教材研究所编《20世纪中国中小学课程标准·教学大纲汇编·数学卷》，第243页。

其他角中之一之间的关系，并非指定某角与某角间的关系。如，恒等式 $\tan^{-1}\sqrt{3} + \cot^{-1}\sqrt{3} = \dfrac{\pi}{2}$ 所表示的含义为 $\tan^{-1}\sqrt{3}$ 所代表的一群角 $60°, 240°, 420°, \cdots\cdots, -120°, -300°\cdots\cdots$ 中任意一角与 $\cot^{-1}\sqrt{3}$ 所代表的一群角 $30°, -150°, -330°, \cdots\cdots, 210°, 390°, \cdots\cdots$ 中的一角相加得 $90°$。其间也小有错误，如第 90 页例 1 在解三角恒等式时，在没有指明分母不为零的前提下即将分母化去等。

整本书虽然说明较为详尽，但常流于繁冗。此外，尚有不经意的错误若干处。虽然该书存在一些不足之处，但毕竟其优点已远远盖过其微小的不足，在当时的情况下，《葛氏平面三角学》不失为三角学教科书的一大善本，故一些学校或直接采用英文原版作为教科书或采用汉译本。如开封高中 1940 年使用的三角学教科书即为《葛氏平面三角学》，由孙文谟讲授。①

《葛氏平面三角学》各汉译本教科书及其特点如下。

1. 王国香译本

（1）该译本以英文原版《葛氏平面三角学》平面部分为蓝本进行编译。译文虽采用文言文，但力求忠实通畅。正如王国香所言："一字一句，往往斟酌数日，就教多人，务使尽其信达之责而后止。……而其选字用句，无不力求通俗浅显，绝无古文艰深晦涩之弊。"② 该译本作为教科用书，堪称适当。

（2）该译本章节与页码做到处处与英文原版对照，没有大做改动（除第 7 页下部的译文，较原书略有删减之处等），便于学习英文原版的学生做参考之用。

（3）该译本得到一些数学家、数学教育名家的支持，如冯祖荀③先生为此汉译本进行了较为细致的校阅。

---

① 常跃进等主编《百年开高：1902－2002》，中国档案出版社，2002，第 448 页。
② William Anthony Granville：《汉译葛蓝威尔平面三角法教科书》，王国香译，戊辰学社，1933，译者自序。
③ 冯祖荀（1880～1940），字汉叔，中国现代数学开山鼻祖。中国出国留学生中学习西方现代数学第一人，中国大学中第一个数学系——北京大学数学系的创办人与系主任，中国第一份科技译刊创办人。

(4) 书后除印有"汉译葛氏平面三角法正误表"两页外,附有版权页及广告页。版权页中明确指出该书有甲乙两种版本,甲种为洋宣纸,定价一元;乙种为新闻纸,定价八角。与其他译本不同的是,该译本版权页上作者的名字为王国香亲笔书写,而非一般地直接印上。而广告页中则列有戊辰学社出版的书籍目录 10 种,参考书类 7 种(见图 5 – 17)。

(5) 然而,该书也有不足之处,为了与英文原版在页码上保持一致,故每页的行间距不一致,有些字间距的排印也过于紧密,看起来不是十分舒服。

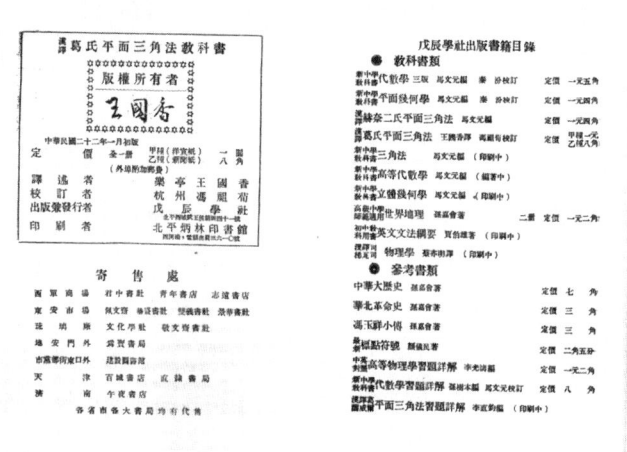

图 5 – 17　王国香译本版权页与广告页

2. 高佩玉译本

高佩玉,民国时期井陉人。毕业于北平大学数理系,曾任初高中数理教员。其翻译的《汉译葛氏平面三角学》特点如下。

(1) 页面设置与英文原版保持一致,虽采用大 32 开本印行,但仍很难做到各页间的行间距保持一致,且字号大小不一,如此种种,在一定程度上影响了页面布局的美观。

(2) 翻译后的文字表达清晰、眉目清楚,证题言简意赅,作图简明。

(3) 据高佩玉介绍,该译本可供初中生和高中生学习使用,如"因自 1 至 118 页不用对数而将三角上之要理要法讲解无遗,此段恰合初中程度。以后再讲对数及其对于三角上之理论及应用,并论及三角上之推广,窥其全豹,恰和高中程度"。①

虽有图象、图表等较为直观地帮助学生理解,但该书印刷质量不佳。如,图形、字母等大多模糊不清晰,尤其是有些涉及字母的指数很难辨认等。

3. 韩桂丛译本

韩桂丛(1898~1975),直隶(今河北)清苑人。1923 年毕业于北京高等师范学校数学研究科,曾任北京女子高等师范学校附属中学教师、北京师范大学附属中学数学教师、北京大学讲师。与李耀春、王乔南共同编译的《高中平面三角法教科书》具有如下特点。

(1)该译本为小 32 开洋装本,纸质较好,不易破损。书中的图形、字迹等印刷清晰,行距较规范,较适合阅读。定理及重点内容采用比正文稍大的字号以表强调。

(2)改正英文原本中不准确或错误的问题,以求明理法。例如,英文原版中关于恒等式的证明采用先果后因的方法,且不加说明,学生学习时容易被误导。又如,反三角函数一节已声明用主值,但例题却不能自圆其说。再如,方程的根没有规定取舍的方法,学生容易产生困惑。至于书中规定直角三角形的正(余)弦永远为正,而例题中则标明了正负号"±",数字也时常出现错误等问题,该译本均进行了订正,以免造成模棱两可等弊病。

(3)删繁去冗,以省学生的精力。英文原版中对于三角函数的对数,有用度分表示角的,有仅用度表示的,重复进行说明并加以练习,而译者认为:"盖分度值互变极其简单,明其一未有不明其二者也。该书删其仅以度表角之一种,而用之于例题及习题中,以保存提倡之意。"② 此外,对于解三角形等过于重复的问题,译者均酌加删减,以省学生的精力并使其免生厌倦之心。

(4)增加相关内容,以期符合要求。英文原版教科书虽大致符合中国课程标准的相关要求,但对三角函数表的造法及其精确度没有相关介绍,故该译本特别增加了一章"三角函数表之造法及其精确度略论",以谋适合。

---

① William Anthony Granville:《汉译葛氏平面三角学》,高佩玉等译,北平科学社,1933,序。
② William Anthony Granville:《高中平面三角法教科书》,编译大意。

（5）该译本历经两年的草创、讨论、修饰、润色编译而成，力求在修辞、语句等方面做到简单易懂。基于各国语言文字各有惯例，译者认为不必强行统一，故其页码没有与英文原版保持一致。此外，对于定理的论述，英文常采用先果后因的方式，而译本遵循中国语言的惯例，采用先因后果的方式进行阐述。

4. 褚保熙译本

（1）褚保熙译本为小 32 开洋装本。全书字号偏小，字迹、图形等印刷不清晰，使得一些内容表达不清晰并容易产生错误。

（2）名词术语方面，参照各通用的汉译版本，加上作者的理解，酌情进行选择。对于重要的命题，在书后附有译名对照表可供参考。书中各名词后没有附注英文，可以省一定的篇幅并与英文原版在页码上保持一致。

（3）惯用符号。在演习的过程中常以 $\sin, \cos, \text{colog}, \text{li}, \text{art}$ 等符号进行表示，不再逐一进行解释等。

5. 庄子信译本

（1）庄子信译本为大 32 开洋装本。该书虽完全译自原版，但为了保证该书的出版质量，页面设置方面没有强求与英文原版一致，而是根据中国语言的步调进行设计。全书印刷质量较高，字迹、图形等清晰，字号大小适宜。

（2）译者人数多，水平较高。正如南京书店编写"汉译高中算学课本"丛书时所表明："自学制改革以还，高中算学科迄未有适宜之课本。故大多数学校纷纷采用外版书籍，以致学生经济精力两方面，均遭重大之无谓损失。本店有鉴于此，特请算学专家而对中等教材极有研究之余介石先生，选取最流行之英文高中算学教本一套，并罗致经验丰富学识优良之大学中学算学教师十一人，分别担任移译。每种均由二人合译互校以期完善无疵，并承中央大学教授算学名家段调元周家树张鸿基三先生及余介石先生分别校订。且每种亦均由二人阅过，如此慎重，其价值可见。"[①] 而三角一门教科书则由余介石主译，协同庄子信、李修睦二人翻译而成。翻译水平较其他译本高。

---

① William Anthony Granville：《汉译格氏高中平面三角学》，庄子信等译，南京书店，1935，封底。

(3) 广告页所包含的信息量大。该书的广告页（包括版权页在内的半页）有4页之多，其中包括"大批高中数学课本"、"余介石先生编译各书"、"南京书店出版新学制初中算学教科书及其十二大优点"和"南京书店出版汉译高中算学课本"等。

6. 王绍颜译本

（1）王绍颜译本为大32开洋装本。纸质粗糙，印刷不十分清晰。用词简明，译文流畅，以期吻合英文原著。

（2）具有一线教学实际。该译本第三版排印之前，曾被北平志成中学三角学教授郑德平先生历年采用，在使用过程中对发现的错误随时给予订正。

（3）校订次数多。该译本一方面由一线教师在使用的过程中加以订正，另一方面由韩镜明、赵进义、韩大中等对照英文原著多次校核，并根据各自所学进行润色，即每次再版均不断地进行订正。

在《葛氏平面三角学》各种汉译版风靡中国的同时，也出版了大量与之配套的习题详解，如李直钧编《汉译葛兰威尔平面三角法习题详解》（不详），高佩玉编译《葛氏平面三角法习题详解》（北平科学社，1933），吴秉之编演《葛氏平面三角法题解》（中原书店，1933），江泽、关廷栋编演《葛氏平面三角法习题详解》（北平科学社，1933），王静岚、柯玉芬编演《汉文葛氏平三角法习题详解》（北平北方学社，1935）等。其中，高佩玉编译的《葛氏平面三角法习题详解》再版次数较多，在1946年10月已再版13次（见图5-18）。

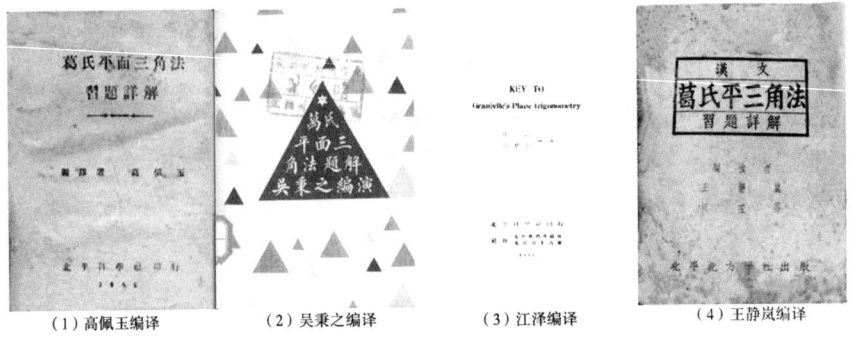

(1) 高佩玉编译　　(2) 吴秉之编译　　(3) 江泽编译　　(4) 王静岚编译

图5-18　《葛氏平面三角学》各种汉译本习题详解

1950年7月，教育部颁布《数学教材精简纲要（草案）》，选定了一批教科书，其中三角教科书仍包括欧美的《葛氏平面三角学》。可见，《葛氏平面三角学》在中国的影响一直延续到20世纪50年代初期。

小　结

民国时期翻译的三角学教科书是清末的延续与发展，一方面继续再版、翻译清末时期反响较好的日本三角学教科书，另一方面根据时代的发展，不断引进、翻译欧美等国的三角学教科书。然而，中国在当时所引进的外国三角学教科书大多在原产国流行甚久。如，温德华士所著三角学教科书于1882年在美国初版，中国在其出版29年后才首次引进，并逐渐开始在中国流行起来，可见中国当时在引进三角学教科书方面较为滞后。甚至有可能出现在原产国已经弃之不用的教科书在中国流行的现象。综观1912～1949年出版的数学教育制度之外的三角学教科书，不难发现翻译的三角学教科书主要通过以下几个途径实现的。

（1）留学生的贡献。清末时期以留日学生为主力军，中国三角学教科书也以翻译日本的为主。进入民国后，随着留美学生人数的增加，中国三角学教科书由翻译日本的为主逐渐转向直接向欧美学习，其中又以翻译美国的三角学教科书为主。留学生翻译的三角学教科书有些在国外出版发行后再运返中国销售，有些则在日本翻译后由国内出版发行，他们对中国近代三角学教科书的发展做出了不可磨灭的贡献。如马君武、段育华、秦汾等。其中，马君武是中国近代著名教育家和政治活动家，是留美归国的学者之一，他虽不是数学家，却翻译和编写了一些数学教材，其中三角学教科书是翻译突罕德的著作。马君武与蔡元培同享盛名，有"南马北蔡"的美誉。与马君武类似的学者不胜枚举。

（2）由于直接引进外国原版三角学教科书成本较高，一些平民百姓家的学生难以负荷，故中国当时出现了大量的誊印本。例如，北平厂甸师大附中算学丛刻社负责誊印了大量的外国原版三角学教科书。当然，为了节约成本，教科书的质量远不如原版。然而，使用英文原版教科书有优点，也有缺点。优点在于英语水平得到较大提高，缺点在于英文原版教科书内容题材有些不适合中国的实际。此外，由于学生学习的是英文原版教科书，会产生对现在的中文数学名词完全陌生的窘况。由此催生了汉译本教科书。

（3）鉴于英文原版三角学教科书毕竟只是适合少数精英教育学校，大多数普通高中仍要依靠中文版的教科书进行教学，故同时出现了多种外国三角学教科书的大量汉译本。其中，以《温德华士平面三角法》《汉译葛氏平面三角学》为主流，后有《罗氏平面三角法》《汉译赫奈二氏平面三角法》《汉译龙氏平面三角法》等。这些汉译本由商务印书馆、中华书局、世界书局、文明书局等各大教科书出版企业出版发行。

民国时期涌现的一批外国的三角学教科书，使翻译外国三角学教科书在当时成为一种时尚。整体而言，民国翻译的三角学教科书不比清末差，而是在其基础上进一步发展起来。但有几点值得注意。

第一，民国时期的中学与清末时期不同，1922年后分为初中和高中两个阶段，而这一时期翻译的三角学教科书大多是供高中使用的，且占全部三角学教科书的近一半，初中则几乎都是使用国人自编本。

第二，民国时期中国三角学教科书的学习方向虽由日本转向美国，但并没有完全抛弃向日本学习，这一时期，菊池大麓、上野清、长泽龟之助等日本学者编写的三角学教科书仍不断再版，可见日本的影响一直存在。

第三，翻译的三角学教科书大多与国体变更、数学教育制度等无关。以《温德华士平面三角法》为例，其英文原本于1882年出版，由美而日，风行已久。中国取自日本，以暂解当时中国三角学教科书短缺的燃眉之急。中国最早的译本是在清末出版的，之后国家政体改变，中国易君主为共和，政体虽改，但此书仍同前时一样颇受各学堂欢迎。

第四，教科书书名问题。与中国自编三角学教科书不同的是，外国三角学教科书一般用其作者的名字作为书名的组成部分，而在中国这种情况较少。包括我们许多出版社登出的广告也很少刊登作者的名字。这不仅是宣传工作方法的失误，从更深层说，也是缺乏文化意识的表现，因为书是作者写出来的，是与作者分不开的。书的优劣及其价值固然与内容等有关，但绝不是有了优秀的素材就有了优秀的教科书，而是要看其作者是谁、写得如何。

总之，1912～1949年翻译的三角学教科书对中国三角学教科书的编写产生了示范作用，影响深远。借鉴外国三角学教科书的编写经验，使得中国自编三角学教科书得到长足发展，并逐渐适合中国国情，趋于完善。

第六章　1902~1949年三角学教科书中"三角函数"的变迁

1902~1949年，中国的学制、章程及数学课程标准随着时代的变迁而不断地修订。但无论其如何变化，中学三角学科教学的方向一直没有变，即均以三角函数为教学中心。故三角学教科书编写者、出版机构都本着以三角函数为核心内容的原则编写、出版三角学教科书。本章在回顾六个三角函数发展历史的基础上，对1902~1949年中国出版使用的三角学教科书中的三角函数分别从概念和内容两个方面探究其变迁的过程，以期能够对三角函数的演变从纵向上有一个较为系统的认识，并为之后数学教科书中三角函数部分的编写提供一定的借鉴。

一　对六个三角函数发展历史的简单回顾

直角三角形在生活中随处可见，古希腊学者想要描述这类三角形的边与角之间的关系，故在直角三角形中确定了三个关系——正弦、余弦、正切，它们经历了时间的检验并流行至今。[1] 然而，三角函数在历史上曾出现十个[2]以上，而目前所说的三角函数则仅包括正弦、余弦、正切、余切、正割、余割、正矢、余矢，共八个。这八个函数也曾被称为"八线""圆函数""三角比""三角倚数"等。由于正矢、余矢使用较少，

---

[1] Ralph A. Oliva et al., *The Great International "Math on Keys" Book*, Texas Instruments Incorporated, 1976, p. 6.

[2] 据梁宗巨先生在《数学历史典故》（辽宁教育出版社，1995）中的记载得知，除前八种我们熟悉的三角函数外，还出现过外割、半正矢、古德曼函数、反古德曼函数等。

故常见的三角函数只有前六个。以下分别对这六个三角函数的名称及符号的演变进行简单探析,并以其在 18 世纪后的变迁情况作为案例详加探讨。

(一) 正弦和余弦的名称及符号

约公元 510 年,阿里亚哈塔(Aryabhata,约 475~550)所著《阿耶波多历书》(*Aryabhatiya*)是第一本明确提出正弦函数的著作,该书也是印度最早的一部关于纯数学的著作。当阿拉伯人把 *Aryabhatiya* 翻译成他们自己语言的时候,仍保留单词 jiva,但是没有翻译它的意思。在阿拉伯文及希伯来文中,单词通常只含有辅音,所缺失的元音部分则依靠习惯来发音。因此,单词 jiva 可以读作 jiba 或 jaib,jaib 在阿拉伯语中意为"胸部、海湾或曲线"。在格拉尔多(Gherardo,约 1114~1187)的著作中发现了单词 sinus,他把许多古希腊著作从阿拉伯文翻译成拉丁文,其中包括《天文学大成》(*Almagest*)。其他作者也一样跟进,不久之后,sinus 这个词在欧洲就广为数学文献所采用。[①] 伦敦格雷沙姆(Gresham)学院的天文学教授冈特(Edmund Gunter,1581~1626)在 1624 年发明了一个用来计算对数的机械工具——冈特刻度,这是我们现在所熟悉的计算尺的前身。sin 这个符号,就是在冈特刻度的图示说明中首次出现。1631 年,瑞士来华传教士邓玉函(Jean Terrenz,1576~1630)编《大测》一书时将 sinus 译为"正半弦",简称"正弦",这即是中国"正弦"一词的由来。

由于要计算余角的正弦值,因而出现了余弦函数。余弦函数的名称经历了一系列变化,蒂沃利的普拉托(Plato,约 1120)称其为"剩余的弦",雷吉奥蒙塔努斯称其为"余角的正弦",马吉尼(Giovanni Antonio Magini,1555~1617)称其为"第二正弦"等。而"余弦"一词最初是由冈特使用的,并把它记为 co. sinus,后来约翰·牛顿[②](John Newton,1622~1678)在 1658 年将其修改为 cosinus。缩写符号 cos 则是在 1674 年

---

① Maor, E.:《三角之美:边边角角的趣事》,曹雪林译,人民邮电出版社,2000,第 36~37 页。
② 这位牛顿先生是一名教师,编写过数学教材,与发现万有引力的牛顿没有任何关系。

由英国数学家和测量员摩尔（Jonas Moore，1617~1679）爵士率先使用。[1]

（二）正切和余切的名称及符号

正切和余切这两个比率源自日晷和投影，把这两个比率作为角的函数是由阿拉伯人开始的。根据历史学家希罗多德（Herodotus，约公元前450）的说法，早期希腊人熟悉的日晷是巴比伦人流传下来的。日晷的本质是用来计算余切函数的一个类似装置：如果用 h 表示杆子的高度，s 表示当太阳与地平线成 α 角度时它影子的长度，则 $s = h \cdot \cot\alpha$，因此得知 s 与 $\cot\alpha$ 成正比（见图6-1）。然而，古人对余切函数

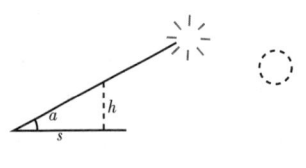

图6-1 日晷

并不感兴趣，它们只是把日晷作为一个计时器而已。事实上，通过测量每天正午影子长度的变化，日晷还可以告诉我们一年中的每一天。单词 tangent 来源于拉丁文 tangere，意思是"接触"，在1583年丹麦数学家芬克（Thomas Finck，1561~1646）的著作《圆的几何》（Geometria Rotundi）中首次出现。tan 这个符号在1624年冈特刻度的图示说明中首次出现。"1609年，意大利传教士马吉尼用单词 tangens secunda 表示余切，而单词 Cotangens 在1620年被冈特首次使用。"[2]

正切与余切的缩写方面，1643年，卡瓦列里（Bonaventura Cavalieri，1598~1647）分别用 Ta 和 Ta.2 表示；1657年，奥特雷德[3]（William Oughtred，1574~1660）分别用 t arc 和 t co arc 表示；查尔斯（Sir Charles Scarburgh，1615~1694）则分别用 t. 和 ct. 表示。"1658年，英国人牛顿用缩写符号 ctg 表示余切，1674年英国数学家穆尔用缩写 cot. 表示余切。"[4] 然而，目前正切和余切的符号表示还没有统一，"英、美多用

---

[1] Maor, E.：《三角之美：边边角角的趣事》，第38页。
[2] D. E. Smith, History of Mathematics, Volume II (New York: Dover Publications, Inc., 1925), p. 621.
[3] 奥特雷德在其著作《三角学》中，第一次尝试系统地使用符号表示三角函数。
[4] 徐品方、张红：《数学符号史》，科学出版社，2006，第308页。

tan 和 cot（或 ctn），而欧洲大陆（包括苏联）多用 tg（或 tang）和 ctg。"①

（三）正割和余割的名称及符号

无论是早期的天文学家还是土地测量员，除了利用其求直角三角形的斜边外，对正割和余割没有任何需要。相比而言，正割和余割这两个函数出现的较晚。约 980 年，阿布－威法（Abul-Wefa，940～998）在他的著作中第一次提到这两个函数，却没有给出具体的名称。单词 secant 也是由芬克在 1583 年提出，并将其缩写为 sec.。tangent 与 secant 由于容易与几何中的名词产生混淆，故没有得到法国数学家韦达（Francois Viete，1540～1603）的认可。尽管韦达竭力反对，但 tangent 与 secant 这两个符号还是沿用了下来。1591 年，丹麦著名天文观测家第谷（Tycho Brahe，1546～1601）在他的手写本中采纳了芬克的这一表示方法，随后 tangent 和 secant 在 1592 年马吉尼、1594 年布兰德维尔（Thomas Blundeville，1522～1606）及 1600 年皮蒂斯克斯②（Bartholomeo Pitiscus，1561～1613）等人的著作中均被使用。③ 余割被马吉尼（1592）和卡瓦列里（1643）称为 secans secunda。单词 cosecant 首次出现在雷提库斯（Georg Joachim Rhaeticus，1514～1576）的著作 *Opus Palatinum*（1596）中，该著作是在雷提库斯逝世 20 年后出版的。④

正割与余割的缩写方面，1643 年，卡瓦列里分别用 Se 和 Se. 2 表示；1657 年，奥特雷德分别用 se arc 和 sec co arc 表示；1693 年，沃利斯⑤（John Wallis，1616～1703）则分别用 s 和 σ 表示。但是更便捷的符号——sec 则是由法国数学家吉拉德（Albert Girard，1595～1632）在 1626 年首次提出。然而，余割的缩写符号至今没有统一，有 sec. com.，cosec，csc 等写法，目前中国多采用 csc 作为余割的简写符号。

---

① 梁宗巨：《数学历史典故》，第 121 页。
② 皮蒂斯克斯生于西里西亚的绿山城，卒于海德堡。曾在布雷斯劳（Breslau，今波兰的弗罗茨瓦夫）任牧师。
③ Florian Cajori，*A History of Mathematical Notations*，Volume II（New York：Dover Publications, Inc.，1929），p.150.
④ D. E. Smith，*History of Mathematics*，Volume II，p.623.
⑤ 沃利斯也是第一位写数学史的重要数学家，曾引进符号"∞"表示"无穷"。

（四）18 世纪后三角函数符号的演变

18 世纪，三角函数的缩写在欧洲大陆被普遍使用，但其符号体系与在英国流行的仅用一个英文字母表示有所不同。作为一种规则，欧洲大陆惯用三个字母（如用 sin，cos，tan 等）表示，而英国人在 1700～1750/1760 年仅用一个或两个字母（如用 s，cs，t 等）表示。当然，18 世纪的英国作者使用三个字母缩写，正如大陆的有些作者仅使用一个或两个字母表示。但是一般来讲，二者存在我们刚提到的差异。再者，作为一种规则，欧洲大陆的作者常在缩写字母后加点"."，而英国人则没有。进入 19 世纪后，这六个三角函数符号仍在不断变化。表 6-1 为六个三角函数进入 18 世纪后在不同时期的演变情况。

表 6-1　进入 18 世纪后三角函数符号的演变情况

序号	时间	使用者	正弦	余弦	正切	余切	正割	余割
1	1704	W. Leybourn	s	cs	t	ct	/	/
2	1706	W. Jones	s	s	t	t	⌒	∫
3	1753	W. Jones	s	ṡ	t	ṫ	f	ḟ
4	1714	J. Wilson	S, s	Σ, σ	T, t	Γ	/	/
5	1714	E. Wells	s	σ	t	/	/	/
6	1720	J. Kresa	S.	S. 2.	T.	T. 2.	Sec.	S. 2.
7	1726	J. Keill	S.	Cos.	T.	Cot.	/	/
8	1727	Ph. Ronayne	S	Σ	T	τ	∫	σ
9	1727	F. C. Maier	S, s	C, c	T, t	/	/	/
10	1729	L. Euler	∫	co∫, cos	/	/	/	/
11	1730	J. Ward	S	Σ	τ	τ c	/	/
12	1737	Th. Simpson	Sine	Co-sine	Tangent	Co-tangent	Secant	/
13	1750	Th. Simpson	Sin.	Co-∫	Tang.	Cot., Co-t.	/	Co-seca
14	1748	L. Euler	sin.	cos.	tang.	cot.	sec.	cosec.
15	1753	L. Euler	sin, sn	cos, cs	tang, tag, tng, tg	/	/	/
16	1755	C. E. L. Camus	S.	co-S.	T	co-T	Séc.	co-Séc
17	1758	A. G. Kastner	sin	cos, Cos, cosin	tang, Tang	cot	sec, Sec	cosec
18	1754 1763	D'Alembert	Sin., sin., sin	Cos., cos., cos	tang.	cot.	/	/

续表

序号	时间	使用者	正弦	余弦	正切	余切	正割	余割
19	1762	E. Waring	s, S, σ, sin.	/	Tan.	/	Sec	Sec Com
20	1765	A. R. Mauduit	s	c	t	Γ	S	S
21	1767	J. A. Segner	sin.	cos.	tan.	cot.	/	/
22	1768	D. F. Rivard	sin.	/	tang.	/	séc.	/
23	1770	P. Steenstra	S.	Cos.	T.	CoT. , Cot.	/	/
24	1770	S. Klugel	sin	cos	tang	cot	sec	cosec
25	1772	C. Scherffer	sin.	cos.	tang.	cot.	sec.	/
26	1772	G. de Koudon	sin.	cos.	tang.	/	sec.	coséc
27	1772	O. Gherli	Sen	Cos.	Tang.	Cot.	Sec.	Cosec.
28	1774	J. Lagrange	sin	cos	tang , tang.	/	/	/
29	1774	Sauri	sin.	co-sin.	tang.	co-tang.	séc.	co-séc.
30	1778	L. Bertrand	sin.	cos.	tan.	cot.	sec.	cosec.
31	1782	P. Frisius	sin.	cos.	tan.	cot.	sec.	cosec.
32	1782	P. Ferroni	Sin.	Cosin.	Tang.	Cotang.	Sec.	Cosec.
33	1784	G. Vega	sin	cos	tang	cot	sec	cosec
34	1786	J. P. de Gua	Σ, Π, Γ σ, π, γ	S,P,G s,p,g	JΣ, JΠ, JΓ Jδ, Jπ, Jγ	JS, JP, JG Js, Jp, Jg	$\Gamma\Sigma$, $\Gamma\Pi$, $\Gamma\Gamma$ $\Gamma\delta$, $\Gamma\pi$, $\Gamma\gamma$	ΓS, ΓP, ΓG Γs, Γp, Γg
35	1786	J. B. J. Delambre	sin.	cos.	tang.	cot.	séc.	coséc.
36	1786	A. Cagnoli	sin.	cos.	tang.	cot.	séc.	coséc.
37	1787	D. Bernoulli	sin.	cos.	tang.	/	/	/
38	1787	J. J. Ebert	Sin.	Cos.	Tang. , T.	Cot.	/	/
39	1788	B. Bails	sen.	cos. , cosen.	tang.	cotang.	secante	cosec.
40	1790	J. A. Da Cunha	sen	cos	tang	cot	sec	cosec
41	1794	P. Paoli	sen.	cos.	tang.	cot.	sec.	cosec.
42	1795	S. l'Huilier	sin.	cos.	tang.	cot.	sec.	/
43	1795	Ch. Hutton	sin. , s.	cosin. , s'	tan. , t.	cotan. , t'	/	/
44	1797	E. Bezout	sin.	cos.	tang.	cot.	séc.	/
45	1799	von Metzburg	Sin. , S.	Cos.	T.	Cot.	Sec.	Cosec.
46	1800	J. F. Lorenz	sin	cos	tang	cot	/	/
47	1803	S. F. Lacroix	sin	cos	tang	cot	séc.	coséc.
48	1811	S. D. Poisson	sin.	cos.	tan.	/	/	/
49	1812	J. Cole	sin.	cos.	tan.	cot. , cotan.	sec.	cosec.
50	1813	A. L. Crelle	sin	cos	tang	cot	sec	cosec
51	1814	P. Barlow	sin.	cos.	tan.	cot.	sec.	cosec.

续表

序号	时间	使用者	正弦	余弦	正切	余切	正割	余割
52	1814	C. Kramp	Sin.	Cos.	Tang.	Cot.	/	/
53	1817	A. M. Legendre	sin	cos	tang	cot	séc.	coséc.
54	1823	J. Mitchell	sin.	cos.	tan.	cotan.	sec.	cosec.
55	1823	G. U. A. Vieth	sin.	cos.	tang.	cot.	sec.	/
56	1826	N. H. Abel	sin	cos	tang	/	/	/
57	1827	J. Steiner	/	/	tg	/	/	/
58	1827	C. G. J. Jacobi	sin	cos	tg, tang	cotg	/	/
59	1829	M. Ohm	Sin	Cos	Tg	Cotg	Sec	Cosec
60	1830	W. Bolyai	sx	sx	tx	Tx	Sx	∫x
61	1836	J. Day	sin	cos	tan	cot	sec	cosec
62	1840	A. Cauchy	sin	cos	tang	/	/	/
63	1861	B. Peirce	sin.	cos.	tang.	cotan.	sec.	cosec.
64	1862	E. Loomis	sin.	cos.	tang.	cot.	sec.	cosec.
65	1866	F. M. Pires	Sen	Cos	tg	Cot	/	/
66	1875	J. Cortazar	sen	cos	tg	cot	/	/
67	1875	I. Todhunter	sin	cos	tan	cot	sec	cosec
68	1880	J. A. Serret	sin	cos	tan	/	/	/
69	1881	Oliver, Wait, andJones	sin	cos	tan	cot	sec	csc
70	1886	A. Schonflies	/	/	tg	ctg	/	/
71	1890	W. E. Byerly	sin	cos	tan	ctn	sec	csc
72	1893	O. Stolz	sin	cos	tan	cot	sec	cosec
73	1894	E. A. Bowser	sin	cos	tan	cot	sec	csc
74	1895	C. L. Dodgson	⌢	⌣	/	/	/	/
75	1897	G. A. Wentworth	sin	cos	tan	cot	sec	csc
76	1903	G. Peano	sin, s	cos, c	tng, t	/tng	/cos	/sin
77	1903	Weber, Wellstein	sin	cos	tg	cotg	sec	cosec
78	1911	E. W. Hobson	sin	cos	tan	cot	sec	cosec
79	1913	Kenyon, Ingold	sin	cos	tan	ctn	sec	csc
80	1917	L. O. de Toledo	sen	cos	tg	ctg	sec	cosec
81	1911	A. Pringsheim J. Molk	sin	cos	tg	cot	séc.	coséc
82	1921	H. Rothe	sin	cos	tg	cot	sec	cosec
83	1921	G. Scheffers	sin	cos	tg	ctg	/	/

资料来源：Florian Cajori, *A History of Mathematical Notations*, Volume II, p. 166。

正弦、余弦、正切、余切、正割、余割这六个三角函数首次同时出现在雷提库斯的著作《三角学说准则》（Canon doctrinae triangulorum）（莱比锡，1551）中。雷提库斯是哥白尼（Copernicus，1473~1543）的第一个学生，正割的第一张印刷表也出现在这本著作中。六个三角函数符号 sin，cos，tan，cot，sec，csc 在创立之初，不为人用，直至 1748 年瑞士数学家欧拉在其著作《无穷小分析引论》中引入了三角函数的概念，并将三角函数看作一种函数线与圆半径的比，这六个符号才被广泛应用，最终成为数学符号王国的重要臣民。值得指出的是，首先使用"三角函数"（trigonometry functions）这一名称的是欧拉的接班人克吕格尔①（Georg Simon Klugel，1739~1812）。② 即三角函数概念的建立始于 1748 年，而具体明确使用"三角函数"这一名称的则是克吕格尔。1759 年，德国数学家卡斯特纳（Gotthelf Kastner，1719~1800）将三角函数定义为纯数字而非三角形三边之比："如果用 x 表示一个角（以度为单位），那么表达式 $\sin x$，$\cos x$，$\tan x$ 等就是每个角所对应的数字。"③ 当然，我们今天可以更深一步，把自变量当作一个实数，而不仅仅是一个角。数学符号从创立之初一直不断地发展，最终演变为我们今天看到的样子。在古代，对天文学研究至关重要的三角函数，如同仙女下凡成为人类技术革新的重要工具。④

二 1902~1911 年三角学教科书中"三角函数"的变迁

1902~1911 年，中国中学三角学教科书的编写正处于向日本学习的阶段。从名词术语来看，"三角函数"有多种名称，如"八线""圆函数""三角比"等；从三角函数定义的方式来看，有单位圆定义法和终边定义法；从三角函数的内容来看，涉及三角函数的性质及其简单应用。通

---

① 克吕格尔，德国数学家，在三角学的研究上取得令人意外的成就，特别是在欧拉的基础上研究发展了三角函数。
② 黑木哲德：《数学符号理解手册》，赵雪梅译，学林出版社，2011，第 28 页。
③ Maor，E.：《三角之美：边边角角的趣事》，第 56 页。
④ 黑木哲德：《数学符号理解手册》，第 30 页。

过对三角函数的概念及内容进行梳理，以期对这一时期三角学教科书中三角函数的演变有一个较为细致的认识。

（一）研究对象

基于 1902~1911 年，中国中学三角学教科书以翻译日本为主，欧美次之，国人自编处于起步阶段，故本节所选研究对象分为三类，即译自日本的三角学教科书、译自欧美的三角学教科书及国人自编本。选取每一类中具有代表性的三角学教科书共 11 种，具体如下：（1）原滨吉编译《中等教育克依其氏最新平三角法教科书》，科学书局，1896；（2）上野清著，焦缘居士译述《初等三角教科书》，科学仪器馆，1904；（3）林鹤一编著，松坪叔子译《最新平面三角法教科书》，湖南作民译社，1906；（4）远藤又藏编纂，言涣彪、言涣彰合译《中等教育平面三角法教科书》，商务印书馆，1907；（5）桦正董著，仇毅译《平面三角法教科书》，群益书社，1907；（6）菊池大麓、泽田吾一著，王永炅译述《平面三角法新教科书》，商务印书馆，1909；（7）长泽龟之助著，张修爵译《平面三角法教科书》，普及书局，1907；（8）长泽龟之助著，包荣爵译《新三角法教科书》，东亚公司，1907；（9）费烈伯、史德朗著，谢洪赉译述《最新中学教科书三角术》，商务印书馆，1907；（10）翰卜林斯密士著，李国钦、邓彬合译《平面三角法》，群益书社，1908；（11）陈文编《中等教科平面三角法》，科学会编译部，1911。

（二）三角函数概念表述之演变

1902~1911 年，中国对"三角函数"这一名词术语采用了"八线""圆函数""三角比""三角比率""三角函数"等表述，并以"三角函数"为多。何谓三角函数？中学三角函数的概念采用终边定义法和单位圆定义法进行定义。下面以中学三角学教科书中三角函数的概念为中心，介绍 1904 年"癸卯学制"颁布后至民国成立前三角函数概念的演变。

1. 1896 年原滨吉编译《中等教育克依其氏最新平三角法教科书》中的定义

圆函数（三角函数、三角比）：

以锐角圆函数之定义示于次。以角 C 为直角之直角三角形 ABC，以角之顶点之文字 A，B，C 各代表其角之大；对 A，B，C 之边之长各为 a，b，c 而以此 a，b，c 作比命名于其比如下：

A 之正弦(Sine)，$\sin A = \dfrac{a}{c} = \dfrac{垂线}{斜边}$；$A$ 之余弦(Cosine)，$\cos A = \dfrac{b}{c} = \dfrac{底边}{斜边}$；

A 之正切(Tangent)，$\tan A = \dfrac{a}{b} = \dfrac{垂线}{底边}$；$A$ 之余切(Cotangent)，$\cot A = \dfrac{b}{a} = \dfrac{底边}{垂线}$；

A 之正割(Secant)，$\sec A = \dfrac{c}{b} = \dfrac{斜边}{底边}$；$A$ 之余割(Cosecant)，$\operatorname{cosec} A = \dfrac{c}{a} = \dfrac{斜边}{垂线}$。

总称以上诸比为角 A 圆函数或为三角函数，亦云三角比。

任意角之圆函数（见图 6-2）：单位圆 O，OA、OB 为互垂直之二半径，P 为其周上任意一点，弧 AP 为 θ，命名于此 θ 如次：

θ 之 $\sin = PM$，即 $\sin\theta = PM$ (1)；　　θ 之 $\cos = OM$，即 $\cos\theta = OM$ (2)；
θ 之 $\tan = AT$，即 $\tan\theta = AT$ (3)；　　θ 之 $\cot = BS$，即 $\cot\theta = BS$ (4)；
θ 之 $\sec = OJ$，即 $\sec\theta = OJ$ (5)；　　θ 之 $\operatorname{cosec} = OK$，即 $\operatorname{cosec}\theta = OK$ (6)。

次以 MA 称 θ 之正矢（Versed sine），又以 NB 称 θ 之余矢（Coversed sine），而略记之如下：$\operatorname{Versin}\theta$ 或 $\operatorname{Vers}\theta = MA$，$\operatorname{Coversin}\theta$ 或 $\operatorname{Covers}\theta = NB$。

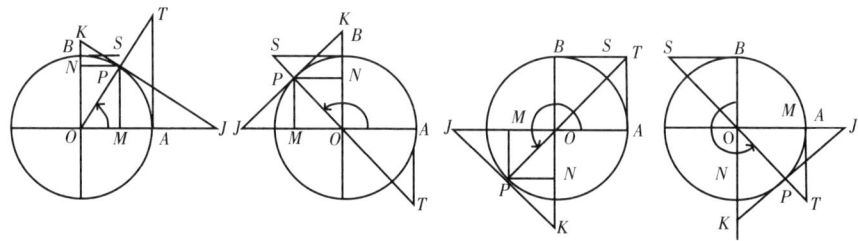

图 6-2　任意角之圆函数

资料来源：《中等教育克依其氏最新平三角法教科书》，第 19 页。

2. 1904 年焦缘居士译述《初等三角教科书》中的定义

三角函数：

直角三角形 ACB，垂线 $BC = a$，底线 $AC = b$，斜线 $AB = c$。今以锐角 CAB 之测角为 A，则关于角 A 之六比，附以定义如下：

$$\frac{\text{垂线}}{\text{斜线}} = \frac{a}{c} = \text{Sine } A(\text{正弦}); \qquad \frac{\text{底线}}{\text{斜线}} = \frac{b}{c} = \text{Cosine } A(\text{余弦});$$

$$\frac{\text{垂线}}{\text{底线}} = \frac{a}{b} = \text{Tangent } A(\text{正切}); \qquad \frac{\text{斜线}}{\text{垂线}} = \frac{c}{a} = \text{Cosecant } A(\text{余割});$$

$$\frac{\text{斜线}}{\text{底线}} = \frac{c}{b} = \text{Secant } A(\text{正割}); \qquad \frac{\text{底线}}{\text{垂线}} = \frac{b}{a} = \text{Cotangent } A(\text{余切})。$$

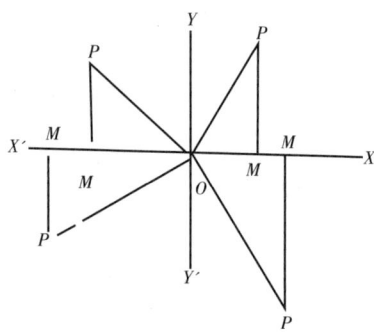

图 6-3　三角函数一般定义图示

资料来源：《初等三角教科书》，第 24 页。

以上六比，称曰三角函数。而此三角函数之值，若其角不变，则其值亦不变。

三角函数之一般定义（见图 6-3）：以角 MOP 为 A。

P 点在第一象限之时，A 角为锐角，而 OM 及 MP 皆正，故与前者相同，即 $\sin A = \dfrac{PM}{OP}$，$\cos A = \dfrac{OM}{OP}$，$\tan A = \dfrac{MP}{OM}$。因之而其他之 $\csc A$，$\sec A$，$\cot A$ 亦皆为正。

点 P 在第二象限之时，角 A 为钝角，而 OM 负而 MP 正，故有 $\sin A = \dfrac{PM}{OP}$，$\cos A = \dfrac{-OM}{OP}$，$\tan A = \dfrac{MP}{-OM}$。即 $\sin A$ 为正，$\cos A$ 为负，$\tan A$ 为负，$\csc A$ 为正，$\sec A$ 为负，$\cot A$ 为负。

点 P 在第三象限之时，则 $\sin A = \dfrac{-PM}{OP}$，$\cos A = \dfrac{-OM}{OP}$，$\tan A = \dfrac{-MP}{-OM}$，即 $\sin A$ 为负，$\cos A$ 为负，$\tan A$ 为正，$\csc A$ 为负，$\sec A$ 为负，$\cot A$ 为正。

点 P 在第四象限之时，则 $\sin A = \dfrac{-PM}{OP}$，$\cos A = \dfrac{OM}{OP}$，$\tan A = \dfrac{-MP}{OM}$，即

sin A 为负, cos A 为正, tan A 为负, cosec A 为负, sec A 为正, cot A 为负。

3. 1906 年松坪叔子译《最新平面三角法教科书》中的定义

三角函数（圆函数、三角比）：

角之正弦、余弦、正切、余切、正割、余割，统称三角函数。三角函数又自谓圆函数或三角比。

三角函数一般之定义（见图 6-4）：以角 XOP 为任意之角，从其一边中之点 P，作垂线 PM 于他一边 OX 或其延长 OX'，而以表角 XOP，则有次之定义：

$$\sin a = \frac{MP}{OP}, \cos a = \frac{OM}{OP}, \tan a = \frac{MP}{OM}, \cot a = \frac{OM}{MP}, \sec a = \frac{OP}{OM}, \csc a = \frac{OP}{MP}。$$

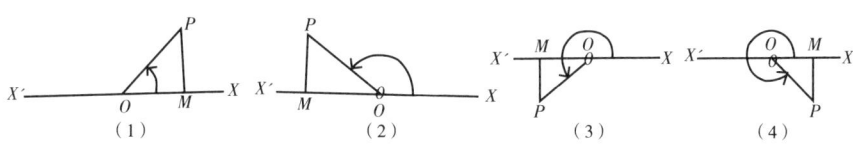

图 6-4 三角函数一般定义图示

资料来源：《最新平面三角法教科书》，第 32 页。

三角函数之别定义（见图 6-5）：令角 $AOP = \theta$，以顶点 O 为中心而画单位圆，引直径 BOB' 垂直于直径 AOA'，若从 A 及 B 作圆之切线 AT、BS，从 P 作正交二直径之垂线 PM、PN，则如次式所示，诸线之数曰角 AOP 或弧 AP 之三角函数：

$$\sin \theta = MP, \cos \theta = OM, \tan \theta = AT, \cot \theta = BS, \sec \theta = OT, \csc \theta = OS。$$

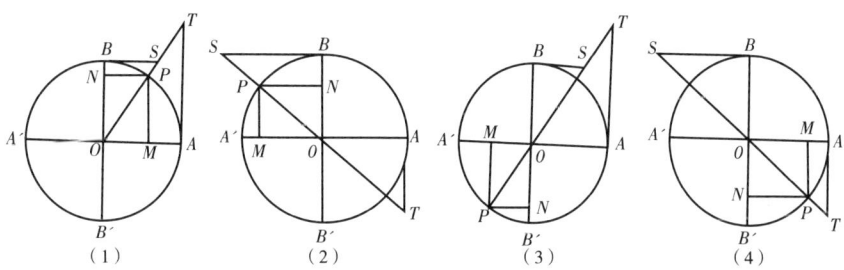

图 6-5 三角函数别定义图示

资料来源：《最新平面三角法教科书》，第 34 页。

4. 1907 年言涣彣、言涣彰合译《中等教育平面三角法教科书》中的定义

三角函数（圆函数）（见图6-6）：

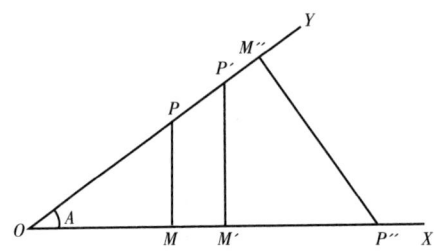

图 6-6　三角函数（圆函数）定义图示

资料来源：《中等教育平面三角法教科书》，第 7 页。

任意之锐角 A，于其任意之边 OY 上取角顶外之任意一点 P，自此点作余边 OX 之垂线，其足为 M，如是以 A 为主而称 OP 为斜边，PM 为垂线，OM 为底边，下之六个之比总称 A 之三角函数或云圆函数。

第一，$\dfrac{\text{垂线}}{\text{斜边}}$ 即 $\dfrac{MP}{OP}$ 谓之 A 之正弦，而以 $\sin A$ 记之。

第二，$\dfrac{\text{底边}}{\text{斜边}}$ 即 $\dfrac{OM}{OP}$ 谓之 A 之余弦，而以 $\cos A$ 记之。

第三，$\dfrac{\text{垂线}}{\text{底边}}$ 即 $\dfrac{MP}{OM}$ 谓之 A 之正切，而以 $\tan A$ 记之。

第四，$\dfrac{\text{底边}}{\text{垂线}}$ 即 $\dfrac{OM}{MP}$ 谓之 A 之余切，而以 $\cot A$ 记之。

第五，$\dfrac{\text{斜边}}{\text{底边}}$ 即 $\dfrac{OP}{OM}$ 谓之 A 之正割，而以 $\sec A$ 记之。

第六，$\dfrac{\text{斜边}}{\text{垂线}}$ 即 $\dfrac{OP}{MP}$ 谓之 A 之余割，而以 $\operatorname{cosec} A$ 记之。

于前所述附以以下三条是为任意之角之三角函数定义。

第一，凡斜边常在动线上，其符号恒为正。

第二，凡底边在首线上者恒为正，在首线之延线上者恒为负。

第三，凡垂线在首线及其延长线之上方者为正，下方者为负。

5. 1907 年仇毅译《平面三角法教科书》中的定义

三角函数：

锐角之三角函数（正弦、余弦、正切、正割、余割、余切）。

该书采用终边定义法的方式首先给出正弦、余弦、正切三个三角函数，随后将正割、余割、余切看作三角函数的反数（逆数/倒数）加以呈现，全书并没有直接给出三角函数的明确定义。

6. 1909 年王永炅译述《平面三角法新教科书》中的定义

圆函数（三角函数、三角比率）：

与言焕彭、言焕彰合译《中等教育平面三角法教科书》中三角函数的定义相似，也是通过终边定义法首先给出六个比例，随后引出六个三角函数（sin，cos，tan，cot，sec，csc），最后总结：此六种比率，总称为圆函数，或称三角函数，又名三角比率。之后利用单位圆定义法，将上述三角函数的定义扩展到任意角。

7. 1907 年包荣爵译《新三角法教科书》中的定义

三角函数：

与言焕彭、言焕彰合译《中等教育平面三角法教科书》中三角函数的定义相同，也是通过直角三角形给出六个比例，最后得出结论：角之三角函数即为其角之正弦余弦正切余割正割余切之六数也。

三角函数定义之扩张（见图 6-7）：XOP 为由 OP 用或正或负之方向所生之角自 P 作 OX 或其延线之垂线如 PM 则得各分面之理如下：

于第一分面三角之函数皆为正；

于第二分面 OM 为负，PM 及 OP 为正，故正弦为正，余弦及正切为负；

于第三分面 OM 及 PM 为负，OP 为正，故正弦及余弦为负，正切为正；

于第四分面 OM 及 OP 为正，PM 为负，故正弦及正切为负，余弦为正。

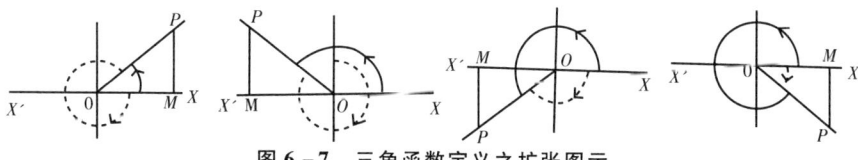

图 6-7 三角函数定义之扩张图示

资料来源：《新三角法教科书》，第 28 页。

8. 1907 年张修爵译《平面三角法教科书》中的定义

三角函数（八线）：

与包荣爵译本中三角函数的定义方式相同，也是通过比例引出六个三角函数，随后给出三角函数的定义：角之三角函数云者，即正弦余弦正切余割正割余切六者是也（旧译谓之八线）。

任意角之三角函数：与包荣爵译本相同，也是采用终边定义法将锐角三角函数扩展到任意角的范围。

9. 1907 年谢洪赉译述《最新中学教科书三角术》中的定义

三角函数：

三角函数者数也，而解之如诸线之比例。（按角之函数，即下文所言角之正弦，余弦，正切，余切，正割，余割，正矢，余矢是也，以三角术中用之，故曰三角函数。）

设呷、哝、吧角位置合宜，其始线适横列，乃自其终线之任一点吧，作吧呷与始线正交（见图 6-8）。

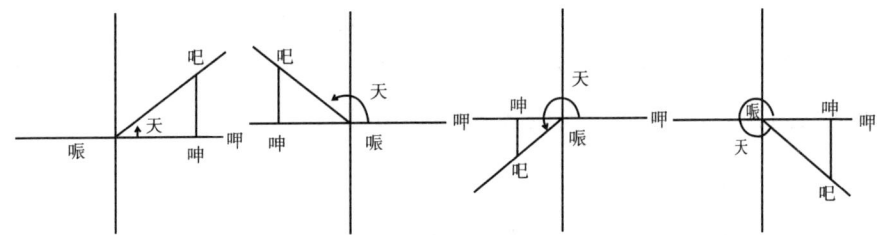

图 6-8　三角函数定义扩张示意

资料来源：《最新中学教科书三角术》，第 4 页。

如命呷、哝、吧角为天，则有：

$\dfrac{呷吧}{哝吧}$ = 天之正弦（写作正弦天）；　$\dfrac{哝呷}{哝吧}$ = 天之余弦（写作余弦天）；

$\dfrac{呷吧}{哝呷}$ = 天之正切（写作正切天）；　$\dfrac{哝呷}{呷吧}$ = 天之余切（写作余切天）；

$\dfrac{哝吧}{哝呷}$ = 天之正割（写作正割天）；　$\dfrac{哝吧}{呷吧}$ = 天之余割（写作余割天）。

此外，尚可增正矢、余矢两项，正矢天 = 1 - 余弦天，余矢天 = 1 - 正弦天。

界说：角之正弦，余弦，正切，余切，正割，余割，为角之三角函数，其同数只随角而变。

如令上述公式内诸比例之分母等于一，则三角函数可以线代表之（见图6-9）。于呷、哝、吧，角之哝尖四旁作圆，半径为一准个，命呷、哝、吧角为天，则有：呷吧代表天之正弦；哝、呷代表天之余弦；呷、哂代表天之正切；吒唡代表天之余切；哝哂代表天之正割；哝唡代表天之余割。

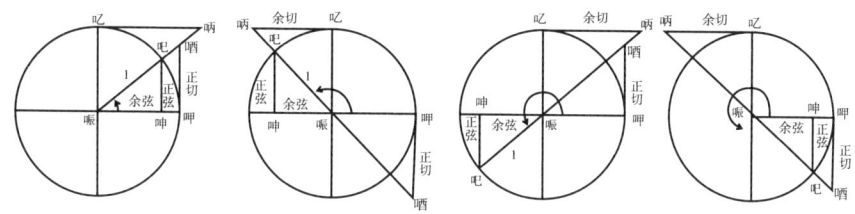

图6-9 三角函数定义示意

资料来源：《最新中学教科书三角术》，第6页。

注：三角函数有两种解法，一曰比例界说，二曰线界说。学者勿因一物二解，遂生疑虑，当知此二者实为同一义也。推算之时，有用首种界说为便者，亦有用次种界说为便者，学者至后自知，故以兼熟二说为要。

10. 1908年李国钦、邓彬合译《平面三角法》中的定义（见图6-10）

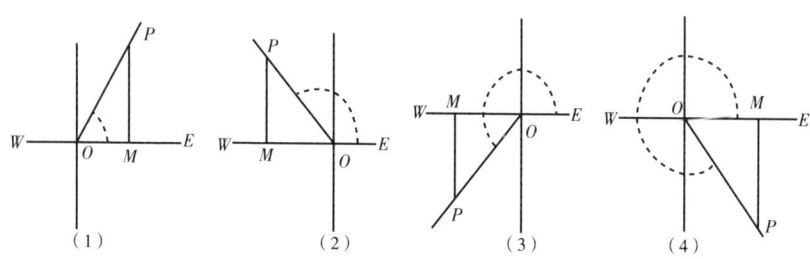

图6-10 三角函数图示

资料来源：《平面三角法》，第25页。

(1) $\dfrac{PM}{OP}$ 为 EOP 角之正弦(sine); (2) $\dfrac{OM}{OP}$ 为 EOP 角之余弦(cosine);

(3) $\dfrac{PM}{OM}$ 为 EOP 角之正切(tangent); (4) $\dfrac{OP}{PM}$ 为 EOP 角之余割(cosecant);

(5) $\dfrac{OP}{OM}$ 为 EOP 角之正割(secant); (6) $\dfrac{OM}{PM}$ 为 EOP 角之余切(cotangent)。

该书仅给出以上定义，对于三角函数的具体定义没有明确指出，而是随后即使用"三角函数"这一概念，即默认以上六个函数即为三角函数。

11. 1911 年陈文编《中等教科平面三角法》中的定义

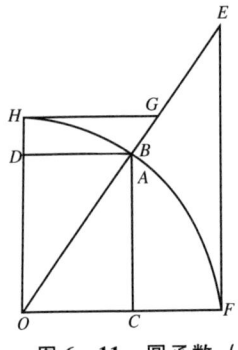

图 6-11 圆函数（三角函数）图示

资料来源：《中等教科平面三角法》，第 7 页。

圆函数（三角函数）（见图 6-11）：在第一象限内，有任意之角 A，则 BC 谓 A 之正弦，以 $\sin A$ 记之；BD（$=OC$）谓 A 之余弦，以 $\cos A$ 记之；EF 谓 A 之正切，以 $\tan A$ 记之；GH 谓 A 之余切，以 $\cot A$ 记之；OE 谓 A 之正割，以 $\sec A$ 记之；OG 谓 A 之余割，以 $\csc A$ 记之。（又 CF，谓 A 正矢，DH 谓之 A 之余矢，然几无用。故从略）

以上六项，统称 A 之圆函数，又谓 A 之三角函数。①

任意角之三角函数：与包荣爵译《新三角法教科书》中的定义相同。

以上探讨了 1902~1911 年比较有代表性的 11 种三角学教科书中锐角三角函数和任意角三角函数定义的表述。通过整理发现，译自日本的八种三角学教科书中锐角三角函数的定义均采用终边定义法。而任意角的三角函数的定义则有所不同，有些采用终边定义法，有些采用单位圆定义法。首先，在同一种三角学教科书中采用两种方法定义任意角的三角函数，如林鹤一分别采用终边定义法和单位圆定义法对任意角的三角函数进行了定义。其次，仅在二者之间选择一种，如菊池大麓选择单位圆定义法，而长泽龟之助、远藤又藏等学者选择终边定义法。译自欧美

---

① 陈文对锐角三角函数定义采用了单位圆定义法，虽未明确指明该圆的半径为 1，但在作比例时，已默认其半径为 1。

的 2 种三角学教科书对锐角三角函数的定义也采用终边定义法。而中国自编的三角学教科书对锐角三角函数的定义既有采用单位圆定义法也有采用终边定义法。如陈文在《中等教科平面三角法》中采用单位圆定义法定义锐角三角函数，而算学研究会编《平三角法教科书》则利用终边定义法定义锐角三角函数。

由以上总结的三角函数的定义可见，"三角函数"这一名词术语在这一时期各种教科书的演变情况如表 6-2 所示。

表 6-2 1902~1911 年"三角函数"名称的变化

教科书	(1),(3)	(2),(5),(7),(9),(10)	(4),(11)	(6)	(8)
名称	圆函数；三角函数；三角比	三角函数	三角函数；圆函数	圆函数；三角函数；三角比率	三角函数；八线

注：序号（1），（2）……表示与第六章第二节对应的教科书。在不同教科书中名词术语表示相同的，则将其置于表格的同一列中。同一项所列两个或三个名词表示在该种教科书中同时使用这两个或三个名词术语。

由表 6-2 可知，选取的 11 种研究对象均使用了"三角函数"这一名词术语，另涉及"圆函数""三角比（率）""八线"等术语，可见"三角函数"这一名称在这一时期已被广泛接受。

（三）三角函数内容设置的比较

三角起源于解三角形，是研究三角形解法和三角函数理论之学。平面三角可分为应用和理论两部分。直角三角形的解法、斜三角形的解法是应用部分，三角恒等式证明、三角方程的解法则稍及理论。清末时期三角学教科书中以三角函数为核心内容，注重对三角函数的理解及其应用。除三角函数定义外，还涉及三角函数的诱导公式、图象等。以下具体分析这一时期三角学教科书中三角函数内容的设置情况。

1. 三角函数内容的整体安排

（1）原滨吉编译《中等教育克依其氏最新平三角法教科书》自 1896 年出版以来，再版使用至 1911 年。该书正文内容共九编，165 页。其中，

第二编、第三编是"直接圆函数",是对三角函数性质的探讨,占 50 页。第五编、第七编、第八编、第九编为三角形边与角的关系及其解法,是对三角函数性质的简单应用。每一中文名词后均附有英文对照。正文内容后有附录四编——消去法、级数总和、英国诸学校之试验题、日本之试验题,作为补充及参考。此外,书后附有例题及习题的答案。

（2）上野清著、焦缘居士译述《初等三角教科书》正文内容共九编,81 页。其中,三角函数的性质设置在第二编、第四编、第五编,占 37 页,内容包括锐角之三角函数、任意角之三角函数、关于两角之函数。第三编、第七编、第八编、第九编是对三角函数性质的简单应用,以解三角形为主。书后附有例题答案及外国度量衡译名略字表。

（3）林鹤一编著、松坪叔子译《最新平面三角法教科书》共五编、十四章,正文内容 100 页。第一编和第三编主要学习三角函数的性质,内容包括锐角之三角函数及一般角之三角函数,占 51 页。第二编和第五编分别为解直角三角形和解斜三角形,是对三角函数的简单应用。弧度法、反圆函数、三角方程式为附录内容,并附有补习用杂题及希腊文字表。

（4）远藤又藏编纂,言渌彪、言渌彰合译《中等教育平面三角法教科书》共十章,正文内容 136 页。第二章"锐角之三角函数"、第四章"任意之角之三角函数"、第五章"关于二角之公式"是对三角函数性质的探究,占 52 页。第三章、第七章为"解三角形"。

（5）桦正董著、仇毅译《平面三角法教科书》除绪论外,共四编、八章,正文内容 88 页。前三编是对三角函数性质的介绍,占 61 页,内容包括锐角之三角函数、任何角之三角函数及二角和差之公式。第四编为三角函数的应用。正文后有附录两章,分别为三角方程式、关于三角形公式之续。

（6）菊池大麓、泽田吾一著,王永炅译述《平面三角法新教科书》共十五编,正文内容 136 页。第一编之前为"公式集录",列举公式 124 个。三角函数的性质设置在第二编至第七编,占 55 页,内容包括圆函数,30°,45°,60°角之圆函数,任意之角,余角外角圆函数之关系,二角之圆函数,倍角之圆函数。第十二编至第十五编为三角函数的实际应用。

（7）长泽龟之助著,张修爵译《平面三角法教科书》正文内容共八编,82 页。其中,第二编、第四编、第五编、第六编涉及三角函数的性质，占43页，内容包括锐角之三角函数、任意角之三角函数、二角之和及差之三角函数、倍角及分角之三角函数。第三编、第七编、第八编为三角函数的应用。

（8）长泽龟之助著，包荣爵译《新三角法教科书》除绪论外，共七编，正文内容82页。第一编、第三编、第四编为三角函数的性质，占38页，内容包括锐角之三角函数、任何角之三角函数、复角之三角函数。第二编、第五编至第七编为解三角形的内容。正文内容后附补习问题13个，以补该书问题之不足。该书参酌一线教师的意见改编而成。基于三角函数之恒等式多有解析与几何两种证法，故书中就解法简要者列于正文中，而其他证法以脚注的形式附注于下，供教师和学生参考。

（9）费烈伯、史德朗著，谢洪赉译述《最新中学教科书三角术》中平面三角部分共七章，112页。其中，第一章"三角函数"、第三章"三角公式"、第五章"真弧度、曲线代表法"对三角函数的性质进行了探究，占46页。而第二章、第四章为解三角形。

（10）翰卜林斯密士著，李国钦、邓彬合译《平面三角法》共二十编，正文内容183页。其中，第六编"三角函数"、第七编"三角函数之号与量因角度之增减而异"、第八编"第一象限内各角之函数"、第九编"同角度各函数之关系"、第十编"异角三角函数之比较"、第十二编"二角之三角函数"、第十三编"倍角与分角之三角函数"为三角函数性质部分，占64页。而第十六编至第二十编是三角函数的应用。此外，书后附习题答案及中西数学名词合璧表。

（11）陈文编《中等教科平面三角法》共十章，正文内容135页。三角函数的性质分布在第二章、第四章、第五章，内容分别为锐角之三角函数、任意角之三角函数、关于两角之公式，占57页。而第三章、第七章为三角函数的应用。正文内容后附有中英文名词对照表及三角公式，该三角公式仿照日本的模式编写而成，即将该书中全部三角公式在一张可以折叠展开的长纸上呈现。

将以上11种三角学教科书中三角函数的内容进行分类量化，详见表6-3。

表 6-3　1902~1911 年三角学教科书中三角函数的内容量化

序号	原著者(译者)	页数*	知识点**	例题	练习题	图象	诱导公式	备注
1	原滨吉	50/67/165	68	27(2)	486(40)	无	58	括号内为实际问题的数量
2	上野清	37/33/81	66	26(3)	217(20)	无	85	
3	林鹤一	51/37/100	79	11(0)	146(17)	无	83	
4	远藤又藏	52/38/136	31	19(3)	194(36)	无	75	
5	桦正董	61/13/88	52	33(5)	211(20)	无	56	
6	菊池大麓	55/37/136	75	33(5)	255(32)	无	95	
7	张修爵	43/38/82	62	37(8)	285(37)	有	50	
8	包荣爵	38/42/82	53	23(4)	250(41)	有	71	
9	费烈伯、史德朗	46/27/112	43	10(0)	237(53)	有	35	
10	翰卜林斯密士	64/60/183	134	23(0)	291(15)	无	40	
11	陈文	57/37/135	32	19(3)	195(36)	无	95	

* 页数中，前者表示三角函数性质所占页数，中间表示三角函数应用所占页数，后者表示正文内容的总页数。

** 知识点包括三角函数性质中的内容及三角函数应用中的相关内容。

2. 三角函数图象和诱导公式的比较

1902~1911 年翻译日本的三角学教科书中大多将三角函数的性质放置在前几章，且内容较多。以下从三角函数图象和诱导公式两个方面具体分析这一时期三角学教科书内容的设置情况。

函数图象方面，除包荣爵译《新三角法教科书》、张修爵译《平面三角教科书》、谢洪赉译述《最新中学教科书三角术》三种外，其他八种三角学教科书均没有给出三角函数的图象。其中，包荣爵译本的图象是以脚注形式给出的，且仅给出正弦、余弦、正切三个函数的图象（见图 6-12）。张修爵译本中正弦、余弦、正割三个函数的图象（见图 6-13）是在补遗中的"平面三角法练习问题"中给出的。而《最新中学教科书三角术》则专设一节"曲线代表法"，介绍正弦、余弦、正切、余切、正割这五个三角函数的图象（见图 6-14），另给出正弦反曲线、余弦反曲线、正切反曲线、正割反曲线等函数的图象。其他九种教科书虽没有给出三角函数的图象，但有些已用语言描述各个三角函数在四个象限函数值的变化情况，如原滨吉、林鹤一、远藤又藏、菊池大麓、陈文等学者所著三角学教科书。而桦正董、翰卜林斯密士、张修爵译本仅给出六个三角函数在 $0°,90°,180°,270°,360°$ 的函数值。

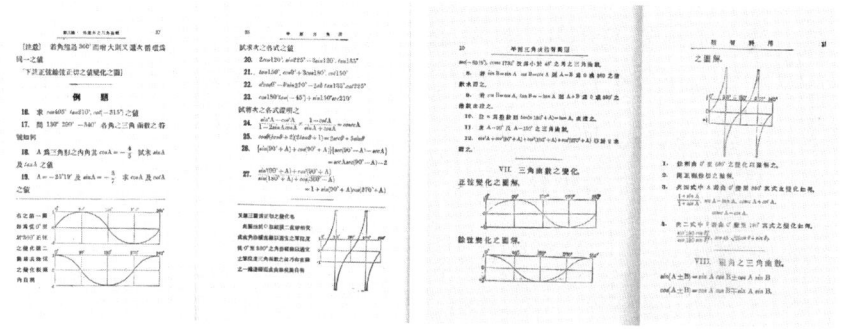

图 6-12 正弦、余弦、正切函数图象
资料来源：《新三角法教科书》，第 37~38 页。

图 6-13 正弦、余弦、正切函数图象
资料来源：《平面三角法教科书》，第 10~11 页。

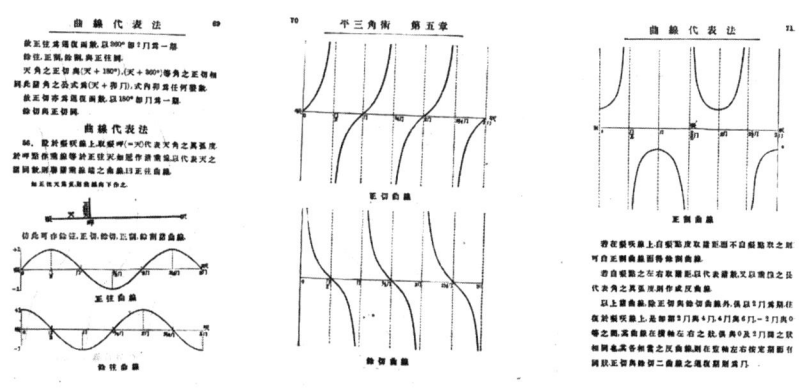

图 6-14 正弦、余弦、正切、余切、正割三角函数图象
资料来源：《最新中学教科书三角术》，第 69~71 页。

所选 11 种三角学教科书中的诱导公式有两种呈现方式。一种散见于各章节中，如原滨吉、上野清、林鹤一、远藤又藏、桦正董、张修爵、翰卜林斯密士等学者所编译的三角学教科书。另一种以"公式集录""公式

汇录""三角法公式一览"等形式列于正文前（后），如菊池大麓、泽田吾一的《平面三角法新教科书》在正文之前即以"公式集录"的形式列出三角函数各公式。谢洪赉译述的《最新中学教科书三角术》在平面三角部分讲述完毕后附"公式汇录"，将书中涉及的平面三角的公式整理在一起，便于总结复习之用。包荣爵译长泽龟之助的《新三角法教科书》在正文后附有"三角法公式一览"，便于学生一览三角函数公式的概貌。陈文编《中等教科平面三角法》虽也将三角公式附于正文后，但是将所有公式列在一页，且可折叠。

此外，所选这 11 种三角学教科书中，仅包荣爵译《新三角法教科书》在脚注中引进了"三角比之六角形"（Ratio-hexagon）（见图 6-15），帮助记忆三角函数之间的关系。三角比之六角形将在第六章第三节具体阐述。

3. 解决实际问题的比较

三角法应用最显著者当属测量，测量涉及实用，并在一定程度上增加了学习的趣味，使三角法以实用著称。三角应用为测物体之高及远。所选 11 种研究对象中实际问题的设置如下：

（1）原滨吉编译《中等教育克依其氏最新平三角法教科书》中第五编"三角形边与角之关系"第一节"直角三角形"中有一道实际例题，以求塔高为素材。而三角形解法的实际应用，则集中

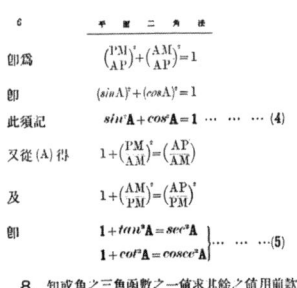

图 6-15　三角比之六角形

资料来源：《新三角法教科书》，第 6 页。

在第九编"高及距离之测量"。问题设置主要有塔高、求丘高、求船距灯台的距离、求两山距离、求船速等。

（2）上野清著，焦缘居士译述《初等三角教科书》中涉及实际问题解法的有：第三编"直角三角形应用"和第八编"距离及高之测法"，即利用三角法测量物体的高与距离。主要有求塔高、求丘高、求船与灯台之

距离、求船距、求两岛距离、求河宽等问题。

（3）林鹤一编著，松坪叔子译《最新平面三角法教科书》的第二编"直角三角形"第二章"高及距离之测量"与第五编"斜角三角形"第三章"测量上之应用问题"中设置了求塔高、求山高、求丘高、求斜坡高、求航行等实际问题。

（4）远藤又藏编纂，言涣彡、言涣彰合译《中等教育平面三角法教科书》，将不能直接测得的距离及高等问题，应用三角形之解法计算而得。实际问题主要设置在第三章"直角三角形"及第七章"任意之三角形"中"距离及高之测法"，问题主要有求墙距、求烟通（烟囱——笔者注）高、求塔高、求船距、求山高、求河宽等。

（5）桦正董著，仇毅译《平面三角法教科书》十分注重相关知识的应用，每一编后均有"应用"的内容，且应用的习题设置较多。其中涉及的实际问题主要有求烟筒（烟囱——笔者注）高、求河宽、求山高、求船距、求塔高等。

（6）菊池大麓、泽田吾一著，王永炅译述《平面三角法新教科书》第三编"30°45°60°角之圆函数"、第十四编"距离及高"及附录"测量术之大意"中均设有实际问题，有求树高、求崖高、求塔高、求河宽、求烟突（烟囱——笔者注）高、求山高等。

（7）长泽龟之助著，张修爵译《平面三角法教科书》第三编"直角三角形之解法"中设有"应用问题之例"，第八编"三角形之解法"中"二点间之距离""测物之高""航海用罗针盘之方位"等均涉及实际问题的应用。主要有求塔高、求船距、求烟囱高、求山高、求旗杆高等问题。

（8）长泽龟之助著，包荣爵译《新三角法教科书》第二编"直角三角形"中设有"应用问题"。第七编"三角形解法之应用"将实际问题分为五类：能近之物欲测定其高、能见而不能近之物欲测定其物之高、测山之高、能见不能近之物求其至测点之距离、可见不可近之二物欲求其两点之距离。问题主要有求树高、求船距、求塔高等。与同时期其他三角学教科书不同的是，该书实际问题所用的插图大多为现实中的实际景象，而不是抽象出具体的几何图形（见图6-16）。将实际问题转化为平面几何图形，并利用已有的知识对其进行解答这一过程，有利于学生对实际问题的理解。

图 6-16　求塔高、求树高

资料来源：《新三角法教科书》，第 19、73 页。

（9）费烈伯、史德朗著，谢洪赉译述《最新中学教科书三角术》第二章"正三角形"、第四章"斜三角形"、第七章"杂题"中均设置了大量的实际问题，涉及求塔高、求屋高、求竿高、求树高、求船距等。

（10）翰卜林斯密士著，李国钦、邓彬合译《平面三角法》第八编"第一象限内各角之函数"、第十七编"直角三角形之解法"、第十九编"距离及高之测法"均设置了三角法问题。问题大多以求塔高、求山高、求绳长、求竿长、求河宽等为素材。第十九编将之前在直角三角形中解决问题扩展到任意三角形中，并将问题分为四类进行求解，分别为：某物直立地平面上，其底为人所不能至者欲求其高；某物，其底为人所不能至者而测点与物体之间又无直线可量，求其高；求不能近之两物体之距离；求与岸之距离。

（11）陈文编《中等教科平面三角法》第三章"直角三角形"，首先对实际问题中重要的术语进行了介绍，之后引进实际问题。第七章"任意三角法"对"距离及高之测法"分四类进行了具体操作：有物在人所不能到之处，但能由远处望之，欲求远处一点与物之距离；有一直立物体，人不能至其基础下，惟能在地上之二点观测之，求其高及距离；有二物在远处，皆为人所不能到，欲求其距离；视水平之距离及俯向。涉及的问题有求烟筒（烟囱——笔者注）高、求船距、求塔高、求河宽等。

通过以上整理发现，这一时期三角学教科书都较为重视三角法在实际问题中的应用，即利用三角函数的相关性质去解三角形。将现实中的模型转化为直角三角形、斜三角形等基本图形，进行实际问题的解决。实际问题所选取的素材均以求塔高、求河宽等为主。而且需要解决的实际问题大多已被抽象为平面图形（三角形），没有学生独立转化的过程（包荣爵译《新三角法教科书》除外）。

由表6-3中整理的内容量化可知，11种三角学教科书三角函数部分所设例题中，实际问题分别约占7.4%、11.5%、0%、15.8%、15.2%、15.2%、21.6%、17.4%、0%、0%、15.8%。而练习题中，实际问题约占比例分别为8.2%、9.2%、11.6%、18.6%、9.5%、12.5%、13.0%、16.4%、22.4%、5.2%、18.5%。

4. 考试题目方面

这一时期日本所编三角学教科书大多模仿英国，而中国则通过日本学习欧美等国。故中国各高校入学考试题方面也大多留有英国的影子。这一时期英国诸校入学考试题由8~13道题组成，日本诸校入学考试题则由2~5道组成。

1883年英国诸学校之试验题如下：

1. 述一角之正弦，余弦及正切之定义，又此等函数于其角加二直角者有如何之差异。

2. 证明 $\sin(A+B) = \sin A \cdot \cos B + \cos A \cdot \sin B$；又 (1) 代 A 用 $(90°+A)$，(2) 代 A 用 $(90°-A)$ 求上之公式之结果。

3. 正五边形之一边为一尺时其积以小数表之。

4. 一塔于水平面上某点对于45°之角而从其点于100尺远之点对于30°之角求塔之高。

5. 证明 $\tan(\alpha+\beta) + \tan(\alpha-\beta) = \dfrac{2\sin 2\alpha}{\cos 2\alpha + \cos 2\beta}$；

又以 $\dfrac{\cos\dfrac{3}{2}(\alpha+\beta) - \cos\dfrac{3}{2}(\alpha-\beta)}{\cos\dfrac{1}{2}(\alpha+\beta) - \cos\dfrac{1}{2}(\alpha-\beta)}$ 最简之。

6. 证明周之长在其圆内接及外接同边数正多角形周边之间，由是以正多角形（1）为正六边，（2）为正十二边。求 π 在如何两数之间。

7. $\tan A = 100$ 时求 $\tan \frac{1}{2}A$ 之值小数至四位。

8. 一角之正弦以三角形之三边之项表之，又三边为 7，8，9 时求最大角之正弦。

9. 知四边形之各边及一角时示求他之角之便利。

10. 三角形之二边 45 及 35 尺其夹角 $120°$ 求底边之长，求二等分顶角至底边所引直线之长：但此各答数小数至第二位。

1896 年 7 月，日本第一高等学校入学试验题①如下：

1. 于三角形 ABC，证明 $\sin A : \sin B : \sin C : : a : b : c$。

2. 解 $\cos x + \cos 7x = \cos 4x$。

3. 角 θ 自 $0°$ 至 $180°$ 增时，$\sin \frac{\theta}{2} \cdot \cos \frac{\theta}{2}$ 值之变化如何。

4. 于平行四边形 $ABCD$ 边 AB 为 615.72 迈当边 AD 为 498.63 迈当角 A 为 $127°54'30''$ 其面积几何。

5. 自走东西道路上之二点 A，B 望一树 A 自北偏东 $67°$ 见 B 自北偏西 $43°$ 见此树自右之道路隔几何，但 AB 之距离为 10 町。②

三　1912~1949 年三角学教科书中"三角函数"的变迁

三角学教科书中"三角函数"的内容，在民国时期的不同阶段有所不同。通过对民国时期数学教育制度下的三角学教科书（即国人自编三角学教科书）及数学教育制度之外的三角学教科书（即翻译的三角学教科书）中三角函数的定义、内容设置的情况、名词术语等方面进行梳理，

---

① 原滨吉编译《中等教育克依其氏最新平三角法教科书》，科学书局，1896，附录 30。
② 原滨吉编译《中等教育克依其氏最新平三角法教科书》，附录 14。

能够对当时出版使用的三角学教科书有一个清晰的了解,以此折射出民国时期中国数学教育的一个侧面,可以为今天数学课程和教科书研究者提供有益的借鉴。

(一) 数学教育制度下的三角学教科书

1. 研究对象

本节选取以下四种使用范围较广的国人自编三角学教科书作为研究对象,分别为黄元吉编纂《共和国教科书平三角大要》(商务印书馆,1913年12月初版,后称1913年本)、刘正经编《现代初中教科书三角术》(商务印书馆,1929年1月第29版,后称1929年本)、周元瑞、周元谷编《复兴初级中学教科书三角》(商务印书馆,1933年7月初版,后称1933年本)、张鹏飞编《初中三角法》(中华书局,1947年4月第26版,后称1947年本)(见图6-17),以考察三角函数的变迁。

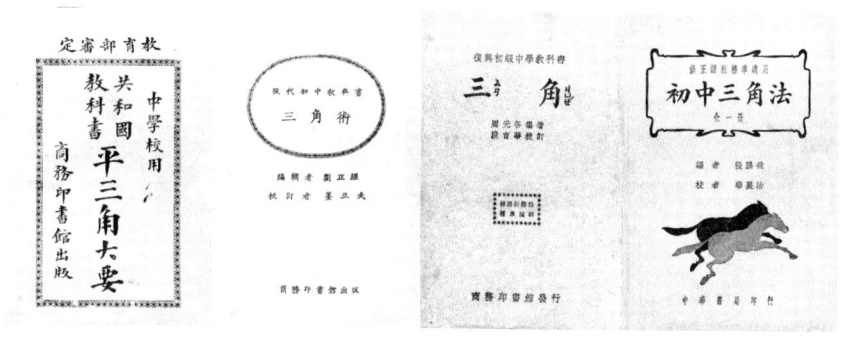

图 6-17 四种三角学教科书封面

2. 三角函数内容设置的比较

(1) 三角函数内容的整体安排

1913年本共两篇十一章,正文内容55页。其中,三角函数性质占28页。主要内容有:锐角之圆函数、普通角之圆函数。而解三角形是对三角函数性质的简单应用。书中附有希腊文字对照表,包括希腊字母的大写、小写写法及其名称,并用小写的希腊字母表示角,如 $\sin \alpha$、$\cos \beta$ 等。此外,书后有附录三个,分别为圆函数表、圆函数对数表、对数表。

1929年本共八章，正文内容106页。其中，第二章"锐角之三角函数"、第七章"任何角的三角函数"、第八章"几个重要的恒等式"是对三角函数性质的探究，占40页。而第三章"直角三角形解法"、第五章"普通三角形边角的关系"、第六章"普通三角形解法"，是对三角函数性质的简单应用。第七章、第八章为补篇，具有一定的弹性，不但可供新制初中使用，而且可供旧制四年级使用。其中，"任何角的三角函数"安排在补篇中，教师可根据实际情况进行讲授。书中常穿插国内外关于三角术的历史，有助于学生了解三角术的沿革，激发他们的学习兴趣。同时，增加了对数及对数计算一章。

1933年本共六章，正文内容87页。其中，第一章、第二章涉及三角函数的性质，占24页。第三章、第五章、第六章为直角三角形和任意三角形的解法。书中的习题，为切合学生的生活状况，大多选择实际问题。1933年本除应用上必需的三角函数公式以外，其他一切恒等式均被省略。对于内容的讲授，如果时间不足，第四章和第五章可酌情缩减，或将第六章完全省去。

1947年本共三编七章，正文内容61页。其中，前四章涉及三角函数的性质，占26页，内容包括：特别锐角的三角函数、一般锐角的三角函数、同锐角或异锐角的三角函数。第六章、第七章为直角三角形的解法及应用。而斜角三角形的解法被设置在附录中。书中用大写英文字母表示角。习题中加入了变式练习，利于学生加深对问题的理解。

将四种三角学教科书中三角函数的内容进行分类量化，如表6-4所示。

表6-4 四种三角学教科书中三角函数的内容

单位：个，道

序号	书名	开本	页数	知识点	例题	练习题	图象	诱导公式	备注
1	1913年本	32	28/28/55	65	45(2)	92(23)	无	23	括号内为实际问题的数量
2	1929年本	32	40/43/106	45	10(0)	169(22)	有	25	
3	1933年本	32	24/49/87	28	42(7)	195(34)	无	5	
4	1947年本	32	26/29/61	31	23(8)	120(25)	无	3	

(2) 三角函数概念引入方式的异同

所选这四种三角学教科书仅给出六个（正弦、余弦、正切、余切、正割、余割）三角函数，对正矢和余矢两个函数没有提及。三角函数都是直接给出的，之前没有做任何铺垫。对锐角三角函数都是在直角三角形中利用三角比进行定义的，即采用终边定义法。而对任意角三角函数的定义方式则有所不同。1913 年本和 1933 年本均采用了终边定义法，即在直角三角形中通过比率引入锐角三角函数概念的基础上，利用角的扩张，将定义推演于任意角。1929 年本则先利用终边定义法将三角函数的范围扩展至任意角，后又引入了单位圆定义法。1947 年本仅涉及锐角三角函数，没有将角扩展到任意角。

四种三角学教科书对六个三角函数的引入方式也有所不同。1913 年本仅在直角三角形中定义了正弦和余弦，正切和余切是通过正弦和余弦的比值给出的，而正割和余割是利用正弦和余弦的倒数进行定义的。1929 年本和 1933 年本基于正弦、余弦和正切三个函数使用较多的原因，在直角三角形中首先定义了这三个函数，而余切、正割和余割则作为前三个函数的倒数给出，因为只要已知前三个函数，就可以算出后三个函数的值。1947 年本在直角三角形中定义了六种三角函数，并利用表格的形式给出了六个比例和相应的符号表示。从引入方式来讲，1929 年本和 1933 年本突出强调了六个函数之间的关系，有利于学生对三角函数的理解，不致混淆，方便后续三角函数关系的学习。

(3) 三角函数图象和诱导公式的比较

民国时期三角教科书大多将三角函数安排在第一章或第二章，内容较多，也是三角教科书的主要内容，所占课时较多。1913 年本中的三角函数内容所占篇幅最多，例题和练习题的数量也最多，这样的安排在民国初期比较普遍。

函数图象方面，这四本教科书都没有直接给出三角函数对应的函数图象。1913 年本虽然没有直接给出三角函数的图象，却用表格的形式给出了三个函数（正弦、余弦、正切）在四个象限的符号。1929 年本除了给出六个三角函数在各个象限的符号外，还给出了函数值在各个区间的变化情况，相当于已经给出大致的函数图象，只是没有画出具体的图象。1933

年本和 1947 年本对图象的相关问题没有提及。

1913 年本和 1929 年本的诱导公式多而全，而 1933 年本和 1947 年本的内容明显缩减，除应用上必需的三角函数公式之外，其他恒等式都被省略。值得一提的是，在这四种三角学教科书中，仅 1947 年本引入了三角比之六角形（也称 Johnson 六角形）（见图 6-18)，用于记忆三角函数之间的关系，可看作一种进步。

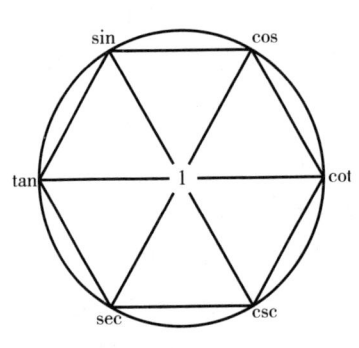

图 6-18　三角比之六角形

三角比之六角形将三角函数按 sin，cos，tan，cot，sec，csc 的次序，每两项取水平位置，书写于六角形各顶点处，并将 1 标于六角形的中心，则有以下结论：[①]

①左右两侧，在下者之值较大，即大小关系为 $\sin A < \tan A < \sec A$ 及 $\cos A < \cot A < \csc A$；

②各对角线两端二函数之积，等于其中心数即 1，是为二重关系，即 $\sin A \csc A = 1$，$\cos A \sec A = 1$，$\tan A \cot A = 1$；

③在相邻三角顶之三函数，其一端之函数，等于中间函数，以他端函数除之，是为三重关系，即 $\tan A = \dfrac{\sin A}{\cos A}$，$\cot A = \dfrac{\cos A}{\sin A}$；

④同一水平线上相邻两函数之平方和，等于其下侧中央数之平方，是为平方关系，即 $\sin^2 A + \cos^2 A = 1$，$1 + \tan^2 A = \sec^2 A$，$1 + \cot^2 A = \csc^2 A$。

以上这八种关系均非各自独立，可由任意一平方关系及其他任意四关系以求其余三关系。从记忆方面看，三角比之六角形具有一定的优势，但这个图形在现行数学教科书中已不出现。

(4) 解决实际问题的比较

生活是数学的源泉，数学与生活相互依存。这四种三角学教科书的编写都较重视数学知识的应用，在直角三角形中利用三角函数解决生活中的

[①] 张鹏飞编《初中三角法》，中华书局，1947，第 26 页。

实际问题。这种将数学问题与现实生活相联系、数学问题生活化的做法，不仅可以利用现实生活中的课程资源，开阔学生视野，而且也激发了学生学会应用数学的意识。兹举几例如下。

1913年本中虽然有实际应用问题，但正文内容均不是以实际问题为背景进行阐述的，而是将实际问题抽象出具体的图形，利用图形来表示，但在习题部分，却都是生活中的实例，主要有求塔高、求河宽、求房屋与街边的距离、求岩高、求山高、求云高、求二舰的距离等。

1929年本对应用问题内重要的术语进行了解释，如垂直线、垂直面、水平线、水平面视线、仰角、俯角等。具体有求树高、求河宽、求行程问题、求山尖高、求墙高、求船距、求塔高等。

1933年本对在应用题中经常遇到的名词加以解释，尤其对仰角和俯角两个名词特别加以解释，除此之外还有垂直线、垂直面、水平线、水平面等。涉及的实际问题主要有：求树高、求屋子与树的距离、求竿长、求墙高、求两塔的距离、求街宽等。

1947年本的实际问题分为水平面内的简便测量和铅锤面的简便测量两类，主要涉及求河宽、求旗杆与山的距离、求墙高和墙宽、求树的高度等问题。

由表6-4可知，四种三角学教科书三角函数部分所设例题中，实际问题分别约占4.4%、0%、16.7%、34.8%。而练习题中，实际问题约占比例分别为：25%、13.0%、17.4%、20.8%。由此可见，除1929年本涉及实际问题较少外，其他三种三角学教科书均较重视三角函数在实际问题中的应用。

（5）考试题目方面的比较

北京高等师范学校1919年8月12日本京招生试题第4题为：试证以下基本公式：$(a) \cos(A+B) = \cos A \cos B - \sin A \sin B$；$(b) \cos(A-B) = \cos A \cos B + \sin A \sin B$。9月12日复试各省径送学生试题第4题为：设 $2\sin A = \cos A$，求 $\sin A$ 及 $\cos A$ 之值。

南京东南大学1922年入学考试三角试题为：① 已知 $\cos x = \dfrac{1-(M+1)\sin 2x}{1+(M-1)\sin 2x}$。求 x 的值；② 证 $\dfrac{\tan 2x - \tan 2y}{\sec 2x \times \sec 2y} = \sin(x+y)\sin(x-y)$；

③设 A, B, C 与 a, b, c 依次为一三角形之三角与三边,试证 $\dfrac{a}{b+c} = \dfrac{\sin\dfrac{A}{2}}{\cos\dfrac{B-C}{2}}$。

武昌高等师范学校 1922 年入学考试三角试题为:试证 $\dfrac{\cos A + \sin A}{\cos A - \sin A} = \tan 2A + \sec 2A$。

北平工业大学试题为:①试证 $\operatorname{cosec}^2 Q \tan^2 Q - \sin^2 Q = \tan^2 Q + \cos^2 Q$;②试求 $\sin 108°$ 之值;③已知 $\tan A = \dfrac{m-n}{m+n}$,求 $\sin A$ 及 $\cos A$ 之值。

南开大学试题为:①在 $\triangle ABC$ 内,$\angle A$ 为钝角,指明 $\sin A : \sin B = a : b$;②求 $\sin 300° - \tan(-240°)$ 之值。

以上是从民国时期三角试题中摘选的部分学校的入学考试题目。这些试题与教科书中的习题几乎完全相同或相似,以证明题、计算题、解答题的形式进行考查,其中证明题居多,主要用于检查学生的记忆力、运算推理的能力及计算技巧。从难度上来看,高于目前中学升学考试的水平。当时将三角函数放在初中进行讲授,并且所占比重很大,可见这部分内容是十分受重视的。因此,就不难理解商务印书馆专门出版《三角法——三角函数》并收录在"万有文库"中。该书"原序"讲道:"……中等教育课之,可为代数学与几何学之连锁,而总括此等之智识,是则三角法所以为特重课程之一也。又于函数思想之养成上,决不可轻视。"[①]

民国时期三角的一些证明直至今日已经作为公式要求学生掌握或了解。例如,北京高等师范学校 1919 年 8 月 12 日本京招生试题第 4 题,在现在前中学已经作为和差化积公式,在升学考试中给出,可直接使用。目前,锐角三角函数中考题型大致为选择题、填空题和解答题。由于各省市考试题不尽相同,三角函数所占的分值也不同。以百分制计算,三角函数所占分值为 5~15 分。

---

① 林鹤一:《三角法——三角函数》,骆师曾译,商务印书馆,1930,原序。

3. 三角函数的名词术语的演变

民国初期，采用算术、代数、几何、三角的分科编排形式是这一时期教科书的编排特点之一。"《布利氏新式算学教科书》是20世纪中国翻译的第一套混合算学教科书。"① 中国于1923年1月开始使用混合教科书，1929年后混合与分科并行，直至1941年彻底取消混合教科书。受其影响，三角函数的名词术语在混合教科书和分科教科书中略有不同。

例如，民国时期的分科教科书，将三角函数称为三角比例数、圆函数、三角倚数或三角比。清末时期把三角函数称为三角比例数，如算学研究会编《平三角法教科书》(1906)；1913年本为辛亥革命胜利后，商务印书馆出版的第一套国人自编教科书，该书将三角函数称作圆函数。受外文原版书的影响，1923年汪桂荣起草的《高级中学第二组必修的三角课程纲要》中，将三角函数称为三角倚数。1933年本将三角函数也称为三角比。相比而言，民国时期的混合教科书中三角函数的名词术语不及分科教科书中的丰富，其中亦将三角函数称作三角比，如布利氏著《布利氏新式算学教科书》(第三编)（王自芸译，商务印书馆，1922)、程廷熙和傅种孙编《初级混合数学》(第三册，中华书局，1923)、段育华编《新学制混合算学教科书》(第四册，商务印书馆，1925)。

根据段育华和周元瑞编的《算学辞典》，可对民国时期三角函数的定义有一个明确的认识：

> 三角函数（Trigonometrical Function）超越函数之一种，亦称圆函数，又称三角比。……若是者一角之正弦余弦正切余切正割余割，称为其角之三角函数。
>
> 三角比（Trigonometrical Ratio）即三角函数，因三角函数系由一角两边之比推得，故又名三角比。
>
> 圆函数（Circular Function）即三角函数，乃含变数为三角元素之函数也。如 $y = \sin z$，$x = \cos^{-1} y$ 等是，因其理与圆有关，故称圆

---

① 陈婷、吕世虎：《二十世纪混合数学教科书的先河——〈布利氏新式算学教科书〉之考察》，《数学教育学报》2013年第2期，第84页。

函数。①

与段育华、周元瑞编《算学辞典》不同的是，倪德基、郦禄琦编校《数学辞典》和赵缭编《数学辞典》中将三角函数称为八线：

  角之正弦，余弦，正切，余切，正割，余割，正矢，余矢，八者谓之角之三角函数，亦称三角比，或圆函数或八线。②

  角之正弦，余弦，正切，余切，正割，余割，谓之三角函数，又谓之圆函数。三角比同三角函数。八线旧译三角函数之名。谓正弦，余弦，正切，余切，正割，余割，正矢，余矢也。③

三角比是随着角度的改变而改变的。当角度一定时，三角比就有一定的数值。如果角度改变，三角比也就相应地改变。那么照函数的定义说，三角比是角的函数，所以三角比又叫作三角函数。而称其为圆函数是符合三角函数发展历史的。

（二）数学教育制度之外的三角学教科书

1912~1949年，中国以翻译使用欧美的三角学教科书为主。其中，20世纪前二十年《温德华士平面三角法》风靡中国，30~40年代以《葛氏平面三角学》为主流，《波邰特氏新三角法》《罗氏平面三角法》《龙氏平面三角法》《汉译赫奈二氏平面三角法》《二B平面三角学》等同时被使用。本节基于1912~1949年中国出版使用的数学教育制度之外的三角学教科书，从三角函数的概念和内容两方面进行梳理，以期探索这一时期中国翻译的三角学教科书中三角函数的变化情况。

本节所选研究对象主要有：（1）顾裕魁译G. A. Wentworth的《汉译温氏高中三角法》（商务印书馆，1911），英文原版 *Plane Trigonometry and Tables* (1882)；（2）高佩玉、王俊奎译W. A. Granville的《葛氏平面三角

---

① 段育华、周元瑞编《算学辞典》，商务印书馆，1938，第90、85、1064页。
② 倪德基、郦禄琦编校《数学辞典》，中华书局，1925，第31页。
③ 赵缭编《数学辞典》，群益书社，1923，第13、11、7页。

学》（北平科学社，1933），英文原版 *Plane and Spherical Trigonometry and Four-Place Tables of Logarithms*（1909）；（3）薛仲华译波郃特、剖洛脱的《波郃特氏新三角法》（世界书局，1933），英文原版不详；（4）严春山、刘遂生译 D. A. Rothrock 的《罗氏平面三角法》（中华书局，1949），英文原版 *Elements of Plane and Spherical Trigonometry*（1910）；（5）章彬译 S. L. Loney 的《汉译龙氏平面三角法》（新亚书店，1949），英文原版 *Plane Trigonometry*（1893）；（6）马文元编译 Hall、Knight 合著的《汉译赫奈二氏平面三角法》（戊辰学会编辑部，1932），英文原版 *Elementary Trigonometry*（1893）；（7）王允中译 G. N. Bauer, W. E. Brooke 的《二 B 平面三角学》（开明书店，1941），英文原版 *Plane and Spherical Trigonometry*（1907）。

1. 三角函数概念表述之演变

这一时期对三角函数的概念采用了终边定义法和单位圆定义法，名词术语已经逐步统一为"三角函数"。下面以数学教育制度之外的三角学教科书中三角函数的概念为中心，介绍 1912～1949 年三角函数概念的演变情况。

（1）顾裕魁编译《汉译温氏高中三角法》中的定义

三角函数：用锐角 A 之直角三角形内各边互比之各值，兹共有六个不同之比：

  Ⅰ. 对边与斜边之比。谓之 A 之正弦（Sine）。书作 $\sin A$。
  Ⅱ. 邻边与斜边之比。谓之 A 之余弦（Cosine）。书作 $\cos A$。
  Ⅲ. 对边与邻边之比。谓之 A 之正切（Tangent）。书作 $\tan A$。
  Ⅳ. 邻边与对边之比。谓之 A 之余切（Cotangent）。书作 $\cot A$。
  Ⅴ. 斜边与邻边之比。谓之 A 之正割（Secant）。书作 $\sec A$。
  Ⅵ. 斜边与对边之比。谓之 A 之余割（Cosecant）。书作 $\csc A$。
  此六个比。谓之 A 角之三角函数。

此外尚有两个函数。亦仅依属于 A 角者。恒与上六个相并而为八个。

  Ⅶ. A 之正矢（Versed sine）。为 $1-\cos A$。书作 $\operatorname{vers} A$。
  Ⅷ. A 之余矢（Coversed sine）。为 $1-\sin A$。书作 $\operatorname{covers} A$。

任何角之函数：图 6-19 乃表单位圆内依次于各象限内所绘 AOP 角之各函数也。其圆之切线常经 A，B 两点。设由 OA 与旋转半径 OP 所成之 AOP 角，记为 x，则于各象限内，$\sin x = MP$，$\tan x = AT$，$\sec x = OT$，$\cos x = OM$，$\cot x = BS$，$\csc x = OS$。

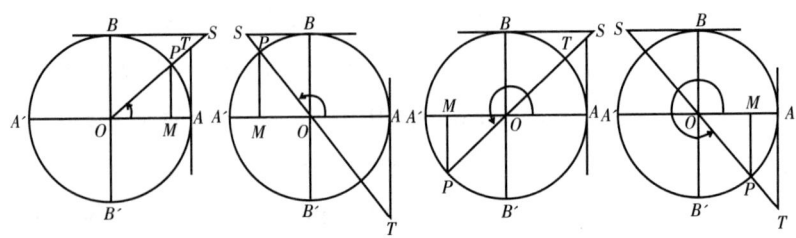

图 6-19　任何角之函数图示

资料来源：《汉译温氏高中三角法》，第 48~49 页。

（2）高佩玉、王俊奎译《汉译葛氏平面三角学》中的定义

三角函数（三角比）：由几何学可知三角形边及角有相当之关系。三角学专表明此等关系且用其各边之比以达此目的。此诸比称为三角函数。任一锐角之六个三角函数（如 A）表示如下：

$\sin A$，读作"A 之正弦"；
$\cos A$，读作"A 之余弦"；
$\tan A$，读作"A 之正切"；
$\csc A$，读作"A 之余割"；
$\sec A$，读作"A 之正割"；
$\cot A$，读作"A 之余切"。

此等三角函数（比），其定义如下（见 6-20）：

① $\sin A = \dfrac{对边}{斜边}\left(=\dfrac{a}{c}\right)$；　④ $\csc A = \dfrac{斜边}{对边}\left(=\dfrac{c}{a}\right)$；

② $\cos A = \dfrac{邻边}{斜边}\left(=\dfrac{b}{c}\right)$；　⑤ $\sec A = \dfrac{斜边}{邻边}\left(=\dfrac{c}{b}\right)$；

③ $\tan A = \dfrac{对边}{邻边}\left(=\dfrac{a}{b}\right)$；　⑥ $\cot A = \dfrac{邻边}{对边}\left(=\dfrac{b}{a}\right)$。

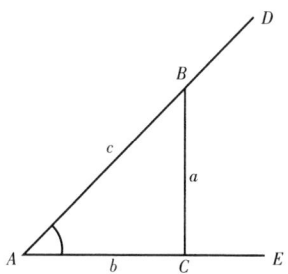

图 6-20　锐角三角函数比)定义图示

资料来源:《汉译葛氏平面三角学》,第 1 页。

任意角之三角函数之定义:前述之六函数,仅限于锐角,兹应用于任意角,其函数须另定之。亦如其关于锐角之记法。

以 XOB 代诸角之一,其函数(见图 6-21)规定如下之诸比:

① $\sin XOB = \dfrac{QP}{OP} = \dfrac{纵坐标}{斜边}$;　④ $\csc XOB = \dfrac{OP}{QP} = \dfrac{斜边}{纵坐标}$;

② $\cos XOB = \dfrac{OQ}{OP} = \dfrac{横坐标}{斜边}$;　⑤ $\sec XOB = \dfrac{OP}{OQ} = \dfrac{斜边}{横坐标}$;

③ $\tan XOB = \dfrac{QP}{OQ} = \dfrac{纵坐标}{横坐标}$;　⑥ $\cot XOB = \dfrac{OQ}{QP} = \dfrac{横坐标}{纵坐标}$。

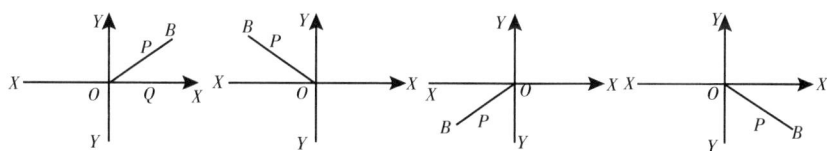

图 6-21　任意角三角函数定义示意

资料来源:《汉译葛氏平面三角学》,第 28 页。

(3) 薛仲华译《波邰特氏新三角法》中的定义

三角函数(见图 6-22):设 AOB 为一锐角,P 为其一边上之任意一点,引 PM 垂直于另一边,则

$\dfrac{PM}{OP}\left(=\dfrac{对边}{斜边}\right) = AOB$ 角之正弦 $= \sin\alpha$,$\dfrac{OM}{OP}\left(=\dfrac{傍边}{斜边}\right) = AOB$ 角之余弦 $= \cos\alpha$,

$\dfrac{PM}{OM}(=\dfrac{对边}{傍边}) = AOB$ 角之正切 $= \tan \alpha$, $\dfrac{OP}{PM}(=\dfrac{斜边}{对边}) = AOB$ 角之余割 $= \operatorname{cosec} \alpha$,

$\dfrac{OP}{OM}(=\dfrac{斜边}{傍边}) = AOB$ 角之正割 $= \sec \alpha$, $\dfrac{OM}{PM}(=\dfrac{傍边}{对边}) = AOB$ 角之余切 $= \cot \alpha$,

$1 - \sin \alpha = \alpha$ 角之余矢 $= \operatorname{covers} \alpha$, $1 - \cos \alpha = \alpha$ 角之正矢 $= \operatorname{vers} \alpha$。

已知角三角函数之几何作法（见图 6-23）：三角函数，古法作一已知角 POA，以单位半径之圆心为顶点，作垂线 PM，又作圆之切线 AT，Bt 切圆于 A 及 B 交 OP 之延线于 T 及 t，则有：

$PM = \sin \alpha, OM = \cos \alpha, AT = \tan \alpha, Ot = \operatorname{cosec} OtB = \operatorname{cosec} \alpha$,
$OT = \sec \alpha, Bt = \cot OtB = \cot \alpha$。

该书虽采用两种方式定义锐角三角函数，却没有明确指出何谓三角函数。

任何角之三角函数（见图 6-24）：一线绕 O 从 OX 起而旋转至于 OP_1，OP_2, OP_3, OP_4 之位置，而从 P_1, P_2, P_3, P_4，引 OX 或 OX' 之垂线，于是在任何情形下，则 $\dfrac{MP}{OP}$ 名曰 $\sin POX$，$\dfrac{OM}{OP}$ 名曰 $\cos POX$，$\dfrac{MP}{OM}$ 名曰 $\tan POX$，等等。

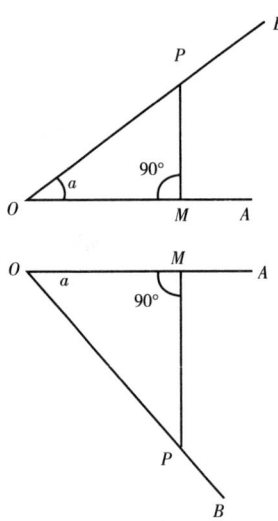

图 6-22　三角函数示意

资料来源：《波邰特氏新三角法》，第 17 页。

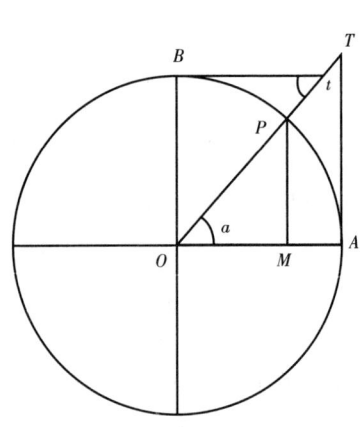

图 6-23　已知角三角函数之几何作法

资料来源：《波邰特氏新三角法》，第 20 页。

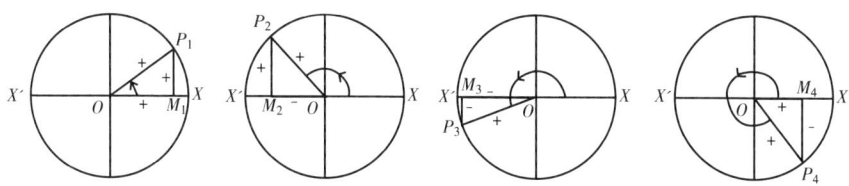

图 6 – 24　任意角之三角函数

资料来源:《波邵特氏新三角法》，第 67 页。

（4）严春山、刘遂生编译《罗氏平面三角法》中的定义

三角函数（三角比）（见图 6 – 25）：以 x、y、r 各为底、高及斜边之直角三角形中，其锐角 θ 有下述各定义：

$$\sin\theta = \frac{\text{对边}}{\text{斜边}} = \frac{y}{r}, \csc\theta = \frac{\text{斜边}}{\text{对边}} = \frac{1}{\sin\theta} = \frac{r}{y},$$

$$\cos\theta = \frac{\text{邻边}}{\text{斜边}} = \frac{x}{r}, \sec\theta = \frac{\text{斜边}}{\text{邻边}} = \frac{1}{\cos\theta} = \frac{r}{x},$$

$$\tan\theta = \frac{\text{对边}}{\text{邻边}} = \frac{y}{x}, \cot\theta = \frac{\text{邻边}}{\text{对边}} = \frac{1}{\tan\theta} = \frac{x}{y}。$$

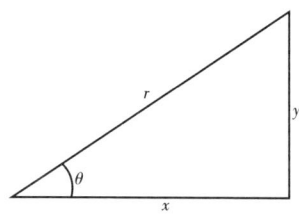

图 6 – 25　三角函数示意

资料来源：《罗氏平面三角法》，第 1 页。

除此六种函数外，另有两种函数：versed sine $\theta = 1 - \cos\theta$，写作 vers θ；coversed sine $\theta = 1 - \sin\theta$，写作 covers θ。角 θ 之六种函数，称为 θ 之三角函数（三角的比）。

任意角之三角函数：于图 6 – 26 中，名 $\angle XOP = \alpha, OP = r$，则于每一情形 α 之各函数之定义为：

$$\sin\alpha = \frac{y}{r} = \frac{\text{纵坐标}}{\text{距离}}, \csc\alpha = \frac{r}{y} = \frac{\text{距离}}{\text{纵坐标}}, \cos\alpha = \frac{x}{r} = \frac{\text{横坐标}}{\text{距离}},$$

$\sec \alpha = \dfrac{r}{x} = \dfrac{距离}{横坐标}, \tan \alpha = \dfrac{y}{x} = \dfrac{纵坐标}{横坐标}, \cot \alpha = \dfrac{x}{y} = \dfrac{横坐标}{纵坐标}。$

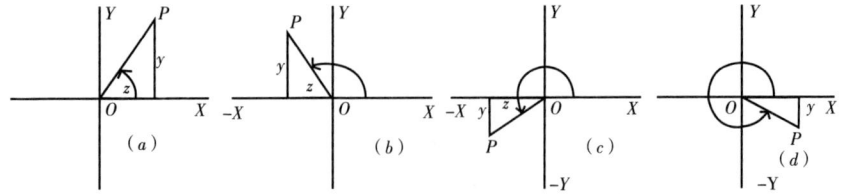

图 6-26　任意角之三角函数示意

资料来源：《罗氏平面三角法》，第 37 页。

此外，在第三章"任意角之三角函数"中对三角函数采用了单位圆定义法。

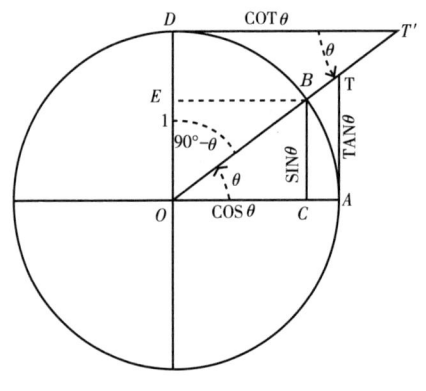

图 6-27　锐角示意

资料来源：《罗氏平面三角法》，第 46 页。

锐角（见图 6-27）：于半径之长为 1 之圆中，作中心角 θ，则弧 $AB = \theta$，$CB = \sin\theta$，$OT' = \csc\theta$，$OC = \cos\theta$，$OT = \sec\theta$，$AT = \tan\theta$，$DT' = \cot\theta$，$CA = \text{vers}\,\theta$，$ED = \text{covers}\,\theta$。

此等直线系于圆之半径为 1 单位时，表示各三角函数之值。

大于 90° 之角（见图 6-28）：表示大于 90° 各角之函数之线值。

由此等图形，可知不论角之大小，上述基本关系显然成立。

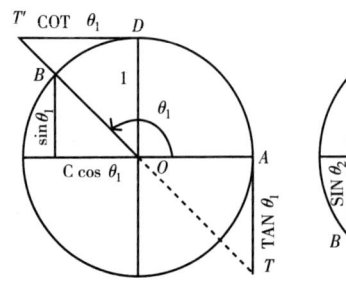 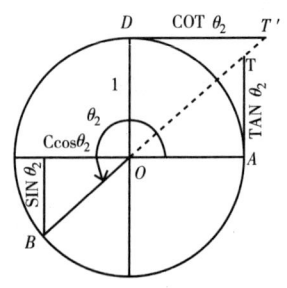 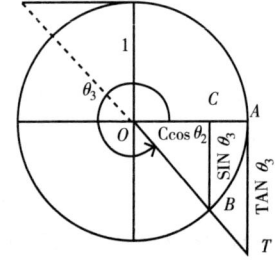

图 6-28　大于 90° 角示意

资料来源：《罗氏平面三角法》，第 47 页。

（5）章彬编译《汉译龙氏平面三角法》中的定义

三角函数（见图6-29）：于三角形 MOP 中，OP 为弦，PM 为垂线，而 OM 为底，则角 AOP 之三角比值，或称三角函数，其定义如下：

$\dfrac{MP}{OP}$，即 $\dfrac{垂线}{弦}$，称为角 AOP 之正弦；$\dfrac{OM}{OP}$，即 $\dfrac{底}{弦}$，称为角 AOP 之余弦；

$\dfrac{MP}{OM}$，即 $\dfrac{垂线}{底}$，称为角 AOP 之正切；$\dfrac{OM}{MP}$，即 $\dfrac{底}{垂线}$，称为角 AOP 之余切；

$\dfrac{OP}{MP}$，即 $\dfrac{弦}{垂线}$，称为角 AOP 之余割；$\dfrac{OP}{OM}$，即 $\dfrac{弦}{底}$，称为角 AOP 之正割。

又余弦较1所少之量，即 $1-\cos AOP$ 称为角 AOP 之正矢；而正弦较1所少之量，即 $1-\sin AOP$ 称为角 AOP 之余矢。

任意角之三角函数：锐角三角函数之定义（见图6-30），可推广如下：

$\dfrac{MP}{OP}$ 称为角 AOP 之正弦，$\dfrac{OM}{OP}$ 称为角 AOP 之余弦，$\dfrac{MP}{OM}$ 称为角 AOP 之正切，

$\dfrac{OM}{MP}$ 称为角 AOP 之余切，$\dfrac{OP}{OM}$ 称为角 AOP 之正割，$\dfrac{OP}{MP}$ 称为角 AOP 之余割。

又，$1-\cos AOP$ 及 $1-\sin AOP$ 之值则称为角 AOP 之正矢及余矢。

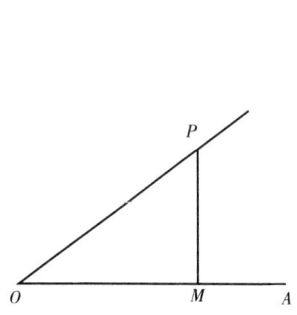

图6-29 三角函数图示

资料来源：《汉译龙氏平面三角法》，第15页。

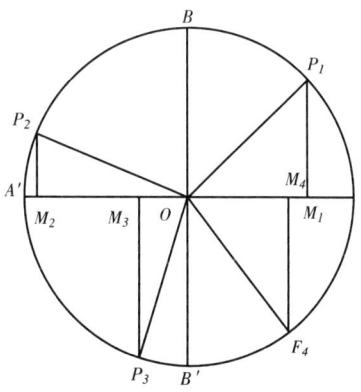

图6-30 锐角三角函数推广图示

资料来源：《汉译龙氏平面三角法》，第40页。

(6) 马文元编译《汉译赫奈二氏平面三角法》中的定义

三角比（三角函数、圆函数、八线）：直角三角形 BAC 中，C 角为直角，对于 A 角有下面的定义：

BC 同 AB 的比即 $\dfrac{对边}{斜边}$，叫作 A 角的正弦（Sine of A），

AC 同 AB 的比即 $\dfrac{邻边}{斜边}$，叫作 A 角的余弦（Cosine of A），

BC 同 AC 的比即 $\dfrac{对边}{邻边}$，叫作 A 角的正切（Tangent of A），

AC 同 BC 的比即 $\dfrac{邻边}{对边}$，叫作 A 角的余切（Cotangent of A），

AB 同 AC 的比即 $\dfrac{斜边}{邻边}$，叫作 A 角的正割（Secant of A），

AB 同 BC 的比即 $\dfrac{斜边}{对边}$，叫作 A 角的余割（Cosecant of A）。

这六种比叫作三角比，三角比又叫作三角函数、圆函数或八线。

任意角的三角比（见图 6-31）：设 XX'，YY' 两直线在 O 点互相垂直，有母线从 OX 旋转到 OP，所成的角是 A。从 P 点画 PM 垂直于 XX'。在直角三角形 OPM 里，如果注意到线段的方向，我们可以得出下面的定义：

$$\sin A = \frac{MP}{OP}, \cos A = \frac{OM}{OP}, \tan A = \frac{MP}{OM}, \operatorname{cosec} A = \frac{OP}{MP}, \sec A = \frac{OP}{OM}, \cot A = \frac{OM}{MP}。$$

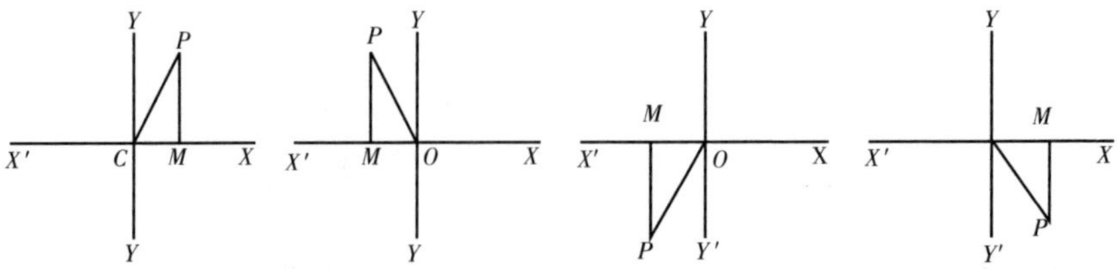

图 6-31 任意角的三角比图示

资料来源：《汉译赫奈二氏平面三角法》，第 86 页。

（7）王允中译《二 B 平面三角学》中的定义

三角函数（三角比）（如图 6-32）：

三角函数之义如下：

$$\sin\alpha = \frac{y}{r} = \frac{纵坐标}{距离}, \quad \cos\alpha = \frac{x}{r} = \frac{横坐标}{距离}, \quad \tan\alpha = \frac{y}{x} = \frac{纵坐标}{横坐标},$$

$$\cot\alpha = \frac{x}{y} = \frac{横坐标}{纵坐标}, \quad \sec\alpha = \frac{r}{x} = \frac{距离}{横坐标}, \quad \csc\alpha = \frac{r}{y} = \frac{距离}{纵坐标},$$

vers α = 1 - cos α, covers α = 1 - sin α。

在首之六个函数都可称为三角比，但三角函数一语，含义更广，系包含正矢、余矢及三角比。

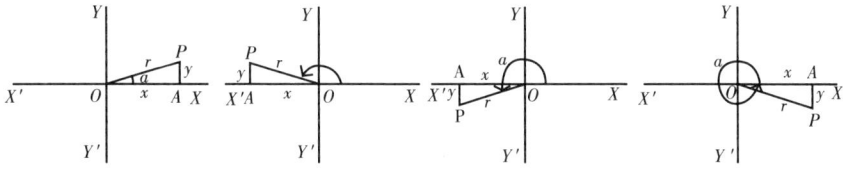

图 6-32　三角函数定义图示

资料来源：《二 B 平面三角学》，第 22 页。

三角函数之直线代表法（见图 6-33）：命 LOP 为一角。取 OP = 1，作 P 点之纵坐标及横坐标。以 O 为中心，以 OP 为半径作一圆。于第一象限及第二象限之开始点 L 及 F 分别作二切线，并延长之，使与中线相交，或与终线之延线相交于 M 及 G。

于是有：

$$\sin\alpha = \frac{y}{r} = \frac{AP}{OP} = \frac{AP}{1} = AP, \text{或} \sin\alpha = AP,$$

$$\cos\alpha = \frac{x}{r} = \frac{OA}{OP} = \frac{OA}{1} = OA, \text{或} \cos\alpha = OA,$$

$$\tan\alpha = \frac{y}{x} = \frac{AP}{OA} = \frac{LM}{OL} = LM, \text{或} \tan\alpha = LM,$$

$$\cot\alpha = \frac{x}{y} = \frac{OA}{AP} = \frac{FG}{OF} = FG, \text{或} \cot\alpha = FG,$$

$$\sec\alpha = \frac{r}{x} = \frac{OP}{OA} = \frac{OM}{OL} = OM, \text{或} \sec\alpha = OM,$$

$$\csc \alpha = \frac{r}{y} = \frac{OP}{AP} = \frac{OG}{OF} = OG, 或 \csc \alpha = OG。$$

诸三角函数可以线分 AP、OA、LM、FG、OM 及 OG 代表之。

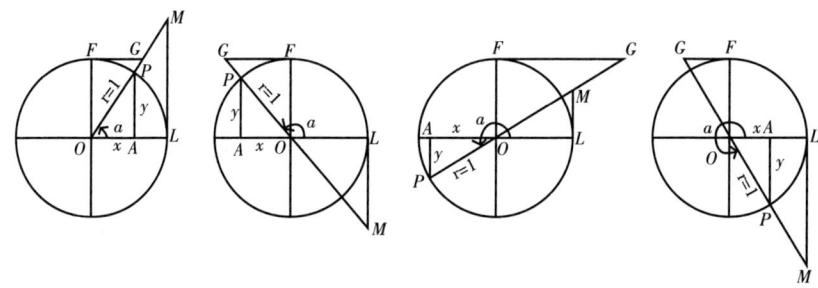

图 6 - 33　三角函数之直线代表法图示

资料来源：《二 B 平面三角学》，第 90 页。

以上探讨了 1912 ~ 1949 年中国翻译使用的外国（以欧美为主）三角学教科书中锐角三角函数和任意角三角函数定义的表述。通过整理发现，所选七种三角学教科书除《二 B 平面三角学》外，对锐角三角函数的定义均采用终边定义法。此外，《波郤特氏新三角法》除利用终边定义法对锐角三角函数进行定义，还采用了单位圆定义法。而《二 B 平面三角学》没有对锐角三角函数进行定义。七种三角学教科书对任意角的三角函数的定义有所不同，可分为三类。第一，仅采用单位圆定义法，有《汉译温氏高中三角法》。第二，仅采用终边定义法，有《汉译葛氏平面三角学》《波郤特氏新三角法》《汉译龙氏平面三角法》《汉译赫奈二氏平面三角法》。第三，同时采用单位圆定义法和终边定义法，有《罗氏平面三角法》和《二 B 平面三角学》。

由以上三角函数的定义表述还可以看出，"三角函数"这一名词术语已逐渐趋于统一，即统一为"三角函数"，圆函数、三角比、八线等名称逐渐淡化。

2. 三角函数内容设置的比较

（1）三角函数内容的整体安排

①顾裕魁译《汉译温氏高中三角法》"平面三角"部分共六编，

正文内容 158 页。其中第一编"锐角之三角函数"、第三编"测角法"涉及三角函数性质的探究，占 49 页。第二编、第四编是解三角形的内容，是对三角函数性质的简单应用。该书最后附有"公式汇录"及习题答案。

②高佩玉、王俊奎译《汉译葛氏平面三角学》正文内容共十章，191页。三角函数的性质设置在第一章前两节、第二章至第四章、第六章中，占 70 页。第一章后六节、第七章为解三角形的内容。此外，该书涉及的三角公式以"公式摘要"的形式设置在第十章。

③薛仲华译《波郐特氏新三角法》正文内容共二十四章，370 页。其中，第二章"三角函数"、第三章"三角函数之关系"、第四章"特别角之三角函数"、第六章"三角函数之图解"、第十一章"复角函数"、第十二章"积及和之变换"、第十六章"同三角函数三角之一般值"、第十七章"分角"是对三角函数性质的探讨，占 131 页。而第五章"简易问题"、第八章"三角形边和角之关系"、第九章"应用对数解三角形"、第十章"高及距离"、第十三章"三角形边角之关系（续）"、第十四章"三角形之性质（续）"、第十五章"四边形及多边形"是利用三角函数的性质解三角形。

④严春山、刘遂生译《罗氏平面三角法》共九章，正文内容 152 页。三角函数的性质设置在第一章"锐角之三角函数"、第三章"任意角之三角函数　图象"、第五章"两角之函数　倍角与半角之函数　和差公式"中，占 51 页。第二章"直角三角形之解法"、第七章"任意三角形之解法　三角形之面积"是三角函数的实际应用。正文内容后有附录三个，分别为公式、希腊字母表和中西名词对照表。

⑤章彬译《汉译龙氏平面三角法》正文内容共二十一章，255 页。其中，第二章"锐角之三角比值"、第四章"代数符号在三角法上之应用"、第五章"任意角之三角函数"、第六章"同函数诸角之普遍式"、第七章"和差角之函数"、第八章"倍角与部分角之函数"为三角函数性质的内容，占 89 页。第三章"高与距离之简易问题"、第十二章"任意三角形边角函数之关系"、第十三章"三角形之解法"、第十四章"高与距离"、第十五章"三角形之性质"、第十六章"四边形与正多边形"为三角函数的应用。正文内容后有总复习题、答案、中英名词索引、对数表以及三角

函数表等。

⑥马文元编译《汉译赫奈二氏平面三角法》正文内容共五篇、二十四节，264页。其中第二节"三角比"、第三节"三角比互相的关系"、第四节"特别角的三角函数"、第八节至第十二节"三角比的扩张"、第二十节"半角函数公式"为三角函数性质的内容，占102页。第五节、第六节、第十三节、第十六节至第十八节为利用三角函数解三角形。正文内容后有国立各大学三角入学试题、对数表同函数表、习题答案三个附录。

⑦王允中译《二B平面三角学》共十章，正文内容205页。三角函数的性质设置在第二章"三角函数"、第四章"三角函数之变化"、第五章"基本关系、线值"、第六章"二角之和之函数"中，占74页。第三章"直角三角形"、第八章"斜三角形"为三角函数性质的实际应用。正文内容后附习题答案、数之对数表及三角函数对数表。

将以上7种三角学教科书中三角函数的内容进行分类量化，如表6-5所示。

表6-5 1912~1949年数学教育制度之外的三角学教科书中三角函数的内容

单位：道

序号	书名*	页数	知识点	例题	练习题	图象	诱导公式	备注
1	《温氏》	49/47/158	50	29(0)	500(31)	无	29	
2	《葛氏》	70/35/191	55	56(2)	327(44)	有	41	
3	《波邰特氏》	131/121/370	159	78(15)	870(129)	有	70	
4	《罗氏》	51/32/152	42	49(21)	543(33)	有	58	
5	《龙氏》	89/79/255	166	51(7)	654(92)	有	68	
6	《赫奈二氏》	102/71/264	149**	122(14)	914(87)	有	51	
7	《二B》	74/59/205	78	7(0)	540(56)	有	55	

注：括号内为实际问题数量。

* 这里以书名的简称表示。

** 英文原版中三角函数性质及其应用共涉及163个知识点，而此汉译本在编译的过程中删掉了14个知识点。

（2）三角函数图象和诱导公式的比较

函数图象方面，除顾裕魁译《汉译温氏高中三角法》没有给出三函数图象外,其他六种三角学教科书均加入了三角函数图象的内容。然而,顾裕魁译《汉译温氏高中三角法》虽没有给出三角函数的图象,但承袭清末时期用语言表述的方式,概述了六个三角函数在四个象限内函数值的变化情况,并以表格的形式给出六个三角函数在 $0°,90°,180°,270°$, $360°$ 等特殊角上的三角函数值。

其他六种三角学教科书虽都增加了三角函数图象的内容,但图象的引入方式及给出图象的种类有所不同。

高佩玉、王俊奎译《汉译葛氏平面三角学》第六章"三角函数之图示"集中探讨了三角函数的图象。先以文字的形式叙述了六个三角函数在各个象限的函数值的变化情况,随后以表格的形式呈现,以使学生对三角函数的大致图象有一个了解。对三角函数的图象给出两种作法。其一,在一次函数、二次函数图象的基础上,利用图示法(即描点法)作出正弦函数的图象(见图 6-34)。其二,以例题的形式,利用射影法绘出正弦函数的图象。而其他五个三角函数的图象都在习题中给出,要求学生模仿绘出(见图 6-35)。

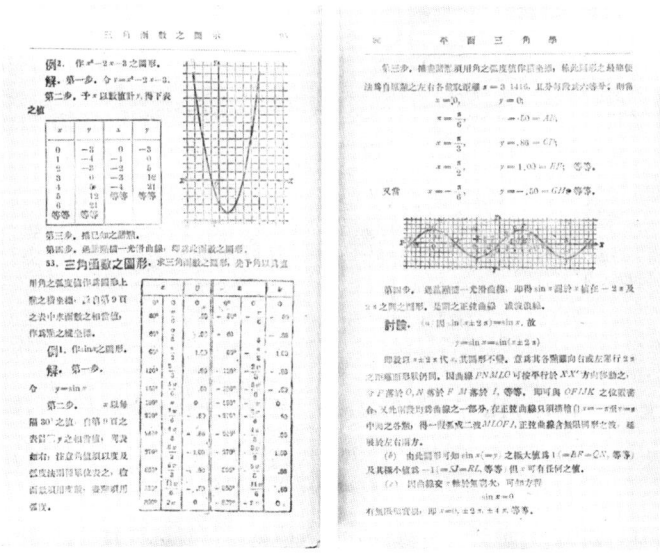

图 6-34 利用图示法作出的正弦函数图象

资料来源:《汉译葛氏平面三角学》,第 95~96 页。

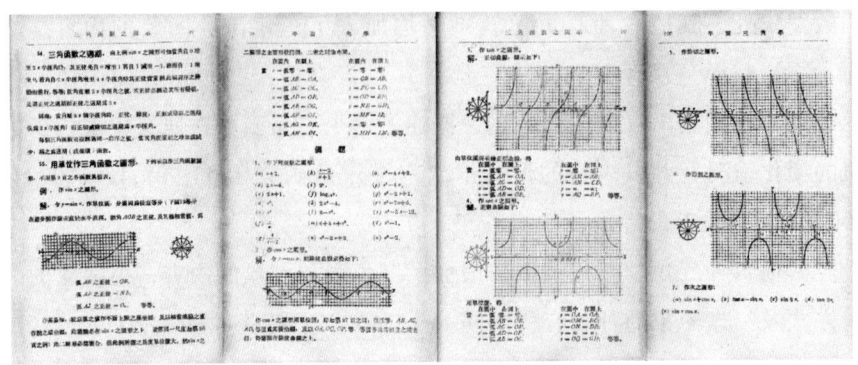

图 6-35　利用射影法绘出的正弦函数图象

资料来源：《汉译葛氏平面三角学》，第 97~100 页。

薛仲华译《波邰特氏新三角法》第六章为"三角函数之图解"。在探讨六个三角函数在各个象限函数值变化的基础上，利用图示法作出正弦、余弦、正切、余割四个函数的图象（见图 6-36）。而正割和余切仅给出语言描述，并未见其图象。

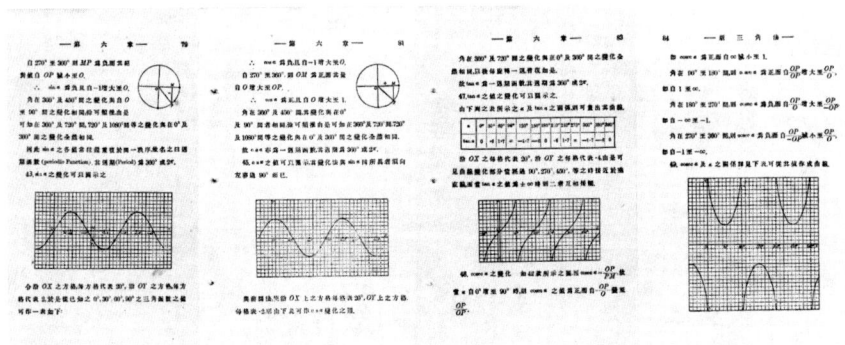

图 6-36　利用图示法作出的正弦、余弦、正切、余割函数图象

资料来源：《波邰特氏新三角法》，第 79、81、83~84 页。

严春山、刘遂生译《罗氏平面三角法》第三章设有"三角函数之图象"一节。利用射影法给出正弦、余弦、正切、余切四个三角函数的图象（见图 6-37）。

章彬译《汉译龙氏平面三角法》第四章设有"三角函数图象"的内

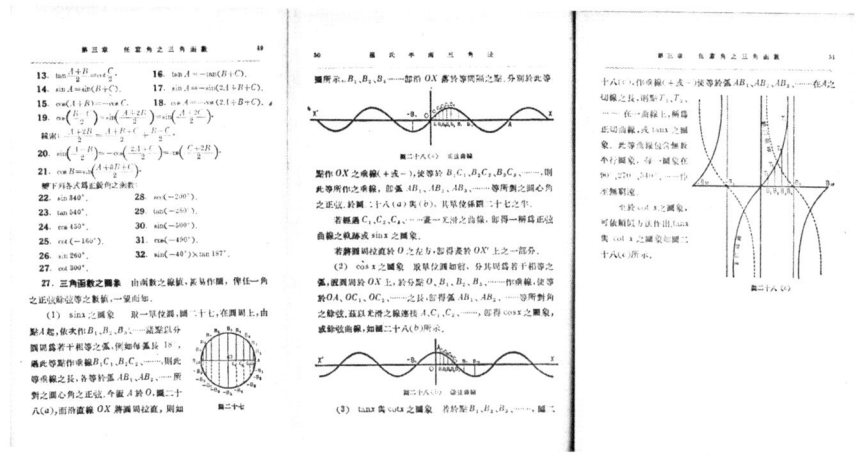

图 6-37 正弦、余弦、正切、余切函数图象

资料来源：《罗氏平面三角法》，第 49~51 页。

容。首先用文字叙述的方法探讨了六个三角函数在各个象限的变化情况，随后利用图示法作出正弦、余弦、正切、余割的函数图象（见图 6-38），而余切及正割的函数图象则采用描述法作出，分别类比于正切和余割的函数图象。

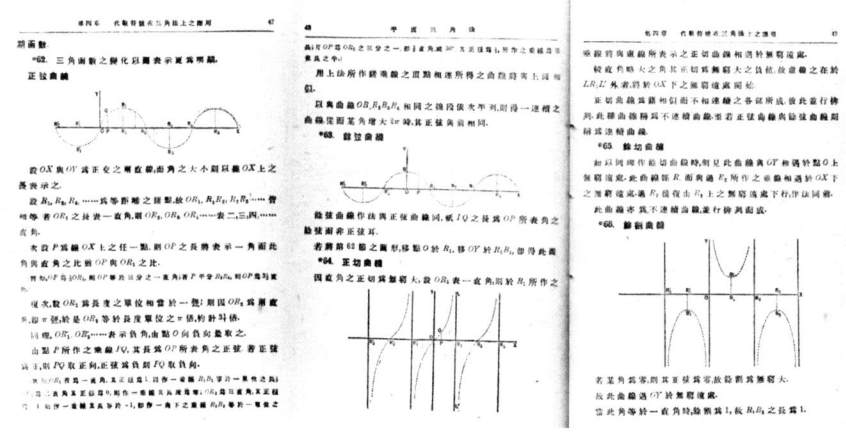

图 6-38 利用图示法作出的正弦、余弦、正切、余割函数图象

资料来源：《汉译龙氏平面三角法》，第 47~49 页。

马文元编译《汉译赫奈二氏平面三角法》第三篇第九节为"三角函数的图表法",其内容涉及一个角从 0°~360° 其正弦、余弦、正切三个函数值的变化情况,并利用图示法作出正弦、余弦、正切这三个函数的图象(见图 6-39)。

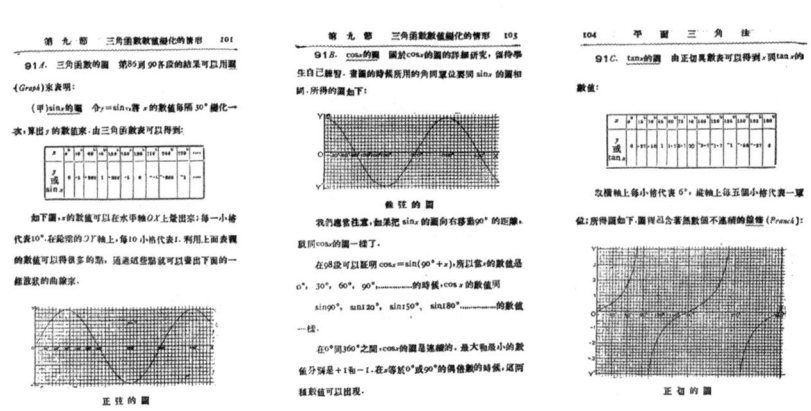

图 6-39 利用图示法作出的正弦、余弦、正切函数图象

资料来源:《汉译赫奈二氏平面三角法》,第 101、103、104 页。

王允中译《二 B 平面三角学》第四章设有"三角函数的图示"。在探讨六个三角函数在各象限其函数值变化的基础上,采用了两种方法——图示法和射影法,作出三角函数的图象。首先用图示法作出正弦和正切的函数图象(见图 6-40),然后用射影法作出正弦和余弦的图象(见图 6-41)。

关于诱导公式的呈现,所选七种三角学教科书大多穿插于各章节中,成组出现,并给出公式的相关证明。此外,还有以"公式集录""公式集要""附录"等形式将书中所习三角函数的诱导公式列于正文前(后)。主要有:顾裕魁译《汉译温氏高中三角法》在书后附有平面三角法"公式集录"37 组;高佩玉、王俊奎译《汉译葛氏平面三角学》第十章"公式集要",列举公式 59 个;严春山、刘遂生译《罗氏平面三角法》在附录中列出公式 50 组。这种方法便于学生对三角函数的内容有一个大致的了解,并利于巩固复习。

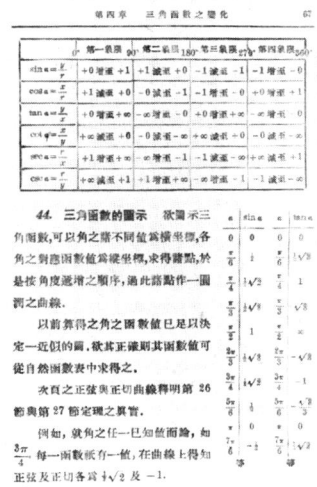
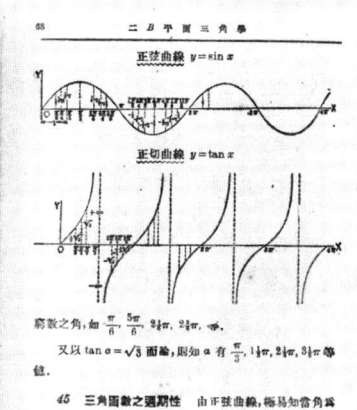

图 6-40　利用图示法作出的正弦和正切函数图象

资料来源:《二 B 平面三角学》,第 67~68 页。

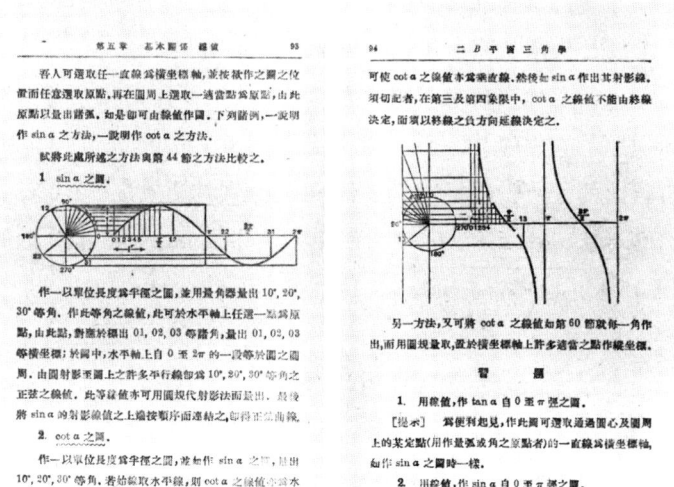

图 6-41　利用射影法作出的正弦和余切函数图象

资料来源:《二 B 平面三角学》,第 93~94 页。

(3) 实际问题的应用

本节所选七种三角学教科书中实际问题的设置如下。

顾裕魁译《汉译温氏高中三角法》中实际问题主要有求塔高、求山高、求树高、求屋高、求太阳高度、求江宽、求街宽、求梯长、求车距等。

高佩玉、王俊奎译《汉译葛氏平面三角学》中实际问题主要有求塔高、求树高、求山高、求屋高、求气球高、求河宽、求街宽等。

薛仲华译《波邰特氏新三角法》中实际问题主要有求塔高、求竿高、求气球高、求屋高、求太阳高、求山高、求河宽等。

严春山、刘遂生译《罗氏平面三角法》中实际问题主要有求竿高、求墙高、求塔高、求烟囱高、求气球高、求隧道长等。

章彬译《汉译龙氏平面三角法》中实际问题主要有求竿高、求塔高、求树高、求山高、求气球高、求墩高、求柱高、求河宽等。

马文元编译《汉译赫奈二氏平面三角法》中实际问题主要有求碑高、求山高、求烟突高、求塔高、求旗杆高、求屋顶高、求气球高、求墙高、求石柱高等。

王允中译《二B平面三角学》中实际问题主要有求山高、求旗杆高、求塔高、求湖长、求云高、求河宽、求气球高等。

由此可见,七种三角学教科书虽为20世纪不同时期所编,但其中所选的实际问题的素材基本一致。此外,由表6-5可知,这七种三角学教科书三角函数部分所设例题中,实际问题分别约占0%、3.6%、19.2%、42.9%、13.7%、11.5%、0%,而练习题中实际问题约占比例分别为6.2%、13.5%、14.8%、6.1%、14.1%、9.5%、10.4%。

小　结

通过以上对1902~1949年中国三角学教科书中"三角函数"概念和内容的分析,可以得出一些结论。

(一) "三角函数" 概念

虽然任意角的三角函数与锐角三角函数有着一定的渊源关系,从某种意义上讲，可以把前者看作后者的进一步发展，但正如章建跃教授所言："它们研究的是两类不同的问题。锐角三角函数是解三角形的工具，是从研究三角形各种几何量之间的关系而发展起来的，而任意角的三角函数是一个周期函数，是研究现实世界中周期变化现象的'最有表现力的函数'。是从现实中的周期现象而发展起来的。二者的研究对象不同，表现的性质也不同。我们既不能把任意角的三角函数看成是锐角三角函数的推广（或一般化），又不能把锐角三角函数看成是任意角的三角函数在锐角范围内的'限定'。"[①]

然而，无论是终边定义法还是单位圆定义法，二者在本质上都是一致的，没有谁对谁错之分，只在于编写者的取舍，从某种程度上来讲，单位圆定义法更加符合三角函数的发展历史。从以上分析也可看出清末民国时期三角学教科书在编写的要求方面相对比较宽松，编者可以根据自己的理解和喜好，选择各部分内容的呈现方式等。

（二）"三角函数"内容

1. 三角函数的内容增减及难易程度

民国时期三角学教科书中三角函数的内容对清末时期三角函数内容的继承性较高，都是从概念到性质再到简单应用。无论从三角学教科书的总页数还是从三角函数所占页数来看，民国时期翻译的三角学教科书整体上较清末有较大增幅，内容有所增加。如，清末三角学教科书中很少提到三角函数的图象，而进入民国时期，三角函数图象变为三角函数性质中重要的一项内容详加介绍。再如，增加了大量的例题和习题，其中尤以习题数量的增加为多。但就民国时期主流的《温德华士平面三角法》和《葛氏平面三角学》而言，其内容较清末时期变化不大，但其所涉及的知识点及诱导公式则相应减少。值得指出的是，民国时期中国翻译英美等国的三角学教科书其英文原版都是19世纪末20世纪初的出版物，而中国却在20世纪中期才引进使用，足见中国在引进外国三角学教科书方面的

[①] 章建跃：《为什么用单位圆上点的坐标定义任意角的三角函数》，《数学通报》2007年第1期，第16~17页。

滞后性。

相比来讲，民国时期国人自编的三角学教科书则较清末使用的三角学教科书有较大的删减，如三角函数的诱导公式、三角恒等变换等都淡化，并删去了一些繁难的运算。具体来讲，数学教育制度下的三角学教科书中，1913年本的内容最少而且最为简单，概念、定理、公式等十分简洁、明了，例题、习题数量适中，学生能够在规定的学业年限中从容毕业。1929年本从难度上来讲则略高一层，以表格的形式给出了六个三角函数在各个象限的符号及各区间的取值范围，较为全面地向学生呈现了三角函数的内容。1933年本的内容较1929年本大幅减少，其中诱导公式仅给出应用时必需的几个，而对于其他恒等式一概删去。而且内容的讲授可根据实际情况进行删减，具有一定的弹性，这也许是其受各学校欢迎的原因之一。1947年本比1913年本的内容略多，但诱导公式却从1913年的23个减少到3个。从整体难易程度上来讲，大致呈下降的趋势。1929年本和1933年本难度大于1913年本和1947年本。由于1913年本编写仓促，属于应急的教科书，所以相比其他三本教科书，内容最为简洁。1929年本间接地给出了三角函数图象，渗透了三角函数的周期性，涉及的三角函数知识最多，难度最大。

此外，民国时期的三角学教科书继承了清末用"公式集录"或"公式一览表"表示诱导公式的方式，有利于学生一览三角函数公式的全貌，便于复习和巩固。与民国时期初级中学三角学教科书相比，中国现行初中数学教科书中没有诱导公式，这部分内容被放在高中阶段进行学习。民国时期在初中就已经习得三角函数的诱导公式，从这方面来讲，民国时期所学内容要比现在的深，难度大。正如南模中学①三角课程教师赵宪初所回忆："在当时的情况下，各科教学内容是比较深的，测验作业是比较多的。"② 可见，三角一门课程的教学内容与练习亦如此。

2. 内容安排次序的变化

1902~1911年，中国使用的三角学教科书中关于"三角函数关系"

---

① 南模中学从20世纪30年代起成为上海的名校，校友中有20多名院士，也有不少海外的知名学者。
② 赵宪初：《南洋模范中学校史简述》，《解放前上海的学校》，第241页。

和"直角三角形解法"这两部分内容的次序安排都是先"三角函数关系"后"直角三角形解法"。这一时期所选的 11 种三角学教科书就都是按照这样的顺序安排的。民国时期三角学教科书中,"三角函数关系"和"直角三角形解法"这两部分内容的次序安排则有所不同。中国自编的三角学教科书,大多将"三角函数关系"放在"直角三角形解法"之前。当时翻译的日本三角学教科书也是按照先"三角函数关系"后"直角三角形解法"的顺序安排,如远藤又藏著《平面三角法教科书》(葛祖兰译,文明书局,1914)等。这种做法继承了清末翻译日本三角学教科书的编排方式。而翻译欧美的三角学教科书有些是按照先"直角三角形解法"后"三角函数关系",如《葛氏平面三角学》《二 B 平面三角学》等。有些则是按照先"三角函数关系"后"直角三角形解法",如《波邨特氏新三角法》《龙氏平面三角学》《罗氏平面三角法》《汉译赫奈二氏平面三角法》等。由于《葛氏平面三角学》是中国 20 世纪 30 年代主流的三角学教科书之一,故引起了一些国人自编本的效仿,汪桂荣编著《建国教科书初级中学数值三角法》、中等算学研究会编《新学制初中算学教科书三角》、周为群等编《开明算学教本三角》等都按照《葛氏平面三角学》先"直角三角形解法"后"三角函数关系"的方式编排。值得一提的是,陈文于 1913 年出版的《中等教科平面三角法》,按照先"三角函数关系"后"直角三角形解法"的方式安排。而 1919 年出版的《实用主义平面三角法》则采用了先"直角三角形解法"后"三角函数关系"的设置。

汪桂荣在 1923 年起草的《三角课程纲要》中建议将"三角函数关系"放在"直角三角形解法"之后,将"斜角三角形解法"放于"诸角三角函数"之前。这样的建议也许是受中国当时由学习日本转向学习欧美大环境的影响,或许是由于三角函数定义本身的呈现方式问题。但这些只不过是编排的问题,并不能说明编排的好坏。从这一点来说,民国时期数学教育的自由可见一斑。

总之,三角学教科书的编写要通俗易懂、为大众服务,这对当前的数学教育改革也具有重要的现实意义。三角学教科书从清末民国至今,在经历一个多世纪的变迁后,其内容逐步顺应时代的需要,发生了较大的变化。通过了解三角函数内容的变化,有利于厘清三角学教科书的发展脉络，管窥清末民国时期的数学教育理念。三角函数从注重函数、实用等问题逐步与其他学科相联系，如三角关系式与代数中的方程之间的关系，逐步实现学科的融合。回顾三角函数在当时的变迁历程，对中国目前数学教科书的编写具有重要的参考价值，并对当今的数学教育教学具有一定的借鉴意义。

结　语

　　回溯 1902~1949 年中国中学三角学教科书的发展历程，可以看到不同时期的三角学教科书所呈现的各自的特点。中国在学习外国优秀三角学教科书编写经验的基础上，不断创新，使三角学教科书的编写经历了由模仿到创新的过程。通过对这一时期三角学教科书的梳理，可见三角学教科书经历了分科到融合再到分科的过程，并引发了一种令人深思的混合与分科的钟摆现象。分析这种反复与轮回，进而探寻影响 1902~1949 年中国三角学教科书编写的主要因素。历史地考察 1902~1949 年每一阶段三角学教科书的发展，无疑对当前数学教科书的编写有着重要的现实意义。正如拉尔夫·泰勒（Ralph W. Tyler, 1902~1994）所言：'通过借鉴过去在解决这些问题时所获得的经验，我们不仅能够证实那些用以支持或反对过去已考虑过的论点，而且能够看到那些实际上已采用的步骤的结果。'[①] 从这个角度来看，汲取历史的经验，才能避免同样的错误，推陈出新，编写出适合中国国情的、高质量的三角学教科书。

一　影响 1902~1949 年中学三角学教科书变迁的主要因素

　　一定时期的三角学教科书是这一时期社会各种因素共同作用的结果。

---

① 丹尼尔·坦纳、劳雷尔·坦纳：《学校课程史》，崔允漷等译，教育科学出版社，2006，"前言"，第 1~2 页。

纵观 1902～1949 年中国三角学教科书的发展，其编写主要受内因和外因的制约与影响。从内部来看，受其自身历史发展的影响；从外部来看，受到政治、经济、文化等方面的影响。各种因素不断整合，使三角学教科书的编写不断完善。

（一）内部因素

1. 三角学自身的发展历史

由于航海、天文观测等实际问题的需要，球面三角术的出现比平面三角术早得多。后来由于间接测量、测绘工作的需要，出现了平面三角学。平面三角学所讨论的内容是角和线段之间的数值关系，特别是三角形中的角和线段。事实上，英文单词 trigonometry 来源于希腊文字 trigonon 和 metron，前者相当于英文单词 triangle，意思是三角形（原文为三角学——笔者注），后者相当于英文单词 measure，意思是度量。[1] 最先使用 trigonometry 这个词的是德国人皮蒂斯克斯，他在 1595 年出版的著作《三角学：解三角形的简明处理》中创造了这个词。[2]

三角学的发展大致经历了以下三个阶段。

第一阶段，天文学的伴侣。公元前两千多年前，埃及人在建造金字塔时用到了"投影计算"等简单的三角学。由于在埃及的文献中，没有一处谈到角的概念，因此埃及人尚没有能力去构造三角形中边与角的数量关系。即此时只能说是原始三角学的粗略概念，也可以说是三角学的前身。现代意义下的"三角学"这个词，为古代公认最伟大的天文学家希巴尔卡斯[3]（Hipparchus，约公元前 190～前 120）所创。[4] 和许多希腊学者一

---

[1] Maor, E.：《三角之美：边边角角的趣事》，第 20 页。
[2] 梁宗巨：《数学历史典故》，第 103 页。
[3] 希巴尔卡斯出生在尼西亚（Nicaea），即今土耳其西北部的伊兹尼克（Iznik），但他大多数时间都在爱琴海中的罗德岛（Rhodes）度过，并在上面设置了一个天文台。希巴尔卡斯利用自己发明的仪器确定了大约 1000 颗恒星在天空中的经纬度，并在地图上标注出来，制成第一张精确的恒星图。根据恒星的亮度对其进行分类，将最亮的恒星划为 1 等星，最暗的恒星划为 6 等星，这种分级方法后来经过不断修改和扩展，一直沿用至今。
[4] Maor, E.：《三角之美：边边角角的趣事》，第 23 页。

样，希巴尔卡斯的工作也是通过后人的著作才为我们所知，即狄翁（Theon of Alexandria，约390）在托勒密（Claudius Ptolemy，约85～165）的《天文学大成》（Almagest①）一书中的评论。《天文学大成》是完整呈现给我们的第一本三角学的主要著作。② 基于前人的研究成果，总结了那个时代所知道的数学天文知识。该书成为地球中心论者的基石，支配欧洲科学和哲学思想直到16世纪，并成为罗马教会的圣典，在哥白尼日心说被广泛接受后失去其权威性。整体而言，公元前2世纪至16世纪之前，三角学主要以天文学伴侣的姿态出现。

第二阶段，独立学科的建立。三角学的兴起是由于天文学，希腊、印度的所有三角学几乎都是天文学的副产品。三角学通过阿拉伯数学家的工作逐渐从天文学中分离出来，最终于16世纪成为一个独立的数学分支。而三角学作为一门独立学科是从德国数学家雷吉奥蒙塔努斯的名著《论各种三角形》开始的。在欧洲，《论各种三角形》是第一本使三角学脱离天文学而正式成为数学的一个独立分支学科的标志性著作。该书共分五卷，形式仿照欧几里得的《几何原本》。在这本书中，他把托勒密、印度和阿拉伯学者遗留下来的三角学知识系统地整合在一起。③

第三阶段，解析三角学的出现。由于法国数学家韦达（Francois Viete，1540～1603）在数学领域的成就，三角学开始呈现出其现代解析的性质。韦达在1593年发现了著名的无限乘积 $\frac{2}{\pi} = \frac{\sqrt{2}}{2} \cdot \frac{\sqrt{2+\sqrt{2}}}{2} \cdot \frac{\sqrt{2+\sqrt{2+\sqrt{2}}}}{2}\cdots$，用缩写 etc. 来代替省略号，这是第一次将无限过程明确地表示成一个数学公式，同时也宣告了现代解析学的诞生。解析三

---

① 据 Maor, E. 所著《三角之美：边边角角的趣事》记载，英文单词"Almagest"（大成）有一个很有趣的演化过程：托勒密自己所用的书名，翻译过来是"数学文集"，后人则加上了最高级形容词"megiste"（最伟大的意思）。当阿拉伯人把它翻译成他们自己的文字时，保留了单词"megiste"，但是在前面添加了连接词"al"（相当于英文单词"the"），随后就变成了大家所熟知的"Almagest"。
② Maor, E.：《三角之美：边边角角的趣事》，第24页。
③ Maor, E.：《三角之美：边边角角的趣事》，第46页。

学能够在 17 世纪前半叶兴起还有另外一个原因，即数学对于描述我们周围物理世界的重要性日益增加。古典三角学的发明者主要对三角学在天空中的应用感兴趣，而新的时代则立足于日常生活的力学世界。所有这些发展，导致了三角学的研究重心从计算三角学（函数表的编纂）转移到三角函数之间的关系，也就是解析三角学的本质。[①] 韦达是第一个将代数方法系统地应用到三角学中的数学家，由于他的工作，代数和三角学才开始呈现为我们今天看到的形式。

2. 三角学的发展历程与中学三角学教科书的编写

回顾 1902~1949 年中国三角学教科书编写的历史，可以发现，三角学教科书的修订都尝试从三角学自身的发展历史中找到改革的方向。

（1）三角学起源于测量，故 1902~1949 年历次数学课程标准的修订都强调应用三角函数解决应用问题、测量及航海术，故这一时期三角学教科书的编写也都十分注重实际问题的应用。

（2）三角函数的定义方式在两种方法间徘徊。1902~1949 年使用的三角学教科书中采用终边定义法或单位圆定义法对任意角的三角函数进行定义。由于历次颁布的数学课程标准对此没有具体的要求，故三角学教科书编写者可以根据自己的理解自由选择。三角函数的定义方式经历了一百多年的变迁，直至今日，以单位圆定义法的形式呈现在世人面前。正如章建跃先生所言，利用单位圆上点的坐标定义任意角的三角函数有许多优点："①简单、清楚，突出三角函数最重要的性质——周期性。……②有利于构建任意角的三角函数的知识结构。……③符合三角函数的发展历史。……④有利于后续学习。"[②] 可见，利用单位圆定义法定义任意角的三角函数是大势所趋。

总之，三角学的发展历程为三角学教科书的编写带来了许多启示，只有追溯历史，回到起点，才能更深刻地理解三角知识的生成与发展。因而，三角学自身的发展历史是三角学教科书编写演变的内在因素。

---

① Maor, E.：《三角之美：边边角角的趣事》，第 53~55 页。
② 章建跃：《为什么用单位圆上点的坐标定义任意角的三角函数》，《数学通报》2007 年第 1 期，第 17 页。

（二）外部因素

1. 政治、经济、文化影响

1902～1949年，中国三角学教科书跨越了近半个世纪的历程，在此期间，社会发生了多次剧变，三角学教科书的编写也受到不同程度的影响。对1902～1949年各阶段、各地区编写的三角学教科书的分布情况及其规模进行分析，以便更加清晰地了解这一时期中国三角学教科书的编写受政治、经济、文化等方面的影响（见表7-1、表7-2）。

表7-1　1902～1949年各时期出版三角学教科书分布情况

数量＼时间	1902～1911	1912～1922	1923～1936	1937～1949	合计	备注
教科书数量（种）	35	28（14）	44（13）	54（15）	161	括号内为翻译的教科书的数量
占比（％）	21.7	17.4	27.3	33.6	100	

表7-2　1902～1949年各个时期各个地区出版三角学教科书的情况

单位：种

时间＼地区	上海	北京	广州	南京	南昌	太原	长春	沈阳	青岛	成都	济南	长沙	东京	其他
1902～1911	26			1		1						1	3	3
1912～1922	24					1					2		1	
1923～1936	31	8	1	2	2									
1937～1949	34	4	1	5	2		1	2	1	2		1		1
合计	115	12	2	8	4	2	1	2	1	2	2	2	4	4

由表7-1与表7-2可见，1902～1949年出版使用的三角学教科书从数量和分布来看呈现以下特点。

第一，从纵向看，虽以1937～1949年出版的三角学教科书数量最多，占33.6％，然而，由于包括一部分再版民国中期的三角学教科书，故1923～1936年为清末民国时期三角学教科书发展的黄金期。1912～1949年的各个阶段，三角学教科书稳步向前发展，呈平稳上升的趋势。

第二，从横向看，上海是这一时期三角学教科书的出版中心，大部分出版企业都设立于上海，并担负了全国 70% 以上中学三角学教科书的出版工作。

中学三角学教科书在数量与分布方面所呈现的特点，在一定程度上反映了当时社会的变迁情况。从数量上看，1937～1949 年是中国三角学教科书发展最为辉煌的阶段。在前 30 年学习日本、欧美等国家教科书编写经验的基础上，不断摸索创新，在内容、结构及编写方式上积累了一定的经验，并为这一时期教科书的多元化发展奠定了基础。1902～1949 年，除北京、广州、南京、长沙、太原等地零星地出版了几套中学用三角学教科书外，这一阶段三角学教科书的出版中心始终在上海。作为在西方资本主义刺激下兴起的近代商业文化大都市，上海有教科书出版巨擘——商务印书馆和中华书局，此外，世界书局、文明书局、开明书店等知名教科书出版企业也均成为这一时期三角学教科书出版的重要力量。

从出版的三角学教科书来源来看，有两类：一类是数学教育制度下的三角学教科书，即国人自编三角学教科书；另一类是数学教育制度之外的三角学教科书，即翻译的三角学教科书。数学教育制度下的三角学教科书对出版的要求较为严格，一方面要受到数学课程标准的制约，另一方面还有专门的教科书审定机构对其进行审定。尤其在民国成立后，课程标准开始主导教科书的编写，导致每次课程标准的修订必然带动三角学教科书的重编，如商务印书馆的"共和国教科书""民国新教科书""现代教科书""新学制教科书""复兴教科书"，中华书局的"中华教科书""新制教科书""新中学教科书"，科学会编译部的"实用主义教科书""中等教科书"，开明书店的"开明算学教本"，正中书局的"建国教科书""新中国教科书"，世界书局的"世界中学教本"等。

相比之下，数学教育制度之外的三角学教科书则大多不受中国教育制度的制约，故与政治制度的变更无关。例如，《温德华士平面三角法》在清末引入中国，但改组共和政体后依然流行。然而，三角学作为数学的分科，属于理性的科学，而不是精神的科学，故不应与国家政治制度的变更有关。值得注意的是，1941 年中国开始施行教科书国定制，导致这以后出版的翻译的个别三角学教科书也要经过教育部审定后才能发行。如章彬译 S. L. Loney 的《汉译龙氏平面三角法》（新亚书店，1948）（见图 7 -

1)，王绍颜译 W. A. Granville 的《葛氏平面三角学》（华北科学社，1947）（见图7-2），在封面上分别印有"中华民国三十三年五月十三日教育部批准发行""教育部审定高级中学使用教本"的字样。即都是遵照出版法，送呈内政部备案，并经教育部审定后方才发行的。此外，三角学教科书在1902~1911年多以学习日本为主，而1922年后开始向欧美学习。

 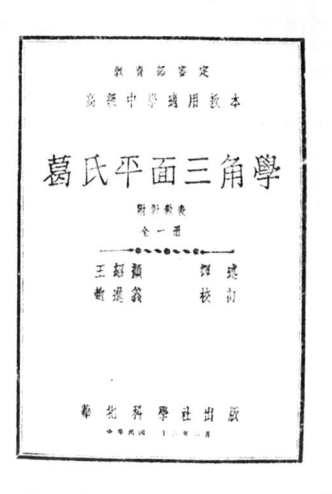

图7-1　《汉译龙氏平面三角法》封面　　　图7-2　《葛氏平面三角学》封面

综观中国中学三角学教科书的发展，其中国政治、经济、文化等的发展是密不可分的。社会的变迁，引起教育制度等一系列的变化，从而对整个三角学教科书的编写、出版、发行、使用都产生了一定的影响。可见，政治上的统一、经济上的稳定，有利于国民智识水平的提高、人才的培养。

2. 日本的影响

鉴于地域与文字等方面的原因，中国选择以日本为师。清末学制的制定、三角学教科书的编写与日本有着密不可分的关系，得益于日本之处也颇多。清末中国三角学教科书的编译工作借道日本学习西方，以翻译为主要手段，以留日学生为主要力量，以日本三角学教科书为主要载体，以此构建中国三角学教科书的架构。至此，形成了近代西方三角学教科书大规模传入中国的第一个高潮。

中国政府派遣大量学生留学日本始于1896年，希望通过日本学习西方文化，以促进中国的近代化。当时中国留日学生可分成四类①：速成生、普通生、陆军生及特约生。速成生分师范与政法两种。普通生在日本受中小学补习教育或专门学校之预备教育，主要科目为语言及文字。陆军生于1904年始派，是八国联军侵华逼迫清政府签订《辛丑条约》的产物。当时派遣去日本学习陆军的学生，首入振武学校补习，毕业后入士官学校。振武学校一年三个月的《课程概要》如下：日本语300节，日本文222节，算术182节，代数147节，几何学110节，三角474节，地理地文28节，历史23节，生理卫生32节，化学53节，物理71节，图画（？），典令教范165节，体操278节。② 由此可见，三角一门课程所占比例是最大的，其重要性可见一斑。中国留日学生在日本都接受了一定程度的数学教育。留日学生归国后，和来华应聘的日本人缓解了新式学校教师的短缺问题。一些日本教师应中国方面的邀请到中国讲学，他们大多通过翻译进行授课。日本人到中国当教师，在1897年至1907年较为流行，"其盛衰与中国学生负笈日本留学盛衰之势成正比例"。③ 由1909年中岛半次郎在《日清间之教育关系》中对全中国外籍教习的调查报告可知，中国人在当时聘用的外籍教师共356人，其中日本人311人（男288人，女23人），占总数的84%以上。日本教师比一般教师待遇高，教学效果较好。例如，清末重庆府中学堂聘任日本教授藤川勇吉教授三角一科，④藤川先生对数理化有充足的专业知识，又富有责任感，深受学生喜爱，因此较有成绩。

留日学生作为翻译三角学教科书的主力军，将当时日本著名学者所编较为流行的三角学教科书引进中国。上野清、菊池大麓、田中矢德、桦正

---

① 舒新城：《近代中国留学史》，上海书店出版社，2011，第35~45页。
② 实藤惠秀：《中国人留学日本史》，第39页。
③ 实藤惠秀：《中国人留学日本史》，第53页。
④ 朱有瓛主编《中国近代学制史料》第二辑上册，华东师范大学出版社，1987，第539页。

董、林鹤一、长泽龟之助、奥平浪太郎等,都是当时日本比较著名的学者,有些更是享誉世界的大数学家。这些三角学教科书的传入,为中国三角学教科书的发展奠定了基础。1905年科举废除后,新式学堂教科书短缺,故以商务印书馆为首的20余家出版企业积极参与三角学教科书的建设,使得引进的三角学教科书可以及时出版发行。

一些日本学者及出版机构也对中国三角学教科书建设贡献了力量。如,日本数学家林鹤一所著《最新平面三角法教科书》,由日本人松坪叔子翻译成中文,并被引入中国作为教科书使用。受留日学生的影响,有些三角学教科书是在日本印刷出版,然后运返中国销售。例如,包荣爵翻译日本数学家长泽龟之助的《新三角法教科书》,在日本宫本印刷所印刷,由日本东亚公司发行,运返中国上海东亚公司销售。

清末以来,中国一直以采用日本三角学教科书的汉译本为主。其间也有人开始仿照日本的教科书编写经验自编三角学教科书,但自编的数量十分少,处于摸索阶段。清末如此重视译介日本三角学教科书,在一定程度上与译者的背景有相当大的关系,因为他们大多为留日学生。在向日本学习的浪潮中,日本三角学教科书的编写体例、风格等都对中国三角学教科书的编写产生了很大的影响。

3. 欧美的影响

欧美对中国三角教育的影响由来已久。自明末时期(1582)开始,欧美的三角学著作就已陆续传入中国。1631年所编《大测》是为中国第一部三角学著作。在清末有《八线备旨》《三角数理》等作为学堂教科书传入中国。但这没有从根本上改变中国中学数学教育的走向。1902~1922年,中国三角学教科书编写主要通过日本学习欧美。1922年新学制颁布后,中国数学教育直接以美国为师,并以欧美三角学教科书为蓝本,进行了大量的编译工作。其中尤以30年代为高潮。此时学习西方不再以日本为媒介,而从产出国直接输入,不再翻译二手的三角学教科书,而是以直接翻译原本为主。这一走向一直持续至新中国成立前。

从欧美引进的英文原版三角学教科书有些直接在中学使用,有些被翻译成中文,有些根据中国中学的实际情况进行编译。1902~1949

年，中国引进的欧美三角学教科书以 Todhunter、G. A. Wentworth、W. A. Granville、S. L. Loney、Hall、Knight、G. N. Bauer、W. E. Brooke 等学者所著三角学教科书为主。

1922 年新学制颁布后，中学校里三角一门课程大多使用英文原版三角学教科书。如，北师大附中高中一组、南洋学校、民立中学、南模高一等学校的三角课程均使用 Granville 的 *Plane Trigonometry* 作为教科书，而上海公学中学部等学校则使用 Wentworth and Smith 的 *Plane Trigonometry*。针对当时中学外文原版三角学教科书泛滥的现象，不同的学者有不同的看法，如蔡元培、胡敦复、吴在渊、刘亦珩等学者对此持反对意见。蔡元培主张编写"国化教科书"，认为暂时使用外文原版教科书"是不得已的过渡办法。倘若将这种不良状况长时间的延展下去，则吾国学子所受的损失，将不可言喻，实为一件至可恼痛的事"。① 胡敦复则认为："今吾国不问何种科学悉取材于外国，是国未亡而豫为外国培植其国民也。"② 因此，他建议实现学术自立，摆脱外国的束缚，但是可以有选择地参考外国原版教科书。吴在渊把这种现象归咎于教师和学生对外文三角学教科书的崇尚，"丙午丁未以来，津沪皆用西籍。英美书之译本虽亦稍稍出，然而衰矣。嗣后吾国学子醉心西化，日进靡已。至今凡商埠所有学校殆无不用美籍者"。③ 刘亦珩指出这种大量使用外文原版数学教科书的怪现象，并做出解释："一则教师之惰性，二则教师与学生之虚荣，三则学校当局以为用原本可以练习外国语文。"④ 相反，杜亚泉对此持赞成的态度，他认为："高中的算学，若完全用国文教授，不阅读外国文的教科书，则学生将来欲研究精深的学术，参考欧美的图书杂志，以及升入大学后在欧美教师处听讲，或阅读西文讲义，必大感不便。所以在高中时代，对于所修的主要科目，不可不用外国语教授。惟在阅读外国文教科之前，对于所修的科目，须已具有相当

---

① 蔡元培：《国化教科书问题——在大东书局新厦落成开幕礼演说词》，高平叔编《蔡元培教育论著选》，人民教育出版社，2011，第 611 页。
② 吴在渊编辑《近世初等代数学》，商务印书馆，1922，序一。
③ 吴在渊编辑《近世初等代数学》，序二。
④ 刘亦珩：《中等数学教育改造问题》，《安徽大学月刊》第 2 卷第 1 期，1934 年 10 月，第 9 页。

的知识，则文字与学理两方面可以提携并进。"① 然而，事物都具有两面性，凡事都要有度，只有在适当借鉴外国三角学教科书的基础上，编写出适合自己的三角学教科书，才能使中国三角学教育向前发展。

不能否认的是，外国三角学教科书的引进与使用，确实为中国三角学教科书的发展做出了不可磨灭的贡献。一些留学欧美的学子，在回国后组成教科书译介团体，对欧美的三角学教科书选择性地引进与翻译，同时编译出大量的三角学教科书供中学校使用。在三角学教科书上不断闪耀着秦汾、秦沅、段育华等一大批令人景仰的名字。此外，商务印书馆、中华书局、科学书局、世界书局等出版企业也为外国三角学教科书在中国的传播贡献了一份力量。以商务印书馆为例，翻印了大量外文原版三角学教科书，如 D. A. Rothrock 的 *Elements of Plane and Spherical Trigonometry* 等，一方面降低了教科书的成本，另一方面扩大了使用范围。同时，积极出版各类外文三角学教科书的汉译本，对外国三角学教科书在中国的传播起到了推动作用。

在大量西方三角学教科书传入中国的同时，亦出现了一批国人自编三角学教科书。这些自编三角学教科书明显受欧美的影响，相比前期而言，不再囿于原著的体系、结构、内容等，而是根据中国的实际情况进行三角学教科书的改编。此后，三角学教科书呈现出内容丰富、各具特色的繁荣景象。在学习欧美时期，中国三角学教科书经历了从使用外文原版到翻译、编译的过程，经过学者们共同的努力，最终实现了外国三角学教科书中国化的创造性转变。

二　三角学教科书发展的特点

通过对 1902~1949 年中国中学三角学教科书的梳理，可知不同时期三角学教科书所呈现的不同特点。以下分别从宏观和微观两个方面对 1902~1949 年出版使用的三角学教科书的特点进行总结。

---

① 杜亚泉:《中学校算学科和自然科的程度标准及教科用书》,《自然界》第 1 卷第 4 期, 1926 年 4 月, 第 291 页。

(一) 宏观特点

1902~1911年，中国中学三角学教科书宏观上呈现以下特点。

1. 新颖性

清末，众多出版企业为了使出版的三角学教科书能够吸引读者的眼球，纷纷将其冠名为"新"，以标榜各自教科书的新颖，于是出现了"新撰平面三角法教科书""最新中学教科书三角术""新编初等三角法教科书""最新平三角法教科书""新撰三角法""新三角法教科书"等。一般来说，清末的各种"新"三角学教科书的水平较高，有些一直沿用至民国初期，更甚者沿用到民国中后期。例如，英国克济著，顾澄编译的《新撰平面三角法教科书》（商务印书馆，1907）在1913年5月已出版第6版，顾裕魁译述的《汉译温氏高中三角法》（商务印书馆，1911）在1935年已出国难后第17版。"然而，所谓'新颖性'是相对的，这些'新'三角学教科书到民国时期随着国人自编三角学教科书的兴起逐渐地销声匿迹了。"① 有眼光的出版企业并没有停留在"新"三角学教科书上，在出版"新"三角学教科书的同时，组织编写出版其他三角学教科书，而且水平有所提高。例如，陈文编《中等教科平面三角法》（科学会编译部，1908），到1920年已再版19次。

2. 多元化

清末时期虽然已经出现教科书审定制度，但遵守规定的出版企业甚少。各出版企业纷纷从各自的需要出发，翻译、编写出版三角学教科书。这就导致在同一时期出现多种三角学教科书，或出现同一外国教科书的不同译本。例如，长泽龟之助、奥平浪太郎、远藤又藏等外国学者的三角学教科书有很多中文译本。从某种程度上来讲，三角学教科书的多元化虽有利于推动出版企业之间的竞争，从而促进三角学教科书的发展，但给教师如何选择使用教科书以及如何使教科书与教学计划相适应等带来极大的困难，使中学三角学教科书市场处于无组织状态。

---

① 代钦：《清末中学数学教科书发展及其特点》，《课程·教材·教法》2015年第1期，第116页。

从三角学引进的渠道看，首先，清末三角学教科书几乎都是翻译或编译日本的教科书，也有少量译自欧美及国人自编的三角学教科书。其次，留日学生在日本翻译出版三角学教科书后输送到国内使用。再次，国内一些出版企业也进行三角学教科书的翻译出版工作，如商务印书馆、文明书局、科学书局、昌明公司等。

从出版三角学教科书企业的数量看，有商务印书馆、科学书局、昌明公司、文明书局、群益书社、新学会社、会文学社、东京并木活版所、科学仪器馆、三江师范学堂译书、闵学会、湖南作民译社、理学社、普及书局、东亚公司、南洋官书局、广智书局、科学会编译部、晋新书社、美华书馆等。这些出版企业有国内的，有国外的；有官办的，有民营的。它们的相互竞争，客观上促进了三角学教科书的发展，同时也为三角学教科书建设者提供了实现自己价值的舞台。

从译者的职业看，并不局限于数学教育领域。首先，具有留日履历的学者，成为翻译三角学教科书的主力军，如王永炅、陈文等。其次，一些数学家也参与到三角学教科书的建设当中并做出重要贡献，如崔朝庆、顾澄等。再次，谢洪赉并非数学家，但也加入编译、编写三角学教科书的队伍。

3. 独立中有合作

清末翻译、编译、编写的三角学教科书作者之间、出版企业之间虽然大多各自独立，但也有合作。

第一，中国学者间的合作翻译，如言涣彪、言涣彰合译远藤又藏编纂的《中等教育平面三角法教科书》，李国钦、邓彬合译翰卜林斯密士的《平面三角法》等。

第二，中日出版企业间的合作，如焦缘居士译上野清的《初等三角教科书》在东京并木活版所印刷后，由上海科学仪器馆发行；仇毅译桦正董著《平面三角法教科书》在东京同文印刷舍印刷后，由上海群益书社发行。

第三，日本学者合作并将其引进中国，如日本学者林鹤一编《最新平面三角法教科书》，由日本学者松坪叔子翻译，1906年由长沙作民译社出版。

第四，日本出版企业间的合作。在东京宫本印刷所印刷后，由日本东亚公司发行，并运往上海英租界河南路的东亚公司发售。

4. 滞后性

清末时期，中国通过日本学习西方的数学文化，而日本的数学教育制度是在崇尚欧洲传统数学教育的藤泽利喜太郎的指导下制定的。因此，中国通过日本学来的是欧美传统的数学教育而不是新的数学教育，是与世界潮流背道而驰的。在这种背景下，中国翻译的三角学教科书多是欧美已经停止使用或是很少使用的。从这个意义上看，清末三角学教科书凸显"滞后性"特点。此外，"滞后性"还表现在三角学教科书内容的设置上。如，进入20世纪之后官办的京师大学堂内，数学教科书一律竖排，数学符号依然沿用旧制，没有阿拉伯数字，更不要说白话文了。扉页上印有"大清光绪三十年岁次甲辰，耶稣降世一千九百零四年"等字的《八线备旨》（见图7-3）中，随手一翻便见正弦2甲 $= \dfrac{1+^2 正切甲}{2 正切甲}$（实为今之 $\sin 2A = \dfrac{2\tan A}{1+\tan^2 A}$）。

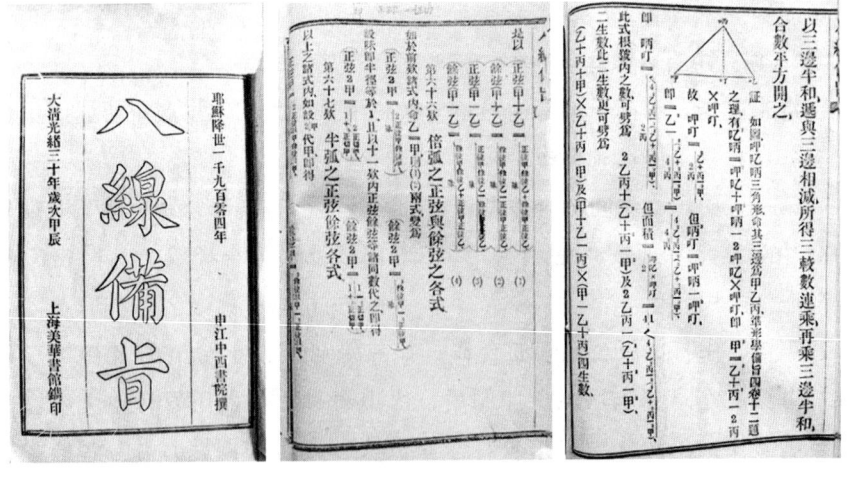

图7-3 《八线备旨》扉页和部分内容

甲辰年为光绪三十年，即1904年。从国际视角来看，这距离爱因斯坦发表相对论还有一年，希尔伯特的23个问题已经提出四年，拓扑学、泛函分析、微分几何、群论等正在迅猛发展。然而，当时的中国最高学府——京师大学堂，还在使用这样烦琐的数学公式。封建思想对学者的束缚，由此可见一斑。李善兰等创造的数学符号，在辛亥革命之后，终于废弃不用。从1859年《代微积拾级》出版算起，x、y、z、w取代天、地、人、元的过程，前后竟经历了半个多世纪。

1912～1949年，中国中学三角学教科书宏观上呈现以下特点。

（1）自编为主，翻译为辅

清末时期中学三角学教科书以翻译为主，自编为辅。进入民国以后，呈现自编为主、翻译为辅的特点。其中，初中三角学教科书几乎全是自编本，而翻译的三角学教科书多供高中使用。据表7-1中的统计可知，民国时期翻译的三角学教科书占总数的33.3%。而就20世纪30年代来看，则为翻译的三角学教科书最泛滥的时期，即占全部三角学教科书总数的83%（见表5-1）。此外，在一些中学出现了使用英文原版三角学教科书的现象，有些著名的大学入学考试题也用英文命题。故一些学者针对中国过多使用外国教科书的现象做出批判，并在各方力量的不断努力下，终于实现了国人自编优秀三角学教科书的愿望。

（2）课程标准主导教科书的编写

民国时期，学制及课程标准经历了多次变更与修订，而国人自编三角学教科书也随之不断改编。就商务印书馆编印三角学教科书的情况来看，民国初建、改组共和时出版了《共和国教科书平三角大要》和《民国新教科书三角学》。随后，1922年新学制课程系统表公布，采用六三三制，并于1923年颁布了《新学制课程标准纲要》，商务印书馆便随之编印了《新学制高级中学教科书三角术》和《现代初中教科书三角术》。1932年教育部公布中学新数学课程标准后，商务印书馆为适于"一·二八"劫后复业，遂编印《复兴初级中学教科书三角》和《复兴高级中学教科书三角学》。其他教科书出版企业也有类似的情形，都是根据课程标准的要求改订与时代相适应的三角学教科书。相比而言，数学教育制度之外的三角学教科书虽不受中国数学教育制度的制约，可以自由出版，但由于1941年后采用国定制，一些翻译的三角学教科书也要经教育部审定后方可出版发行。

整体而言,1912～1949 年,数学课程标准开始主导三角学教科书的编写,使得三角学教科书经过不断修订,逐步与中国的实际情况相吻合。

(3) 三角学教科书的多元化

与现今数学教科书高度的同质性不同,民国时期三角学教科书呈现丰富多样的异质性特征,主要体现在以下四个方面。

第一,教科书编写者职业的多元化。数学家、大学校长、一线教师、留学生组成强有力的编纂团队。数学家傅种孙、余介石等;北京交通大学校长胡仁源;一线教师朱凤豪、赵宪初等;留日学生王永炅、胡树楷等;留美学生秦汾等。

第二,教科书出版企业的多元化。与清末商务印书馆一家独大的情况不同,民国时期中华书局的崛起,文明书局、世界书局、正中书局等后起之秀的奋起直追,使教科书出版企业间展开激烈的竞争,并促进了三角学教科书的发展。

第三,国人自编三角学教科书受到教育制度的制约,审定合格后方可出版。而翻译的三角学教科书大多可以自由地出版,不受中国教育制度的制约。

第四,同一种英文原版三角学教科书的译本多,且常出现原版和译本同时使用的情况。清末时期引进的三角学教科书除长泽龟之助的有三种译本外(包荣爵译本、张修爵译本、周京译本),大多仅有一种汉译本。而进入民国后,翻译的三角学教科书汉译本的数量攀升,如《温德华士平面三角法》4 种,《葛氏平面三角学》18 种,《汉译龙氏平面三角法》《汉译赫奈二氏平面三角法》各 2 种等。在大量汉译本冲击三角学教科书市场的同时,其英文原版也大量出版并充斥各地中学数学课堂中,呈现出英文原版、汉译本、自编本同时使用的局面。

(4) 一种为主,多种参考

民国时期三角学教科书出版的多元化,促使了一批高质量的三角学教科书的出现。然而,并不是每次新修订的教科书出版后,旧的教科书就弃之不用。与当今做法不同,民国时期的学校教学常以一种三角学教科书为主，同时参考其他三角学教科书。学者针对民国时期这一现象，提出了"教科书之统合"问题："教科书之统合。教学上统合问题，于教材内部之联络统合外，而教科书之统合，亦须研究。各种教科书若出于同一之编辑者或同一书局，则期间如矛盾、冲突、重复、脱漏等患自可减少，而于教学之统合上亦可得不少之便利。否则，采用不同之书局或不同之编辑者之诸种教科书时，则因其主张体例之不同，其所得之结果，教者之不便尚小，而往往又与儿童心理上以不统一之恶影响，实属可虑。是以教科书之统合，亦为教育上之重要问题焉。"①

（5）使用周期长

民国时期出版的三角学教科书被反复再版使用，也是这一时期三角学教科书的特点之一。以数学教育制度下的三角学教科书为例，虽然民国时期数学课程标准经历了一系列变化，促使了一批新三角学教科书的诞生，但前一阶段出版的高水平的三角学教科书仍被再版使用，并形成与新出版的三角学教科书同时使用的局面，如《复兴初级中学教科书三角》和《复兴高级中学教科书三角学》一直使用至新中国成立初期。此外，数学教育制度之外的三角学教科书的使用周期也较长。如，《葛氏平面三角学》一直使用至20世纪50年代。然而，民国时期翻译的三角学教科书又呈现出明显的滞后性。

（6）宽松的出版环境

民国时期三角学教科书的出版相比今天教科书的出版来讲，相对宽松。以国人自编三角学教科书为例，数学课程标准虽规定了三角课程需要学习的内容，但是对知识的呈现方式、前后次序安排等没有硬性的规定，编者可以根据自己的理解与喜好进行编纂，这就形成了同样的内容在不同的三角学教科书中设置的不同。例如，三角函数的定义，编者可以有不同的定义方式；例题、习题的素材与数量等，编者也可以自己拿捏。而翻译的三角学教科书比国人自编本更加自由，译者可以根据自己的情况，选择全文翻译或是删节部分选译，全凭译者对三角课程的理解。

---

① 唐钺等主编《教育大辞书》，第1076页。

（二）微观特点

以下从微观上就清末民国时期三角学教科书在编排形式及内容取舍两方面论述中国中学三角学教科书的发展及其特点。

1. 对中国传统文化的留恋及编排方式的变革

（1）采取竖排编写形式，使用中国传统数学符号

中国传统书籍的编写与西方从上到下横排形式的编写迥然不同，采用从右至左竖排的编写形式。清末一些学者对西方横排的编写方式持拒绝的态度，使得一些三角学教科书仍采用竖排形式编写，数学符号也是中国传统表示，如京师大学堂于1902年使用的《八线备旨》。从图7-3中不难发现，未知数、几何图形的点、线、面等均用中国传统的甲、乙、丙、丁、天、干、地、支、人等表示，可见这种编写形式十分烦琐，也不利于数学公式的表达，故必然随着社会的发展而逐渐被淘汰。

（2）采取横排编写形式，使用中国传统数学符号

1907年出版的《最新中学教科书三角术》是直接效仿西方采用横排编写形式的首次尝试。虽然译者谢洪赉接纳了西方横排的编写形式，但遗憾的是，在中国传统思想的束缚下却没有采纳西方简洁的符号表示，依然使用中国传统的数学符号。

（3）采取横排编写形式，数学符号中西兼用

清末中国三角学教科书的编写者虽然尽可能地按照西方的数学名词术语编写，但有时会不经意间使用一些中国传统数学的名词术语，导致在同一本三角学教科书中出现中西名词术语混用的现象。例如，1909年崔朝庆译《中等平三角教科书》，将移项称为"转项"、长方形称为"直方形"、宽称为"阔"、平行四边形称为"平行形"、垂直称为"正交"等（见图7-4）。再如，1906年算学研究会编《平三角法教科书》，在表示两角和与差时，使用了中国传统数学中的"和"与"较"，书中虽引进了西方的符号，但不彻底，有些公式仍用汉字表示（见图7-5）。正如该书"例言"所指："该书所用术语一依旧译，间有增易仍期不失

西文原意，且图阅者易解。"① 数学符号的中西兼用，在一定程度上也反映了国人在学习西方过程中的艰难蜕变。

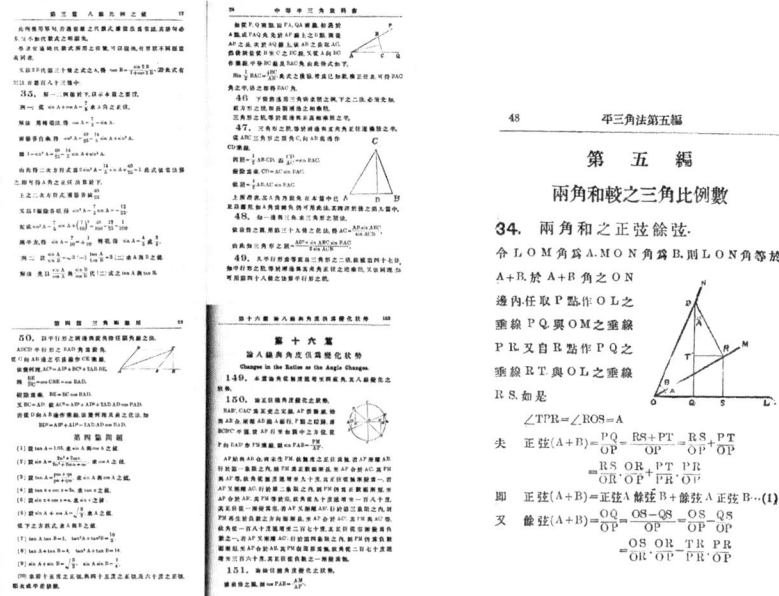

图 7-4　中西名词术语混用图示

资料来源：《中等平三角教科书》，第 17、24、25、103 页。

图 7-5　用汉字表示公式图示

资料来源：《平三角法教科书》，第 48 页。

（4）摆脱中国传统的束缚，完全按照西方三角学教科书的形式编写

清末，一些三角学教科书的编写完全采用西方横排的编排形式及简洁的数学符号表示。例如，1907 年日本数学家桦正董著、仇毅翻译的《平面三角法教科书》在日本印刷发行后在中国销售，该书完全抛弃了中国传统的数学教科书编写习惯，而采用西方的编写形式（见图 7-6）。再如，1907 年商务印书馆出版的日本学者远藤又藏编纂，言涣奕、言涣彰合译的《中等教育平面三角法教科书》，也完全采用了西方的编写形式及数学符号（见图 7-7）。类似采用横排编写形式及西方的数学符号编写的三角学教科书不胜枚举，在此不一一列举。综上，此时三角学教科书编写者对横排编写已经有了较为明确的认识，在一定程度上加快了中国三角学教科书的发展。

---

① 算学研究会编《平三角法教科书》，昌明公司，1906，例言。

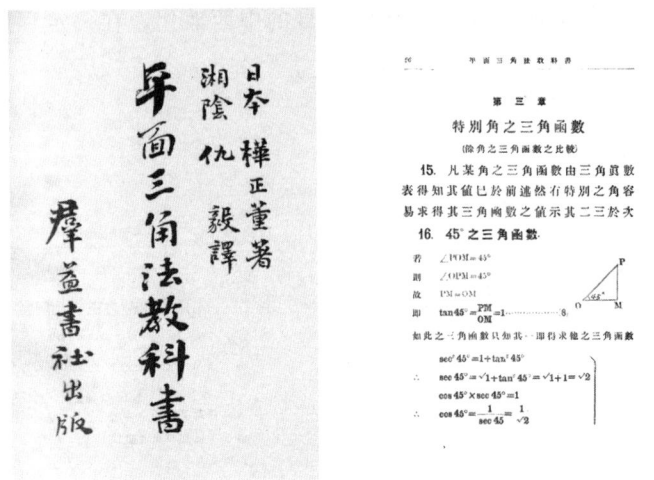

图 7-6　《平面三角法教科书》封面及第 26 页内容

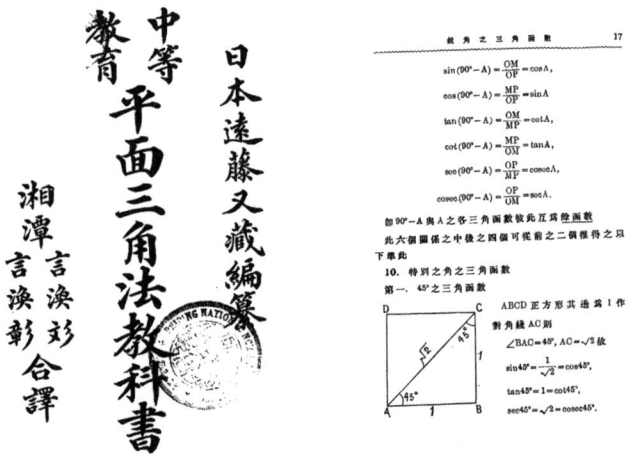

图 7-7　《中等教育平面三角法教科书》封面及第 17 页内容

以上即为清末时期中国三角学教科书编写形式的特点，可以看出这一时期中国三角学教科书编排形式是多种多样的，这表明当时三角学教科书的编写经历了一系列思想的冲突，最终摆脱了中国传统思想的束缚，采用了西方横排的编写形式及数学符号的表示方式。

1912 年中华民国成立后，三角学教科书的编写完全采用西方的编排形式和数学符号。民国初期，中学使用的三角学教科书以翻译外国的为多，国人自编正处于起步阶段，使用英文原版三角学教科书的也不少。在民国中后期涌现出一批致力于中国三角学教科书的建设者，如余介石、汪桂荣、秦汾、张鹏飞、刘正经、李蕃、朱凤豪等，他们意识到教科书本土化的重要性，最终在借鉴外国三角学教科书的基础上走向自主创新的道路。至此，国人自编三角学教科书开始盛行起来。

2. 三角学教科书中内容的选择

清末民国时期，中国三角学教科书编写者在翻译引进外国三角学教科书时，在内容的选择方面，采取的方式大致有"删减与添加""参合与融化"等。

（1）"删减与添加"

删减英文原版中某些命题、例题、习题等不适合中国国情的内容。如，言涣彪、言涣彰翻译的《中等教育平面三角法教科书》（商务印书馆，1907）的原著为远藤又藏的《平面三角法教科书》（光风馆书店，1900）。英文原版为32开本，正文133页；汉译本也为32开本，正文136页。该书的汉译本在编译的过程中，对日文原版做了删减与添加，删掉了一些译者认为不必要的习题，增加了一些叙述性文字帮助理解。其中，汉译本中删减了一些习题，如第五章第十一组习题，汉译本将日文原版中的12道习题删减了1道，等等（见图7-8、图7-9）。此外，日本原版第一章知识点2，在汉译本中被扩展为"角之测法"，并增加了"弧角法"的内容（见图7-10和图7-11）。

再如，马文元翻译的《汉译赫奈二氏平面三角法》（戊辰学会编辑部，1932）的原著为 Hall 和 Knight 的 *Elementary Trigonometry*（Macmillan&Co. Ltd，1893）。英文原著为16开本，415页，初版于1893年，至1955年一直在美国再版使用。汉译本为32开本，300页。在编写的过程中，汉译本也做了删减和增添。正如译者马文元所描述："原书为英籍善本，在质的方面，可称美备；在量的方面，未免过多。译述之时，颇多剪裁。"[1] 其中，前14节完全照译，兼有增附；第15节和第16节删去七位对数表之用法；第17节删去不在同一平面上的问题；第18节删去有法多边形以次各段；第20节只译一部分；第21节以后，只选译极限值、消元法、解方程式法

---

[1] Hall、Knight：《汉译赫奈二氏平面三角法》，编辑大意。

等，另定节名，并增入三角联立方程式一节。此外，为便于学生自修兼测验自己的学业，附录中增添了国立各大学三角法入学试题等。

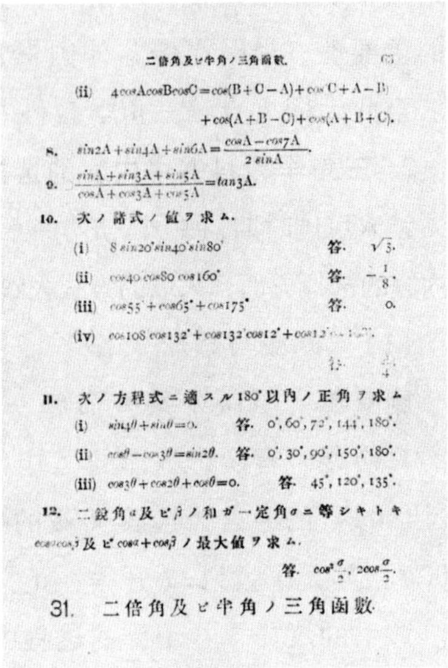

图7-8　言焕彰等汉译本第64页

图7-9　远藤又藏著日文原版第63页

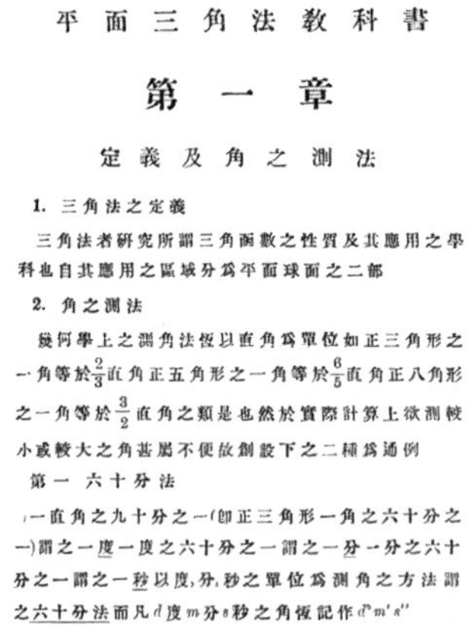

图7-10　言焕彰等汉译本第1页

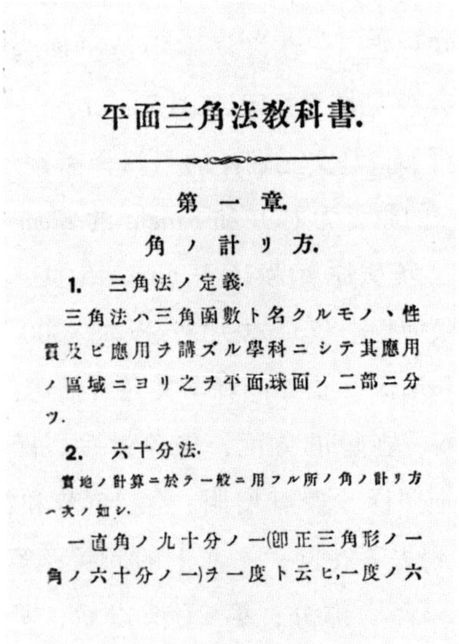

图7-11　远藤又藏著日文原版第1页

综上，清末民国时期无论是以日本还是以欧美的三角学教科书为底本进行编译，中国学者都能够清醒地意识到三角学教科书的国家、地域差异，没有盲目地照抄全搬，而是将外国三角学教科书中的内容中国化，并以实际行动证明了这一点。

（2）"参合与融化"

清末民国时期，中国学者在编写三角学教科书时，常以一种三角学教科书为蓝本，同时参考其他多种三角学教科书，采用参合与融化的编译方式编写三角学教科书。这一点可以从当时国人编写的三角学教科书的"例言"或"绪言"等考证。

秦汾编《民国新教科书三角学》（商务印书馆，1913）"编辑大意"中指出："编辑时参考书籍。其最要者则为 Todhunter，Hobson，Casey，Locke，Hall and Knight，Loney，Wentworth，Granville 之作。习题亦多取于是。余则编者教授及试验时所命之题也。"①

赵修乾编《新学制高级中学教科书三角术》（商务印书馆，1924）"编辑大意"指出："次数层节大致仿 Moritz 三角学，教材则旁采 Loney，Hobson，Hall and Knight，Wentworth 等书。"②

周为群等编《开明算学教本三角》（开明书店，1933）"编辑大意"指出："该书编纂时，参考国内外书籍不少，其中尤以日本林鹤一氏著的教科书获益最多，特表谢意。"③

余介石编著《新中国教科书高级中学三角学》（正中书局，1946）"编辑大意"指出："美国人 Granville 所编平面三角学一书，在中国流行甚广。该书即采用这书为蓝本改编而成。……并参考（1）Hobson：*Plane Trigonometry*，（2）Hall and Knight：*Elementary Trigonometry*，（3）Chauvenent：*Plane Trigonometry*，（4）Wentworth：*Plane Trigonometry*，（5）长泽龟之助：三角法辞典（薛德炯译），（6）余介石：新课程标准适用高中三角学（中华），（7）何籽嵌译：龙氏高级三角学；倪德基：数学辞典诸书，并合附志，以

---

① 秦汾编《民国新教科书三角学》，编辑大意。
② 赵修乾编《新学制高级中学教科书三角术》，商务印书馆，1924，编辑大意。
③ 周为群等编《开明算学教本三角》，开明书店，1933，编辑大意。

明所本。"①

可见，清末民国时期的一些三角学教科书是在参合外国三角学教科书编写经验的基础上，进行融合，做到取多家之长，补己之短，逐步编写出适合中国人使用的三角学教科书。

三　启示与借鉴

（一）从模仿到创新——中国三角学教科书编写的基本立场

回顾1902～1949年中国三角学教科书的演变历程，不难发现，每次课程改革都受到国外的影响，三角学教科书的编写亦随之转变。中国三角学教科书的发展用鲁迅先生的话来说，"既必须是世界的，又必须是民族的"。② 清末时期，中国一度通过日本学习西方三角学教科书的编写经验。1922年新学制颁布后，中国将学习的方向直接转向美国，并形成一股崇尚外国三角学教科书的风气，导致国人自编三角学教科书处于低迷时期。这种现象引起了中国学者的深刻反思，并努力探索一条适合中国人的三角学教科书建设道路。通过中国学者的筚路蓝缕，最终实现三角学教科书从模仿日本、欧美等到中国本土化的创造性转化。

中国三角学教科书的编写应秉承借鉴与融合的方式，不断进行自我创新。正如王云五所言："编辑教科书关系重大，必须有充分时间，悉心商讨，始能有良好成绩。查各国教科书，因学制课程久无变更，得就流行之本，按各方意见与教学经验，随时修订改进，无须重新编印，故能保持原有之长，而补其缺憾。英美优良之教科书，往往有流行至数十年而逐渐改订至数次者，我国则因学制课程不时变更，而变更之后，仓卒发布，仓卒实行；于是出版家为适应需求，又不得不仓卒重编新书。编书者只求新颖，不愿多采旧有之优良资料，遂至前一套教科书试验结果所发见的缺点，未及改进便须根本改作，而根本改作之结果，往往又生出另一种的缺

---

① 余介石编著《新中国教科书高级中学三角学》，正中书局，1946，编辑大意。
② 陈平原：《在东西方文化碰撞中》，华东师范大学出版社，2014，自序二。

点，长此下去，只见书本形式革新，未见内容之改善。我屡曾对教育当局进言，要想教科书完善，至少一二十年不改课程，三四年改进课本内容一次。如此始可逐渐有进步，至万不得已而有改订课程之必要，必须宽以时日，使出版家可从容重编新的教科书，勿蹈已往仓卒公布，立即实施之覆辙。"① 所以，中国三角学教科书要在借鉴外国三角学教科书编写经验的基础上，根据中国的具体情况编纂三角学教科书，而且要学习外国，不要课程标准一变就经常改动或是直接更换三角学教科书。

（二）合久必分，分久必合——混合与分科的"钟摆现象"

1902~1922年，三角一直作为一门独立的学科在中学讲授，直至"新数运动"提倡统一数学课程后将三角与代数、几何混合编写的呼声越来越高，最终于1941年彻底取消混合数学教学。由此可见，1902~1949年，中国三角学教科书的编写经历了分科到混合再到分科的过程，呈现混合与分科的"钟摆现象"，这也是中国三角学教科书编写演变的主要特征。

混合教学突出强调三角与几何、代数等各科间的融合。例如，在中学数学课程中，函数、向量、坐标、复数等重要的数学知识都与三角有关，大量实际问题的解决也要用到三角知识，诸如此类的关系不胜枚举，应尽力发挥混合的妙处而不漏杂凑的痕迹。中国著名数学教育家张奠宙先生在2005年香港数学教育学会演讲中提出："平面几何是定性地研究三角形，如大边对大角等，而三角是定量地处理三角形性质，如正弦定理等。如果说解析几何体现数形结合，那么三角学也是数形结合的一条渠道。"② 鉴于混合数学容易加重学生的负担，张奠宙先生建议："可以用三角整合几何、代数，通过整合来提高教学效率以减轻学生的负担。"③ 然而，混合数学毕竟对教师和学生都提出了较高的要求，加之存在一些问题，使得混合数学教学仅在当时一些程度较好的中学实行了一段时间，而在普通中学大多还是分科教学。

---

① 王云五《中小学教科书及补充读物问题》，《王云五全集》（13），第176页。
② 张奠宙：《我亲历的数学教育（1938~2008）》，江苏教育出版社，2009，第128页。
③ 张奠宙：《让我们来重新认识"三角"——兼谈数学教育要在数学上下工夫》，《数学教学》2006年第10期，第10页。

总之，中学三角与代数、几何等内容究竟采用混合编写还是分科编写是一个没有明确答案的问题。张奠宙先生认为："合科教学也许是大势所趋，一则是人类知识总是爆炸性增加，且彼此间联系紧密，人的时间有限，只能以合科求得时间节约，二则是一般人并不需要太深太细的数学，严密逻辑演绎式的数学并非为大众所必需，分科的教学要求也许太细太难。当然，尽管合科的要求很强烈，但分科的理由仍然成立，只不过不是全国统一地'分'，而是有分有合罢了！"① 因此，我们应该辩证地看待三角与代数、几何的混合与分科现象，即无论是采取混合教学还是分科教学，应该是各有利弊，都是大势所趋。

（三）科研与教学相结合——强大的教科书编纂团队

美国当代著名课程专家泰勒曾强调，教科书的编写应有学科专家的参与，并有一线教学经验和理论水平较高的学者参与，才能改变教科书编写成分的单一性及其工作的局限性。正如王云五谏言："一方面固需要各该科的专门人材，他方面也有赖教学上的经验。各科的专家只能编著各该科很好的参考书而未必能成为教科书，教育专家只能编著合于形式的教科书，而未必即为各该科的适当教科书；这也是我们应当注意之点。"② 故三角学教科书之不容易完善由此可知。

优质的三角学教科书是在作者和出版者双方共同努力下创造完成的。清末民国时期三角学教科书的发展即与一支高水平的编写者队伍是密不可分的。其间，商务印书馆、中华书局等教科书出版企业不但专门成立了实力很强的以编写数学教科书为主的编写队伍，还广泛吸引和征聘社会各阶层文化精英参与其中，从而使三角学教科书的编写始终保有生气。这一时期三角学教科书的编写者包括数学家、数学教育家、出版家、一线教师等，实现了科研与教学的密切结合。例如，有些编者将其编写的三角学教科书在一些中学进行试用，对教学中出现的问题，经过不断修改而逐渐完善，最终成为一本合格的三角学教科书。再如，余介石编《高中三角学》

---

① 张奠宙、曾慕莲、戴再平：《近代数学教育史话》，第69页。
② 王云五：《中小学教科书及补充读物问题》，《王云五全集》（13），第177页。

（中华书局，1947）在"编辑要旨"中指出："（该书）在南京市立第一中学、钟英中学、汇文女中等校试教数次。"① 翻译的三角学教科书亦如此，在该书第三版排印之前"曾经北平志成中学三角学教授郑德平先生历年采用，随时费神加以修正，既付排之后，又经韩镜明先生对照葛氏原本，澈底详细校核，对于'词句''符号''数码'及格式等项，均深切加以注意，凡经三次或四次校核，始准签字发印"。②

1902~1949年，经过近半个世纪的洗礼，中国三角学教科书编写得到了长足的发展，逐步完善。在这个过程中，许多前辈为此付出了辛勤劳动。其中，对中国三角学教科书编写影响较大的学者有余介石、李蕃、程廷熙、傅种孙、马君武、崔朝庆、赵型、朱凤豪等，他们成为中国三角学教科书建设中开辟草莱之人，在中国数学教育界撒下种子，供后人学习和研究。

四　进一步研究的问题

1902~1949年的近半个世纪里，中国社会、思想等发生了巨大变化，对这一时期中国中学三角学教科书进行梳理、研究，是一项很有意义、很紧迫的任务，通过研究总结，能够使中学数学教科书中三角内容的编写更深一步地有所创新及借鉴。回顾过去，是为了开拓未来。关于三角学教科书的研究不仅要回望过去，更应该审视当下，以启迪未来。今天，当我们痛斥数学教科书诸多问题时，能否从那些似乎离我们远去的教科书里获取些许启示呢？我们不得不承认，历史与现实有着惊人的相似性，一些一脉相承的现实问题也许只能从历史这面镜子中得以昭示。

清末民国时期出版了许多饮誉当时及骄矜后世的经典三角学教科书，这一阶段出版业的兴盛，不仅表现在数量的增长上，而且表现在质的丰收上。1902~1949年出版的大量三角学教科书由于时间久远不可能悉数找到，要想在三年的时间里将这些资料详细地研读并做全面地研究是很难实

---

① 余介石编《高中三角学》，中华书局，1947，编辑要旨。
② 王绍颜译述《葛氏平面三角学》，华北科学社，1947，三版附启。

现的。所以在以后的研究中，计划进一步研究以下两个问题：第一，挖掘当时数学家、数学教育工作者等为三角学教科书建设所做的贡献及其数学观，阐明编写者的基本情况及其值得借鉴的经验，力求为当今数学教科书的编写提供启示。第二，纵向上，将研究内容时间向1949～1976年拓展；横向上，将研究内容向1902～1949年球面三角学教科书延伸。

参考文献

一　清末民国教科书

海麻士辑《三角数理》，傅兰雅译，箸易堂后印，1896。

原滨吉编《中等教育克依其氏最新平三角法教科书》，科学书局，1896。

罗密士撰《八线备旨》，潘慎文译，美华书馆，1902。

上野清：《初等三角教科书》，焦缘居士译，科学仪器馆，1904。

长泽龟之助：《普通教育平面三角教科书》，张修爵译，普及书局，1906。

算学研究会编《平三角法教科书》，昌明公司，1906。

远藤又藏：《平面三角法教科书》，光风馆书店，1906。

林鹤一编著《最新平面三角法教科书》，松坪叔子译，湖南作民译社，1906。

克济：《新撰平面三角法教科书》，顾澄译，商务印书馆，1907。

费烈伯、史德朗：《最新中学教科书三角术》，谢洪赉译，商务印书馆，1907。

远藤又藏：《中等教育平面三角法教科书》，言涣彡等译，商务印书馆，1907。

桦正董：《平面三角法教科书》，仇毅译，群益书社，1907。

翰卜林斯密士：《平面三角法》，李国钦等译，群益书社，1908。

突罕德：《中等平三角教科书》，崔朝庆译，商务印书馆，1909。

菊池大麓、泽田吾一：《平面三角法新教科书》，王永炅译述，商务印书馆，1909。

张树栻编纂《普通平面三角法》，晋新书社，1911。

温德华士：《汉译温德华士三角法》，顾裕魁译述，商务印书馆，1911。

长泽龟之助：《新三角法教科书》，周京译，科学书局，1911。

长泽龟之助：《微分积分学》，马瀛译述，商务印书馆，1911。

温德华士：《平面三角》，沈昭武译，文明书局，1912。

黄元吉编纂《共和国教科书平三角大要》，商务印书馆，1913。

秦汾编《民国新教科书三角学》，商务印书馆，1913。

陈文编《中等教科平面三角法》，科学会编译部，1913。

突罕德：《中等平三角新教科书》，马君武编译，商务印书馆，1913。

远藤又藏：《中学平面三角法教科书》，葛祖兰译，文明书局，1914。

长泽龟之助：《新三角法教科书》，包荣爵译，东亚公司，1914。

W. A. Granville：《最新中等教科书三角法》，Liu Gwang Djao、H. G. Wnitcher 译，山东基督教共合大学，1914。

长泽龟之助：《平面三角教科书》，张修爵译，普及书局，1915。

王士楷编《平面三角法教科书》，教育图书社，1917。

王永炅、胡树楷编《新制平面三角法教本》，中华书局，1918。

陈文：《实用主义平面三角法》，科学会编译部，1919。

匡文涛编《平面三角法要览》，商务印书馆，1919。

匡文涛编纂《平面三角法讲义》，商务印书馆，1919。

吴在渊编《近世初等代数学》，商务印书馆，1922。

胡仁源编《新中学教科书平面三角法》，中华书局，1923。

刘正经编《现代初中教科书三角术》，商务印书馆，1923。

段育华编《新学制混合算学教科书初级中学用》1~6册，商务印书馆，1923。

程廷熙、傅种孙编《新中学教科书初级混合数学》1~6册，中华书局，1923。

张鹏飞编《新中学教科书初级混合法算学》1~6册，中华书局，

1923。

赵修乾编《新学制高级中学教科书三角术》，商务印书馆，1924。

周为群等编《开明算学教本三角》，开明书店，1929。

林鹤一：《三角法——三角函数》，骆师曾译，商务印书馆，1930。

胡雪松、龚昂云编《初中三角》，世界书局，1930。

薛邦迈编著《平面三角法》，文明书局，1931。

Hall、Knight：《汉译赫奈二氏平面三角法》，马文元译，戊辰学会编辑部，1932。

周元瑞、周元谷编著《复兴初级中学教科书三角》，商务印书馆，1933。

周元谷编著《复兴初级中学教科书三角》，商务印书馆，1933。

W. A. Granville：《汉译葛氏平面三角学》，高佩玉等译，北平科学社，1933。

W. A. Granville：《汉译葛蓝威尔平面三角》，徐谷生译，艺文书社，1933。

W. A. Granville：《汉译葛蓝氏高中平三角术》，陈湛銮译，蔚兴印刷厂，1933。

葛蓝威尔：《汉译葛蓝威尔平面三角法教科书》，王国香译，戊辰学社，1933。

森吉太郎：《三角法——三角形之性质及其解法》，崔朝庆译，商务印书馆，1933。

波邻特、剖洛脱：《波邻特氏新三角法》，薛仲华译，世界书局，1933。

中等算学研究会编《新学制初中算学教科书三角》，南京书店，1933。

傅溥编著《傅氏高中三角法》，世界书局，1933。

仲光然编《三角入门》，开明书店，1934。

余介石编《高中三角学》，中华书局，1934。

G. Wentworth、D. E. Smith：《平面三角学》，高佩玉、王俊奎译，北平文化学社科学社，1934。

W. A. Granville：《汉译葛蓝威尔氏高中平面三角学》，庄子信等译，南京书店，1934。

W. A. Granville：《汉译葛氏球面三角学》，李熙如译，北平文化学社，1934。

周元谷编《三角术》，商务印书馆，1935。

王邦珍编《高级中学三角法教科书》，中华书局，1935。

汪桂荣编著《建国教科书初级中学数值三角法》，正中书局，1935。

裘友石编著《高中新三角》，世界书局，1936。

余介石编著《建国教科书高级中学三角学》，正中书局，1936。

G. Wentworth、D. E. Smith：《汉译温斯二氏平面三角学》，封嘉义译，北平科学社，1936。

李蕃编著《复兴高级中学教科书三角学》，商务印书馆，1936。

张鹏飞编《初中三角》，中华书局，1936。

W. A. Granville：《汉译葛氏球面三角学》，李士奇译，北平科学社，1936。

李光荫：《球面三角术》，商务印书馆，1937。

HALL、KNIGHT：《霍尔乃特高中三角学》，李友梅译，湘芬书局，1937。

苏盛甫编《高中三角学纲要》，中国编译社，1937。

范庆涵编著《几何三角》，商务印书馆，1938。

W. A. Granville、P. F. Smith、J. S. Mikesh：《葛斯密三氏最新平面三角学》，王允中译，科学书局，1939。

教育部编审会：《高中三角》，新民印书馆，1939。

朱凤豪编著《新三角学讲义》，龙门联合书局，1940。

P. F. Smith、J. S. Mikesh：《葛氏平面三角术》，虞诗周译，新亚书店，1940。

W. A. Granville、P. F. Smith、J. S. Mikesh：《葛斯密平面三角学》，金立藩译，中华书局，1940。

教育总署编审会：《高中三角》，教育总署编审会，1941。

G. N. Bauer、W. E. Brooke：《二B平面三角学》，王允中译，开明书店，1941。

董树德编《三角学》，国立山东大学员生消费合作社，1945。

W. A. Granville：《汉译葛氏平面三角学》，褚保熙译，北平文化学社，1946。

张玲、杨拓编《平面三角法讲义》，天和文化社，1946。

钱克仁编著《最新实用三角学》，开明书店，1946。

杨少岩编《三角术教科书》，正中书局，1946。

W. A. Granville：《高中平面三角法教科书》，韩桂丛等编译，算学丛刻社，1946。

赵型编《三角学》，中国科学图书仪器公司，1946。

余介石：《高中三角学》，中华书局，1947。

W. A. Granville：《葛氏平面三角学》，王绍颜译，华北科学社，1947。

W. A. Granville、P. F. Smith、J. S. Mikesh：《葛氏重编平面三角学》，周文德译，中国科学图书仪器公司，1947。

W. A. Granville：《葛氏平面三角学》，邱调梅译，世界书局，1948。

S. L. Loney：《汉译龙氏平面三角法》，章彬译，新亚书店，1948。

范际平编著《三角学》，正中书局，1948。

许莼舫编著《数学补习用书三角入门》，中华书局，1948。

王明夏、张玉寿编《高中三角学》，国立北平师范学校附属女子中学校，1948。

D. A. Rothrock：《罗氏平面三角法》，严春山等译，中华书局，1949。

郁祖同编《易进三角》，易进出版社，1949。

朱凤豪、余源庆、余源熙编著《三角学》，龙门联合书局，1949。

陈鸿侠、朱凤豪编著《三角学讲义》，科学出版社，1984。

二 报刊

《教育杂志》《中华教育界》《中等算学月刊》《新青年》《新教育》《自然界》《安徽大学月刊》《科学教学》《东方杂志》《教育研究》《学生杂志》《科学》《数学杂志》《中国数学杂志》《教育世界》《江苏教育》《学生之友》

三　辞典

赵缭编《数学辞典》，群益书社，1923。

倪德基、郦禄琦编《数学辞典》，中华书局，1925。

余家菊等编辑《中国教育辞典》，中华书局，1928。

唐钺、朱经农、高觉敷主编《教育大辞书》，商务印书馆，1933。

段育华、周元瑞编《算学辞典》，商务印书馆，1938。

长泽龟之助：《题解中心三角法辞典》，薛德炯等编译，上海科学技术出版社，1959。

杨亮功：《云五社会科学大辞典·教育学》第8册，商务印书馆，1970。

中国大百科全书总编辑委员会《教育》编辑委员会、中国大百科全书出版社编辑部编《中国大百科全书·教育》，中国大百科全书出版社，1986。

顾明远主编《教育大辞典》，上海教育出版社，1998。

殷惠中主编《温州历史人物》，作家出版社，1998。

吴成平主编《上海名人辞典》，上海辞书出版社，2000。

《数学辞海》编辑委员会：《数学辞海》第6卷，山西教育出版社，2002。

张宪文等主编《中华民国史大辞典》，江苏古籍出版社，2002。

小野崎紀男『日本數學者人名事典』、現代數學社、2009。

胡毓达主编《数学家之乡》，上海科学技术出版社，2011。

四　史料汇编

中华民国教育部编《第一次中国教育年鉴——戊编·教育杂录》，开明书店，1934。

张之洞等：《奏定学堂章程》，台北：台联国风出版社，1970。

商务印书馆编《商务印书馆图书目录（1897—1949）》，商务印书馆，

1981。

朱有瓛主编《中国近代学制史料》第一辑上册，华东师范大学出版社，1983。

舒新城编《中国近代教育史资料》中册，人民教育出版社，1985。

朱有瓛主编《中国近代学制史料》第一辑下册，华东师范大学出版社，1986。

朱有瓛主编《中国近代学制史料》第二辑上册，华东师范大学出版社，1987。

商务印书馆主编《1897~1987商务印书馆九十年——我和商务印书馆》，商务印书馆，1987。

瞿葆奎主编《课程与教材》，人民教育出版社，1988~1993。

瞿葆奎主编《教学》中册，人民教育出版社，1988。

朱有瓛主编《中国近代学制史料》第二辑下册，华东师范大学出版社，1989。

朱有瓛主编《中国近代学制史料》第三辑上册，华东师范大学出版社，1990。

璩鑫圭、唐良炎编《中国近代教育史资料汇编》，上海教育出版社，1991。

朱有瓛主编《中国近代学制史料》第三辑下册，华东师范大学出版社，1992。

朱有瓛、高时良主编《中国近代学制史料》第四辑，华东师范大学出版社，1993。

上海市宝山区史志编纂委员会编《吴淞区志》，上海社会科学院出版社，1996。

商务印书馆编辑部主编《商务印书馆一百年（1897~1997）》，商务印书馆，1998。

课程教材研究所编《20世纪中国中小学课程标准·教学大纲汇编·数学卷》，人民教育出版社，1999。

课程教材研究所编《20世纪中国中小学课程标准·教学大纲汇编·课程（教学）计划卷》，人民教育出版社，1999。

文物出版社编《中国历史年代简表》,文物出版社,2001。

璩鑫圭、唐良炎编《中国近代教育史资料汇编:学制演变》,上海教育出版社,2007。

费正清、刘广京编《剑桥中国晚清史1800-1911年》上卷,中国社会科学院历史研究所编译室译,中国社会科学出版社,2007。

王学哲、方鹏程:《商务印书馆百年经营史(1897~2007)》,华中师范大学出版社,2010。

五 文集

《爱因斯坦文集》第1卷,商务印书馆,1976。

"中华文化复兴运动推行委员会":《中国近代现代史论集》第十八编《近代思潮》(全二册),台北:台湾商务印书馆,1986。

中国人民政治协商会议上海市委员会文史资料工作委员会编《解放前上海的学校》,上海人民出版社,1988。

吕达主编《陆费逵教育论著选》,人民教育出版社,1998。

张奠宙编著《数学教育经纬:张奠宙自选集》,江苏教育出版社,2003。

钟健华编《王云五文集·伍·商务印书馆与新教育年谱》,江西教育出版社,2008。

吴铎主编《师魂:华东师范大学老一辈名师》,华东师范大学出版社,2011。

高平叔编《蔡元培教育论著选》,人民教育出版社,2011。

陆费逵:《陆费逵文选》,中华书局,2011。

丘成桐、杨乐、季理真主编《数学与教育》,高等教育出版社,2011。

丘成桐、杨乐、季理真主编《数学与求学》,高等教育出版社,2012。

《王云五全集》(13),九州出版社,2013。

《王云五全集》(15),九州出版社,2013。

《王云五全集》(16),九州出版社,2013。

六　专著

周达：《日本调查算学记》，中西书局活版部，1903。

姜琦、邱椿：《欧战后之西洋教育》，商务印书馆，1929。

卡约黎：《初等算学史》，曹丹文译，商务印书馆，1931。

三上义夫：《中国算学之特色》，林科棠译，商务印书馆，1933。

M. 克莱因：《古今数学思想》第 1 册，张理京、张锦炎译，上海科学技术出版社，1979。

M. 克莱因：《古今数学思想》第 4 册，北京大学数学系数学史翻译组译，上海科学技术出版社，1981。

钟善基、丁尔升、曹才翰编《中学数学教材教法》，北京师范大学出版社，1982。

李迪编著《中国数学史简编》，辽宁人民出版社，1984。

张奠宙、赵斌编著《二十世纪数学史话》，知识出版社，1984。

汪家熔编著《大变动时代的建设者》，四川人民出版社，1985。

H. 伊夫斯：《数学史概论》，欧阳绛译，山西人民出版社，1986。

中外数学简史编写组：《中国数学简史》，山东教育出版社，1986。

魏庚人、李俊秀、高希尧编著《中国中学数学教育史》，人民教育出版社，1987。

莫由、许慎编著《中国现代数学史话》，广西教育出版社，1987。

陶愚川：《中国教育史比较研究（现代部分）》，山东教育出版社，1988。

陈侠：《课程论》，人民教育出版社，1989。

张奠宙、曾慕莲、戴再平：《近代数学教育史话》，人民教育出版社，1990。

袁小明编著《初等数学简史》，人民教育出版社，1990。

裴娣娜：《教育研究方法导论》，安徽教育出版社，1995。

梁宗巨：《数学历史典故》，辽宁教育出版社，1995。

何晓夏、史静寰：《教会学校与中国教育近代化》，广东教育出版社，

1996。

钱曼倩、金林祥主编《中国近代学制比较研究》，广东教育出版社，1996。

周谷平：《近代西方教育理论在中国的传播》，广东教育出版社，1996。

王建军：《中国近代教科书发展研究》，广东教育出版社，1996。

张彬：《从浙江看中国教育近代化》，广东教育出版社，1996。

李华兴主编《民国教育史》，上海教育出版社，1997。

吴霓：《中国人留学史话》，商务印书馆，1997。

喻本伐、熊贤君：《中国教育发展史》，华中师范大学出版社，1999。

郭太风：《王云五评传》，上海书店出版社，1999。

张定华等：《中国抗日战争时期大后方出版史》，重庆出版社，1999。

张奠宙：《中国近现代数学的发展》，河北科学技术出版社，2000。

王建辉：《文化的商务：王云五专题研究》，商务印书馆，2000。

刘志强、张学继：《留学史话》，社会科学文献出版社，2000。

田正平主编《中国教育史研究》近代分卷，华东师范大学出版社，2001。

马忠林等：《数学教育史》，广西教育出版社，2001。

谢长法：《借鉴与融合：留美学生抗战前教育活动研究》，河北教育出版社，2001。

王伦信：《清末民国时期中学教育研究》，华东师范大学出版社，2002。

斯科特：《数学史》，侯德润、张兰译，广西师范大学出版社，2002。

加勒特·汤姆森：《莱布尼茨》，李素霞等译，中华书局，2002。

李兆华主编《中国近代数学教育史稿》，山东教育出版社，2005。

叶思九：《生死沉浮——一件曾轰动上海的大案》，华夏文化出版有限公司，2005。

史春风：《商务印书馆与中国近代文化》，北京大学出版社，2006。

丹尼尔·坦纳、劳雷尔·坦纳：《学校课程史》，崔允漷等译，教育科学出版社，2006。

霍益萍、侯家选、蒯义峰、刘伟伟：《科学家与中国近代科普和科学教育：以中国科学社为例》，科学普及出版社，2007。

周其厚：《中华书局与近代文化》，中华书局，2007。

郑匡民：《西学的中介：清末民初的中日文化交流》，四川人民出版社，2008。

何绍斌：《越界与想象：晚清新教传教士译介史论》，上海三联书店，2008。

姜朝晖：《民国时期教育独立思潮研究》，中国社会科学出版社，2008。

李泽厚：《中国近代思想史论》，生活·读书·新知三联书店，2008。

柯琳娟：《让数学回归中国：吴文俊传》，江苏人民出版社，2008。

陈志科：《留美生与民国时期教育学》，天津人民出版社，2008。

汪家熔：《民族魂——教科书变迁》，商务印书馆，2008。

本杰明·艾尔曼：《中国近代科学的文化史》，王红霞、姚建根、朱莉丽、王鑫磊译，上海古籍出版社，2009。

石鸥、吴小鸥编著《百年中国教科书图说（1897~1949）》，湖南教育出版社，2009。

罗志田：《裂变中的传承：20世纪前期的中国文化与学术》，中华书局，2009。

张奠宙：《我亲历的数学教育（1938~2008）》，江苏教育出版社，2009。

施扣柱：《青春飞扬：近代上海学生生活》，上海辞书出版社，2009。

唐盛昌主编《史品上中——菁英教育的缩影》，上海教育出版社，2009。

王建磐主编《中国数学教育：传统与现实》，江苏教育出版社，2009。

陈月茹：《中小学教科书改革研究》，教育科学出版社，2009。

杜石然、孔国平主编《世界数学史》，吉林教育出版社，2009。

冯立昇：《中日数学关系史》，山东教育出版社，2009。

谢长法主编《中国中学教育史》，山西教育出版社，2009。

肯尼思·约翰·弗里曼：《希腊的学校》，朱镜人译，山东教育出版社，2009。

Eli Maor：《三角之美：边边角角的趣事》，曹雪林、边晓娜译，人民邮电出版社，2010。

粟进英、易点点：《晚清军事需求下的外语教育研究》，湖南大学出版社，2010。

王汎森：《中国近代思想与学术的系谱》，吉林出版集团有限责任公司，2010。

毕苑：《建造常识：教科书与近代中国文化转型》，福建教育出版社，2010。

刘秋华：《二十世纪中外数学思想交流》，科学出版社，2010。

马联芳：《名校春秋》，上海教育出版社，2010。

黑木哲德：《数学符号理解手册》，赵雪梅译，学林出版社，2011。

吴小鸥：《中国近代教科书的启蒙价值》，福建教育出版社，2011。

代钦、松宫哲夫：《数学教育史——文化视野下的中国数学教育》，北京师范大学出版社，2011。

吴永贵：《民国出版史》，福建人民出版社，2011。

张元济：《张元济论出版》，商务印书馆，2011。

李文林：《数学史概论》，高等教育出版社，2011。

张运君：《晚清书报检查制度研究》，社会科学文献出版社，2011。

舒新城：《近代中国留学史》，上海书店出版社，2011。

李剑萍、杨旭主编《中国现代教育之大家与大事》，广东教育出版社，2011。

孙隆基：《中国文化的深层结构》，广西师范大学出版社，2011。

李春兰：《中国近现代中小学数学教育思想史（1902~1952）》，内蒙古教育出版社，2011。

刘薰宇等：《三下五除二》，天地出版社，2012。

傅国涌编《过去的中学》，同心出版社，2012。

王建辉：《教育与出版——陆费逵研究》，中华书局，2012。

许纪霖：《大时代中的知识人》，中华书局，2012。

赫伯特·巴特菲尔德:《历史的辉格解释》,张岳明、刘北成译,商务印书馆,2012。

实藤惠秀:《中国人留学日本史》,谭汝谦、林启彦译,北京大学出版社,2012。

怀特海:《教育的目的》,庄莲平、王立中译注,文汇出版社,2012。

卡尔·B.博耶:《数学史》上下,秦传安译,中央编译出版社,2012。

约翰·S.布鲁巴克:《教育问题史》,单中惠、王强译,山东教育出版社,2012。

赫什、约翰·斯坦纳:《爱+恨数学——还原最真实的数学》,杨昔阳译,商务印书馆,2013。

代钦:《数学教育与数学文化》,内蒙古教育出版社,2013。

张兴龙:《乱世犹闻读书声:中国教育1912~1937》,浙江大学出版社,2013。

伊恩·斯图尔特:《数学的故事》,熊斌、汪晓勤译,上海辞书出版社,2013。

周洪宇、陈竞蓉主编《旧教育与新教育的差异:孟禄在华演讲录》,安徽教育出版社,2013。

特古斯、尚利峰:《清代三角学的数理化过程》,科学出版社,2014。

陈平原:《自序自跋》,生活·读书·新知三联书店,2014。

D. E. Smith, *History of Mathematics*, Volume II (New York: Dover Publications, Inc., 1925).

Florian Cajori, *A History of Mathematical Notations*, Volume II (New York: Dover Publications, Inc., 1929).

Ralph A. Oliva et al., *The Great International "Math on keys" Book* (Texas Instruments Incorporated, 1976).

Ggorge M. A. Atanic et al., *A History of School Mathematics*, Volume 1 (Nctm, 2003).

七 论文

白尚恕：《介绍我国第一部三角学——"大测"》，《数学通报》1963年第2期。

李迪：《1860～1960年间中国数学教科书的变迁及原因与思考》，横地清等主编《中日近现代数学教育史》第2卷，ハンカイ出版印刷株式会社，1998。

田淼：《清末数学教师的构成特点》，《中国科技史料》1998年第4期。

田淼：《清末数学教育对中国数学家的职业化影响》，《自然科学史研究》1998年第2期。

段耀勇：《印度三角学对中算影响问题的探讨》，《自然辩证法通讯》2000年第6期。

代钦：《我国近现代数学教学法发展研究》，《内蒙古师大学报》（自然科学汉文版）2000年第2期。

孙宏安：《三角学的历史》，《中学数学教学参考》2002年第7期。

毕苑：《中国近代教科书研究》，博士学位论文，北京师范大学，2004。

王晓霞：《中国数学教育研究史之研究》，硕士学位论文，内蒙古师范大学，2006。

代钦：《王国维与我国近代数学教育》，《内蒙古师范大学学报》（教育科学版）2006年第5期。

张景中：《重建三角，全局皆活——初中数学课程结构性改革的一个建议》，《数学教学》2006年第10期。

张奠宙：《让我们来重新认识"三角"——兼谈数学教育要在数学上下工夫》，《数学教学》2006年第10期。

代钦、李春兰：《中国数学教育史研究进展70年之回顾与反思》，《数学教育学报》2007年第3期。

张伟：《外国数学教科书的翻译对中国数学教育的影响》，《内蒙古师范大学学报》（教育科学版）2007年第12期。

张伟：《清末数学教育之变迁》，《三峡大学学报》（人文社会科学版）2007年第S1期。

李春兰、代钦：《民国时期中学混合数学教学法发展研究》，《内蒙古师范大学学报》（自然科学汉文版）2007年第6期。

吕世虎：《20世纪中国中学数学课程的发展（1901~1949）》，《数学通报》2007年第6期。

章建跃：《为什么用单位圆上点的坐标定义任意角的三角函数》，《数学通报》2007年第1期。

陈婷：《20世纪我国初中几何教科书编写的沿革与发展》，博士学位论文，西南大学，2008。

张伟：《中国近现代数学教科书发展史研究》，硕士学位论文，内蒙古师范大学，2008。

代钦：《王国维到陈建功——中国数学教育研究50年的回顾与反思》，《数学通报》2008年第3期。

代钦：《王国维到陈建功——中国数学教育研究50年的回顾与反思（续）》，《数学通报》2008年第4期。

郭玉峰、李亚玲：《吴在渊、胡敦复初中几何教材内容简介、分析及思考》，《数学通报》2008年第4期。

杨楠：《〈三角数理〉的翻译及其影响》，硕士学位论文，天津师范大学，2009。

杜雨珊：《三角学历史研究》，硕士学位论文，辽宁师范大学，2009。

陈婷：《20世纪上半叶中国初中几何教科书的演变及其启示》，《教育学报》2009年第2期。

吕世虎、吴春燕、陈婷：《20世纪以来中国中学数学课程内容综合化的历程及其启示》，《数学教育学报》2009年第6期。

魏佳：《清末小学数学教科书编写：史实与借鉴》，《课程·教材·教法》2009年第11期。

张伟：《民国时期主要使用的数学教科书（1911~1949）》，《内蒙古师范大学学报》（自然科学汉文版）2009年第5期。

李朝晖、张伟：《清末的数学教科书》，《内蒙古师范大学学报》（自然科学汉文版）2009年第5期。

林志伟、代钦、李春兰：《小仓金之助的数学教育思想——以〈算学教育的根本问题〉为中心》，《内蒙古师范大学学报》（自然科学汉文版）2009 年第 5 期。

韩斌：《民国时期大学入学数学考试研究》，硕士学位论文，内蒙古师范大学，2010。

徐章韬：《三角学历史发展中认识视角的变迁及其教育意蕴》，《数学教学》2010 年第 4 期。

陈婷：《20 世纪 20 年代末中国初中混合数学教科书考察》，《教育学报》2010 年第 2 期。

代钦、李春兰：《吴在渊的数学教育思想》，《数学通报》2010 年第 3 期。

张伟：《中国近代中学代数教科书发展史研究》，博士学位论文，内蒙古师范大学，2011。

董杰：《清初三角学的独立与发展研究》，博士学位论文，内蒙古师范大学，2011。

尚利峰：《清代三角学的基本概念与变迁》，硕士学位论文，内蒙古师范大学，2011。

董杰、张伟：《从清初中算家对三角学的会通看科学精神之兴起》，《内蒙古师范大学学报》（自然科学汉文版）2011 年第 4 期。

特古斯：《晚清三角学的稳定与变迁》，《内蒙古师范大学学报》（自然科学汉文版）2011 年第 5 期。

刘盛利：《中国微积分教科书之研究（1904-1949）》，博士学位论文，内蒙古师范大学，2012。

刘盛利、代钦：《清末罗密士的〈最新微积学教科书〉》，《数学教育学报》2012 年第 2 期。

刘盛利、代钦：《中国高等教育之研究——以微积分教科书（1904~1949）为视角》，《内蒙古师范大学学报》（教育科学版）2012 年第 5 期。

付云菲、代钦：《清末民国时期初中算术教科书研究》，《内蒙古师范大学学报》（教育科学版）2012 年第 6 期。

董洁：《清初三角学研究中的学术精神》，《自然辩证法通讯》2012 年第 1 期。

刘盛利、代钦:《民国时期微积分教科书研究——以熊庆来的〈高等算学分析〉为例》,《内蒙古师范大学学报》(自然科学汉文版) 2012 年第 3 期。

特古斯:《清代三角学的结构与变迁》,《内蒙古师范大学学报》(自然科学汉文版) 2012 年第 5 期。

陈婷、吕世虎:《二十世纪混合数学教科书的先河——〈布利氏新式算学教科书〉之考察》,《数学教育学报》2013 年第 2 期。

张伟、董杰:《论中国近代代数教科书的多元化》,《内蒙古师范大学学报》(教育科学版) 2013 年第 4 期。

李春兰:《中西数学文化碰撞下的清末中学数学教科书》,《内蒙古师范大学学报》(教育科学版) 2013 年第 4 期。

李江南、付云菲:《清末民国时期初中算术教科书中分数概念内容编排特点》,《内蒙古师范大学学报》(教育科学版) 2013 年第 4 期。

王敏、代钦:《上野清数学教科书研究》,《内蒙古师范大学学报》(教育科学版) 2013 年第 6 期。

苏日娜、代钦:《民国时期的〈初级混合数学〉教科书》,《内蒙古师范大学学报》(教育科学版) 2013 年第 8 期。

刘冰楠、代钦:《清末新学制下的〈最新中学教科书三角术〉》,《内蒙古师范大学学报》(教育科学版) 2013 年第 8 期。

张涛、代钦:《温德华士数学教科书在中国》,《内蒙古师范大学学报》(教育科学版) 2013 年第 8 期。

海红、代钦、刘冰楠:《"中学校用共和国教科书"数学教科书研究》,《内蒙古师范大学学报》(教育科学版) 2013 年第 12 期。

杨薇、刘晓平、代钦:《吴在渊对中学数学教科书的贡献》,《内蒙古师范大学学报》(教育科学版) 2013 年第 12 期。

王敏:《欧美对中国中小学数学教育的影响 (1902 – 1949)》,博士学位论文,内蒙古师范大学,2014。

李伟军:《汪桂荣的数学道尔顿制教学实验》,《内蒙古师范大学学报》(教育科学版) 2014 年第 8 期。

陈婷:《我国 20 世纪 30 年代初中实验几何教科书考察》,《数学通报》2014 年第 1 期。

代钦：《民国时期初中数学教科书发展及其特点》，《数学通报》2014 年第 8 期。

王嵘：《民国中学数学教科书的发展与特点》，《数学通报》2014 年第 9 期。

代钦：《清末中学数学教科书发展及其特点》，《课程·教材·教法》2015 年第 1 期。

代钦、刘冰楠：《民国时期高中数学教科书发展及其特点》，《数学通报》2015 年第 4 期。

刘冰楠、代钦：《民国时期国人自编三角学教科书中"三角函数"变迁》，《数学教育学报》2015 年第 3 期。

后　记

　　研究清末民国时期的三角学教科书，三个画面时常浮现在我的眼前。

　　一群数学家、数学教育家、出版家、大学校长、一线教师、留学生等活跃于近代数学教科书编写的舞台，他们组成强有力的编纂团队，为中国近代数学教科书的建设奠定了坚实基础。一批以教科书出版为己任的出版企业，他们之间展开的良性竞争在一定程度上推动了数学教科书的发展。中国学者通过艰苦的工作，最终使数学教科书完成从模仿日本、欧美等到本土化的创造性转化。

　　一位蒙古族中年学者，本着知识分子的家国情怀与对草原的热爱，长期奋战在教科书研究的第一线。他高大的身影穿梭于全国各地的各类旧书市场；他的账号每天活跃于网络二手书交易市场。多年来，他买书、教书、研书、写书，构筑了一座关于近代数学教科书研究的书城。他就是内蒙古自治区十大藏书家我的恩师代钦教授。

　　一个团队中的一批批硕士和博士，在代钦老师的带领下，茁壮成长。代老师博学慎思、谦逊豁达的精神，无时无刻不深深感染着我们。他凡事设身处地为学生着想，并以雍容大度的风采赢得师生的尊重与喜爱。他德学双馨，为人正直，既教书又育人。他不仅重视智育，更重视德育，以此来培养我们的科学精神。代老师关心、爱护每一个学生，并针对每位同学的不同特点制定了不同的、非常完整的培养计划。跟着代老师，随时都能学到知识。

　　本书是在我 2015 年博士学位论文的基础上修改而成。在付梓之际，谨向引领、关心、帮助我走上数学教育研究这条道路的各位师友以及促成、支持本书出版的朋友致以真挚的谢忱。

感谢我的导师代钦教授。硕博五年，能够在您门下学习，成为您第七名博士弟子，是我此生最大的幸事。在我刚刚接到博士录取通知书的那天，就收到了老师的第一份礼物——一个研究题目。他将论文的选题放到我面前，这份礼物真正适合我的兴趣和能力，使我着迷于清末民国时期中学三角学教科书的研究。来自老师的第二份礼物是一种鞭策。记得获悉博士录取通知的那一刻，老师曾用期待的目光对我说："好好学习！"简简单单的四个字，却饱含了老师对我寄予的期望。自此，这四个字深深地印在我的心里，至今鞭策着我努力前行。来自老师的第三份礼物是一座书城。研究清末民国时期中学三角学教科书的发展史并不是件容易的事情，因为这个时间段距离当代较远，且时间跨度较大，故该时期的第一手文献资料是必不可少的。这些资料一方面不好搜集，另一方面价格昂贵。幸得代钦老师的帮助，为我节省了大量的时间与金钱，也免去了很多外出查找资料的烦恼。本书凝聚了代钦老师的心血与智慧，但愿能够为中国的数学教育略尽绵薄之力，也算不负老师对我多年的栽培与教诲。代老师焚膏继晷的精神，将伴我终生，并时刻敦促我不断努力前行。

在博士学位论文撰写过程中，李文林教授、罗见今教授、李兆华教授、冯立昇教授、郭世荣教授、张柏春研究员、王光明教授、特古斯教授、李春兰教授等提出了很多宝贵的意见，在此向各位老师表示衷心的感谢。

感谢三年博士生活期间小伙伴的陪伴，一同在研究室奋战的场景至今仍历历在目。在此不需要用任何方式罗列他们的姓名，因为一切都已融进我们的那段青春岁月。我们相知相伴，虽天各一方，却一路同行。

感谢云南省哲学社会科学学术著作出版专项经费资助项目和云南师范大学数学学院出版专著资助项目对本书的资助。感谢社会科学文献出版社张倩郢、宋荣欣、陈肖寒、肖世伟四位老师为本书的出版付出的艰辛努力，四位老师向我提出了很多中肯的建议，特此致谢。

2015年结束博士生活，2017年辗转来到云南师范大学数学学院工作后，我仍不断修改论文，充实资料，力求完善。感谢数学学院良好的学术环境，能够让我安下心来做自己喜欢的事情。感谢数学学院各位领导、老师对我的指教和关心，我从中受益良多。

后　记

感谢母亲对我和孩子无微不至的照顾，让我没有后顾之忧，可以全身心地投入科研之中。感谢爱人王义伟多年的陪伴，一路走来，始终有你的理解与支持。

对清末民国时期中学三角学教科书进行研究，是一项很有意义、很紧迫的任务。近代三角学教科书的编写，经过几代学者的努力，即使到今天也有许多可供借鉴之处。近代三角学教科书的编纂经验，是一份值得研究和继承的文化遗产。好的教科书不会被时间埋没，它们经过岁月的淘洗，不断推陈出新，成为石中之玉、川底之珠。其中所蕴含的智慧，更值得我们当代人去发扬。

人生最幸福的事莫过于做自己喜欢的事。但真正走入教科书研究领域中才发现，这是一片浩瀚的天地。在本书出版之际，我并没有如释重负的感觉，伴随而来的反而是紧张与不安。本书中还存在诸多缺憾，我想将来一定有机会弥补。

天行健，小女子当自强不息！

刘冰楠
2019 年 9 月 10 日于昆明

图书在版编目(CIP)数据

清末民国时期中学三角学教科书发展史 / 刘冰楠著. --北京:社会科学文献出版社,2019.11
ISBN 978 - 7 - 5201 - 5782 - 7

Ⅰ.①清… Ⅱ.①刘… Ⅲ.①中学数学课 - 三角课 - 教材 - 教育史 - 中国 - 清后期 - 民国 Ⅳ.①G633.6

中国版本图书馆 CIP 数据核字(2019)第 243326 号

清末民国时期中学三角学教科书发展史

著　者 / 刘冰楠

出 版 人 / 谢寿光
组稿编辑 / 宋荣欣
责任编辑 / 李期耀　陈肖寒
文稿编辑 / 肖世伟

出　　版 / 社会科学文献出版社·历史学分社(010)59367256
　　　　　　地址:北京市北三环中路甲29号院华龙大厦　邮编:100029
　　　　　　网址:www.ssap.com.cn

发　　行 / 市场营销中心(010)59367081　59367083
印　　装 / 三河市尚艺印装有限公司

规　　格 / 开 本:787mm × 1092mm　1/16
　　　　　　印 张:23.5　字 数:371 千字

版　　次 / 2019 年 11 月第 1 版　2019 年 11 月第 1 次印刷

书　　号 / ISBN 978 - 7 - 5201 - 5782 - 7
定　　价 / 138.00 元

本书如有印装质量问题,请与读者服务中心(010 - 59367028)联系

▲ 版权所有 翻印必究